保险法评论

2022

Insurance Law Review 2022

主　　编　王宝敏

编　　委　（按姓氏拼音排序）
　　　　　　程　航　樊启荣　韩长印
　　　　　　孔　强　温世扬　邹海林
执行编辑　李　华　岳　卫

南京大学出版社

图书在版编目(CIP)数据

保险法评论. 2022 / 王宝敏主编. —南京：南京
大学出版社，2022.12

ISBN 978-7-305-26327-9

Ⅰ. ①保… Ⅱ. ①王… Ⅲ. ①保险法—研究 Ⅳ.
①D912.280.4

中国版本图书馆 CIP 数据核字(2022)第 226437 号

出版发行 南京大学出版社
社 址 南京市汉口路22号 邮 编 210093
出 版 人 金鑫荣

书 名 **保险法评论 2022**
主 编 王宝敏
责任编辑 高 军 编辑热线 025-83592123

照 排 南京开卷文化传媒有限公司
印 刷 苏州工业园区美柯乐制版印务有限责任公司
开 本 787 mm×1092 mm 1/16 印张 18 字数 400 千
版 次 2022年12月第1版 2022年12月第1次印刷
ISBN 978-7-305-26327-9
定 价 49.00元

网 址:http://www.njupco.com
官方微博:http://weibo.com/njupco
微信服务号:njuyuexue
销售咨询热线:(025)83594756

序

改革开放以来,随着我国国民经济的发展、人民生活水平的提高,保险业迅速发展,保险经营主体日益增多,保险深度及密度逐步提高,保险业已成为国家金融体系的重要组成部分。党的十八大以来,我国经济发展由高速增长阶段转向高质量发展阶段,我国保险行业也随之发生了深刻变化,行业高增长时代已基本结束,市场进入了平稳发展阶段,保险行业站在了新的发展起点上。

在各方的支持下,南京大学法学院力邀国内外著名保险法学者、保险实务界的专家学者担任编辑委员,组织出版了《保险法评论》系列,希望能为保险法理论的深入研究提供一个共同参与、多方互动的平台。本评论欲以理论研究为基础,以为司法实践提供可操作性解决路径为目的,在文章的甄选上偏重于对司法实践疑难问题解决具有参考价值的论文,以期将该评论办成具有鲜明法解释论色彩的、引领国内保险法学理论研究的学术权威读物。

自 2008 年《保险法评论》第一卷出版后,《中华人民共和国保险法》(以下简称保险法)历经数次修订,其中 2009 年的大修更加强调对投保人和被保险人利益的保护,突出了加强监管和防范风险,对十几年来保险行业的蓬勃发展起到制度支撑作用。保险法新一轮修改已经纳入全国人大常委会立法工作计划,在合同法部分将会更多体现与《中华人民共和国民法典》的衔接,在监管法部分必将更加重视防范化解金融风险、提高监管有效性这一总体目标。

《保险法评论 2022》出版之际,正值党的二十大胜利闭幕,也正是现行宪法公布实施 40 周年。学术界和实务界都对保险行业如何助力中国式现代化和共同富裕展开了深入思考和热烈讨论。我们也欣喜地看到在《保险法评论 2022》中学者们就保险业如何服务实体经济发展,融入社会经济大盘进行研究,以信用保证保险和安全生产责任保险两个专题的形式展开有益的探讨。《保险法评论 2022》分为六个专题,包括保险合同法与保险创新问题研究、保险案例评析、监管与合规问题研究、信用保证保险专题研究、安全生产责任保险专题研究与海外保险最新动态,聚焦当前学术研究和司法实践热点问题,为解决保险业发展中的困难和司法实践争议提供了理论思路。

《保险法评论》系列将竭力确保所选论文观点之独立性,但各作者的主张并不当然代表其所属单位之观点,更不代表本编委会之观点。同时,鉴于我们的学识、能力所限,编辑上难免存在各种疏漏,敬请读者谅解。

《保险法评论》编委会

2022 年 12 月

出版贺词

值此机会,公司向《保险法评论 2022》的出版致以最衷心的祝贺!

党的二十大报告明确提出,要建立安全规范、可持续的多层次高质量社会保障体系,推动社会保险改革。保险法理论研究的高质量发展更是题中应有之义。《保险法评论 2022》的出版,响应了二十大的要求,结合当前社会热点及新问题,将理论与实践相结合,推动了保险法理论的发展,也对保险法实务起到了指导作用。

我们一直致力于为客户提供"简单便捷、友善安心"的服务,打造顺应保险市场,能够解决社会问题的保险产品。得益于《保险法评论》的出版,"平安"将更深入地领会保险法的基本精神,学习保险法的基本理论,合规经营,服务消费者。

专此祝贺!

中国平安财产保险股份有限公司江苏分公司总经理

出版贺词

值此机会，公司向《保险法评论》的出版致以最诚挚的祝贺！

党的二十大报告指出，高质量发展是全面建设社会主义现代化国家的首要任务。近年来，我国保险业逐渐从规模扩张转向质量提升，进入高质量发展阶段。作为保险理论研究的专业刊物，《保险法评论》根据新时代发展需要和保险行业特点，为保险司法实践中的疑难问题提供了可操作性解决路径及极具参考价值的论点，为众多学者和保险行业从业者提供了一个共同参与、多方互动的平台，对于推动我国保险市场的深化改革有着重要意义。

近年来，大数据、物联网、云计算等不断涌现的新技术为保险行业服务创新和高质量发展提供了无限可能。作为深耕保险科技赛道多年的企业，灵犀科技一直秉承"保障美好生活"的理念，积极发挥自身多年行业沉淀优势，聚焦保险产业数字化，从保险交易、理赔服务、智能客服、产品创新、科技赋能与生态建设等方面构建服务闭环，不断推动保险产业数字化创新和变革。

感谢《保险法评论》的出版，为我们提供了一个行业交流和展示平台，在保险科技的道路上，灵犀科技定会不忘初心，砥砺前行。

心有灵犀科技股份有限公司 CEO

出版贺词

祝贺《保险法评论 2022》与读者见面！

从 2008 年第一卷出版至今《保险法评论》已经走过了十五个春秋，十五年的坚守确实不是一件容易的事情，十五年的坚守体现了各位专家学者的使命担当，向你们致敬！

近年来，保险在推进国家治理体系和治理能力建设方面发挥的重要作用得到广泛认可，尤其是在参与社会治理、风险管理和防灾防损方面优势明显。2022 年 5 月中国银保监会明确提出保险业要立足新发展阶段，贯彻新发展理念，更好支持城市建设和社会治理。如何更好地把握保险业发展新机遇是业界、学界的共同关切，《保险法评论》关注行业动态，回应现实需求。

我所在的律师团队专注于保险领域的法律服务，高质量的法律服务必须坚持专业引领，《保险法评论》的诸多论文给予我们极大的启发，在此深表感谢！期待与《保险法评论》及各位编者、作者、读者有更多的交流互动，发挥各自优势，共同助力保险业发展。

专此祝贺！

中伦律师事务所合伙人：窦炎

目　录

保险合同法与保险创新问题研究

保险案例评析

监管与合规问题研究

信用保证保险专题研究

安全生产责任保险专题研究

海外保险最新动态

保险合同法与保险创新问题研究

论保险合同格式条款的裁判思维

张晗庆*

[摘　要]　保险合同由保险人提供格式条款而订立,为矫正双方当事人缔约能力的不对称,法律对保险合同格式条款予以特别规制。某一保险条款一旦被识别为格式条款,在发生纠纷后,就要由保险人一方首先承担举证责任,证明其履行了法律规定的义务。对于免责条款,保险人负有较一般格式条款更重的义务。因此,保险合同中格式条款的识别、免责条款的认定,以及免责条款的效力评价是审判实务中的热点难点问题,本文通过梳理、分析审判实践中存在认识分歧的格式条款,挖掘保险案件司法裁判背后的理念和价值衡量。

[关键词]　保险合同;格式条款;裁判理念

保险合同是典型的格式合同,缔约过程通常是一方当事人附合另一方所提供的格式文本。这种当事人为了重复使用而预先拟定,并在订立合同时未与对方协商的条款,法律将其定义为格式条款并予以规制。实务中,相当比例的保险纠纷是因格式条款而产生的争议。笔者拟从审判实践的角度出发,梳理哪些条款会被识别为格式条款,哪些条款会被认定为免责条款,哪些条款可能会被作出无效评价,并分析裁判者思考的轨迹,挖掘司法裁判之后隐含的利益权衡和价值判断。

一、对保险合同格式条款予以规制的理念

由保险人拟定格式条款,投保人做出"点菜式"决定,从效率的角度看,具有一定的合理性。那么,为何法律要对格式条款予以规制? 除了保护金融消费者的利益,天平的两端是否还有其他考量因素?

(一) 兼顾契约自由与契约正义

在契约自由原则下,合同的内容和形式都交由缔约双方选择。而契约正义则包含

---

*　张晗庆,法律硕士,南京市中级人民法院金融借贷审判庭副庭长。

以下两方面应有之义:

(1) 矫正双方当事人缔约能力的不对称。保险合同的一方是保险公司,另一方是金融消费者,而格式条款恰恰是由缔约能力较强的保险公司提供的。因此,《中华人民共和国保险法》(以下简称保险法)通过一系列条文为矫正保险合同双方能力不对称作出安排。保险法第十七条第一款规定了保险人的条款交付义务以及对合同内容的一般说明义务,第二款针对免责条款规定了保险人的提示和明确说明义务;第十九条规定了格式条款的无效情形。《最高人民法院关于适用〈中华人民共和国保险法〉若干问题的解释(二)》[以下简称保险法解释(二)]第九条规定了应当纳入免责条款的各种形式,第十一条、第十二条规定了提示和说明义务的履行方式。

(2) 保护当事人的合理信赖,投保人不应当因不能预见的情况而遭受不利益。投保人购买保险的目的是转移、分散特定的风险,签订了某一险种的保险合同,就对相应风险的转移享有合理期待,不能因为"躲在"角落的免责条款,导致投保人的合同目的落空。

(二) 尊重行政管理部门的监管要求,形成治理合力

保险是基于大数法则的互助关系实现经济补偿功能,更应该注重诚实信用交易。是否所有的风险都能通过投保而移转? 从投保人的角度,违法行为的成本不能通过购买保险而转嫁出去。如果违法行为没有成本,社会治理就会失灵。因此,"因违法犯罪行为引发的人身伤害保险人不负责赔偿"这类免责条款的效力应当得到肯定。从保险人的角度,保险产品日趋复杂,一个保险产品承保哪些风险,剔除了哪些风险,确定何种费率水平,应当是基于大数法则对每种风险发生的概率进行精算得出的。监管对保险人的要求一方面着眼于保护金融消费者的合法权益,另一方面着眼于防范机构的偿付风险。

二、保险合同中的格式条款辨析

由于法律对格式条款提供者课以特别的义务,某一保险条款一旦被识别为格式条款,在纠纷发生之后,就要由保险人一方首先承担举证责任,证明其履行了法律规定的义务。因此,在保险纠纷案件中,判断某个条款是否属于格式条款显得尤为重要。有观点认为,保险合同的文本是由保险人一方制作的,除了投保人、被保险人信息,以及保险期间和保费金额之外,都属于格式条款。这种判断过于武断,没有抓住格式条款"为重复使用而预先拟定""未经协商"这两个本质特征。试举两例加以探讨:

(一) "零时起保"是否属于格式条款

案例一:投保人张某某于 2014 年 1 月 7 日为其名下货车投保交强险和商业三者险,14 时 6 分交纳保费并打印保险单,载明保险期间为 2014 年 1 月 8 日 0 时起

至 2015 年 1 月 7 日 24 时止。当天 18 时 5 分发生交通事故。保险人拒赔后,产生纠纷。该案审理中,有观点认为:"次日零时生效"条款是保险公司预先拟定的,属格式条款,在保险公司没有特别提示的情况下,投保人会认为交纳保费时保单即时生效。"次日零时生效"条款排除了投保人从缴纳保费到起保时间之间可能获得期待利益的权利,排除了投保人选择保单即时生效的权利。因此,该条款应为无效。

类似纠纷不止一起,审判实务中观点不尽一致。2017 年,四川省高级人民法院在处理类似纠纷时,层次分明地论述了这个问题:首先,交强险合同中的保险期间条款不属于格式条款。虽然保单中保险期间条款事先打印了"×年×月×日 0 时起"字样,但其中的具体时点需要投保人现场填写打印。保险期间并非保险公司事先拟定,而是在投保时根据双方的协商结果现场确定,既可以采取投保次日零时起生效的方式,也可以根据投保人的要求即时生效。其次,保险期间条款不属于免责条款。若保险期间从投保次日零时起计算,虽然投保人在保单未正式生效前的时段内得不到保障,但失效时点亦相应延后,并未缩短保险公司的责任期间。再次,交强险合同中关于"保险期间"的约定不属于保险公司应尽特别提示说明义务的条款。最后,保险合同的当事人可以协商一致约定保险合同生效期间,因没有证据显示在签订合同当时投保人曾对保险期间条款提出异议,其交纳保费,应当视为双方就合同生效期间达成了一致意见。[1]

笔者同意第二种观点,司法实践对"零时起保"条款不属于格式条款的认识也渐趋一致。回顾规则形成过程中曾经出现的分歧,值得反思的是为什么有观点认为该条款应作为格式条款予以规制。因为很多情况下,保险期间是保险人或其代理人根据投保人的交费时间,在制作保单时直接填入的,有些粗心的投保人没有意识到这其中可能存在空档期,空档期也有可能发生风险,所以法官裁判时会觉得投保人比较"冤"。但这种情况不应当通过将保险期间定性为格式条款予以救济,如果投保人确能证明保险人或者其代理人存在过错,可以另寻救济途径。实践中亦有相应的案例,并推动了规则的形成。如重庆市高级人民法院 2017 年 4 月 20 日印发的《关于保险合同纠纷法律适用问题的解答》第五条规定:交强险和商业三者险合同中约定"保险期间自×年×月×日零时起",该条款属于保险法第十八条第一款第五项规定的"保险期间和保险责任开始时间"条款,系保险合同的责任范围条款,不属于免责条款,不应以保险人未尽到提示义务或明确说明义务为由否定其效力。保险人对首次投保或已脱保机动车适用"保险期间自×年×月×日零时起"条款,致使被保险人产生损失的,被保险人可在责任保险限额范围内请求保险人承担与其过错程度相适应的赔偿责任。[2]

---

[1]　参见四川省高级人民法院(2017)川民申 4770 号民事判决书。

[2]　参见《重庆市高级人民法院关于保险合同纠纷法律适用问题的解答》,载微信公众号"审判研究",2017 年 4 月 20 日。

(二)"询问事项清单"是否属于格式条款

保险人展业时,为准确评估保险标的或者被保险人的相关情况,通常会事先拟定询问事项清单,大部分事先拟定的询问事项要求投保人通过回答"是""否"或者在相应栏目打钩的方式作出回答。询问事项内容较多,而且常常涉及专业术语,普通投保人难以完全理解。值得思考的是,这种事先拟定的"询问事项清单"是否属于格式条款。

　　案例二:2016 年 2 月 23 日,闫某某以自己为被保险人向某保险公司投保了终身重大疾病保险,合同次日零时生效。闫某某投保时填写了健康告知书,第 3 项为"您是否曾经接受住院治疗、正在或准备就医?是否曾经、正在、准备接受药物、手术或其他治疗?是否曾经发现任何化验检查异常……"第 5.7 项为"内分泌、代谢疾病:尿糖阳性、糖尿病、糖耐量异常、痛风、高尿酸血症、肢端肥大症、垂体机能亢进或低下、甲状腺或甲状旁腺机能亢进或低下、肾上腺机能亢进或低下",第 5.8 项为"肿瘤:癌症、肿瘤、肿块、包块、息肉、囊肿、赘生物",闫某某均选择否。保险条款约定:"我方提出的询问,您应当如实告知;如果故意或者因重大过失未履行前款规定的如实告知义务,足以影响我方决定是否同意承保或者提高保险费率的,我方有权解除本合同。"2016 年 7 月 21 日,闫某某体检发现甲状腺左侧包块;7 月 25 日,经穿刺涂片检查结果为"甲状腺左叶肿块",临床高度怀疑为甲状腺乳头状癌;8 月 11 日,闫某某接受甲状腺全切除术,最后诊断为左侧甲状腺微小乳头状癌。2016 年 9 月 5 日,闫某某向保险公司申请理赔,保险公司审核时发现闫某某投保前曾于 2015 年 10 月做过体检,要求闫某某提交体检报告,该体检报告检查综述:甲状腺右侧叶滤泡囊肿,甲状腺左侧叶结节伴粗大钙化,建议甲状腺外科进一步检查治疗。保险公司据此认为闫某某投保时未如实告知,决定不予理赔。

法院经审理认为:本案中,保险公司认为闫某某对人身投保单询问事项第 3 条、第 5.7 条、第 5.8 条的询问内容未履行如实告知义务。询问事项第 3 条内容为"是否曾经发现任何化验检查异常",病人就医时化验检查已成为当前医疗机构诊断病情的常见手段,诸如感冒、发烧等常见病情的化验结果均有可能异常,若以所有的化验检查异常作为询问事项太过宽泛,保险公司依据该条认定投保人未履行如实告知义务,缺乏依据。询问事项第 5.7 条为"内分泌、代谢疾病:尿糖阳性、糖尿病、糖耐量异常、痛风、高尿酸血症、肢端肥大症、垂体机能亢进或低下、甲状腺或甲状旁腺机能亢进或低下、肾上腺机能亢进或低下"。闫某某体检中发现甲状腺右侧有囊肿、左侧粗大钙化,与该项中甲状腺或甲状旁腺机能亢进或低下并非同一事项,闫某某对该事项作出否定回答未违反如实告知义务。询问事项第 5.8 条为"肿瘤:癌症、肿瘤、肿块、包块、息肉、囊肿、赘生物"。保险公司认为闫某某甲状腺右侧叶滤泡囊肿、甲状腺左侧结节属包块,应如实告知;闫某某则认为,其当时没有肿瘤,不可能对肿瘤项下内容作肯定回答,且其甲状腺囊肿在右侧,而发生癌变的是甲状腺左侧。双方对该询问内容理解存在分歧,从 5.8 条字面意思上应理解为肿瘤项下是否存在上述病变,故保险公司认为闫某某没有履行如实告知义务缺乏依据。[1]

目前,大部分健康险保险合同都将询问事项及投保人的健康告知作为合同的一部分。笔者认为,对"询问事项清单"的评判应区分情况:如果询问事项笼统概括,导致投保人无法针对性地履行告知义务,不能据此认定投保人未尽如实告知义务;如果询问事项晦涩难懂,投保人仅凭常识难以界定问题的内涵和外延,则保险人或者保险人的代理人应当对所询问的问题作出普通人能够理解的说明,否则,不能认定投保人对所询问事项未尽如实告知义务。

三、格式条款中免责条款的识别

免责条款是指保险合同中限制、减轻、免除保险人义务的条款,包括两种情形:一是被保险责任范围条款圈入的风险,对某些特定事由引发的保险事故约定免除或部分免除保险人的义务;二是本来就不在保险责任范围条款内的风险,但实践中易生争议,通过免责条款将其明确别除在外。根据保险法第十七条的规定,保险人对免责条款负有较一般格式条款更重的义务。因此,确定保险人对合同中的某一条款应当履行一般说明义务还是明确说明义务,需先判别该条款是不是免责条款。

(一)保险人享有合同解除权是否属于免责条款

保险法解释(二)第九条第二款规定:保险人因投保人、被保险人违反法定或者约定义务,享有解除合同权利的条款,不属于保险法第十七条第二款规定的"免除保险人责任的条款"。规则已然明确,但具体适用时,仍存在容易混淆的情形。如近来屡屡引发纠纷的私家车从事网约车服务发生交通事故被拒赔的情况,审判实践中就有不同认识。有观点认为该条款属于免责条款,笔者认为,该条款是合同约定的违约救济权利,不属于免责条款,结合案例予以说明。

案例三:尹某某为其名下小型客车投保了机动车损失险,保险期间为 2017 年 3 月 12 日至 2018 年 3 月 11 日,使用性质为家庭自用。2018 年 1 月,尹某某注册滴滴出行账户,绑定该小型客车。2018 年 3 月 4 日 1 时 30 分,尹某某驾驶该车辆发生交通事故,经交警部门认定负事故全部责任。事故前最后一笔订单完成时间为 2018 年 3 月 4 日 1 时 9 分 18 秒。尹某某向保险公司申请理赔被拒,引发纠纷。

法院经审理认为:尹某某投保时约定被保险车辆的使用性质为家庭自用,而在实际使用过程中却从事网约车服务,擅自改变了车辆的非营运性质,这种改变具有持续性,

---

① 参见江苏省南京市中级人民法院(2017)苏 01 民终 8306 号民事判决书。

并非一时变化,导致被保险车辆危险程度显著增加,而尹某某未依照法律规定及时通知保险人,且事故发生在尹某某最后一单网约车服务结束不久的凌晨一点多钟,即使如尹某某陈述,其正在回家的路上,亦不能排除其在凌晨从事网约车服务,影响了驾驶状态,导致事故发生的风险增加。尹某某擅自改变车辆使用性质使得保险标的危险程度显著增加,但未及时通知保险人,故保险公司在商业险范围内不承担赔偿责任。①

(二)等待期条款是否属于免责条款

等待期又称观察期,是健康险中常见的格式条款,通常表述为保险合同生效后一段期间内发生的特定保险事故,保险人不负责赔偿。在综合性人身保险合同中,等待期的约定一般针对重大疾病,意外伤害则不适用。示例:"从本合同生效或最后复效之日起180天内,被保险人因疾病导致下列情形之一的:① 身故;② 首次患本合同约定的重大疾病。保险人不承担保险责任,无息返还已交保费,本合同效力终止。因意外伤害发生上述情形之一的,无等待期。"②

关于等待期条款是否属于免责条款,实务中有两种观点。一种观点认为,等待期条款是对保险人承担特定风险起始时间的约定,是保险人为了防止投保人"带病投保"而作的特别约定,具有合理性,不属于免责条款。另一种观点认为,保险合同已经成立生效,保险人通过格式条款规定"等待期",排除保险人对等待期内发生的部分或全部承保风险的理赔义务,属于免责条款。

笔者同意第二种观点,理由如下:如果投保人"带病投保"未履行如实告知义务,保险人依法有权拒绝赔偿,但保险人需举证证明投保人"带病投保"的事实。而通过格式条款约定"等待期",排除对等待期内发生的承保风险的理赔责任,保险人规避了自身的举证责任,却使投保人享有的保障期间缩短("等待期"往往不仅包括合同生效后的一定期间,也包括合同中止又复效情形下,复效后的一段期间),这种为了减轻保险人负担而设计的条款,应当识别为免责条款,由保险人承担提示和明确说明义务。保险法解释(二)第九条第一款规定:"保险人提供的格式合同文本中的责任免除条款、免赔额、免赔率、比例赔付或者给付等免除或者减轻保险人责任的条款,可以认定为保险法第十七条第二款规定的'免除保险人责任的条款'。"《最高人民法院关于保险法司法解释(二)理解与适用》中进一步阐明:"本规定虽然对免除保险人责任条款进行列举,但并非封闭性的,除了本规定列举的以上条款外,仍可能存在其他免除保险人责任的条款,需要结合保险条款中的相关内容判断其是否实质上减轻或免除保险人责任。"③根据上述指引,等待期条款应归为免责条款。

---

① 参见江苏省南京市中级人民法院(2019)苏 01 民终 3514 号民事判决书。
② 参见弘康人寿保险股份有限公司《多倍保重大疾病保险条款》。
③ 最高人民法院民事审判第二庭编著:《最高人民法院关于保险法司法解释(二)理解与适用》,人民法院出版社 2015 年版,第 235 页。

（三）约定鉴定标准是否属于免责条款

人身险保险条款涉及伤残评定时，经常援用《人身保险伤残评定标准》，该标准由中国保险行业协会与中国法医学会于 2013 年 6 月 8 日联合发布。实践中，容易发生争议的情形是雇主为雇员投保的团体意外伤害险，如果被保险人是在工作中受伤出险，一般倾向于走工伤鉴定程序，并以《职工工伤与职业病致残等级》作为评定标准。原因在于《职工工伤与职业病致残等级》更加关注工伤事故中发生概率较大的损伤以及常见的职业病类型。因为两个标准存在差别，某些伤情，如手部损伤，依据不同标准评定的伤残等级会有差异，甚至出现依照《职工工伤与职业病致残程度鉴定标准》鉴定构成伤残，而根据《人身保险伤残评定标准》鉴定不构成伤残的情况。

问题是，保险合同中约定的"保险人按《人身保险伤残评定标准》所对应伤残等级的给付比例乘以保险金额给付残疾保险金"是否属于免责条款？笔者持否定态度，结合案例予以阐述。

> 案例四：2014 年 2 月 19 日，某置业公司向某保险公司投保了建筑施工人员团体意外伤害保险，被保险人为其施工人员，保险期间为 2014 年 2 月 20 日 0 时至 2016 年 6 月 19 日 24 时止。保险条款第 2.1.2 条约定："在保险期间内被保险人遭受意外伤害，并自该意外伤害发生之日起 180 日内因该意外伤害造成本保险合同所附《人身保险伤残评定标准》所列伤残程度之一的，保险人按《人身保险伤残评定标准》所对应伤残等级的给付比例乘以保险金额给付残疾保险金……"2014 年 7 月 20 日上午，投保人的雇员赵某某在施工中右手手指不慎被电锯割伤，就医诊断为：① 左手食指、中指、环指、小指切割伤；② 左手中指不全离断；③ 左手环指中节指骨头骨折，肌腱断裂；④ 左手食指末节软组织缺损。2015 年 4 月 17 日，当地人力资源和社会保障局认定赵某某受到的事故伤害为工伤，随后，当地劳动能力鉴定委员会根据《职工工伤与职业病致残等级》(GB/T 16180—2014) 标准，鉴定赵某某致残程度为十级伤残。诉讼中，保险人主张赵某某按照《人身保险伤残评定标准》重新鉴定，赵某某予以拒绝。

审理法院采纳了保险人拒赔的抗辩意见，理由如下：首先，案涉保险条款第 2.1.2 条系对保险公司在何种情况下承担残疾保险金的具体约定，根据《人身保险伤残评定标准》的规定，人身保险伤残程度分为一至十级，保险金给付比例分为 100% 至 10%，即基于伤残程度的轻重确定保险金的给付比例，并未产生限制或损害被保险人权益的情形，该条款为确定保险人责任范围的条款，而非免除保险人责任的条款。其次，案涉保险条款明确约定被保险人的伤残评定标准应为《人身保险伤残评定标准》，与《职工工伤与职业病致残等级》相较，两者的鉴定技术标准因为适用范围不同，势必各有侧重，因此赵某某根据《职工工伤与职业病致残等级》标准评定的伤残等级向保险人主张保险金，不符合合同约定。[1]

---

① 参见江苏省南京市中级人民法院 (2016) 苏 01 民终 4704 号民事判决书。

（四）折旧计算方法是否属于免责条款

保险合同中的折旧计算方法,是指确定保险标的在发生保险事故时实际价值的方法。当保险标的发生保险事故时,被保险人能够获得的保险金补偿不应超过保险标的的实际价值,这符合损失补偿原则,应无疑义。为何车损险实务中按照保险标的实际价值赔付条款以及确定实际价值的折旧计算方法会引发争议呢? 原因在于有些保险合同中,投保人是按新车购置价确定保险金额并交纳保费的,但合同约定当保险标的全损时只能按照折旧公式计算出的实际价值理赔。对此,投保人认为,按照折旧公式计算出的价值赔付而非全额赔付,属于比例赔付,应认定为免责条款,且保险人"高保低赔",违反公平原则。保险人则认为,按照新车购置价确定保险金额,当保险标的发生部分损失需要更换零部件时,保险人可以照价赔付,有利于投保人,但在保险标的全损时,只能按照实际价值赔付,这既符合双方约定,也符合损失补偿原则。

两方的观点各有其合理部分,应当如何评判? 还是援引一则案例的判决理由说明笔者的观点:案涉车辆损失保险合同约定,保险金额可以按投保时被保险机动车的新车购置价、实际价值确定,或在投保时被保险机动车的新车购置价内协商,保险人应当根据确定保险金额的不同方式承担约定的赔偿责任。案涉保险合同系按新车购置价21万元确定保险金额,根据保险条款关于车辆实际价值以及折旧率、折旧计算方法的约定,保险事故发生时被保险车辆的实际价值为4.2万元。保险人对被保险车辆定损的金额以及投保人主张的维修费金额,均超过事故发生时被保险车辆的实际价值,应当推定该车辆全损。保险条款约定,发生全部损失时,在保险金额内计算赔偿,保险金额高于保险事故发生时被保险机动车实际价值的,按保险事故发生时车辆的实际价值计算赔偿。保险人主张按保险事故发生时车辆的实际价值赔偿保险金,符合该条约定。投保人以案涉保险金额按新车购置价确定为由,要求保险人按超过实际价值的维修费赔偿保险金,有违财产保险的损失填补原则,不予支持。投保人与保险人对案涉被保险车辆按新车购置价确定保险金额,违反了保险法第五十五条第三款的规定,保险金额超过车辆实际价值的部分无效,保险人应当退还相应保费。[①]

（五）对非保险专业术语作出定义是否属于免责条款

保险法解释(二)第十七条规定:"保险人在其提供的保险合同中对非保险专业术语所作的解释符合专业意义,或者虽不符合专业意义,但有利于投保人、被保险人或者受益人的,人民法院应予认可。"该条明确了保险条款对非保险专业术语所作的解释在什么情况下应予认可,但如果保险条款对非保险专业术语所作的解释不利于投保人、被保险人和受益人,又该如何评判? 比如对某种疾病作限缩性解释,示例:"心脏病(心肌梗死),指因冠状动脉阻塞而导致部分心肌坏死,诊断必须同时具备下列条件:① 新近显

---

① 参见江苏省南京市中级人民法院(2017)苏 01 民终 2916 号民事判决书。

示心肌梗死变异心电图;② 血液内心脏酶素含量异常增加;③ 典型的胸痛病状(但心绞痛不在本合同保障范围)。"

对此,司法实务中存在两种裁判思路:① 将其视为免责条款,未经提示和明确说明不发生效力;② 根据疑义条款不利解释原则或合理期待原则,作有利于投保人、被保险人或者受益人的解释。

南京中院在审理一起健康保险合同纠纷时认为,保险法解释(二)第十七条规定,保险公司应当对其保险合同格式条款中所涉及的非保险术语作出特别说明,主要原因在于保险合同一般是由保险公司单方提供,条文众多、内容复杂,投保人常常难以读懂,而保险合同中的一些专业术语、复杂概念往往具有特定含义,与普通人的通常理解并不一致,因此保险公司有义务将专业术语在特定行业中的具体内容及含义向投保人作出通常人能够理解的说明,未作明确说明的,该条款不产生效力。① 该判决实则采纳了第一种裁判思路。笔者认为,如果保险人对非保险术语所作解释与专业意义不尽一致且不利于投保人、被保险人或者受益人,又未尽提示和说明义务,而投保人依据其对专业术语的一般理解及抱有的期待签订了保险合同,则应保护投保人的合理期待。

四、对免责条款的效力评价
——以"营运车辆无从业资格证免赔"条款为例

免责条款关乎保险合同的双方利益。对保险人来说,将出险概率高、承保不经济的风险排除在保险责任范围之外,将理赔中容易产生争议的风险事件明确别除在外,可以科学厘定费率,降低运营成本。对投保人和被保险人来说,免责条款和保险责任范围条款共同确定其享有的保障范围,投保人支付保费应当获得相应保障,不能因为合同条款中有"坑"导致其遭受不利益。正因如此,对免责条款的评价更应当抱持依法和中立的态度。实务中,被司法认定为无效的免责条款并不多,但也有一些条款的效力问题在实务中引发了讨论,"营运车辆无从业资格证免赔条款"就是一例典型。

该条款是机动车车辆损失险和第三者责任险中的常见条款,内容为:"驾驶出租机动车或营业性机动车无交通运输管理部门核发的许可证书或其他必备证书,不论任何原因造成人身伤亡、财产损失和费用,保险人均不负责赔偿。"当营运车辆发生保险事故时,若驾驶员没有取得从业资格证,保险人会依据上述条款拒赔,从而引发纠纷。纠纷的焦点集中在该条款的效力认定上,大致存在三种观点:

(1)该条款有效。理由为:根据交通运输部《道路运输从业人员管理规定》第六条,国家对经营性道路客货运输驾驶员、道路危险货物运输从业人员实行从业资格考试制度。经营性道路客货运输驾驶员和道路危险货物运输从业人员必须取得相应从业资格,方可从事相应的道路运输活动。道路运输从业人员从事的是特定岗位,必须具备相

---

① 参见江苏省南京市中级人民法院(2019)苏 01 民终 517 号民事判决书。

应的职业素质,若未取得相应从业资格就从事客货运输,势必会增加发生事故的概率以及保险风险。保险公司将未取得运输从业人员资格证的驾驶员驾驶营业性机动车造成的损失作为免责条款,不属于免除其依法承担的义务或者加重投保人、被保险人责任的情况。

(2)保险人未履行提示说明义务,该条款不发生效力。理由为:保险人在订立保险合同时必须向投保人就责任免除条款的概念、内容及其法律后果以书面或者口头形式作出常人能够理解的解释说明,否则该免责条款不产生效力。尽管该免责条款文字已经加粗加黑,但"许可证书或其他必备证书"的含义不清,未明确驾驶人应当取得何种证书,难以认定保险人已就投保人必须取得道路运输从业人员资格证履行了明确说明义务。故上述免责条款对投保人不发生效力。

(3)该条款无效。理由为:虽然国家对经营性道路客货运输驾驶员等人员实行从业资格考试制度,但该规定并不属于法律、行政法规的强制性规定。驾驶员持有准驾车型的驾驶证,表明其具有相应车型的准驾资格,属于合法驾驶人,并无证据证明没有从业资格证显著增加了承保车辆运行的危险程度。保险人以事先拟定的格式条款对被保险人及交通事故受害人设置索赔条件,限缩其赔偿责任范围,加重被保险人责任,该条款无效。

笔者认为,出现分歧的原因在于以下几个方面:

第一,对条款表述是否明确的认识不同。一方观点认为,保险人将违反法律、行政法规强制性规定的情形作为免责事由[即使相关规定不属于禁止性规定,也属于管理性强制性规定,违反该规定可参照适用保险法解释(二)第十条],应当向投保人进行提示,但无须再作明确解释说明,从事经营性道路运输的投保人,对于主管部门的要求是明知的。另一方则认为,"交通运输管理部门核发的许可证书或其他必备证书"含义不清、指向不明,未明确驾驶人必须取得何种证书,保险人应当履行明确说明义务。

第二,对驾驶员无从业资格证是否显著增加风险的认识不同。一方观点认为,根据《中华人民共和国道路运输条例》、交通运输部《道路运输从业人员管理规定》,从事经营性道路运输需具备一定的条件,取得从业资格证须经考试合格,说明从事经营性道路运输需具备相应的职业素质,不具备相应职业素质应当推定会增加风险。另一方则认为,驾驶员具有相应车型驾驶证就是合法驾驶,保险人主张驾驶员没有从业资格证会显著增加风险,应当举证予以证明,仅凭驾驶员无从业资格证不能证明风险显著增加。

第三,不同案由的纠纷,裁判者面临的利益衡量不同。车损险纠纷中,法官倾向于尊重行政管理部门对经营性道路运输的管理要求,通过让不遵守监管要求的投保人负担风险,与行政管理部门形成治理合力。而交通事故损害赔偿责任纠纷中,该条款出现在交强险和三者险中,为保障交通事故中的伤者不会因肇事者没有赔偿能力而得不到赔偿,法官对保险人援引该条款主张免责持从严态度。这一价值权衡恰有可能是观点分歧背后最重要的原因。正如波斯纳所言,在许多案件中,法官将不得不接受一个合乎情理的、一个说得通的结果,而并非得出一个可论证、无可辩驳且"逻辑上"正确的结果。什么才合乎情理,什么才说得通,这常常取决于道德感觉、常识、同情,以及其他不易转换成可测度后果算计的思想感情成分。①

　　随着 2019 年 3 月 18 日第三次修订的《中华人民共和国道路运输条例》实施,行政主管部门对于总质量 4500 千克及以下普通货运车辆的管理已发生变化,取消了驾驶员的考试要求以及道路运输经营许可证、车辆营运证,围绕"营运车辆无从业资格证免赔条款"的分歧在一定范围内会随之消解。对于 4500 千克以上的普通货物运输和经营性客运,如保险事故发生时驾驶员未取得从业资格证,又将如何处理? 为消除分歧、统一认识,人民法院也在不断努力,如江苏省高院民一庭于 2019 年 11 月 11 日印发了《关于准确理解商业第三者责任保险合同"许可证"免责条款有关问题的通知》,第二条规定:"对于客运车辆、总质量 4500 千克以上的普通货运车辆和危险货物运输车辆,保险公司提交证据证明其对该免责条款已尽到充分提示和明确说明义务的,免责条款有效。保险公司据此主张免责的,应予支持。提示义务是指保险公司以加粗加黑等足以引人注意的方式提醒投保人注意相关免责条款的内容。……说明义务是指保险人向投保人明确说明主管部门核发的具体证书的种类和名称并经投保人确认,不能以有关部门核发的必备证书、资格证书、相关证书等不明确的表述替代。"②上述通知对辖区内统一裁判尺度发挥了积极作用。

五、结　语

　　保险法领域是最早对格式条款问题进行研究并总结形成规则,进而推动行业自律和发展的领域。随着《中华人民共和国民法典》的实施,法律对格式条款的规范将推而广之在更多合同中予以体现,核心就在"公平"二字。提供格式条款的一方应当遵循公平原则确定当事人之间的权利义务,对于与对方有重大利害关系的条款应当尽到相应的提示说明义务,不合理地免除或减轻自己的责任加重对方的责任,法律将给予无效评价,这都是社会主义核心价值观在法律中的体现,应当成为人们在通过格式条款订立合同时的共识。

　　随着新技术革命的推进,人类社会日新月异,面临的风险越来越多,人们分散风险的意识也越来越强,保险业将迎来新的发展机遇。同时,在我国加快金融业对外开放的背景下,境内机构将面临严峻的挑战,所以特别需要更新理念、创新产品,赢得客户的信赖,减少纠纷的发生,提高自身竞争力。在此过程中,尤其需要法律的规范和支持,希望司法能够对保险业的发展起到助推作用。

---

① ［美］理查德·波斯纳:《波斯纳法官司法反思录》,苏力译,北京大学出版社 2014 年版,第 8 页。
② 参见江苏省高级人民法院苏高法〔2019〕761 号文。

财产保险中保险金请求权转让问题研究

沈超彦*

[摘　要]　笔者在审判工作中发现同一自然人多次受让他人车辆的车损险保险金请求权后提起诉讼,引起了笔者对财产保险中保险金请求权转让问题的思考。本文首先对财产保险金请求权转让的法律性质进行了分析,根据《中华人民共和国民法典》(以下简称民法典)第五百四十五条的规定,结合财产保险金请求权的性质,得出财产保险金请求权转让我国法律并不禁止的结论。其次对保险金请求权转让的立法及司法现状进行了梳理,发现现行法律、行政法规、部门规章或司法解释中对保险金请求权并无具体的限制性规定,但在司法实践中基于保险金请求权转让的保险合同纠纷案件逐渐增多。再次对财产保险金请求权转让制度缺失的现实风险进行了分析,主要为:① 会削弱对洗钱犯罪活动的打击力度;② 违反保险损失填补原则,易引发违法行为;③ 在诉讼中容易产生虚假陈述或伪造证据行为,也容易引发后续诉讼,增加司法成本。最后笔者对财产保险金请求权受让主体制度构建进行设想,笔者认为保险金请求权受让主体应当以法人或非法人组织的形式为主,尽量限制个人从事该经营行为,可以有效控制上述风险。一方面法人或非法人组织更能满足市场准入、接受监督和履行义务的要求,才能有效地打击洗钱犯罪。另一方面法人或非法人组织更容易获得合法的营利渠道,以保证行业的健康发展。笔者的立法构想是将财产保险金请求权受让机构直接纳入保险经纪人的规定之中,如此可以在对保险法律体系进行最小变动的情况下将财产保险金请求权受让机构纳入保险法律体系规制之下。

一、问题的提出

近期,笔者受理了一个财产保险合同纠纷案件,系基于一个单方交通事故引起的保险索赔案件。原告王某并非车主本人,而是通过债权转让的方式取得保险金请求权,进而向法院提起诉讼。经查询关联案件,笔者发现王某已三次提起类似诉讼,各次诉讼中案涉车辆的车主是完全无关联性的法人或个人,唯一的共同点是案涉车辆均在同一汽修厂维修。虽王某本人向法院陈述其与车主是朋友关系,但笔者推测王某系从事相关

---

*　沈超彦:江苏省常州市中级人民法院民事审判第二庭一级员额法官。

经营活动、从财产保险金请求权转让中获益的可能性更大。本案引起了笔者的思考,本文即由此而来。

二、财产保险金请求权转让的法律性质分析

保险金请求权也可称之为保险索赔权。从保险法理论上来说,财产保险合同中,在保险事故发生前,保险索赔权属于期待权,而该期待权没有"交换"的价值,因此被保险人不得将之让与他人或者为他人设定担保。但是在保事故发生后,保险索赔权为具有"交换"价值的既得权,保险单因此具有现金价值,按照合同权利转让的相关规定,被保险人可以将之让与他人或者为自己或他人设定担保。[①]

实践中发生的财产保险金请求权转让,是被保险人在保险事故发生后,将其财产保险金请求权有偿地转让给受让人,由受让人以财产保险金请求权人的身份向保险人主张权利。财产保险金请求权是一种债权,其能否转让,应适用我国法律中有关债权转让的规定。民法典第五百四十五条规定:"债权人可以将债权的全部或者部分转让给第三人,但是有下列情形之一的除外:(一)根据债权性质不得转让;(二)按照当事人约定不得转让;(三)依照法律规定不得转让。当事人约定非金钱债权不得转让的,不得对抗善意第三人。当事人约定金钱债权不得转让的,不得对抗第三人。"经笔者检索,我国现行法律中未有直接禁止财产保险金请求权转让的相关规定,故根据上述规定,在财产保险合同未约定保险金请求权不得转让的情况下,财产保险金请求权能否转让取决于其债权性质。学界认为,根据合同性质不得转让的权利主要是指以下债权:一是基于个人信任关系而发生的债权,如雇佣、委托、租赁等,这类债权是建立在特定当事人之间的信赖关系,具有强烈的人身性,所以不得转让;二是专为特定债权人利益而存在的债权,例如专门为特定人绘肖像画的合同,此种债权如果发生转让,将导致合同内容的变化,从而使合同丧失了同一性,因而不可转让;三是不作为债权;四是属于从权利的债权。[②]显然,人身保险中以被保险人的身体或生命为载体的保险金请求权属于上述不得转让的债权范围,而财产保险金请求权转让则不在此限。因此,财产保险金请求权转让我国法律并不禁止。

三、保险金请求权转让的立法及司法现状

《中华人民共和国保险法》(以下简称保险法)第二十二条规定"保险事故发生后,按照保险合同请求保险人赔偿或者给付保险金时,投保人、被保险人或者受益人应当向保险人提供其所能提供的与确认保险事故的性质、原因、损失程度等有关的证明和资料。

① 吴庆宝:《保险诉讼原理与判例》,人民法院出版社2005年版,第456页。
② 申卫星:《试论合同权利转让的条件》,《法律科学》1999年第5期,第96页。

保险人按照合同的约定,认为有关的证明和资料不完整的,应当及时一次性通知投保人、被保险人或者受益人补充提供。"该条文规定的是被保险人或受益人在保险事故发生后如何向保险人索赔。保险法第二十三条规定"保险人收到被保险人或者受益人的赔偿或者给付保险金的请求后,应当及时作出核定;情形复杂的,应当在三十日内作出核定,但合同另有约定的除外。保险人应当将核定结果通知被保险人或者受益人;对属于保险责任的,在与被保险人或者受益人达成赔偿或者给付保险金的协议后十日内,履行赔偿或者给付保险金义务。保险合同对赔偿或者给付保险金的期限有约定的,保险人应当按照约定履行赔偿或者给付保险金义务。保险人未及时履行前款规定义务的,除支付保险金外,应当赔偿被保险人或者受益人因此受到的损失。任何单位和个人不得非法干预保险人履行赔偿或者给付保险金的义务,也不得限制被保险人或者受益人取得保险金的权利。"该条文规定的是保险人受理被保险人或者受益人的索赔后应当及时理赔及如何履行理赔义务。但是,上述条款中并未对保险金请求权的转让作出明确规定。《最高人民法院关于适用〈中华人民共和国保险法〉若干问题的解释(三)》第十三条规定:"保险事故发生后,受益人将与本次保险事故相对应的全部或者部分保险金请求权转让给第三人,当事人主张该转让行为有效的,人民法院应予支持,但根据合同性质、当事人约定或者法律规定不得转让的除外。"该司法解释条文对人身保险金请求权转让进行了部分肯定。但笔者并未检索到其他法律、行政法规、部门规章或司法解释中对保险金请求权有更具体的限制性规定。也就是说,立法机关对此不置可否,而司法实践中虽予以准许但未有具体限制,针对财产保险金请求权转让的经营行为仍处于野蛮生长状态。

笔者查阅了相关资料,2004 年 4 月,河南郑州的一家保险索赔公司领取了营业执照(无法确认是不是首家)。此后,上海、广东等多地也出现了保险索赔公司。笔者所在的常州市也有为数不多的几家保险索赔咨询公司。经查阅这些公司的工商登记信息,它们的营业范围多仅限于代办保险索赔或者保险索赔咨询,并无受让保险金请求权一项。但在司法实践中,基于保险金请求权转让的保险合同纠纷案件逐渐增多,甚至于在有些法院受理的保险合同纠纷案件中,保险金请求权受让人作为原告起诉保险人的案件竟占了 50.5%[1]。如同前述笔者受理的案件中,王某个人即很可能在实际从事保险金请求权受让的经营行为,但其在诉讼中对此并不承认,显然其经营行为并不在市场监督部门或税务部门的监管之下。保险索赔行业的兴起已是事实,但法律对财产保险金请求权转让的具体规制的缺失令人担忧。

---

[1] 在 2008 年由浙江省高院以及浙江省保监局联合召开的"交通事故中的保险责任"研讨会上,金华市金东区人民法院在作保险合同案件审理情况汇报时指出,2008 年 1—9 月,其受理的 222 件保险合同纠纷案件中,索赔权受让人作为原告起诉保险人的案件占了 50.5%。

四、财产保险金请求权转让制度缺失的现实风险

（1）财产保险金请求权转让制度缺失，会削弱对洗钱犯罪活动的打击力度。在2007年1月1日《中华人民共和国反洗钱法》颁布实施后，中国保监会陆续下发了《关于贯彻落实〈反洗钱法〉防范保险业洗钱风险的通知》《关于加强保险业反洗钱工作的通知》《保险业反洗钱工作管理办法》《保险机构洗钱和恐怖融资风险评估及客户分类管理指引》等一系列文件，要求保险业建立健全反洗钱组织机构和内部控制制度，采取客户尽职调查，保存交易记录，建立可疑交易报告制度，在审计、内部控制或人力资源等制度中加入反洗钱等相关内容等一系列措施，并从保险市场准入阶段即建立反洗钱审查制度。实践中，财产保险金请求权的受让人主要是游离于保险监管之外的保险索赔公司以及经营该业务的个人，银保监会的约束机制对其无法适用，保险索赔公司以及经营该业务的个人没有法定义务对财产保险金请求权转让人即被保险人的身份进行甄别，在此情况下受让权利后直接向保险公司索赔时，保险公司就难以对索赔人和被保险人之间的关系进行确认。若此种情况大量存在，保险公司在反洗钱活动中的作用必然会受到很大限制，由此必将削弱对洗钱犯罪活动的打击力度。

（2）财产保险金请求权转让制度缺失，违反保险损失填补原则，易引发违法行为。保险损失填补原则是指在保险事故发生后，被保险人从保险人处得到的赔偿正好可以填补被保险人因保险事故造成的保额范围内的损失。根据该原则，被保险人从保险人处获得的理赔款应与其因保险事故所造成的财产损失相当。而财产保险金请求权的受让往往是一种经营行为，经营必须要有收益。财产保险金请求权的受让人从被保险人处受让权利时一般需要付出不低于或不显著低于被保险人财产损失的对价，否则作为一般理性人的被保险人没有必要将财产保险金请求权让与受让人。但理论上，通过理赔取得的保险金不会高于被保险人的实际损失。在此情况下受让人的收益如何取得？笔者认为无非两方面，减少支出或增加收入。以笔者前述案件为例，王某一般会以为车主免费维修车辆为对价受让保险金请求权，减少维修车辆的支出有合法途径也有非法途径。合法途径是通过增加维修车辆数量的方式取得折扣价收益，即所谓薄利多销；非法途径是通过使用所谓副厂件或者对应更换的零件采取修理的方式进行维修降低维修成本。从本案王某的情况来看，其经营行为并不频繁，如需减少支出采用后一种非法途径的可能性更大。增加保险理赔金则没有合法途径，一般通过虚增车辆损失或在公估报告上造假的方式进行。因此，王某的个人经营行为很有可能通过损害车主或保险公司的利益营利。相对于个人，保险索赔公司作为专业经营主体，受让的财产保险金请求权数量更多，采取合法途径取得收益的可能性更大，但在缺乏监管的情况下，也无法保证其不采取非法方式获利，毕竟仅靠薄利多销收益太低。

（3）财产保险金请求权转让制度缺失，在诉讼中容易产生虚假陈述或伪造证据行

为,也容易引发后续诉讼,增加司法成本。关于诉讼中的虚假陈述或伪造证据行为,如前所述,受让人为获得高收益,有可能需要提高保险赔偿金和受让对价之间的差额,也就是要让诉讼中主张的保险财产损失高于实际损失。而财产保险纠纷案件确定事实的依据一般是原、被告一致确认的损失金额或者由保险公估机构作出的公估报告。一般情况下保险公司不会认可受让人主张的损失金额,受让人很有可能通过在公估过程中造假来获得更高的公估金额,否则受让人无利可图。关于后续诉讼,一方面财产保险金请求权受让人损害被保险人利益的情况有可能会被发现,引起新一轮诉讼;另一方面,即使财产保险金请求权受让人损害的是保险公司的利益,因获得的保险金数额一般会大大高于其支付的受让财产保险金请求权的对价,也会引起被保险人向其主张权利。被保险人一般会以转让时显失公平、欺诈或乘人之危等为理由,要求撤销双方的财产保险金请求权转让协议,使得原本最多只要通过一个民事诉讼得到一次性解决的纠纷演化成两次甚至更多诉讼。

五、财产保险金请求权受让主体制度构建的设想

尽管笔者分析了财产保险金请求权转让后存在上述现实风险,但保险索赔机构大量涌现已是客观现状,财产保险金请求权受让人作为原告起诉的案件也层出不穷。堵不如疏,规范市场新现象而非扼杀才是立法和司法促进社会经济发展的正确途径。笔者认为财产保险金请求权受让主体应当以法人或非法人组织的形式为主,尽量限制个人从事该经营行为,可以有效控制上述风险。

首先,限制财产保险金请求权的自由流转并非打击洗钱犯罪的有效方式,为避免财产保险金请求权转让削弱对洗钱犯罪活动的打击力度,财产保险金请求权受让主体应当纳入银保监会监督范围,如此才能让财产保险金请求权受让主体在保险市场准入阶段即建立反洗钱审查制度。只有对财产保险金请求权受让主体也提出客户尽职调查,保存交易记录,建立可疑交易报告制度,在审计、内部控制或人力资源等制度中加入反洗钱相关内容等要求,才能有效地打击洗钱犯罪。该种市场准入、接受监督和履行义务的要求显然不是个人经营者能轻易做到的,法人或非法人组织更符合上述要求。

其次,财产保险金请求权受让者必须有合法的营利渠道,这是该行业能合法存在、健康发展的前提和基础。笔者认为,合法的营利渠道应来源于两方面。一方面,"投保容易索赔难"是我国保险业最真实的写照,保险合同冗长复杂,包含大量专业术语和模糊条款,被保险人无法轻易理解,在准备索赔材料时也存在困难。同时,实践中即使索赔材料齐备,往往也会因为定损金额达不成一致最终需要通过诉讼主张权利。被保险人为节约时间成本和诉讼成本等,将财产保险金请求权以一定差价转让给受让人,该部分差价即是受让人的收益来源之一。另一方面,如车损险等大量财产保险理赔的标的是为使保险标的恢复原状支出的维修、重建费用,该部分费用由其他市场主体收取,被

保险人议价能力有限,而受让人可基于规模效应与其他市场主体分享合法的维修、重建收益。该两方面收益的特点也决定了财产保险金请求权受让主体应当采取法人或非法人组织的形式。

六、财产保险金请求权受让机构的立法构想

如上文所述,财产保险金请求权受让主体应当以法人或非法人组织的形式为主,也即成立机构形式的市场主体,接受保险监督管理机构的监督管理。但现行保险法制度有关机构的规定并不直接适用于财产保险金请求权受让机构。

保险法中规定的保险相关机构包括保险公司、保险代理机构、保险经纪人、保险公估机构等。其中保险公司显然不能成为财产保险金请求权受让机构,不作赘述。保险法第一百一十七条规定"保险代理人是根据保险人的委托,向保险人收取佣金,并在保险人授权的范围内代为办理保险业务的机构或者个人"。根据上述规定,保险代理机构受保险人委托、向保险人收取佣金、代保险人办理保险业务,其利益与保险公司一致,不可能成为财产保险金请求权受让机构再向保险公司主张保险金。保险法第一百二十九条规定"保险活动当事人可以委托保险公估机构等依法设立的独立评估机构或者具有相关专业知识的人员,对保险事故进行评估和鉴定"。根据上述规定,保险公估机构应独立于保险公司与保险金请求权人,如其可以受让财产保险金请求权,则必然失去独立性和公正性。保险法第一百一十八条规定"保险经纪人是基于投保人的利益,为投保人与保险人订立保险合同提供中介服务,并依法收取佣金的机构"。根据上述规定,保险经纪人提供的是中介服务并收取佣金,其可以代理被保险人向保险公司索赔,而非直接受让财产保险金请求权。但是,相对于保险代理机构和保险公估机构,保险经纪人与财产保险金请求权受让机构的法律立场具有一致性,如允许其直接投入资金受让财产保险金请求权,则其可以直接转变为财产保险金请求权受让机构。

笔者的立法构想是,在保险法第一百一十八条中增加第二款"保险经纪人可为被保险人理赔提供中介服务,并依法收取佣金。保险经纪人也可直接受让财产保险被保险人的保险金请求权,作为财产保险金请求权受让人向保险公司索赔。除保险经纪人外的其他市场主体不得从事财产保险金请求权转让经营活动"。此种立法修改方式,可以在对保险法律体系进行最小变动的情况下将财产保险金请求权受让机构纳入保险法律体系规制之下,既授予财产保险金请求权受让机构明确的法律地位,又能让保险法对保险经纪人的设立条件、人员要求、经营规范及监督管理直接作用于财产保险金请求权受让机构。这有利于整个保险市场的规范,也有利于保险业的可持续发展。当然,此处限制的仅为专门从事财产保险金请求权受让经营活动的市场主体,其他法律主体非因经营行为受让财产保险金请求权的则不在此列。

七、结　论

　　保险金请求权转让市场已实际形成，与其让其野蛮生长，不如将其纳入制度的框架。规范保险金请求权受让人主体资格，是遏制风险、提高效率的可行之路，以达到被保险人和保险公司双赢的效果，也是笔者作为一名法官对减少保险诉讼中不诚信行为的美好期盼的最有效实现路径。

论体育保险

偶　见*

[摘　要]　体育运动项目种类繁多,风险等级悬殊。发达国家体育保险业对于体育的运动种类已形成一套比较成熟的制度,国内保险公司应当从《中华人民共和国民法典》(以下简称民法典)、《中华人民共和国体育法》(以下简称体育法)中寻求发挥保险社会管理职能的商机,在借鉴发达国家体育保险成熟的技术和经验的基础上,针对不同的体育运动项目、不同人群的特点,开发保障全面、针对性强、具有特色的体育保险产品,不断完善体育保险产品和服务体系,满足客户多样化的需求,促进体育行业健康发展和全民运动的开展。

[关键词]　自甘风险;高频性;不易测定性;蓝海

2022 年 6 月 24 日,我国体育法由十三届全国人大常委会第三十五次会议修订通过,将于 2023 年 1 月 1 日起施行。其第三十三条规定:"国家建立健全学生体育活动意外伤害保险机制。教育行政部门和学校应当做好学校体育活动安全管理和运动伤害风险防控。"第九十条规定:"国家鼓励建立健全运动员伤残保险、体育意外伤害保险和场所责任保险制度。大型体育赛事活动组织者应当和参与者协商投保体育意外伤害保险。高危险性体育赛事活动组织者应当投保体育意外伤害保险。高危险性体育项目经营者应当投保体育意外伤害保险和场所责任保险。"

国家体育总局发布的数据显示,2019 年全国体育产业总规模为 29483 亿元,根据推算,体育保险保费规模在 500 亿以上,相当于同年平安寿险江苏分公司(284.5 亿元)与太平洋寿险江苏分公司(216.5 亿元)两家寿险分公司业务的总和,超过贵州省(457亿元)和青岛市(453 亿元)的保费规模。作为体育领域专门法律,体育法全面反映了党和国家的体育政策。体育保险写入体育法,有利于充分发挥保险的社会管理职能,促进体育行业健康发展。

*　偶见:江苏省保险学会秘书长助理,《江苏保险》副主编。

一、体育保险的概念

体育保险是指保险人收取一定的保费,承担相对人约定体育风险的一类保险。

体育保险是随着体育运动的发展而诞生的一块保险细分市场,是针对体育场景的一类保险总称。

体育保险最初主要保障运动员的意外伤害风险,后来逐渐扩展到承保普通运动参与者的意外伤害风险、赛事组织者的公众责任风险、体育设施的财产损失和责任风险等体育产业风险。

体育运动项目种类繁多,不同的项目涉及不同的风险,风险等级悬殊。诸多竞技类的高风险体育运动比一般常规性运动风险等级更高、更易发生人身伤害,在进行此类运动前需有充分的心理准备和行动上的准备,必须具备特定的知识和技能,或者需经专业培训或训练。[①]

目前市场上的体育保险既有单一保险,也有一揽子解决方案。体育保险大体可分为 5 类:① 人身意外伤害保险。主要面向参赛运动员、观众、志愿者及其他参与人员。② 赛事组织者责任保险和收入保险。面向体育赛事组织者的场地安全责任保险、赛事取消保险,以及体育天气保险、收入和广告损失保险等体育保险产品。2004 年 8 月,雅典奥运会开赛前,国际奥委会斥资 680 万美元投保保额 1.7 亿美元的赛事取消保险。国际奥委会主席罗格表示:“虽然保费很高,但以后每届奥运会都要投保这一险种。”[②]因为新冠肺炎疫情,2021 年东京奥运会东京范围内的比赛均以空场形式举办,不仅海外游客不能赴日观赛,连举办地本地观众与参赛者亲友也无法临场助威,相关场馆全部退票,仅门票收入损失就达到 8.15 亿美元。所幸国际奥委会投保了保额约 8 亿美元的体育保险,东京奥组委投保了赛事延期保险,目前已获得 4.81 亿美元的赔偿金额。[③]③ 供应商保险。面向体育设施与产品提供方的责任保险、资产与收入保险。④ 运动员保险。面向专业运动员的专属健康保险、职业失能保险等。⑤ 教练员和裁判员的职业责任保险。

二、国际体育保险的发展

(一)英国的体育保险

英国保险公司开办的体育保险有:体育附加险、射击保险、高尔夫保险、体育团队保

---

① 白田田:《全民健身热起来体育保险待升温投保需定制》,《经济参考报》2010 年 8 月 23 日。

② 徐建雨:《国内体育险:艰难中踯躅前行》,《证券日报》2011 年 8 月 4 日。

③ 卓越:《奥运会与体育险——保险护航体育事业发展》,《经济参考报》2021 年 8 月 31 日。

险、体育旅游保险、儿童体育意外伤害保险。保险责任范围包括：意外死亡、永久残疾、第三者责任、会员费用、骨折、每周工作补贴、搜救费用、法律费用、咨询费用、物理治疗费用和牙医费用等。

（二）法国的体育保险

1984 年 7 月，法国颁布《体育运动法》，其第三十七条规定："体育运动组织为开展活动签订保险合同，为其所应负责任投保……该等保险合同应承保体育运动组织、活动组织者、被建议人和运动员的民事责任……"第三十八条规定："体育运动组织应告知其成员投保人身保险的益处，以便在其受到意外伤害时提供保障。"

（三）意大利的体育保险

《意大利体育法》规定，职业俱乐部保险应将运动员收入的 4%—5% 作为保险费用。

（四）德国的体育保险

德国虽然不是世界上社会福利和保险制度最完善的国家，但德国体育保险规则是整个欧洲最严谨的。球员们不但在受伤的时候可以领取保险金，而且退役之后也可以因为"国家保险"而衣食无忧。针对竞技体育的特点，德国保险市场开发出各类相适应的定制保险产品。

1. 运动员伤残保险

德国运动员伤残保险充分考虑到职业运动员的职业特点，承保范围远远大于一般的意外事故保险，对运动员疾病潜伏期或者损伤前期也提供了相应的保险，对于伤残的赔付标准也有别于普通的意外伤害保险。如被保险人在医学上确诊为十字韧带断裂，普通意外保险系根据断裂程度对人体器官机能的影响确定赔偿比例。而在运动员伤残保险中，若十字韧带断裂导致无法继续参加体育比赛，不管十字韧带断裂器官机能的影响程度怎样，被保险人都可以得到保险金额 100% 的赔付。[1]

2. 重大赛事延误保险

重大赛事延误保险承保赛事运作风险、法人责任风险、运营风险和环境风险等多种风险。① 赛事运作风险，是指由于机器、建筑物、运动设施损坏，以及不法分子的盗窃、欺诈和其他恶意破坏而造成的经济损失。② 法人责任风险，是指组委会根据法律、合同及举办赛事的要求应该承担的责任，包括合同违约责任、工伤事故和第三方风险等。③ 经营风险，是指工作失误、服务不周到导致的运营风险。④ 环境风险，是指风暴、雪灾、地震等自然灾害导致赛事无法如期举办或者不能达到预期效果而产生的风险。2006 年，组委会支付 500 欧元保费为在德国举办的该届足球世界杯投保了 15800 万欧

---

[1]　王大卫：《德国竞技体育保险花样繁多》，《中国保险报》2008 年 8 月 22 日。

元保险金额的赛事延误保险。

3. 电视转播保险

世界锦标赛、奥运会等大型赛事电视转播权的收入占组委会收入的比重很大,若赛场临时调整,电视工作队需重新部署,电视转播设备必须转移,或者计划在同一地点举办的赛事调整为多个场地或地点,一些项目的转播不得不取消。为了弥补此项财务损失,德国保险市场开发了电视转播保险。2006 年,德国举办世界杯足球赛,来源于转播权转让的收入约 13 亿欧元,主办者及联合国组织机构投保了保额为电视转播权收入 1/3—1/2 的电视转播保险。

4. 广告延误保险

为了更好地创造收益,竞技体育的组织者往往在转让电视转播权的同时开发新的广告渠道,通过在场馆设置广告牌或者以运动员及工作人员服装为载体发放广告。如果电视转播出现问题、发生重大赛事延误,或者自然环境变化如室外体育由于大雾能见度低,赛事组织者将会因为无法履行广告合同义务或者广告无法达到预定目的而面临违约责任,为此德国保险市场开发了广告延误保险。

5. 死亡或名誉受损保险

随着竞技体育的发展、追星族的形成,许多体育明星(多为足球明星)开始代言产品,但经常发生代言明星服用兴奋剂被曝光、出现绯闻等事件。死亡或名誉受损保险之保险标的为名人的生命或者声誉,当代言体育明星死亡或者名誉受损时,保险公司依约补偿相应损失。

6. 体育场馆综合保险

体育场馆综合保险不仅承保运动员在比赛过程中发生的运动损伤,也承保赛事举办过程中的其他风险,如球迷对赛事结果不满或者对裁判行为不满等原因发生争执和骚乱,所导致体育场馆器械和固定设施受损风险。

7. 体育法律援助保险

竞技体育涉及多方利益,稍有不慎,主办方便会面临法律纠纷,从而需支付高昂的法律费用。若保有体育法律援助险,保险公司将承担所有的律师咨询费和出庭费,甚至直接选择法律援助单位或选派律师。

8. 董事与高级管理人员责任保险

尽管竞技体育的管理机构大部分为非营利机构,但随着竞技体育管理环境的复杂化(如恐怖事件等不确定性因素)和随之而来的风险增加,竞技体育管理者有可能因为其工作疏忽或者行为不当而被追究个人赔偿责任,竞技体育管理人员可以通过投保董事与高级管理人员责任保险将此类风险转嫁给保险公司。[①]

---

① 王大卫:《德国竞技体育保险花样繁多》,《中国保险报》2008 年 8 月 22 日。

（五）日本的体育保险

日本体育保险制度被纳入国家的法制建设和社会保险体系。

1. 体育保险法律健全

日本涉及体育保险方面的法律主要有《新保险业法》《健康保险法》《国民健康保险法》《老人保健法》《体育振兴法》《日本体育、学校健康中心法》，不仅保障了体育保险的实施，而且使得体育保险的各项制度、管理技术、实施对象、运动员保险意识等方面都处于世界领先地位。

2. 体育保险覆盖范围广

日本的体育保险在社会保险体系中所占比重大、覆盖范围广，根据不同的情况分为A、B、C、D四类。① A类。少年儿童体育运动保险。② B类。60岁以上老年人运动保险，如门球俱乐部、跑步俱乐部等。③ C类。成年人体育运动保险，如青年乒乓球俱乐部、太极拳俱乐部、网球俱乐部等。④ D类。高危险竞技体育运动保险，如运动会、爬山、美式足球、雪橇运动、搭乘悬挂滑翔机等。① 健全的体育社会保险保证了日本不同人群、不同职业、不同领域体育活动的开展。

（六）澳大利亚的体育保险

澳大利亚的体育保险范围广泛。① 职业运动员享有法定的社会保障。新南威尔士州议会于1978年通过的《体育损伤保险法案》，要求为体育活动参与者的损伤和疾病提供保险保障。② 体育保险之公共责任保险的覆盖面达到100%。③ 商业性的体育保险为体育活动参加者提供广泛的服务，制定了完备的体育保险安排，个人体育保险计划还为体育组织中所有成员提供责任保险。

（七）美国的体育保险

在美国，体育产业的年产值占其国民生产总值的1.3%。20世纪80年代末体育产业的产值已逾600亿美元，超过石油化工业（533亿）、汽车业（531亿）等重要工业部门。美国也是世界上保险业最发达的国家之一，体育保险已经成为美国保险业的重要经营内容。

1. 体育保险市场主体众多

20世纪50年代，美国就已经出现经营体育保险业务的保险公司，70年代以后出现了许多专门的体育保险公司，如 Bene-Marc Inc.、ASU International LLC。美国体育保险市场主体众多，既有营利性保险机构，也有非营利性保险机构；既有专业的体育保

---

① 王春玲、陈志凌：《日本体育保险研究及对我国体育保险发展的启示》，《辽宁体育科技》2011年第3期，第12-15页。

险公司,也有兼营体育保险业务的保险公司;既有商业体育保险机构,也有社会体育保险机构。

2. 体育保险覆盖面广

美国体育保险涵盖了竞技体育、群众体育和学校体育等领域,且体育保险内容丰富,大体有4种类型:① 职业体育专项保险。包括职业体育联盟的养老保险、职业和半职业运动队的责任保险、运动伤残保险3类。随着美国职业体育联盟愈加成熟,其相关的运动员养老保险制度也更为完善,比如 NBA 一直有比较完善的养老保险制度,在 NBA 效力3年及以上的球员均可以参加养老保险。如果球员从50岁开始领取养老金,那么每年最低(指仅效力3年并且单身者)可以领取19160美元,最高(效力10年以上者)可以领取63866美元。随着未来 NBA 转播费用的提高,联盟球员在养老保险中也会得到更大的福利。1998年美国友好运动会上,中国运动员桑兰摔伤,第六、七节颈椎骨折,脊髓损伤,胸以下失去知觉,友好运动会提供了1000万美元的高额医疗保险。桑兰是首个因运动伤残而获得高额保险赔付的中国运动员。② 业余体育商业保险。包括巨灾医疗保险、超额医疗保险、普通责任保险、意外伤害保险、集训营保险。③ 学校体育保险。包括大学体育保险、中小学学生意外保险、中小学体育保险、大学橄榄球比赛和中学全明星比赛保险、校际重大医疗保险。④ 其他商业体育保险。如天气保险、体育指导员和官员保险等。其中天气保险由比赛组织者购买,用来弥补雨、雪、风、雷等不利天气导致观众减少所致经济收入(门票、零售、停车费等)损失。

三、体育运动风险的特点

风险具有客观性、损害性、不确定性、可测定性及发展性的特点。体育风险是指体育领域中引致损失的事件发生的一种可能性,不仅具有风险的一般特性,并且与其他风险相比还具有多样性、高频性和不易测定性。

(一) 多样性

体育是一种以增强体质,促进人的全面发展,丰富社会文化生活和促进精神文明为目的的社会活动,涉及面广泛,内涵丰富,参与形式、参与人群及参与场所多样。

1. 不同的项目涉及不同的风险

体育运动项目种类繁多,各运动项目的特点以及激烈程度差别较大,不同的运动项目在同一单位时间里,运动创伤率不同,损伤的程度也不同。各种运动创伤、意外伤害产生的环境、条件差别很大。

高危险性体育项目是指专业技术性强、危险性大、安全保障要求高的体育项目。2013年5月1日,国家体育总局、人力资源和社会保障部、国家工商总局、国家质检总局、国家安全生产监督管理总局联合发布《第一批高危险性体育项目目录公告》,具体项目包括游泳、高山滑雪、自由式滑雪、单板滑雪、潜水和攀岩。

近几年以马拉松为代表的群众性体育赛事多次发生猝死事件。2021 年 5 月 22 日,甘肃省白银市景泰县举办 2021(第四届)黄河石林山地马拉松百公里越野赛。13:00,高海拔赛段 20 公里至 31 公里处,天气突变,局地出现冰雹、冻雨、大风,气温骤降,导致 21 人遇难。

《保险术语》(GB/T 36687—2018)第 6.1.1.2 条:"意外事故,在人身保险中,指外来的、突发的、不可预见的、非本意的和非疾病的导致被保险人身体受到伤害的客观事件。"保险公司意外伤害保险条款对意外伤害通常定义为:"外来的、突发的、非本意的客观事件为直接且单独的原因致使身体受到的伤害。"从事潜水、跳伞、攀岩运动、武术比赛、赛马、赛车等高风险的体育运动系人的主动行为,在法律上称为自甘冒险,因不符合意外伤害非本意特性,普通的意外伤害保险一般不予承保。如《平安个人意外伤害保险(C 款)条款》对高风险运动界定为:"高风险运动是指比一般常规性运动风险等级更高、更容易发生人身伤害的运动,在进行此类运动前需有充分的心理准备和运动上的准备,必须具备一般人不具备的相关知识和技能或者必须在接受专业人士提供的培训或训练之后方能掌握。被保险人进行此类运动时必须具备相关防护措施或设施,以避免发生损失或减轻损失,包括但不限于潜水、滑水、滑雪、滑冰,驾驶或乘坐滑翔翼、滑翔伞、跳伞、攀岩运动、探险运动、武术比赛、摔跤比赛、柔道、空手道、跆拳道、马术、拳击、特技表演、驾驶卡丁车、赛马、赛车、各种车辆表演、蹦极。"在意外伤害保险条款中大都会设置如下免责约款:"被保险人从事或参与潜水、滑水、滑雪、滑冰、滑翔翼、跳伞、攀岩运动、探险活动、摔跤比赛、武术比赛、特技表演、赛马、赛车、各种车辆表演、车辆竞赛或练习、驾驶卡丁车等高风险运动而导致身故或残疾的,保险人不承担给付保险金责任。"

2. 事故分布不均衡

损伤不仅发生在比赛、训练期间,也可能发生在赛场、训练场外,所致的伤病各种各样,既有硬性创伤,也有慢性病。

(二)高频性

体育运动充满魅力,同时也充满风险。体育是一项以身体练习为基本手段的社会行为,"更快、更高、更强"是体育竞技追求的目标,运动员用自己的健康代价换来对人体极限的冲击,这使得竞技体育行业成为伤病率高发的行业。运动强度越大,超负荷训练比赛任务越重,运动伤病就越多。

(三)不易测定性

作为风险的一种,体育风险应当是可以测定的。但是体育风险类型复杂,涉及众多技术问题,导致具体风险测定的难度较大。即使已经积累了相当时间的统计资料,也不一定能掌握风险规律以进行精算。一般而言,一个职业运动员只有很短的运动生命,而且运动生命可能受到特定疾病或者损伤而缩短或者影响技术发挥,所以,职业运动员的人身保险从本质上区别于普通人群的人身保险。[1]

四、体育保险在我国的发展

(一) 体育保险的滥觞

1998 年以前,倘发生运动员伤残,依据民政部于 1989 年制定的《关于革命残废军人的评残标准及补助办法》和劳动部《关于职工工伤与职业病的分级鉴定标准》以及普通人身意外伤害保险合同进行补偿。

1995 年 3 月,11 位全国政协委员向八届全国政协五次会议递交提案,要求给那些曾为我国体育事业做出贡献的优秀运动员、教练员建立伤残保险和养老保险制度。

1996 年,香港南华体育会主席洪祖杭先生接受中华全国体育基金会秘书长吴振绵先生的建议,向中华全国体育基金会捐款 1200 万元,用于建立专项保险基金,为国家队运动员提供保险,为此基金会专门成立了保险部。1999 年,北京当代商城出资 500 万元,建立当代女子足球发展基金,用于国家女足在未来 10 年内购买体育保险,包括伤残保险、意外伤害保险和医疗保险等。[2]

1998 年上半年,中华全国体育基金会保险部与保险公司共同制定了《国家队运动员伤残事故程度分级标准》《国家队运动员伤残事故程度分级标准定义细则》《国家队运动员伤残保险试行办法》,并设计了《国家队运动员伤残保险体检表》,形成国内体育保险(关于运动员保障)的雏形。

1998 年 9 月 28 日(桑兰致残两个月后),中华全国体育基金会出资 100 万元,与中保人寿签订国家队运动员伤残保险合同,为奥运项目的 1400 名国家队运动员投保保险金额从 3000 元到 300000 元不等的伤残保险。1998 年 10 月 28 日,亚洲山地车冠军王择秀在备战亚运会的一次公路训练中被一辆失控的大客车撞伤致死,获得 300000 元死亡赔付,成为伤残保险合同的第一例获赔对象。[3] 从 1998 年 9 月签订第一份国家队运动员体育保险合同以来,能享受到这些待遇的运动员仅 1099 人,仅占注册运动员总人数的 6.10%。

---

[1]　王大卫:《德国竞技体育保险花样繁多》,《中国保险报》2008 年 8 月 22 日。
[2]　王东:《北京当代商城为女足设立发展专项基金》,《光明日报》1999 年 7 月 19 日。
[3]　王倩:《若即若离的体育与保险》,《新民周刊》2006 年 8 月 16 日。

（二）运动员伤残互助保险

2002 年 9 月 27 日，国家体育总局颁布《优秀运动员伤残互助保险试行办法》，由中华全国体育基金会具体承办。互助保险作为国家职工工伤保险的一种补充，采用自愿参加、个人缴费、团体投保的方式，对运动员在训练、比赛过程中发生的伤残事故，提供一定的经济帮助。互助保险仅适用于优秀运动员，即各省、市、自治区及计划单列市所属正式在编、享受体育津贴奖金并从事奥运会和全运会项目的运动员。

2003 年 11 月 4 日，国家体育总局对体育基金管理中心作出《关于同意修改部分伤残互助保险条款的批复》，扩大了伤残互助保险人员范围，增加伤残等级第十一级的伤残等级标准及赔付标准，调高第九级和第十级两个档次的赔付标准。

据中华全国体育基金会对 2010 年赔付情况的统计，赔付的运动项目主要有柔道、摔跤、田径、举重、体操等，赔付金额从 1000 元到 5000 元不等。2012 年，刘翔由于跟腱断裂几乎让他告别了职业生涯，作为中国体育标志性人物，他得到的理赔金额是 6000 元。

（三）意外保险扩展高风险项目

在国内保险市场出现专门的体育保险之前，保险公司也通过扩展保险责任承保了一部分体育运动风险。如中国平安旅行意外保险，保障项目便包括高风险运动造成的意外身故、残疾和意外伤害医疗：① 被保险人在进行跳伞、潜水、攀岩、探险活动等休闲娱乐性高风险运动的过程中遭受的意外伤害事故，保险公司根据保险金额承担给付保险金的责任；② 对于被保险人在进行跳伞、潜水、攀岩、探险活动等休闲娱乐性高风险运动的过程中遭受意外伤害事故产生的意外医疗费用，给付事故发生 180 天内的医疗保险金。不过，保险条款同时规定，下列原因造成意外伤害事故的，保险人不承担给付保险金责任：被保险人参与任何职业性体育活动或表演，或任何设有奖金或报酬的运动或表演；被保险人参加赛马、赛车等任何比赛或竞技性活动，或进行各种车辆表演、车辆竞赛、特技表演。

（四）商业体育保险发展

1. 体育保险业务发展概况

目前，我国商业保险公司主要以赞助承保大型赛事方式开展体育保险[①]，险种以运动员意外伤害保险为主，少量涉及公众责任保险（详见表 1）。

---

① 周延礼：《保险可为体育事业改革发展构筑风险保障》，《清华金融评论》2020 年第 3 期，第 16－18 页。

表 1   我国商业体育保险发展情况简表

时间	保险主体	主要保险项目	具体内容
1992 年	太平洋保险	意外伤害保险	为参加巴塞罗那奥运会的中国体育代表团 531 人提供保额为 2655 万元的意外伤害保险
1993 年—1998 年	太平洋保险		先后 5 次为参加亚运会的国家体育代表队及全国级赛事提供保险,累计保额约 26 亿元
1996 年	太平洋保险	意外伤害保险和财产保险	为参加亚洲冬运会的运动员、工作人员、观众提供总保额 19 亿元的意外伤害保险、财产保险、观众太平保险和急难救助服务
1998 年 9 月	中保人寿	意外伤害保险	承保国家队运动员伤残保险
2000 年 8 月	太平洋保险	意外伤害保险和财产保险	为参加第 27 届悉尼奥运会的中国体育代表团 800 余人提供保额 1.6 亿元的意外伤害保险和随身财产保险
2001 年	新华人寿	意外伤害保险	向北京奥申委赴莫斯科代表团捐赠总保额为 1.5 亿元的意外伤害保险,向北京民间声援团提供总保额为 6000 万元的意外伤害保险
2001 年—2004 年	安联大众寿险	意外伤害保险和附加意外医疗保险	连续 4 年作为保险赞助商,为申花队球员提供意外伤害保险和附加意外医疗保险,年总保额 1400 万元,球员受伤最高可获得 20 万元赔偿①
2001 年 8 月	太平洋保险	意外伤害保险、医疗保险和公众责任保险	承保参加第 21 届世界大学生运动会的运动员、教练、裁判、官员、特邀代表、新闻记者以及大运村内和比赛场馆内的志愿者等约 18 万人的意外伤害保险、医疗保险、公众责任保险等一揽子保险,创下当时国内保险公司承保大规模运动会保险的纪录②
2002 年	中国人寿	人身保险	为参加 2002 年世界杯赛的中国队队员赠送总保额为 1.125 亿元的人身保险,为中国代表团官员赠送总保额为 850 万元的人身保险
2004 年 7 月		意外伤害保险、财产保险、公众责任保险和雇主责任保险	重庆举办亚洲杯足球赛,全部赛事保险金额 8 亿元,保险责任范围包括参赛队的训练设备及器材和其他与赛事有关的财产保险、比赛期间的公众责任保险、雇主责任保险和参赛人员的意外伤害保险。重庆赛区组委会斥资为体育场和观众向新华人寿和中国人保投保总保额 85.6 亿元的意外保险。中国人寿济南市分公司为济南赛区组委会工作人员及观众承保意外伤害保险

---

① 王倩:《若即若离的体育与保险》,《新民周刊》2006 年 8 月 16 日。
② 刘力:《体育保险在探索中前行》,《中国保险报》2004 年 8 月 17 日。

续　表

时间	保险主体	主要保险项目	具体内容
2004 年 8 月			雅典奥运会期间,保监会派出考察组赴希腊对奥运保险进行考察,以为 2008 年北京奥运会做准备①
2008 年	中国人寿、中国平安、中国人保		北京奥运会期间,中国人寿与中国平安分别向姚明与刘翔赠送保险。奥运会彩排中,青年舞蹈演员刘岩发生意外而受伤瘫痪,中国人保给予保险赔偿②
2014 年	新华人寿、泰康人寿		以赞助形式介入体育赛事,为运动员提供保险
2015 年		意外和健康保险、公众责任保险	世界一级方程式锦标赛(F1)中国大奖赛在上海举行,保险业提供的保险有:① 公众责任保险。为比赛期间造成的第三方人身伤亡和财产损失,提供 7500 万美元的赔偿限额。② 工作人员意外和健康保险。为 1100 余名裁判、救护人员及志愿者定制短期意外和健康保险,伤残和失能保险金额 3 万美元/人③
2016 年—			多家保险公司进入足球、排球等领域,开发针对性保险产品
2019 年	中国人寿	失能保险	推出 CBA 球员合同保障保险。截至 2021 年 10 月,累计理赔数千万元。2021 年 10 月 16 日,在浙江诸暨举办的 2021—2022 赛季 CBA 联赛,各俱乐部球员投保比例达到 96.4%。CBA 球员合同保障险属于失能保险的范畴,依球员标准合同工资按月给予约定金额赔付④
2020 年—		意外伤害保险、公众责任保险等	北京地区 4 家财险公司推出 58 个冰雪相关保险产品,累计提供风险保障 3233 亿元,涵盖场所公众责任保险、组织者责任保险、滑雪人员意外伤害保险、专业运动员意外伤害保险⑤

① 徐建雨:《国内体育险,艰难中踯躅前行》,《证券日报》2011 年 8 月 4 日。
② 冰莹:《体育保险保什么》,《经济观察报》2010 年 11 月 12 日。
③ 于泳:《量身定制冬奥服务,保驾护航体育发展——体育保险走向更大舞台》,《经济日报》2022 年 2 月 23 日。
④ 朱艳霞:《力保"灌篮高手"无忧"CBA 球员合同保障险"投保比例达 96.4%》,《中国银行保险报》2021 年 10 月 21 日。
⑤ 于泳:《量身定制冬奥服务,保驾护航体育发展——体育保险走向更大舞台》,《经济日报》2022 年 2 月 23 日。

2. 运动员身体局部保险

2014 年年底,在中国国家足球队亚洲杯出征仪式上,平安保险为中国国家足球队推出"黄金腿部保险",开为运动员身体"局部"提供保险保障之先河。①

3. 商业体育保险法制建设

自国务院于 2014 年印发《关于加快发展体育产业促进体育消费的若干意见》之后,有关部门出台了相关政策意见,逐渐形成有利于商业体育保险发展的法治环境。

表 2　有关商业体育保险的主要法律和政策

时　间	制定主体	文件名称	所涉体育保险内容
2014 年	国务院	关于加快发展体育产业促进体育消费的若干意见	鼓励保险公司围绕健身休闲、竞赛表演、场馆服务、户外运动等需求推出多样化保险产品
2016 年	国务院	关于加快发展健身休闲产业的指导意见	引导保险公司根据健身休闲运动特点和不同年龄段人群身体状况,开发场地责任保险、运动人身意外伤害保险
2019 年	国务院办公厅	关于促进全民健身和体育消费推动体育产业高质量发展的意见	加大金融支持力度,鼓励保险机构积极开发相关保险产品
2019 年	国家体育总局、国家发改委	进一步促进体育消费的行动计划(2019—2020 年)	鼓励保险业助力体育产业,积极培育体育保险市场
2020 年	中国银保监会等	关于促进社会服务领域商业保险发展的意见	引导商业保险机构大力发展教育、育幼、家政、文化、旅游、体育等领域商业保险,包括面向体育等特定场所和设施的公众责任保险、财产损失保险,以及针对体育运动特定人群的责任保险、人身保险等,开发专属保险产品。优化业务流程,改进保险服务,加大保障力度
2022 年 4 月 15 日	全国青少年校园足球工作领导小组	关于印发《2022 年全国青少年校园足球工作要点》的通知	探索建立体育意外伤害综合保险机制。健全政府、学校、家庭共同参与的学校体育运动伤害风险防范和处理机制,探索建立涵盖体育意外伤害的学生综合保险机制,解决包括校园足球在内的各类学校体育运动意外伤害保障。试行学生体育活动安全事故第三方调解机制

4. 体育保险中介市场逐步完善

2002 年 4 月,中体产业北京分公司获得保险兼业代理资格。2002 年世界七人橄榄

---

① 郭家轩、彭琳:《国内体育领域首款"人体局部保险"面世》,《南方日报》2014 年 12 月 29 日。

球比赛上海站,有 40 多个国家的代表队参赛,中体产业北京分公司承办了赛事责任险、运动员、官员及观众意外保险等保险事项,保险费 100000 元人民币。2002 年世界射箭锦标赛,中体产业北京分公司承办了伤害保险、器材保险等保险事项。

2004 年,中国第一家专业体育保险经纪公司中体保险经纪公司成立。[①] 2005 年,中体保险经纪与国家体育总局拳跆中心、人保财险共同研发推出跆拳道专项保险产品,保障范围包括专业运动员人身意外伤害保险、道馆责任保险、教练意外伤害保险和职业责任保险。国家体育总局副局长张发强在启动仪式上提出:"这是我国体育保险告别赞助时代的真正开端。"[②]2010 年 5 月,一支中国民间登山队经中体保险经纪安排,投保了"天涯行登山户外运动综合保险",保障范围涵盖了常规不予承保的高山攀登意外伤害和相关医疗责任。[③] 该登山队在尼泊尔道拉吉里峰遭遇山难,事故造成 3 名队员死亡。[④]

2015 年底,深圳前海运动保网络科技有限公司(简称"运动保")成立,这是国内较早涉足互联网体育保险的创业公司,其整合互联网、体育和保险的优势资源,依托互联网生态场景化服务平台及各类线下赛事组织方,为体育产业从业者、运动爱好者提供便捷、可定制的互联网体育保险产品以及周边服务的解决方案。[⑤]

目前,已有多家体育保险中介机构成立,不同保险中介机构业务各有侧重。如:苏宁保险已对日常运动推出多项险种;莱茵体育与都邦保险合作,针对 FIFA、CBA 等赛事提供保险;小雨伞保险产品覆盖个人极限运动、户外、跑步;保准牛的"NIU + 体育"则与多项运动的标杆企业、协会签订合约,针对细分场景定制保险服务。总体来说,目前保险中介机构的职业体育商业保险业务比较有限。

2017 年 4 月,国内首家专业体育保险平台——"NIU + "体育正式上线,在线提供全面、专业、细致的多场景体育保险产品和服务,从年龄、运动项目、参与人数、保险责任、保障期限、保额等多维度为消费者提供体育保障定制化服务。

五、发展我国体育保险的建议

(一)加大政府支持力度,扩大体育保险消费

由于统计数据欠缺,为自我保护,保险公司厘定体育保险费率时所设定的安全系数会比较高。运动员收入主要来自参加比赛的奖金及补贴,倘仅仅靠运动员自己的收入,

① 白田田:《全民健身热起来 体育保险待升温投保需定制》,《经济参考报》2010 年 8 月 23 日。
② 王倩:《若即若离的体育与保险》,《新民周刊》2006 年 8 月 16 日。
③ 白田田:《全民健身热起来 体育保险待升温投保需定制》,《经济参考报》2010 年 8 月 23 日。
④ 小文:《新疆登山队尼泊尔遇山难三人死亡 领队接受调查》,中国新闻网 2010 年 5 月 25 日。
⑤ 戴梦希:《险企开辟互联网体育保险新"蓝海"》,《金融时报》2017 年 5 月 15 日。

绝大部分普通职业运动员无力承担相对于其风险暴露程度的保险费用,故政府应对体育保险给予适当的经济和政策支持:① 将体育保险定性为政策性保险;② 运动员收入中用于缴纳体育保险保险费的部分免缴个人所得税;③ 以财政补贴形式分担一定比例的体育保险费。

(二)加大宣传力度,培育保险意识

从发展现状来看,目前我国体育保险总体覆盖面小、保障程度低,产品和服务与需求存在较大差距。

1. 培育保险意识

民法典第一千一百七十六条规定:"自愿参加具有一定风险的文体活动,因其他参加者的行为受到损害的,受害人不得请求其他参加者承担侵权责任;但是,其他参加者对损害的发生有故意或者重大过失的除外。活动组织者的责任适用本法第一千一百九十八条至第一千二百零一条的规定。"第一千一百九十八条规定:"宾馆、商场、银行、车站、机场、体育场馆、娱乐场所等经营场所、公共场所的经营者、管理者或者群众性活动的组织者,未尽到安全保障义务,造成他人损害的,应当承担侵权责任。因第三人的行为造成他人损害的,由第三人承担侵权责任;经营者、管理者或者组织者未尽到安全保障义务的,承担相应的补充责任。经营者、管理者或者组织者承担补充责任后,可以向第三人追偿。"第一千一百九十九条规定:"无民事行为能力人在幼儿园、学校或者其他教育机构学习、生活期间受到人身损害的,幼儿园、学校或者其他教育机构应当承担侵权责任;但是,能够证明尽到教育、管理职责的,不承担侵权责任。"第一千二百条规定:"限制民事行为能力人在学校或者其他教育机构学习、生活期间受到人身损害,学校或者其他教育机构未尽到教育、管理职责的,应当承担侵权责任。"第一千二百零一条规定:"无民事行为能力人或者限制民事行为能力人在幼儿园、学校或者其他教育机构学习、生活期间,受到幼儿园、学校或者其他教育机构以外的第三人人身损害的,由第三人承担侵权责任;幼儿园、学校或者其他教育机构未尽到管理职责的,承担相应的补充责任。幼儿园、学校或者其他教育机构承担补充责任后,可以向第三人追偿。"

保险观念与风险意识直接关系保险的实际消费需求。由于长期实行体育举国体制,国家更愿意把钱和精力投进能出成绩,尤其是能出奥运成绩的地方,大部分赛事主办单位和职业运动员对保险的认识不足,习惯于依靠国家相关部门的保障,而非自己花钱买保险,致使投保水平总体上较低。职业运动员达到一定年龄,除少部分留队任教或者进入行政领域外,大部分运动员会在领取六七万元遣散费后退役自谋职业。然而,一般运动员退役时普遍年轻,再加上留队任教等通道的存在,使得他们对自己日后将要面临的退役风险缺乏充分认识,"大多数年纪尚轻的运动员可能一下就把钱(遣散费)给花了"①。体育法仅仅规定了高危险性体育赛事意外伤害保险、高危险性体育项目场所责任保险是强制保险,且其投保义务人为高危险性体育赛事活动组织者和高危险性体育项目经营者,其他体育保险皆为自愿性质。体育主管部门应通过宣传和案例分析,提升体育从业人员和体育运动参与者的保险意识,提高体育保险的投保需求,为全民健身和体育产业的发展提供保障。

2. 发展真正意义上的商业性体育保险

保险是一种商事行为,存在对价关系。虽然越来越多的保险公司涉足体育保险,但赞助承保大型赛事仍是体育保险的主要模式②,即通过赞助承保重大体育赛事保险提高保险公司的品牌知名度。若赞助形成惯例,会让运动项目管理单位、赛事运营公司形成依赖,"保险公司养成了'懒汉心理',而赛事主办方和运动队也成为被宠坏了的'闺中女'"③,体育保险则不具可持续性,保障水平不能提升、保障面难以形成全覆盖。因此,应当回归保险本源,发展真正意义上的商业体育保险,增强体育竞赛组织部门的保险意识,建立全面覆盖赛事前中后期的全产业保险,设计专属赛事产品和职业运动员专属保障,形成"体育保险 + 健康服务"模式,拓展保险参与体育产业的宽度和深度,维护赛事相关人员的切身利益。

(三)完善体育保险市场要素

保险中介机构的职能是为保险机构和投保人提供中介服务,促进保险交易、扩大保险供给渠道。体育保险作为专业性较强的保险领域,离不开专业的保险中介机构提供专业的服务。法国高仕华保险经纪公司曾为 1992 年以来的历届奥运会及世界杯足球赛等大型赛事安排保险,法国 1/3 以上运动员的保险是由高仕华保险经纪安排的。对"保险中介干预前后,职业运动员购买商业保险的意愿"的统计数据进行配对样本检验,结果显示,如果有专业保险中介的帮助,职业运动员购买商业保险的意愿会显著提高。④ 完善体育保险市场要素,不仅可以弥补保险公司体育保险人才的不足,还能够引导和帮助赛事组织者与参与人建立风险管理控制体系,增强保险意识。

(四)培养体育保险人才

人才和市场是一个行业健康发展的最重要因素。体育保险发展,需要大量既熟悉体育产业运作、了解体育运动风险,又懂得保险产品和方案设计、保险理赔管理等的专

---

① 徐建雨:《国内体育险:艰难中踯躅前行》,《证券日报》2011 年 8 月 4 日。

② 周延礼:《保险可为体育事业改革发展构筑风险保障》,《清华金融评论》2020 年第 3 期,第 16 - 18 页。

③ 王倩:《若即若离的体育与保险》,《新民周刊》2006 年 8 月 16 日。

④ 张春萍、张晓兰、李世民、曾焱、林小龙、张子鳌:《我国职业体育商业保险市场格局研究》,《沈阳体育学院学报》2021 年第 4 期,第 109 - 117 页。

业人才。如德国安联保险集团,拥有一支长期从事工业和工程保险的专家队伍,每遇重大保险项目,从承保前的风险评估到出险后的损失鉴定,均由专家提供全程服务。我国目前体育保险尚处于起步阶段,人才严重匮乏,难以适应体育保险市场发展的需要。① 培养既懂体育又懂保险的复合型人才,快速积累人力资本以开展体育保险业务。职业运动员退役年龄一般比较小,尚有吸取新知识,掌握新技能的能力。可以对有意向从事体育保险工作的退役运动员进行培训,借助其特有的经历与视角,开展体育保险业务。② 在保险高校或体育院校开设体育保险专业,也可以委托高校或职业学校定向培养体育保险专门人才。③ 建立体育保险研究中心。集合各领域专家研究职业体育事故规律和保险保障问题,推动职业体育与商业保险的融合发展。

(五)促进体育保险产品的创新

经过多年的发展,发达国家体育保险业对于体育的运动种类及相应风险赛事中的各类事故等已形成较为完整的数据资料,对于体育风险的识别、管理、控制、承保,也已形成一套成熟的做法,所以我国早期的体育保险产品几乎是备案后直接从英文翻译过来的。① 目前,我国体育保险业基本还是围绕场地责任和运动员意外的角度进行设计,缺乏制度化和系统性安排,碎片化明显,国外体育保险中大部分保险项目几乎未涉及,被一些人士称为"用不专业的保险去保专业的运动员"②。应当在借鉴发达国家体育保险成熟的技术和经验的同时,对体育运动和相关产业的风险进行充分的研究和分析,把握体育保险客户的风险特征和产品需求,针对不同的体育运动项目、不同人群的特点,开发保障全面、针对性强、具有特色的体育保险产品,不断完善体育保险产品和服务体系,满足客户多样化的需求。同时,借助再保险市场,引进体育保险承保技术,分散体育保险风险,扩大体育保险承保能力。

(六)建立体育保险体系

民法典规定了体育运动等自甘风险行为的风险分配原则,体育法则规定了化解体育运动风险的保险机制。"鼓励"体现保险自愿原则,而"应当"则意味着强制保险。因此,高危险性体育赛事意外伤害保险、高危险性体育项目场所责任保险是强制保险,其投保义务人为高危险性体育赛事活动组织者和高危险性体育项目经营者。同时,大众体育保险和学校体育保险虽然属于自愿保险,但保险业在其间发挥社会管理职能具有很大空间。大众体育保险、学校体育保险和竞技体育保险全面发展,才是一个健全的体育保险市场。

(七)坚持科技赋能,提升体育保险服务的专业性和便捷性

保险公司应关注体育保险的场景特性,注重业务发展与科技创新的融合,不断提高

---

① 梁璇:《赛事被按下暂停键后 体育保险浮出水面》,《中国青年报》2020 年 7 月 7 日。
② 王倩:《若即若离的体育与保险》,《新民周刊》2006 年 8 月 16 日。

体育保险产品的适用性、定价的科学性、承保理赔的专业性、客户服务的便捷性。① 借助科技手段推动体育保险风险管理技术升级。运用物联网、大数据、云计算等技术推动体育保险产品精算定价和产品开发。② 将人工智能、区块链等技术融入体育保险承保理赔领域,提升承保理赔的效率和准确性。③ 加快数字化转型。开发和完善线上化的经营平台,构建"线上 + 线下"全方位的健康管理闭环,推广"体育保险 + 健康服务"创新服务模式,为客户提供便捷的体育保险服务①。

六、结　语

据统计,我国拥有 70 多万个运动场馆,各级别的专业运动员 10 万多人,经常性参与体育活动人数逾 3 亿,每年纳入国家体育总局计划的大型体育赛事近 600 场,体育产业经营性机构达 2 万多家,从业人员 60 多万,到 2025 年,中国体育产业总规模将超过 5 万亿元。体育保险将成为保险业新的蓝海和细分市场,保险业应以体育法实施为契机,通过保险供给侧结构性改革,带动行业做大做强,由体育大国、保险大国而发展成为体育保险大国、强国。

---

① 周延礼:《保险可为体育事业改革发展构筑风险保障》,《清华金融评论》2020 年第 3 期,第 16 - 18 页。

人身保险中保险人欺诈之惩罚性赔偿规则的适用

——基于司法现状的实证分析

强文瑶*

[摘　要]　从现有消费者权益保护法的立法看,保险消费者可以纳入消费者权益保护法的保护范畴。除了高风险投资类保险产品之外,保险人提供保险产品和服务过程中如果有明显的欺诈行为,可以适用消费者权益保护法中的惩罚性赔偿。消费者购买的人身保险,不同的险种中对价的构成要素不同。惩罚性赔偿的基础需要根据不同险种中消费者购买保险产品实际支付的对价进行确定。

[关键词]　保险消费者;欺诈;惩罚性赔偿

　　随着经济社会的发展,个人购买金融产品的支出越来越多,包括保险行业在内的金融消费者保护问题也越来越突出。2022 年 5 月 19 日,中国银行保险监督管理委员会(以下简称银保监会)发布《中国银保监会关于〈银行保险机构消费者权益保护管理办法(征求意见稿)〉公开征求意见的公告》。同时经查,银保监会 2022 年规章立法工作计划中《银行保险机构消费者适当性管理办法》亦被列为首个需要制定的规范。此前银保监会已经在 2021 年 7 月 5 日发布了《银行保险机构消费者权益保护监管评价办法》(银保监发〔2021〕24 号)。除此之外,银保监会历年披露大量侵犯消费者权益典型问题并对相关金融机构进行处罚的事实,也进一步表明包括监管部门在内的相关部门对银行保险机构消费者权益保护问题的重视。就保险消费者权益保护而言,因为保险合同极其复杂,除了涉及金融专业知识之外,还涉及精算、医学等专业领域的知识,保险消费者要全面、准确理解保险条款不太容易。

　　从银保监会历年披露的侵犯消费者权益典型问题看,保险产品销售过程中的虚假宣传、误导销售、捆绑销售等问题一直是重点问题。而这些行为不仅会导致消费者投诉和监管处罚,亦有可能引起大量的退保纠纷,其中保险消费者主张欺诈并要求保险人负担惩罚性赔偿将成为对保险人最为不利的追责方式。本文拟以银保监会历年来披露的保险销售过程中侵害消费者权益的销售误导、虚假宣传等问题为基础,结合司法实践,对保险人欺诈情况下保险消费者适用消费者权益保护法请求惩罚性赔偿问题进行实务分析。

---

　　*　强文瑶,法学硕士,北京市中伦(南京)律师事务所律师。

一、保险产品所涉法律关系是否应当适用《中华人民共和国消费者权益保护法》进行调整

（一）"保险消费者"是否属于《中华人民共和国消费者权益保护法》调整的"消费者"

下表是关于保险消费者是否适用《中华人民共和国消费者权益保护法》（以下简称消费者权益保护法）保护的司法判例[①]变化：

表 1   消费者权益保护法保护的司法判例变化

序号	法院	案号	险种	裁判观点
1	北京市第二中级人民法院	（2009）二中民终字第 07254 号	投资连结保险	目前,我国法律尚未将商业保险行为归属于为生活消费而购买、使用的商品或者接受的服务这一范畴
2	陕西省宝鸡市中级人民法院	（2014）宝中民二终字第 00152 号	两全保险（分红）型	本案为因人寿保险合同而发生的争议,原告作为保险合同的投保人非消费者权益保护法规定的为生活消费需要购买、使用商品或接受服务的消费者,故本案争议不属于消费者权益保护法调整范围
3	黑龙江省佳木斯市中级人民法院	（2015）佳商终字第 163 号	两全保险（分红）型	本案属于保险合同法律关系,且保险标的不属于生活消费对象
4	江苏省高级人民法院	（2016）苏民申 5562 号	终身寿险（分红型）	结合 2013 年修订消费者权益保护法,适用 1994 年消费者权益保护法,个人消费者购买保险产品应属于消费者权益保护法所规定的为生活消费需要接受服务的情形
5	江苏省高级人民法院	（2017）苏民申 1050 号	两全保险（分红）型	投保人购买分红型保险产品不属于生活消费,不应认定为普通消费者,人寿保险公司也非提供生活消费商品或服务的经营者,双方因保险合同产生的纠纷应适用保险法等相关规定
6	北京铁路运输法院	（2018）京 7101 民初 903 号	两全保险（分红）型	投保人购买的保险产品属于金融投资,不属于生活消费,不应当适用消费者权益保护法

---

①   案例来源:中国裁判文书网,访问日期:2022 年 11 月 10 日。

续　表

序号	法院	案号	险种	裁判观点
7	北京市第三中级人民法院	(2018)京 03 民终 12206 号	终身寿险及附加险(保障型险种)	个人消费者购买保险产品属于消费者权益保护法所规定的为生活消费需要接受服务的情形
8	北京市第二中级人民法院	(2020)京 02 民终 10173 号	两全保险(分红)型	案涉保险合同虽缔结于 2009 年,但消费者权益保护法修订后该合同仍在履行过程中,故适用消费者权益保护法保护
9	阜新市海州区人民法院	(2020)辽 0902 民初 1627 号	年金保险(分红型)、年金保险(万能型)	本案的核心是保险合同关系,具有金融领域投资属性,原告属于金融消费者,该法律关系应由《中华人民共和国保险法》来调整
10	河北省衡水市中级人民法院	(2020)冀 11 民终 270 号	两全保险(分红型)	消费者权益保护法调整的范围是消费者为生活消费需要购买、使用商品或者接受服务,且该法明确规定,本法未作规定的,受其他有关法律、法规保护,故原告要求被告三倍赔偿的请求没有法律依据
11	四川省成都市中级人民法院	(2021)川 01 民终 22083 号	年金保险(分红型)、年金保险(万能型)	保险投资产品为高风险等级金融产品,金融消费者因购买高风险等级金融产品接受服务,以卖方机构存在欺诈行为为由,主张适用消费者权益保护法的惩罚性赔偿的不予支持

2013 年修订的消费者权益保护法第二十八条规定了包括保险机构在内的金融服务经营者对消费者应负的义务。以此为分界线,此前法院多直接否认保险合同关系适用消费者权益保护法,此后法院基本已倾向于保险合同关系并不排除消费者权益保护法的适用。学者观点也认为金融消费与生活消费并不矛盾,包括保险在内的金融消费者亦可被认定为消费者权益保护法中的为生活消费的消费者,在保险人欺诈的情况下,保险消费者可以依据消费者权益保护法请求惩罚性赔偿。[①] 但具体哪些保险产品所涉法律关系可以用消费者权益保护法保护,尤其是可以适用消费者权益保护法中的欺诈情形下的惩罚性赔偿,显然有较大的讨论空间。

---

① 范庆荣:《论〈消费者保护法〉中的惩罚性赔偿在保险领域的适用》,《保险研究》2019 年第 9 期。

（二）哪些保险产品所涉法律关系可以适用消费者权益保护法进行调整

从上文列举案例看，同样的两全保险（分红型）产品，有的法院认为是金融投资不属于生活消费，有的法院则仍然认为可以纳入消费者权益保护法保护范畴。即对保障型保险产品的消费应适用消费者权益保护法之惩罚性赔偿目前已经没有争议，但对涉及含有投资性质的保险产品是否适用消费者权益保护法保护，此类保险产品销售过程中出现欺诈情形时是否适用惩罚性赔偿，司法实践的处理存在争议。

1. 九民会议纪要的规定是否对该问题作出了足以改变既往的裁判思路的规定

最高人民法院《全国法院民商事审判工作会议纪要》（法〔2019〕254号）（以下简称九民会议纪要）在"金融消费者权益保护"部分的第七十七条规定，金融消费者因购买高风险等级金融产品或者为参与高风险投资活动接受服务以卖方机构存在欺诈行为为由，主张卖方机构应当根据消费者权益保护法第五十五条的规定承担惩罚性赔偿责任的，人民法院不予支持。

已经有部分法院使用上述规定，认为投资型的保险产品不适用消费者权益保护法之惩罚性赔偿，比如上文表格列示的四川省成都市中级人民法院（2021）川01民终22083号民事判决书。该案涉及的投资型保险产品为分红险和万能险。该案判决书主文中载明"2019年11月最高人民法院出台九民会议纪要，对此问题已进行了统一，即购买保险投资产品等高风险等级金融产品的金融消费者不适用消费者权益保护法的惩罚性赔偿规定。颜开萍提交的裁判文书均系九民会纪要出台前作出，其相关观点与九民会议纪要精神不一致，不应作为本案处理的参考依据。"

但笔者认为，九民会议纪要的上述规定仅仅是对"为生活消费"这一适用消费者权益保护法惩罚性赔偿的基本前提进一步进行了明确，而非规定了颠覆性的新的规则。即高风险金融产品或参与高风险投资活动就意味着不属于"为生活消费"，此类产品不适用消费者权益保护法惩罚性赔偿的保护是题中应有之义。适用该条的关键应当是确定何种保险产品属于该条规定的"高风险等级金融产品"或"高风险投资活动"。

2. 哪些投资型保险产品/服务属于"高风险等级金融产品"或"高风险投资活动"

目前市场上投资型的保险产品主要包括分红险、万能险和投资连结险。上述三种投资型的保险产品在投资风险上是存在区别的。

分红保险是保险人将其实际经营成果优于定价假设的盈余，按照一定的比例向保单持有人进行分配的人寿保险产品。根据原中国保监会《分红保险精算规定》（保监发〔2015〕93号）的规定，分红保险可以采取终身寿险、两全保险或年金保险的形式。保险公司分配给保单持有人的比例不低于可分配盈余的70%。

万能保险中，投保人将保费交到保险公司后会分别进入两个账户，一部分进入风险保障账户用于保障，另一部分进入投资账户用于投资。投资账户的资金由保险公司进行资产配置和运作，保单持有人根据保险投资账户的收益获得保单利息，并取得相应的保险保障。根据原中国保监会《万能保险精算规定》（保监发〔2015〕19 号）的规定，万能险应当保证最低利率，最低保证利率不得为负。保险期间各年度最低保证利率数值应一致，不得改变。

投资连结险则设立了单独的投资账户，最大的特点是将产品的投资选择权和投资风险都转给了客户，即实际由投保人选择投资产品和进行投资操作，同时获得部分保险保障（与投资成果直接挂钩）。根据原中国保监会《投资连结保险精算规定》（保监寿险〔2007〕335 号），投资连结保险及投资账户均不得保证最低回报率。

由前文可见，投资连结险与分红险、万能险相比是有明显区别的。分红险和万能险的投保人不直接参与具体账户的投资运作（其中分红险未设投资账户，而只是根据保险人的经营成果被动获得红利分配；万能险虽有投资账户，但由保险人负责资产配置和管理，保单持有人亦是被动获得保单利息）。而投资连结险则由投保人自己操作投资账户，自主决定投资产品，自行承担投资风险。分红险和万能险设有最低风险保障（虽有风险，但只影响获利多少，并不导致无获利），但投资连结险没有最低风险保障。[①]

万能险和分红险的真正风险在于此类保险产品的保费比一般的保障性保险产品可能更高，相应地退保时的损失也会更大。退保损失与投资类金融产品的高投资风险并非同类型的风险，故这两类投资型保险产品是否能够当然被称之为"除存款以外的所有具有本金损失可能性的金融产品和服务"[②]仍有可讨论之处。

综上，从消费者权益保护法将保险产品的购买纳入保护范畴的规定和九民会议纪要的上述规定看，万能险和分红险直接被认定为高风险金融产品或高风险投资活动是存有疑义的，但投资连结险应当属于此类高风险投资产品故无消费者权益保护法中惩罚性赔偿的适用空间。

二、保险人欺诈事实的认定

民法和消费者权益保护法都有关于欺诈的规定，在司法实践中，保险人是否构成欺诈，法院的自由裁量空间非常大。总体而言，认定构成欺诈的案件比例并不高，这其中既有对当事人举证责任分配的原因，也有对保险消费者道德风险的顾虑（正如很多反对将保险合同纳入消费者权益保护法保护的学者的观点，从我国目前保险业的现状看，如此可能会产生巨大的负面激励作用，使得保险消费者动辄以保险销售过程中的瑕疵主张欺诈和惩罚性赔偿，对保险行业而言后果严重）。但有一点我们注意到，大量保险消费者主张欺诈的案件中，都会有向监管部门投诉或举报的前置动作，并将投诉举报的相

---

① 温世扬、范庆荣：《"保险消费者概念"辨析》，《现代法学》2017 年 3 月。

② 最高人民法院民事审判第二庭：《〈全国法院民商事审判工作会议纪要〉理解与适用》，人民法院出版社 2019 年版，第 411 - 415 页。

关回复材料作为证据提交法庭,这些证据具有较强的杀伤力。举例①如下:

表 2　保险欺诈案例

序号	法院	案号	监管意见	欺诈认定
1	吉林省高级人民法院	(2016)吉民终515号	查实某人寿保险公司在销售保险单号为8026000052050208的阳光创富一号年金保险(分红型)产品业务活动中,承诺高额收益欺骗投保人	认定
2	北京市第二中级人民法院	(2020)京02民终10173号	经调查发现存在的问题包括未对新单回访问题件进行处理和欺骗投保人	认定
3	辽宁省阜新市中级人民法院	(2021)辽09民终684号	保险业务员在崔某投保的保险合同上手写承诺固定收益内容并签名	认定
4	北京市第一中级人民法院	(2019)京01民终11027号	保险公司未按规定进行回访,投保档案非投保人、被保险人本人填写、抄写或签字,未按规定寄送红利通知书的事项,经查证属实	未认定
5	武汉市江岸区人民法院	(2020)鄂0102民初1712号	保险业务员刘某承诺涉诉保单承保30年后保额可以涨到600000元的情况,经查属实	未认定

保险消费者如果在前置投诉环节获得了监管部门关于欺诈或相关欺诈行为的认定的监管意见,保险公司基本无从抗辩。但如果监管部门仅是认定了部分违规事实,人民法院仍然需要考虑相关违规行为是否能符合欺诈的构成要件。从我们查询的案例看,在仅认定部分违规事实的情况下,法院在欺诈的认定上总体持较为严格的态度。我们如果联系近年来的代理退保等非法甚至犯罪行为,就能理解法院上述态度的原因。涉及保险人欺诈的案件,引起的后果基本都是退还保费＋三倍赔偿主张,即仍以退还保费为基础。

三、认定保险人欺诈情况下,是否适用惩罚性赔偿,
以及惩罚性赔偿的基数如何确定

2013年修订后的消费者权益保护法第五十五条规定了三倍惩罚性赔偿。在保险合同领域,保险消费者主张的三倍赔偿基本都是按照保费的三倍主张。在确定应退还保费的前提下,如何适用惩罚性赔偿,司法判决的分歧是比较大的,以下是几种典型的处理方式②。

---

① 案例来源:中国裁判文书网,访问日期:2022年11月10日。

② 案例来源:中国裁判文书网,访问日期2022年11月10日。

表 3 惩罚性赔偿处理方式

序号	法院	案号	惩罚性赔偿金额	裁判理由
1	北京市第三中级人民法院	(2018)京 03 民终 12206 号	已交保费的三倍	经营者提供商品或者服务有欺诈行为的,应当按照消费者的要求增加赔偿其受到的损失,增加赔偿的金额为消费者购买商品的价款或者接受服务的费用的三倍。
2	最高人民法院	(2017)最高法民申 1462 号	犹豫期后退保的现金价值与已交保险费用的差额的三倍	因合同双方明确约定了身故保险金与满期保险金为本合同累计已交保险费,故不宜将保单上载明的保险费额度视为购买对价。
3	北京市第二中级人民法院	(2020)京 02 民终 10173 号	已支付保费五年同期贷款利息的三倍	案涉保险合同兼具投资属性以及生活消费属性,且某人寿保险公司的行为并不会导致王某缴纳的 50 万元的保费发生损失的后果。故王某依据其交付的保费标准要求三倍赔偿,显然超出了法律设立该惩罚性条款的立法目的。
4	辽宁省阜新市中级人民法院	(2021)辽 09 民终 684 号	0	系分红型保险,兼具投资属性以及生活消费属性,某保险公司的行为并不会导致崔某缴纳的 6 万元的保费发生损失的后果。崔某依据其交付的保费标准要求三倍赔偿,也超出了法律设立惩罚性条款的立法目的。

消费者权益保护法中惩罚性赔偿的计算基础是购买商品的"价款"或接受服务的"费用"。直观地看保险合同中保险消费者支付的对价就是保险费,但如果仔细考察不同险种项下保险费和保险责任的关系,就可以理解为何上述案例中法院对惩罚性赔偿的基数处理如此五花八门。

就纯保障型的保险而言,投保人支付的保费就是保险人承担保险责任的风险成本,即保险责任的对价。因此,就纯保障型的保险的惩罚性赔偿,可以直接以保费为基础计算。

就含有投资性质/储蓄性质的保险而言,投保人支付的保费相当一部分将来会返还给保险消费者,这一部分费用不能直接视为消费者购买保险的对价。就如同存款人前往银行存款,不能将存款本金视为存款人购买银行存款服务的价款或费用一样。就此类保费而言,保险人通过占有投保人的保费资金,获取资金使用的沉淀收益。因此,目前比较多的涉及投资型保险合同的案件中,以已付保费的利息作为惩罚性赔偿的基础是合理的。

四、结　语

从目前的立法和司法实践看,保险消费者基本已纳入消费者权益保护法保护范畴。保障型保险产品当然可以适用消费者权益保护法之三倍惩罚性赔偿。投资型保险产品中的投资连结险属于高风险金融产品/投资活动,不应适用。但万能险和分红险仍然有适用消费者权益保护法中的三倍惩罚性赔偿的空间。

在可查的司法案例中,绝大多数法院在认定欺诈事实——适用消费者权益保护法三倍惩罚性赔偿的前提条件时都非常谨慎,一方面是保险产品本身都是经过监管审批/备案的产品,不太可能出现一般的产品欺诈所涉及的例如假冒伪劣以次充好等情形,另一方面更是考虑到在保险行业保险相对人的欺诈以及类似所谓的"退保黑产"等对保险行业的负面影响,故法院不轻易以保险人欺诈为由适用三倍惩罚性赔偿。

但在监管部门强化保险消费者权益保护的背景下,在对保险经营者的消保监管要求始终趋严的背景之下,保险人一方承担的行政责任和民事责任只会越来越严格。保险人需要重视保险领域适用消费者权益保护法三倍惩罚性赔偿的巨大风险,做好消费者权益保护工作,尤其是保证保险销售环节的合法合规。

人身保险执行的内在标准及实践进路

[摘　要] 尽管人身保险合同的现金价值能否强制执行等问题在理论界尚未形成共识，
但就该问题的司法实践以及立法显然已经走在了前面。《中华人民共和国民事强制执行
法(草案)》明确了人身保险产品可以执行，但在可供执行的人身保险产品的外在范围以及
内在标准的确定上，草案的规定却付之阙如。本文拟提供一条可供操作的实践进路，即在
明确具体保险产品的种类及属性的基础上，合理甄别可供执行的保险产品，实现保障胜诉
债权与维护被执行人基本人权的目标统一。

[关键词] 人身保险;强制执行;保险属性;比例原则;诚信原则

一、问题的提出

　　尽管人身保险合同的现金价值能否强制执行等问题在理论界尚未形成共识，尽管
现行实在法及解释均未对人身保险产品的执行做出明确规定，甚至在裁判者群体内部
都存在天平向左、向右两种不同的裁判倾向，且都形成了有效力的法律决断，然而一个
不可忽视的事实是，法院强制执行程序中裁定解除被执行人寿险保单并提取现金价值
早已屡见不鲜[①]，尤其在全景式[②]执行裁定书全面推广的今天，作为在一次执行程序中
未能实现全部债权的申请执行人，对于终结本次执行程序裁定文书中记载的被执行人
保险产品的调查、处置问题，可能会作出另一番联想——法官有没有尽责？

　　一个有力的论证进路是，从现金价值返还请求权的法律性质入手，将其定性为附条
件债权，而传统理论解释范围内，只要内容特定且其所附条件能在不远的将来成就，该

---

　　[*]　鲁威,南京市玄武区人民法院执行局法官。

　　[①]　岳卫:《人寿保险合同现金价值返还请求权的强制执行》,《当代法学》2015年第1期,第87
页;李云滨、葛忠仁:《人寿保险合同现金价值强制执行的理论基础与进路选择》,《法院改革与民商事
审判问题研究——全国法院第29届学术讨论会获奖论文集(上)》,第662-664页。

　　[②]　张宽明:《让当事人看得明明白白——泰州海陵法院启用"全景式"执行裁定书》,《人民法院
报》2015年7月14日第6版。

附条件债权就能成为冻结的对象,以此肯定现金价值返还请求权的可冻结性。另一方面,基于解释论的视角,通过否认现金价值返还请求权具有一身专属性,从而得出可以对其采取处分性执行措施的结论。即便如此,在法院能否直接执行保单现金价值(实质是法院能否代位行使合同解除权)这个问题上,支持论者也提供了审慎而有保留的执行策略——执行部门只能依申请冻结,只有等待债权人代位诉讼成功并行使代位解除权时,方可采取处分性措施。[1] 基于现有研究及实践成果,本文认为,与其将研究视线聚焦在能否执行人身保险合同上,毋宁关注人身保险执行的外在范围及内在标准的确定,以及有效力的执行手段和谦抑、温和的司法理念,将通过何种方式予以结合并成为实践可能。

二、可供执行的人身保险产品的范围确定

(一)执行法官的困惑——哪些人身保险产品可供执行

广东高院通过问答的形式否定了寿险保单的强制执行[2],与之不同的一个明确的导向是,更多法院在执行寿险保单中呈现出更加积极、能动,甚至职权主义倾向的态度,并通过与保险公司开展联席会议等形式确立了业务流程及工作机制。事实上,从近期公布的《中华人民共和国民事强制执行法(草案)》征求意见稿来看,对被执行人名下人身保险产品的执行,已经逐渐从司法实践的具体经验中脱胎出来,并且可预见地通过立法环节上升为法律规范。[3] 即便如此,新法也只是明确了人身保险产品可以执行,以及从制度上引入了受益人介入权,但若落实到具体如何执行上,新法的规定仍付之阙如。就目前司法实践而言,具体执行尺度的确定仍然取决于各地法院的具体规定。然而,综观各高院出台的通知、指导文件或业务规范,仍然存在失之过宽,或列举紊乱,或指向不明的缺陷。譬如:有业务指导文件中规定的可执行保险产品的范围是"商业保险"[4],此

---

[1] 岳卫:《人寿保险合同现金价值返还请求权的强制执行》,《当代法学》2015年第1期,第87-92页。

[2] 广东省高级人民法院《关于执行案件法律适用疑难问题的解答意见》问题十一:"首先,虽然人身保险产品的现金价值是被执行人的,但关系人的生命价值,如果被执行人同意退保,法院可以执行保单的现金价值,如果不同意退保,法院不能强制被执行人退保。"

[3] 《〈民事强制执行法草案〉征求意见稿全文公布》,"澎湃新闻"客户端2022年7月1日。

[4] 北京市高级人民法院《北京市法院执行工作规范》第四百四十九条:"对被执行人所投的商业保险,人民法院可以冻结并处分被执行人基于保险合同享有的权益,但不得强制解除该保险合同法律关系。保险公司和被执行人对理赔金额有争议的,对无争议的部分可予执行;对有争议的部分,待争议解决后再决定是否执行。对被执行人所设的用于缴纳保险费的账户,人民法院可以冻结并扣划该账户内的款项。"需要说明的是,2017年9月18日,北京市高级人民法院在对《北京市法院执行工作规范》全面修订的基础上,印发了《北京市法院执行案件办理规范》,新规范中未提及商业保险产品的执行。

类概括式规定指向对象范围过宽；亦有业务指导文件中列举了可执行保险产品的具体种类，"传统型、分红型、投资连接型、万能型或生存保险金、保单红利、保单现金价值"，不但未能穷尽可执行的保险产品范围，也将保单现金价值、保单红利等财产权益类别与具体的保险类型进行了错误的并列①；同时，也有业务指导文件没有明确可供执行的保险产品种类，而是将侧重点放在财产性权益上②，甚至部分法院没有作出直接的范围界定，而是需要通过分析协助执行单位的协助业务范围，间接推导出人身保险产品可供执行的财产性权益的范围③。

由于对可供执行的保险产品的范围缺乏明确规定，加之保险产品种类、条目繁多，纵使是一线执行法官也常常感慨"隔行如隔山"，这就使得尽管保险公司协助执行的路径打通了，但由于具体保险产品的甄别、处置缺乏规范化、明确化指引，一线执行法官往往陷入如下两难困境：要么遭受履职不尽责、有保险财产可供执行而不执行的指摘，要么遭受权力任性、戕害人权、漠视人身权益保障的道义非难。

（二）人身保险产品分类及其执行价值

哪些保险可供执行，首先要明确保险的类别。按照西方主流保险理论，现代商业保险制度主要是围绕人类生活中的两大类风险进行设计的，即与人的健康风险相关的人身保险类产品，以及与财产及责任风险相关的财产保险类产品。④ 在实在法领域，我国《中华人民共和国保险法》（以下简称保险法）中取用了人身保险合同和财产保险合同这组对照词组进行规范表述，其中，保险法第十二条第三款、第四款分别作出如下定义，"人身保险是以人的寿命和身体为保险标的的保险。财产保险是以财产及其有关利益

---

① 浙江省高级人民法院《关于加强和规范对被执行人拥有的人身保险产品财产利益执行的通知》（浙高法执〔2015〕8号）第一条："投保人购买传统型、分红型、投资连接型、万能型人身保险产品、依保单约定可获得的生存保险金，或以现金方式支付的保单红利，或退保后保单的现金价值，均属于投保人、被保险人或受益人的财产权。当投保人、被保险人或受益人作为被执行人时，该财产权属于责任财产，人民法院可以执行。"

② 江苏省高级人民法院《关于加强和规范被执行人所有的人身保险产品财产性权益执行的通知》第一条："保险合同存续期间，人身保险产品财产性权益依照法律、法规规定，或依照保险合同约定归属于被执行人的，人民法院可以执行。人身保险产品财产性权益包括依保险合同约定可领取的生存保险金、现金红利、退保可获得的现金价值（账户价值、未到期保费），依保险合同可确认但尚未完成支付的保险金，及其他权属明确的财产性权益。"

③ 上海市高级人民法院《关于建立被执行人人身保险产品财产利益协助执行机制的会议纪要》第一条："人民法院因执行工作需要，依法要求保险机构协助查询、协助冻结或协助扣划被执行人人身保险产品财产利益的，保险机构应当予以协助。"第三条："被执行人为投保人的，可冻结或扣划归属于投保人的现金价值、红利等保单权益。被执行人为被保险人的，可冻结或扣划归属于被保险人的生存金等保险权益。被执行人为受益人的，可冻结或扣划归属于受益人的生存金等保险权益。"

④ ［美］乔治·E.瑞达、迈克尔·J.麦克纳马拉：《风险管理与保险原理》（第十二版），刘春江译，中国人民大学出版社2015年版，第226、437页。

为保险标的的保险"。包括海上保险、货物运输保险、火灾保险、运输工具保险、工程保险、农业保险以及各类责任保险在内的财产保险,由于其自身的独特属性及赔偿原则,保险人只按照被保险人所遭受的实际损失进行赔偿,被保险人不能通过赔偿而获利,同时,其与寿险不同的费率厘定方式[①],使得投保人利用财产保险进行规避执行或者洗钱的操作空间较小,事实上,司法实践中亦很少遇见要求解除财产保险合同、返还保费的情形,因此这里不做展开。以下着重介绍的是人身保险产品分类,通过比较其保障性、储蓄性,乃至投资性的差异,分析不同类别产品执行的可行性及执行价值。

从产品属性上来看,人身保险一般包括人寿保险、年金保险、健康保险和意外伤害保险,其产品设计目的及主要特质概括如下:

人寿保险是保险公司承诺当被保险人死亡时即进行保险金支付的保险,传统的人寿保险内部可细化为定期寿险、终身寿险和两全保险三类。定期寿险也称为定期死亡保险,是一种以被保险人在规定期限内发生死亡事故为前提,从而给付保险金的人寿保险,其保险期限短,少则几个月,多不过几年,主要适用人群为家庭经济收入低、子女尚未成年的人群,也适用于短期内有危急工作且急需保障的人群,保险费率低;终身寿险也叫终身死亡保险,是一种不定期的死亡保险,只要投保人缴纳了保费,自保单生效之日起,不论被保险人何时死亡,都给付保险金,其保险费率高,且具有现金价值,往往投保人缴费期限越短,每次缴费的数额越大,其积存的用于履行将来保险义务的保险费越多,现金价值越高,储蓄性也就越大,尤其是那种趸缴(即一次性缴清全部保费)的终身寿险,其储蓄性已经大于保障性;两全保险是指被保险人不论在保险期内死亡还是生存到保险期届满,保险人都给付保险金的保险,该保险是死亡保险和生存保险结合的产物,既可以保障被保险人在保单期满后生活的需要,也可以解决由于被保险人死亡给家庭生活带来的后顾之忧,因为其承保责任全面,且预期收益稳定,所以两全保险又称"储蓄保险",两全保险不仅具有现金价值,还可以在商业往来中作为财产保证,该类产品费率自然也是较高的。[②] 尽管以上三类传统寿险产品在储蓄性上有一定差异,但主要特性还是在于保障性,与之不同的是,现代保险市场又衍生出一些具有投资性的特殊寿险产品,包括分红寿险、投资连结险、万能险,该类产品由于兼具保障和投资功能,预期赔付更多地依赖于投资收益变化,保费往往比普通寿险高很多,基本保额却比普通寿险低很多。其中:分红型寿险产品是指保险公司在每个会计年度结束后,将上一会计年度该类分红保险的可分配盈余,按一定的比例以现金红利或增值红利的方式,分配给客户的一种人寿保险,其分红来源于保险公司的死差益、费差益、利差益;投资连结险也称变额人寿保险,是指具有保障功能,并至少在一个投资账户拥有一定资产价值,而不保证最低收益的人身保险,该寿险产品是一种风险较大的投资型寿险产品,可以按照客户的需求及抗风险的能力去进行投资组合,由于没有保底收益,风险由客

---

① 孙祁祥:《保险学》(第四版),北京大学出版社 2009 年版,第 216 - 224、279 - 282 页。
② 孙祁祥:《保险学》(第四版),北京大学出版社 2009 年版,第 156 - 163 页。

户自己承担;万能保险是一种具有保险保障功能并设立有单独保单账户,且保单账户价值提供最低收益保证的人寿保险,兼具保险保障与储蓄投资功能。该产品的特性介于分红型寿险与投资连结险之间,其投资账户有保底投资收益,同时允许保单所有人与保险公司分享超额的投资收益,投资风险由客户和保险公司共同承担。[1]

年金保险是指保险金的给付采取年金这种形式的生存保险,而年金是一系列固定金额、固定期限的货币的收支。年金保险可以用来预防被保险人寿命延长而导致经济资源耗尽的财务风险,因此,与健康状况不好的人倾向于购买人寿保险不同,年金保险适合健康状况良好、预期寿命较长的人群。按年金给付频率划分,年金保险分为按年给付、按季度给付、按月给付多种。按照年金给付的起始时间,又分为自投保人缴纳保险费后,年金领取人即开始享受年金收益的即期年金,和投保人与保险人约定自年金领取人达到每一年龄后才可领取年金收益的延期年金。年金保险通常约定提现条款,年金保险通常有退保金。[2] 值得注意的是,实践中常出现的教育险、子女婚恋险应该理解为年金险的变种。

健康保险是为补偿被保险人在保险有效期间内因疾病、分娩或意外伤害而接受治疗时所发生的费用,或补偿被保险人因疾病、意外伤害导致伤残或因分娩而无法工作时的收入损失的一类保险。健康保险主要分为医疗费用保险、失能收入保险,以及长期护理保险三大类。健康保险一般以一年期的短期合同为主,其在给付特征上具有明显的补偿性,强调对被保险人医疗花费和收入损失的补偿,显著区别于寿险合同中事先约定的保险金[3],其特点可以形象地描述为"填平"。

意外伤害险,顾名思义,是被保险人在保险期间内遭遇意外事故,致使身体蒙受伤害或死亡时,保险人依据合同给付保险金的保险。由于意外事故具有非本意、外来性、突然性的特点[4],意外险保险责任的触发条件相当严苛,保费十分低廉,如保费无明显异常,可供执行的价值极低。

综上,意外伤害险、健康保险、人寿保险中的定期寿险保障属性强烈,不具有执行价值。年金保险,以及人寿保险中的终身寿险和两全保险,在保障之余兼具储蓄功能,有一定执行价值,但执行的代价较高,执行法官以及法院在执行上述保险产品时可能面临较大的道义风险。分红寿险、投资连结险、万能险等新型人寿保险由于具有鲜明的投资属性,可以视作理财产品进行强制执行。

---

[1]　周华林、郭金龙:《中国寿险产品供给及其影响因素分析》,《保险研究》2012 年第 11 期,第 63 - 64 页;《投连险"要义"——专访汇丰人寿首席投资官王海晶》,《国际金融报》2021 年 10 月 25 日第 7 版。

[2]　孙祁祥:《保险学》(第四版),北京大学出版社 2009 年版,第 175 - 183 页。

[3]　孙祁祥:《保险学》(第四版),北京大学出版社 2009 年版,第 188 - 196 页。

[4]　孙祁祥:《保险学》(第四版),北京大学出版社 2009 年版,第 152 - 153 页。

表1　人身保险产品分类及其执行价值

险种	保费	触发条件	保单价值	特征	执行价值	道义风险
意外伤害险	低	难	几乎无	重保障	极低	高
健康保险	低	较难	几乎无	重保障	极低	高
定期寿险	低	较难	较低	重保障	低	一般
终身寿险	中	较难	较高	兼储蓄	较高	低
两全保险	中	中	较高	兼储蓄	较高	低
年金保险	中	易	较高	兼储蓄	较高	低
分红寿险	高	易	高	投资性	高	低
投资连结险	高	易	高	投资性	高	低
万能险	高	易	高	投资性	高	低

三、保险产品执行的程序启动及实践问题

（一）强有力的代位者

关于保险合同的解除情形，我国保险法第十五条规定，"除本法另有规定或者保险合同另有约定外，保险合同成立后，投保人可以解除合同，保险人不得解除合同"。因此，就人身保险合同解除权的行使主体，现有立法并未明确存在投保人、保险人以外的第三人。

然而，从各高级法院发布的人身保险产品执行通知来看，现有司法实践已经突破上述规定。以浙江高院2015年的《通知》（浙高法执〔2015〕8号）为例，《通知》的首部交代了执行人身保险产品的背景，"近年来，随着资金理财化倾向明显，加上我省法院通过'点对点'网络查控系统查询、冻结被执行人的银行存款越来越便捷、有效，不少被执行人转而购买具有理财性质的人身保险产品。为加强和规范对此类人身保险产品的执行，现就有关问题通知如下"，一个"转而"不难看出，《通知》预设了一个潜在的立场——由于法院网络查控系统发达，被执行人或潜在被执行人惮于将存款放在银行，取而代之的是购买具有理财性质的保险。基于上述预设，浙江高院的规定几乎瞄准了被执行人在保险合同中的一切"藏身之所"，无论作为投保人、被保险人或受益人，只要该财产属于责任财产，哪怕该保单是不具投资属性的传统型保单，亦在强制执行范围之内。

江苏高院的人身保险产品执行文件出台在后，在规范编写的技术上和完备度上比较成熟，包括首部的编撰，"为了加强和规范被执行人所有的人身保险产品财产性权益的执行，现将有关问题通知如下"，相对客观中立地介绍了文件出台的背景。在程序保障上，第五条规定"投保人为被执行人，且投保人与被保险人、受益人不一致的，人民法

院扣划保险产品退保后可得财产利益时,应当通知被保险人、受益人。被保险人、受益人同意承受投保人的合同地位、维系保险合同的效力,并向人民法院交付了相当于退保后保单现金价值的财产替代履行的,人民法院不得再执行保单的现金价值",该条结合了寿险保单执行的研究成果,引入了受益人介入权,制度设计上既满足了寿险保单执行的需要,也可以制约债权人滥用申请执行权利。第七条规定交代了保险公司以及其他利害关系人等的执行异议权利。

尽管如此,以上法院在人身保险产品执行过程中仍然表现出较为浓厚的职权主义倾向——既然执行案件的关键节点是查人、找物,那么查找、执行被执行人的人身保险产品自然是执行权行使的应有之义,相应地,即便作为人身保险合同当事人的被执行人不同意处置保险产品,法院也可以代位行使合同解除权。与之相伴的是,以代位者姿态出现的法院,即便向各方交代了异议权,但从程序正义的角度讲未必尽善尽美,至少无法有力地回复一个质疑:一个裁判者,如何能不偏不倚地评价其自身在此前的程序中,以代位者身份作出的决定?

(二) 有待商榷的执行尺度

一个典型的问题是,若被执行人人身保险保单的投保时间早于案涉纠纷发生时间,此类保险能否执行? 在甘肃省兰州市中级人民法院执行(2017)甘 01 民初 247 号民事调解书过程中,王瑞凤、王学东对扣划其保单全部保险费提出异议,该案经兰州中院、甘肃高院异议、复议,请求均被驳回,申诉至最高人民法院后,异议的理由增加了一条,"王瑞凤、王学东投保的是人寿保险,是为了未来生活得到保障,保费来源合法,投保时间已逾 13 年之久,不存在规避执行之嫌,可预见性信赖利益应受法律保护"。最高人民法院(2021)最高法执监 35 号执行裁定书没有回复该项请求,该执监裁定认为本案的审查重点是,在作为被执行人的投保人不主动解除保险合同的情形下,人民法院在执行过程中能否强制执行案涉保险单的现金价值。最高人民法院认为,"被执行人王瑞凤、王学东负有采取积极措施履行生效裁判的义务,在其无其他财产清偿债务的情况下,理应主动依法提取案涉保险单的现金价值履行债务。但其明显违背诚信原则,不主动提取保险单现金价值,损害申请执行人的权利"。据此,最高人民法院认为兰州中院提取保单现金价值的执行行为符合执行行为强制性特征,有利于减轻当事人讼累,并无不当。① 当然,这个案例并不代表最高人民法院否定了本文提出的问题,综观该案查明的事实,本案中的两项事实可能更大程度上影响了裁判法官的自由心证:其一,生效法律依据于 2017 年作出,而被执行人的 9 份保险,尽管有部分是在 2007 年购买,但也有部分是在纠纷发生后的 2017 年,甚至 2019 年购买;其二,被执行人名下的保单几乎皆为分红险、两全险,投资属性强。事实上,一个债务人不愿意主动提取理财产品的分红收益来偿债,显然没有最大限度地展现出还债的意愿与诚信,这也符合常人的思维。另外,从该

---

① 中华人民共和国最高人民法院(2021)最高法执监 35 号执行裁定书。

案裁定的表述来看，对被执行人不主动提取人身保险保单价值用以偿还债务的行为，最高人民法院和我国台湾地区"最高法院"给出了不同的评价，最高人民法院的论证思路更侧重强调被执行人的做法有违诚实信用，进而维持执行法院强制终结保单的做法，台湾地区法院的论证着力点则在于被执行人怠于行使保险契约的权利，进而导入后续的债权人代位诉讼。①

另一个富有争议的问题是，已经触发过理赔事件且仍有保单价值的保单能否执行？从保险消费者角度出发，遭受事故能触发保险理赔条款是不幸中的万幸，一者前期经济上的投入没有白费，获得了约定的保险金或者损失得到了弥补；二者如果保险合同在触发保险事故后仍然存续的话，那么意味着其以更大健康风险参与了后续的保险活动，得益于保险大数法则的运行机制，更多的人平摊了其未来的风险。此时，若该消费者被告知，因为其涉及法院执行案件，其名下保单，尤其是理赔过的保单面临强制解除的风险，从个体体验而言，几乎等同于被推入了一种必然面临的经济困窘、老无所养、病无所医的困境。无论从善意执行的角度，还是从普罗大众的角度，都很难让人信服，强制解除被执行人有过理赔记录的人身保险保单的执行行为能够"最大限度减少对被执行人权益影响"②。事实上，受制于我国寿险行业过去粗放发展遗留下的历史弊病，社会民众普遍存在保险理赔难、"保险是骗人的"等社会刻板印象，若有过理赔记录的人身保险合同可以被强制解除，从短期看，保险公司在个案中或许能获取经济效益（预期支出减少），但从长远看，不利于我国保险行业的发展，也加大了我国保险产品和域外保险产品的竞争难度，也可能加大我国商业保险需求向域外保险市场溢出的潜在风险。

再有，追缴诉讼费的执行案件中，能否执行保险产品？近些年，随着"胜诉退费"专项整改活动③的进行，或者作为"我为群众办实事"④的一项重要举措，各地法院贯彻落实诉讼费退费制度，极大减轻了胜诉当事人的诉讼负担，与此同时，法院自身却面临了诉讼费催缴不上来的问题。当这些诉讼费催缴案件进入执行程序时，如果按照与普通执行案件同样的执行流程和执行要求，执行保险产品显然又成了一个无法回避的问题。强制执行的理由在于，保障诉讼费的正常收缴就是保障财政，进而保障国家司法机关的正常运转。而不予执行的理由同样充分，国家的催缴手段多元，没必要在一次案件中执行完毕。事实上，一线执行法官在面对上述问题时往往没有太大的自由裁量空间，更多的还是取决于执行法院的审判管理规则。

① "最高法院"43年台上字第243号民事判例，转引自林洲富《论保险契约与强制执行要保人之权利》，《保险专刊》第32卷第3期，第227页。

② 最高人民法院《关于在执行工作中进一步强化善意文明执行理念的意见》第一条第一项。

③ 上海市高级人民法院《关于深入开展"胜诉退费"专项整改活动的通知》（沪高法〔2018〕111号）。

④ 德化法院《15天"主动退"诉讼费100多万》，微信公众号"德化法院"，2021年12月7日；河池中院《为民办实事｜诉讼费无须申请就能主动退还，这家法院这项举措很赞!》，微信公众号"河池中院"，2022年3月21日。

四、比例原则与诚实信用原则

——执行人身保险产品的内在标准

（一）比例原则及其展开

正如米德社会心理学理论所揭示的,人类的语言结构为人们的意义理解、社会化的人格建构乃至社会功能的分化与整合提供了基础①,无论是媒体的宣传报道,还是法院的工作报告,在向公众传达法院的工作成果的同时,也形塑了社会公众的认知结构。就法院职能而言,诉讼程序解决的是悬而未决的讼争问题,经过两造对抗,代表"正义天平"的裁判者对诉讼当事人的权利义务作出了法律上的最终决断,借由此,胜诉一方的权利获得了司法的确认,败诉方则需要履行相应义务配合胜诉方的权利实现。而纠纷进入强制执行程序,就表明败诉方未配合履行义务,此时胜诉方就有权请求代表着公权力的"执行利剑"出场主持公道。天平与利剑这对符号本身就传导了公众对法院审判、执行工作的不同社会期待,形象地说,衡量天平好坏的标准是它能否一碗水端平,而形容利剑好坏的标准则是利钝。这就很好理解,一旦人身保险产品被纳入了可供执行的财产范围,站在胜诉当事人的角度,这项财产的执行与否也就成了衡量利剑利钝的一项客观指标。事实上,正是在这样一个"正义天平"到"执行利剑"的角色转换过程中,司法的权力可能会集体无意识地扩张。② 在这里,比例原则的引入,可以有力制约执行权的不适当行使。

比例原则进入民事执行领域,大致可以通过以下论证进路建立二者之间的理论联系:一种论证进路从执行权的本质出发,综观俄罗斯、美国等国家立法例,执行权本质上属于行政权范畴,因而当然地适用行政法领域的比例原则。当然,我国对民事强制执行程序和民事审判程序采用了混合立法体例,某种意义上,我国法院的执行权是一种兼具行政权和司法权双重特征的行政司法权,即便如此,依然无法回避的问题在于,该权力行使的过程中呈现出了单方面性、主动性、强制性、不平等性以及价值取向上的效率优先性,这些特性决定了比例原则在执行领域存在广泛的适用空间。第二种论证进路从

① 林远泽:《姿态、符号与角色互动——论米德社会心理学的沟通行动理论重构》,《哲学分析》2017 年 2 月第 8 卷第 1 期,第 61 页。

② 从笔者自身实践观察来看,执行法官往往比审判法官呈现出更强的"协同作战"偏好,又因案多人少的压力,基层执行法官连钻研法学理论的时间都十分紧张,更遑论去钻研不同保险产品的功能和区别,加之,现有法律规范及司法解释自身的缺位,法官办案中容易陷入经验主义误区。即一项执行举措能否开展,往往先请教同僚有无类似经验,而对该项经验做法是否经过合理性论证则欠缺考虑,长期以来,经验做法在小范围内得到推广,并在集体成员内部形成认同感、从众性、感染和暗示作用。关于集体无意识的形成理论,参见宋雅萍《论集体无意识的形成和作用》,《马克思主义哲学研究》2017 年第 1 期,第 60 页、64 - 65 页。

人权保障出发,之所以用强制执行制度代替私力救济,是因为要避免野蛮暴力的流血冲突,从而在维护国家稳定和社会秩序的基础上实现债权人的债权。因此,强制执行程序除了实现债权人的债权这一显要目的,还有维护国家稳定与保障债务人的人权这一潜在目的,因此,即便无法得出执行权隶属于行政权范畴或具有行政属性这一结论,站在人权保障的角度,仍然能寻找出比例原则在强制执行领域的适用空间。[①] 比例原则的精髓在于禁止过度,该原则的核心要义在于适当性、必要性、均衡性,通过对具体手段与最终目的效益性的考察,可以有效鉴别具体执行行为有无逾越必要的限度。[②] 事实上,"草案"第五条中"适当""不得超过实现执行目的所需的必要限度"的表述,已经包含了比例原则的意蕴。

在执行保险产品中,可以具体延伸出以下四条操作上的方法论:

(1)豁免财产不予处置:域外立法例中,对强制执行程序中被执行人的豁免财产部分有较为成熟的规定,以美国立法为例,尽管各州立法存在差异,但"美国的立法者们似乎对于债务人很是慷慨"[③],在保险产品的执行方面,各州立法的主要区别在于豁免额度的确定,有的州认为该类财产应属于被执行人可支配收入范畴,不应设豁免限额,而有的州认为该类财产豁免不应超出必要限度,譬如内华达州规定年保费不超过 15000 美元的人寿保险项下所有金额、收益和权利都豁免执行,当然,也有诸如田纳西州的规定,将豁免的对象确定为意外、健康、残疾保险合同项下的全部理赔金。[④] 我国现行法律体系中,尚且缺乏执行豁免制度的明确的、专门的、体系的规定,取而代之的,散见于我国法律及司法解释中的个别规范,以及最高人民法院的一些通知组成的规范体系,事实上发挥了这项作用,譬如《中华人民共和国民事诉讼法》第二百五十条、二百五十一条,以及《最高人民法院关于人民法院民事执行中查封、扣押、冻结财产的规定》第三、四、五条详细列举了豁免财产的范围,即保障被执行人及家属日常基本生活需要的财产。当然,上述规范内容比较抽象,在司法实务中操作性不强[⑤],对人身保险产品的执行豁免问题也未予提及。事实上,通过前文对不同保险产品功能及属性的介绍,不难认识到,对费率较低的、侧重保障属性的意外伤害险、健康保险、定期寿险保单的豁免执行,不仅是可欲的,也是可求的。当然,我们也要认识到,出于保险人的经营策略,实践中这类低费率、纯保障性的保单并不多见,诸多保险产品将保障属性与储蓄属性相联结,因此,对部分储蓄型保单,亦应设置一个明确的"起执点",该标准的设置可以参照各

---

① 齐路:《论比例原则在我国民事强制执行中的适用》,西南政法大学 2015 年硕士学位论文,第 15 - 16、19 - 21 页。

② 郑晓剑:《比例原则在民法上的适用及展开》,《中国法学》2016 年第 2 期,第 143 页。

③ 严仁群:《民事执行权论》,南京师范大学 2005 年博士学位论文,第 80 页。

④ 张晓冰:《美国民事判决执行制度研究》,北京师范大学 2012 年博士学位论文,第 92 页。

⑤ 张丽洁:《强制执行中财产豁免制度研究》,《河北法学》2018 年 12 月期,第 192 页。

地居民上一年度人均收入水平及恩格尔系数[1]，综合确定被执行人平均每年度可以豁免执行的人身保险数额。

（2）无害处置：若保单价值显著大于执行案件标的，除非保险人支持保单减值业务，否则不能执行该保单。这样的画面很容易想象，倘若被执行人欠付申请执行人合同款项 2 万元，但被执行人此时生意困窘，还款困难，名下只有一个十年前为自己投保的年金保险，目前保单价值为 15 万元，显然，在这样的情况下，强制终结保单的行为显得不那么"人道"，相反，如果可以冻结年金账户，按照年金给付期限适时提取，就达到了法律效果与社会效果的统一。之所以强调无害处置，是因为人身保险财产性权益与其他属性的财产存在根本区别——不可逆性。一个简单的例子，如果被执行人对外负债 50 万元，除名下价值 300 万元的房产以外，无其他财产可供执行，那么即便法院拍卖了上述不动产，被执行人仍可用剩余款项，置换一处房产，总体来说，被执行人履行义务的成本与债务本身大致匹配。但人身保险产品的特殊性恰恰在于，被执行人的保单若被强制终结，即便保单价值偿还债务后还有剩余，但被执行人很可能无法重新具备投保资格，因为时过境迁，被执行人很可能不具备起初投保时的身体健康状态。

（3）私权保护：执行法院追缴诉讼费、税务机关追缴税收的案件，不能执行被执行人名下保险产品，法理依据在于，《中华人民共和国宪法》（以下简称宪法）第二条规定，"中华人民共和国的一切权力属于人民。"因此，国家财政收益权最终要用于服务人民，在个案中，国家财政收益权与被执行人人身性财产权利相较，显然后者更值得保护，国家不应与民争利。与之类似，在水、电、气、通信等公司申请强制执行用户相关欠费的案件中，亦不得执行被执行人名下人身保险产品，法理依据在于，作为水、电、气、通信服务合同一方的消费者，与服务的提供者不具备实事上的平等主体地位，同时，上述行业往往属于特许经营行业且主要市场主体为国有企业，而宪法第六条又规定，"中华人民共和国的社会主义经济制度的基础是生产资料的社会主义公有制，即全民所有制和劳动群众集体所有制"，因此，作为全民所有制的国有企业，其因提供被执行人生活必需服务后产生的债权，应让位于该被执行人的人身性财产权益。

（4）穷尽其他财产：人身保险产品的执行在所有财产执行中应该具有垫后性，在穷尽对被执行人名下银行存款、网络资金、应收账款、证券、机动车、股权、公积金、工资收入、不动产等财产的调查后，若被执行人仍无财产可供执行，才可以启动执行其名下人身保险合同的程序。

（二）诚实信用原则与中国保险业的文化土壤

诚实信用原则是贯穿于保险活动订立、履行、理赔、解除、争议处理等各阶段的一条

---

[1]　此处之所以参照恩格尔系数，是因为恩格尔系数是参照全社会居民家庭中食物支出占消费总支出的比重得出的，饮食代表了人类生活的一项核心基本需求，购买保险是出于一种安全需求、保障需求，也是现代人的一项基本需求——笔者注。

基本原则,按照传统保险法理论,投保人主要负有如实告知义务、履行保证义务、防灾和施救义务,而保险人则负有保险条款的说明义务、赔偿和给付保险金的义务。[①] 然而,长久以来,诚实信用原则在世界范围内的保险法领域多以"最大诚信"的面孔出现,对投保人提出了极为严苛的告知要求,同时也成了保险人拒绝理赔的避风港。随着消费维权意识的崛起,消费者保险领域的最大诚信原则开始消亡[②],这是世界保险发展的一大进步。回到中国保险业发展的视域下来检视诚实信用原则,消费端的权益保护发展之路同样坎坷。随着我国居民生活水平的提高,保险行业得到了蓬勃的发展,然而,"保险人经营方面片面追求商业利润,在订立、履行保险合同时,没有完全履行最大诚信原则,甚至利用由自己提供保险格式合同的便利,设置了一些不利于被保险人的格式文件"[③],加之保险代理人队伍人员结构复杂、流动性强、总体素质不高,很难真正落实好保险人的说明告知义务,很多消费者在"保险是一种家族传承"的销售话术下购买了保险产品,最终发现达不到保险目的,导致社会公众形成了"保险就是传销""一人卖保险,全家不要脸"等错误观念,事实上,伴随着近年来保险业的合规化水平整体提高,公众的保险消费观念才有所改观。

综上,无论从保险业的世界发展历史来看,还是从保险合同的权利义务配置结构来看,保险的自身属性上是存在"先天不足"的。同时,与英国海上保险滥觞于商人交易习惯,并最终演化为独立制度体系的历程不同,作为舶来品的中国保险业,其在传统"重农抑商"的中国文化土壤中本就缺乏基础,加之在发展模式上依赖保险代理人营销体系,长期受制于代理人队伍的人员结构及服务水平,始终面临着正名的问题,可谓"后天畸形"。不难预料,如果此时我们的司法制度作出了一个较之于域外司法制度都直接,甚至一步到位(即法院依职权解除保险合同)的规定,消费者会不会再度产生"保险都是骗人的"之类的困惑。正是基于上述背景,为了保险行业的长效发展,我们更要重视对保险业既有合同效力的维护,尤其是当这一合同是在保险当事人之间诚实信用的基础上签订的,需要强调的是,这种呼吁更多地出于司法以外的考虑。

另一方面,在人身保险产品的执行领域引入诚实信用原则是基于另一项考虑——每个人都有成为被执行人的潜在可能,一个诚信的投保人,其信赖利益不因其财产状况的变化,以及身份、地位的转变而发生改变。正如保险这项社会制度所宣扬的理念,"谁都无法确定,明天和意外,哪一个先来临",与其说是诚实信用原则在民事执行领域延伸出什么具体规则,毋宁说是诚实信用原则在民事执行领域呼唤什么样的具体规则。

(1)久远保单豁免:作为一个诚信的投保人,只要其投保的时候没有恶意,其合同

---

① 孙积禄:《保险法最大诚信原则及其应用》,《比较法研究》2004年第4期,第72-75页。

② 韩永强:《保险合同法"最大诚信原则"古今考》,《华东政法大学学报》2013年第1期,第47页。

③ 丁满臣、孙芳:《现行人身保险合同保险人不当履行最大诚信原则探秘》,《河北法学》2004年5月期,第155页。

权利就应该受到保护,当然,这项规则应该被严格限制,即投保时间应显著早于案涉纠纷发生时间,这个"显著早于"应符合常人的判断标准。投保年代久远的保单,有很大概率是出于人身保障目的,而非恶意规避执行或躲债,该类保险不宜执行。除此之外,具有投资性特征的保单,不能从该原则中豁免。

(2)理赔豁免:若保单触发过理赔事件,该理赔事实本身就说明,在具体个案中,保险产品已经发挥了补偿、救济被保险人、受益人损失的功能,未来是否还将面临疾病或意外的风险,就成了一个十分急迫的问题,因上述可能风险产生的保险赔偿金,自然就成了被保险人、受益人的一项重要的期待利益,该期待利益不能被剥夺。

除此以外,作为非法定的保险合同解除情形,保险公司有义务在后续承保人身保险业务之前,将人身保险保单可能因法院执行而强制解除的风险告知投保人。

五、一种谦抑、有效的人身保险的执行进路

通过对保险产品、特性及其保单价值的分析,我们描摹出了可供执行的人身保险产品的基本轮廓;通过反思现有司法实践中对保险产品的职权主义的处置模式,我们认识到法院执行人身保险产品的启动程序还有待建立健全;通过对实践中几类常见问题的思考,我们探讨并尝试将比例原则以及诚实信用原则引入人身保险的执行程序并将之确立为内在标准,一种谦抑、有效的人身保险执行进路似乎已经明确:

在财产调查上,执行法院应该通过最高院"总对总"查控系统查询被执行人名下的保险信息,亦可要求保险人出具保险合同及保单信息,从而获取保险产品类型、购买日、到期日、缴费方式、现金价值、产品对应的回款资金账户、被保险人及受益人联系方式等信息,并将上述信息披露给申请执行人。

在启动方式上,被执行人名下人身保险的执行程序原则上依申请执行人申请而启动,若其明确表示不申请法院处置被执行人名下保险产品,执行法院不可以依职权启动。

在申请审核上,执行法院在收到申请执行人要求处置被执行人名下保险产品的请求后,可以按照如下顺序进行审查:首先,案件类型上,诉讼费、税费催缴类,水、电、气、通信等公司申请强制执行用户欠费类案件,原则上不应执行被执行人名下保险产品。其次,审查该人身保险产品属性。若为意外伤害险、健康保险、定期寿险三类保障型保险,则不予通过该申请。再次,审查理赔事故发生情况。若保单触发过理赔事件,则不予通过该申请。复次,审查投保时间。若该保单的投保时间或主要保费缴纳时间明显早于案涉纠纷发生时间,可以初步推定投保人不具有规避执行之恶意,因此,不予通过该申请。又次,审查其他执行举措有无穷尽。若被执行人名下有房屋、股权、车辆等财产待拍卖或在拍卖并可供参与分配,或被执行人名下有公积金、应收债权等财产权益可供提取但暂不符合提取条件,在此情形下不能直接执行保险产品。最后,若保单价值显著大于执行案件标的,且保险公司不支持保单减值业务,则不予通过该申请。对上述不予通过的决定,执行法院应赋予申请执行人执行异议权利。

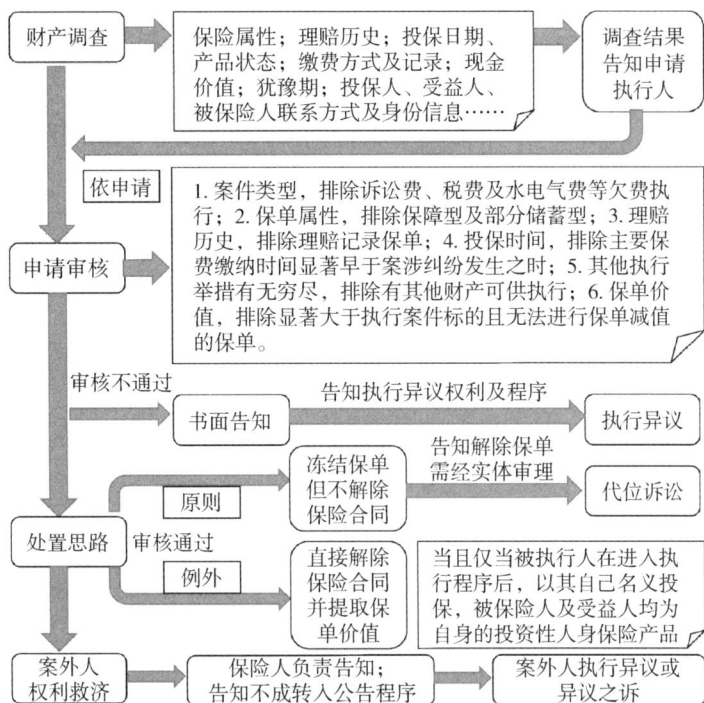

图1 人身保险的执行进路

在具体执行上,若被执行人名下保单不符合上述情形,执行法院应根据申请执行人之申请,对被执行人名下人身保险产品予以冻结,但不能直接予以解除合同并提取现金价值。之所以不能直接扣除,是因为该类保单能否解除需要申请执行人另外通过代位诉讼的形式决定。当然,在特殊情况下,执行法院可以根据申请执行人之申请,对该保单进行强制解除,因为径行解除合同的做法没有充分保障被执行人的程序权利,因此这种条件应该被严格限制——当且仅当被执行人在进入执行程序后,以其自己名义投保,被保险人及受益人均为自身的投资性人身保险产品。这也符合《最高人民法院关于限制被执行人高消费及有关消费的若干规定》第三条规定之精神,根据该规定,被执行人为自然人的,被限制高消费后不得支付高额保费购买保险理财产品。当然,严格意义上说,该规定规定的是被限制高消费以后的行为,在这里将条件扩大到执行立案乃至诉讼案件立案后,既能最大限度保护债权人债权,也在社会大众的接受范围之内。

在案外人权利救济上,若投保人为被执行人,且投保人与被保险人、受益人不一致的,执行法院只可以依申请冻结保单,并要求被执行人、保险公司在限定期限内通知其他保险合同当事人,法院亦应根据保险公司反馈的信息通知被保险人、受益人。若限定期限内无法有效通知,应遵照民事诉讼程序内在要求,对该执行信息予以公告。

最后,需要特别说明的是,执行程序同样应尊重当事人意思自治,若被执行人自身同意或者主动要求法院解除合同并提取保单价值,法院应予准许。

人身保险合同现金价值强制执行制度的反思与完善

——以《中华人民共和国民事强制执行法(草案)》第一百五十九条为例

陈禹彦　　梁日升*

[摘　要]　为破除司法执行程序中法院对人身保险合同现金价值强制执行缺乏法律依据的困境,《中华人民共和国民事强制执行法(草案)》特在第一百五十九条作出专门规定予以规范。但该草案条文仍暴露出对强制执行阶段保险人作为协助执行义务人是否有权解除保险合同认识不清、忽视被保险人权益保护以及不符合比例原则要求等问题。为解决前述问题,应重新确认人民法院强制代投保人(被执行人)解除保险合同的执行模式并赋予被保险人与受益人同等的介入权,在此基础上还需结合保单质押贷款、减保手续以及特殊人身险种免于执行等制度,最终实现债权人、投保人、被保险人和受益人之间的利益平衡。

[关键词]　保单现金价值;强制执行;比例原则

一、前　言

所谓保单现金价值,是指带有储蓄性质的长期人身保险单所具有的价值。保险人为履行合同责任需提存责任准备金,而保单现金价值则是指保险合同被解除时,保险人将责任准备金扣除其已支出的业务开支费用后应退还给投保人或其他权利人的部分现金,即保单现金价值＝保单责任准备金－保险人的费用。①

从本质上来讲,保单现金价值是人寿保险合同投保人缴纳的保险费及其投资收益扣除分摊给投保人的相关保险费用后的余额,足以构成一种特殊财产权。除了退保时的保险费补偿功能之外,目前保险实务中以保单现金价值为估值基础,已陆续开发了保费垫缴、保单质押、保单贷款和保险分红等衍生金融服务功能。

---

*　陈禹彦、梁日升,上海兰迪律师事务所律师。
①　常敏:《保单现金价值归属的法律解释逻辑》,《环球法律评论》2018年第5期,第34－49页。

在过去几年,随着家族财富传承概念的兴起,被执行人的财产形式、财产形态日益复杂。许多保险代理人曾趁此机会对客户宣传"大额保单不可被法院强制执行"之类的噱头,保险市场上大额的百万甚至是千万人寿保险保单层出不穷,许多高净值群体被吸引购买了长期人寿保险产品用于自身债务的相对隔离以及财富传承。相对地,司法层面在过去五年内关于人身保险保单现金价值的执行案件也呈现井喷式爆发。但目前各地法院对人身保险保单现金价值可供执行的原理论述观点不一,亦有少部分法院仍持谨慎立场或反对立场。纵观各方争议,主要原因仍在于对保单现金价值的强制执行存在法律依据缺位的现实困境。

基于这一背景,近期出台的《中华人民共和国民事强制执行法(草案)》(以下简称民事强制执行法草案)特在第一百五十九条对该问题作出了专门规定。① 本文拟结合当前司法观点及实务案例,对前述法律草案规定作简要评析,供读者参考。

二、人身保单现金价值强制执行的司法争议现状概览

要探讨某一法律条文草案规定的妥适性,首先要对当前司法实践观点有充分了解,方可作出更为全面的判断。目前,我国现有立法对人身保单现金价值强制执行的法律依据主要体现在《中华人民共和国民事诉讼法》(以下简称民事诉讼法)第二百四十九条中。该条规定人民法院有权在执行阶段划拨、提取、变价被执行人的存款、债券、基金及收入。② 实践中大多数案例法院均指出,人身保险保单现金价值本身亦属于被执行人的现金价值债权,基于《中华人民共和国民法典》(以下简称民法典)第五百三十五之原理③,法院有权对人身保单现金价值予以强制执行。

但是,人身保单现金价值涉及多方主体的法律关系和合同利益、债权利益,导致实务中法院处理人身保单强制执行所涉争议仍未形成统一的裁判立场,对具体执行方式、

---

① 《中华人民共和国民事强制执行法(草案)》第一百五十九条:被执行人的其他财产不足以清偿执行债务的,人民法院可以依法通知保险公司解除被执行人作为投保人的人身保险合同,依据本节规定执行其享有的现金价值债权。投保人与受益人不一致的,人民法院应当告知受益人可以在指定期限内向人民法院支付相当于保单现金价值的价款,变更自己为投保人。受益人拒绝支付或者逾期未支付的,人民法院可以依法通知保险公司解除人身保险合同。

② 《中华人民共和国民事诉讼法》第二百四十九条:被执行人未按执行通知履行法律文书确定的义务,人民法院有权向有关单位查询被执行人的存款、债券、股票、基金份额等财产情况。人民法院有权根据不同情形扣押、冻结、划拨、变价被执行人的财产。人民法院查询、扣押、冻结、划拨、变价的财产不得超出被执行人应当履行义务的范围。人民法院决定扣押、冻结、划拨、变价财产,应当作出裁定,并发出协助执行通知书,有关单位必须办理。

③ 《中华人民共和国民法典》第五百三十五条:因债务人怠于行使其债权或者与该债权有关的从权利,影响债权人的到期债权实现的,债权人可以向人民法院请求以自己的名义代位行使债务人对相对人的权利,但是该权利专属于债务人自身的除外。代位权的行使范围以债权人的到期债权为限。债权人行使代位权的必要费用,由债务人负担。相对人对债务人的抗辩,可以向债权人主张。

各方当事人权益义务的平衡仍未有统一认识,甚至导致不同法院的司法立场存在直接对立。

具体而言,对于人身保单现金价值的强制执行,我国司法实践中主要在以下几个方面存在争议:

(一)法院是否有权强制解除人身保险合同

从法律关系上看,强制执行被执行人人身险保单现金价值实质上可以分为两个阶段:第一阶段是提前强制解除被执行人(投保人)与保险公司(保险人)之间的保险合同关系,保险公司应依照合同约定向投保人退还保单现金价值;第二阶段则是由法院强制扣划保单现金价值用于偿还被执行人债务。

因此,对法院能否在执行阶段强制扣划被执行人投保的人身保单现金价值这一问题,首要前提是需确认法院是否有权直接强制解除投保人与保险人之间的保险合同。而对这一问题,司法机关存在不同意见。

肯定意见认为,法院有权强制解除合同并扣划保单现金价值。如江苏省高级人民法院发布的《关于加强和规范被执行人所有的人身保险产品财产性权益执行的通知》规定,保险合同存续期间,人身保险产品财产性权益依照法律、法规规定,或依照保险合同约定归属于被执行人的,人民法院可以执行。人身保险产品财产性权益包括依保险合同约定可领取的生存保险金、现金红利、退保可获得的现金价值(账户价值、未到期保费),依保险合同可确认但尚未完成支付的保险金,及其他权属明确的财产性权益。上海市高级人民法院在《关于建立被执行人人身保险产品财产利益协助执行机制的会议纪要》(以下简称《会议纪要》)亦认为,人民法院因执行工作需要,依法要求保险机构协助查询、协助冻结或协助扣划被执行人人身保险产品财产利益的,保险机构应当予以协助。

否定意见则认为,法院不得强制解除保险合同,除非投保人自愿解除。如北京市高级人民法院发布的《北京市法院执行工作规范》第四百四十九条明确规定,对被执行人所投的商业保险,人民法院可以冻结并处分被执行人基于保险合同享有的权益,但不得强制解除该保险合同法律关系。广东省高级人民法院发布的《关于执行案件法律适用疑难问题的解答意见》指出,虽然人身保险产品的现金价值是被执行人的,但关系人的生命价值,如果被执行人同意退保,法院可以执行保单的现金价值,如果不同意退保,法院不能强制被执行人退保;如果人身保险有指定受益人且受益人不是被执行人,依据《中华人民共和国保险法》(以下简称保险法)第四十二条的规定,保险金不作为被执行人的财产,人民法院不能执行……

(二)被保险人/受益人是否享有介入权

所谓介入权,是指投保人的债权人解除保险合同以现金价值获偿债务的,受益人等利害关系人借由向债权人支付相当于保单现金价值的金额代为清偿,得以介入保险合同,维持合同的存续。① 介入权制度的核心包括两方面的内容,一是保单现金价值的换价补偿,用以满足债权实现的正当利益;二是投保人的变更,由介入权人承继保险合同的权利义务,成为新的投保人,既可维持保险合同的保障又可避免受原先投保人债务情况的不利影响。

反对者认为,人民法院有权直接解除保险合同,理由在于从保险合同法律关系上看,双方当事人仅是投保人与保险人。除非已发生保险事故,否则保险合同相应经济利益仍属于投保人,与被保险人/受益人无涉。我国现行保险法也未规定被保险人/受益人有权阻止或对抗投保人/保险人行使解除合同的权利。因此,在现行法律框架下,通过地方司法文件的形式设定被保险人/受益人的介入权,缺乏法律依据。②

支持说认为,保险合同不仅仅涉及投保人、保险人两方主体,保险合同的存续也会直接影响被保险人和受益人的权益,后者的权益也不容忽视。而赋予被保险人介入权则可很好地解决各方主体间的利益平衡问题。事实上,已有多个地方高级人民法院开展了先行探索。如上海市高级人民法院的《会议纪要》指出,冻结或扣划投保人(被执行人)的现金价值、红利等保单权益,投保人(被执行人)与被保险人或受益人不一致时,人民法院应秉承审慎原则,保障被保险人或受益人相关赎买保单的权益。人民法院冻结上述保单权益后,应给予不少于15日赎买期限。保险机构在办理协助冻结后,联系投保人(被执行人)、被保险人或受益人,告知赎买权益、行使期限以及不赎买时保单将被强制执行的事项。相关人员联系人民法院的,人民法院应向上述人员告知投保人(被执行人)保单被强制执行的相关情况。被保险人或者受益人赎买支付相当于保单现金价值的款项的,由赎买人直接交予人民法院。人民法院应提取该赎买款项,不得再继续执行该保单的现金价值、红利等权益。但赎买期届满后无人赎买或者被保险人、受益人明确表示不赎买的,人民法院可以强制执行投保人(被执行人)对该保单的现金价值、红利等权益。此外,在江苏省高级人民法院《关于加强和规范被执行人所有的人身保险产品财产性权益执行的通知》中亦有类似观点。③

---

① 王静:《保单现金价值强制执行若干问题研究》,《法律适用(司法案例)》2017年第14期,第49-57页。

② 转引自史小峰《强制执行保单现金价值的路径思考》,https://mp.weixin.qq.com/s/viBrFl0i5H2KyCUJg8Q9qA,2022年9月1日访问。

③ 《关于加强和规范被执行人所有的人身保险产品财产性权益执行的通知》第五条:投保人为被执行人,且投保人与被保险人、受益人不一致的,人民法院扣划保险产品退保后可得财产利益时,应当通知被保险人、受益人。被保险人、受益人同意承受投保人的合同地位、维系保险合同的效力,并向人民法院交付了相当于退保后保单现金价值的财产替代履行的,人民法院不得再执行保单的现金价值。

三、民事强制执行法草案第一百五十九条的问题与反思

首先,需要肯定的是,民事强制执行法草案第一百五十九条的出台将会对现有司法实践遭遇的困境的突破有较大裨益,首次在立法层面确认了人身保单现金价值的可执行性,亦解决了司法机关在强制执行人身保单现金价值时缺乏直接法律依据的困境。且该条规定亦适时引入了受益人的介入权,在优先保障债权实现的前提下平衡了受益人的救济权利。但是,从民事强制执行法草案第一百五十九条的相应规定来看,当前的条文规定仍在某些方面未能解决当前司法实践中的争议,反而可能增大司法机关在适用此条时的困惑。具体包括以下几点:

(一) 要求保险人作为协助执行义务人直接解除保险合同的可行性有待商榷

民事强制执行法草案第一百五十九条第一款规定:"被执行人的其他财产不足以清偿执行债务的,人民法院可以依法通知保险公司解除被执行人作为投保人的人身保险合同,依据本节规定执行其享有的现金价值债权。"

从该条字面意义来理解,保单现金价值的强制执行方式是:人民法院通知保险公司作为协助执行义务人,单方解除保险合同并对保单现金价值予以扣划。笔者认为,该等观点值得商榷。

所谓协助执行义务人,是以一定行为协助执行人民法院采取直接或间接执行措施的机关和机构。[1] 民事强制执行法草案第七十二条即明确规定,有关组织和个人在执行过程中应当根据人民法院的通知,协助实施相应执行事务。[2] 目前草案要求有关单位和个人负有普遍的协助执行义务,以尽可能解决当前执行难之困境。

然而,民事强制执行法草案规定了如此普适、宽泛的协助执行义务及义务主体范围,又加之以多种形式的法律责任。[3] 已有学者对该等规定提出了妥适性的质疑,认为协助执行义务人的范围无限扩大势必将影响第三人正常活动的开展、侵犯第三人的权利和自由[4],尤其在于协助执行主体在执行过程中可能遭遇法律、合同障碍。

---

① 王宪锋:《论民事协助执行人的民事程序责任》,西南政法大学 2016 年硕士学位论文。

② 《中华人民共和国强制执行法(草案)》第七十二条规定,执行中,有关组织和个人应当根据人民法院的通知,协助实施下列事项:(一)调查被执行人及有关人员的财产、身份信息;(二)查找被执行人、被拘传人、被拘留人;(三)查找和控制被查封的机动车、船舶、航空器等财产;(四)查封、划拨、限制消费、限制出境;(五)解除查封、控制、限制消费、限制出境;(六)有暴力阻碍执行或者其他必要情形时,制止违法行为、维持现场秩序;(七)其他应当依法协助执行的事项。

③ 有关单位和个人未遵照人民法院通知履行协助执行义务时,不仅可以适用强制措施予以制裁,还可以追究其民事责任甚至刑事责任。详见《强制执行法(草案)》第六十二条、七十五条。

④ 肖建国、庄诗岳:《论协助执行义务的边界》,《法学杂志》2020 年第 11 期,第 1 - 16 页。

　　笔者认为,协助执行主体能够履行其协助执行义务的基本前提是基于法律、合同约定享有履行协助执行事项的权利。如其本身并无该等权利却通过强制执行法履行协助执行事务,则显然有越权之嫌。从保险法的层面来看,保险公司在此情形下并不享有解除保险合同之权利。保险法第十五条规定,除本法另有规定或者保险合同另有约定外,保险合同成立后,投保人可以解除合同,保险人不得解除合同。在此情形下,即使强制执行法规定保险人有权解除保险合同,也会与保险法第十五条产生直接冲突。比如在(2020)鲁 14 执复 265 号一案中,面对法院的执行协助通知,保险公司无奈指出,"在投保人未向我公司提出解除保险合同前,我公司无权也无法律依据来解除上述保险合同进而划拨保险合同退保后的财产权益"①。

　　更何况保险人也不像银行金融机构具备支付清算的职能,保单现金价值也不属于任何一种"货币替代物",也与储蓄存款存在本质区别,直接认定保险公司作为协助执行义务人有权自主解除人身保险合同并扣划保单现金价值强制执行是不恰当的。②

(二)仅赋予受益人介入权有失合理性

　　不同于当前地方高院司法主流观点一概将被保险人、受益人纳入介入权之主体③,民事强制执行法草案第一百五十九条之立场较为谨慎,其第二款规定:"投保人与受益人不一致的,人民法院应当告知受益人可以在指定期限内向人民法院支付相当于保单现金价值的价款,变更自己为投保人。"

　　笔者认为,将被保险人排除在介入权主体之外有失妥当。设置介入权的首要目的

---

　　①　详见中国人寿保险股份有限公司德州分公司、李秀英买卖合同纠纷执行审查类执行裁定书,载 https://law. wkinfo. com. cn/judgment-documents/detail/MjAzMjc1OTgwMDQ％3D? searchId＝2e021ab302d548c99dbd673c15923151&index＝1&q＝％EF％BC％882020％EF％BC％89％E9％B2％8114％E6％89％A7％E5％A4％8D265％E5％8F％B7&module＝。

　　②　何丽新、梁嘉诚《保单现金价值强制执行的反思与重构》,《保险研究》2019 年第 1 期,第 98-111 页。

　　③　例如上海市高级人民法院《关于建立被执行人人身保险产品财产利益协助执行机制的会议纪要》规定:"冻结或扣划投保人(被执行人)的现金价值、红利等保单权益,投保人(被执行人)与被保险人或受益人不一致时,人民法院应秉承审慎原则,保障被保险人或受益人相关赎买保单的权益。人民法院冻结上述保单权益后,应给予不少于 15 日赎买期限。保险机构在办理协助冻结后,联系投保人(被执行人)、被保险人或受益人,告知赎买权益、行使期限以及不赎买时保单将被强制执行的事项。相关人员联系人民法院的,人民法院应向上述人员告知投保人(被执行人)保单被强制执行的相关情况。"

　　江苏省高级人民法院《关于加强和规范被执行人所有的人身保险产品财产性权益执行的通知》规定:"投保人为被执行人,且投保人与被保险人、受益人不一致的,人民法院扣划保险产品退保后可得财产利益时,应当通知被保险人、受益人。被保险人、受益人同意承受投保人的合同地位、维系保险合同的效力,并向人民法院交付了相当于退保后保单现金价值的财产替代履行的,人民法院不得再执行保单的现金价值。"

在于保障人身保险合同除投保人、保险人之外剩余合同主体的基本知情权和获取风险保障的权益。① 更何况,保险合同存续的主要目的是为被保险人的生命、健康权益提供风险保障。如该份保险合同被解除,由于被保险人年龄、健康等因素的变化,可能难以缔结新的保险合同抑或是保费水平显著增加。因此,被保险人作为保险合同核心主体,其合法权益更应受到充分保障。

事实上,民事强制执行法草案如此规定也与我国在先规范之立场相悖。《最高人民法院关于适用〈中华人民共和国保险法〉若干问题的解释(三)》[以下简称保险法司法解释(三)]第十七条规定:"投保人解除保险合同,当事人以其解除合同未经被保险人或者受益人同意为由主张解除行为无效的,人民法院不予支持,但被保险人或者受益人已向投保人支付相当于保险单现金价值的款项并通知保险人的除外。"笔者认为,无论是投保人解除保险合同还是强制执行导致的合同解除,其对被保险人及受益人的不利后果基本一致。基于立法体系化要求,民事强制执行法草案理应予以一贯遵循。

此外,如仅赋予受益人单一介入权还可能与保险法第三十四条所确立的以被保险人为中心的立法立场产生矛盾。② 按民事强制执行法草案之规定,只要受益人支付了相当于保单现金价值的价款,即可在被保险人不知情的情况下变更为投保人。然而,此等未经被保险人同意便实现的投保人权益变相转让,将对被保险人(尤其是以死亡为给付保险金条件的合同)产生显著风险:在保险合同成立时,被保险人同意投保人为自己投保含死亡保险责任的保险产品,主要是基于自身对被保险人的信赖与认可。如投保人发生变更,则被保险人先前作出同意意思表示的信赖基础不复存在,且受益人面前的巨大保险利益还可能进一步诱使其直接或间接侵害被保险人,导致被保险人生命安全受到严重威胁。

笔者认为,民事强制执行法草案第一百五十九条之规定显然忽视了变更投保人可能对被保险人带来的风险以及对被保险人合理行使同意权的制度保障,亦与保险法及司法解释多处规定存在明显冲突,应予以修正。基于对被保险人生命健康安全的最大化保护,民事强制执行法草案第一百五十九条应赋予被保险人与受益人同等的知情权和介入权,如此方可实现受益人与被保险人之间的利益平衡。

(三)对人身保险合同的执行方式有悖于比例原则

民事强制执行法草案仅适用"解除合同退还现金价值"这种单一模式而未穷尽人身保险合同项下其他可行折现方式的做法可能造成较大经济损失。保单现金价值与投保人已支付保费金额之间差额往往较大,直接解除保险合同将导致保险合同相应利害关

---

① 叶启洲:《债权人与人寿保险受益人之平衡保障—德国保险契约法上受益人介入权之借镜》,《月旦法学杂志》2016 年第 8 期。

② 梁鹏:《新〈保险法〉视野下的被保险人同意权——兼论〈保险法〉第 34 条之司法解释》,《金融服务法评论》2012 年第 1 期,202 - 223。

系人永久丧失该部分经济利益。

此外,民事强制执行法草案未区分具体人身险险种的"一刀切"式立场也有失合理性,比如最高人民法院(2020)最高法执复 71 号一案中的观点也被学界所批判①,尤其是被执行的保单为重大疾病保险,退保所能取得的保单现金价值仅一千余元,对于实现本案申请执行人五千多万的债权而言只是杯水车薪。

笔者认为,该案被解除的保险合同是重大疾病保险合同,所承保的是被保险人的疾病风险,该类险种的主要作用在于风险保障而非投资储蓄,属于"高杠杆"类险种——保单现金价值低,但潜在可能获得的保障大。对于此类人身保险产品的解除应当慎重。试想,假如在解除案涉重疾险保单后,被保险人确诊重疾,反而因法院强制执行数千元保费的行为导致其丧失了获得数十万元保险金的机会,如此对非被执行人的被保险人和受益人来讲过于不公平。后续甚至会导致产生新的不必要的纠纷。

四、对民事强制执行法草案第一百五十九条的完善建议

(一)应明确认定法院系通过代位行使投保人合同解除权的方式实现对保单现金价值的强制执行

正如前述,债权人想要通过人身保单现金价值权受偿,其需以解除保险合同为前提。若投保人自愿行使任意解除权解除保险合同的,此时自然无争议。但在投保人拒不配合解除保险合同而导致法院裁定强制执行的情形下,而保险人无合同解除权,故此情形下仅能考虑从代位行使投保人合同解除权的方向予以突破。笔者认为,民事强制执行法草案第一百五十九条应明确认定法院系通过代位行使投保人合同解除权的方式实现对保单现金价值的强制执行,理由如下:

首先,代位权制度可适用于强制执行阶段。我国不仅在民法典中规定了一般代位权制度②,在执行层面亦规定了执行程序中的代位权制度③,基于前述规定,在为实现债权人金钱债权的强制执行程序业已开始之后,被执行人不能清偿债务,但对本案以外的第三人享有债权的,人民法院可依债权人申请对该债权进行强制执行。司法机关对于人身保险合同现金价值的执行类推前述模式具备实践层面的可操作性。

---

① 郭顺:《人身保单现金价值强制执行的反思与进路——以〈人身保险公司保单质押贷款管理办法(征求意见稿)〉为研究对象》,《保险理论与实践》2021 年第 5 期,第 136 - 145 页。

② 《中华人民共和国民法典》第五百三十五条规定:"因债务人怠于行使其债权或者与该债权有关的从权利,影响债权人的到期债权实现的,债权人可以向人民法院请求以自己的名义代位行使债务人对相对人的权利,但是该权利专属于债务人自身的除外。代位权的行使范围以债权人的到期债权为限。债权人行使代位权的必要费用,由债务人负担。相对人对债务人的抗辩,可以向债权人主张。"

③ 《最高人民法院关于适用〈中华人民共和国民事诉讼法〉的解释》第四百九十九条规定:"人民法院执行被执行人对他人的到期债权,可以作出冻结债权的裁定,并通知该他人向申请执行人履行……"

其次,有学者指出,虽然现有法律所规定的可供代位强制执行的仅限于到期债权,但从立法目的而言,代位权制度的根本目的在于实现债务人的责任财产。因此,只要是有助于实现债务人责任财产的权利,均在理论上可成为代位权的客体,否则将人为限缩债权人代位权的行使对象,不利于对债权人权利的保护。① 笔者尤为赞同这一观点,目前学术层面的争议归根结底是一个价值选择,现有的制度设计并不能成为无法逾越的障碍。如果仅仅因为缺乏直接法律规定便当然认为司法机关对人身保单现金价值一概不予执行,显然有损于债权人的合法权益。例如日本司法实践主流观点即认为,债权人可以通过诉讼行使债权人代位权来代位行使投保人的寿险契约解除权,法院执法部门便可采取相应的执行措施。②

再次,投保人对人身保险合同现金价值享有的权利不具备人身专属性,代位强制执行无障碍。笔者认为,人身保险产品(尤其是分红险、万能险等)虽然具有一定的人身保障功能,但其根本目的和功能是经济补偿,本质上属于一项财产性权益,且该等权利不属于被执行人及其所扶养家属的生活必需品等法定豁免财产,司法机关有权对该项财产利益进行强制执行。

最后,从原理上看,人民法院对被执行人的银行存款进行划拨时,本身也包含解除存款合同之环节。当前法院对被执行人在金融机构的存款、基金以及收入等债权的划扣行为,本质上也是一种"代位执行"。③ 而保单现金价值与存款、债券、基金、收入等具有连续性、确定性的债权并无本质上的区别,可以参照适用民事诉讼法相关规定直接代位执行。④

(二) 应赋予被保险人与受益人同等的介入权

事实上,草案仅赋予受益人介入权,便是参照了德国合同法对介入权的设计。介入权制度最初系德国于1940年自奥地利及瑞士借鉴而来,并沿用至今。传统的介入权制度仅认为受益人有权在获得要保人(投保人)的同意下介入保险契约并取得要保人之地位。⑤

---

① 武亦文:《保单现金价值强制执行的利益衡平路径》,《法学》2018年第9期,第95-110页。
② 邵杰:《人寿保险合同现金价值执行之立法规制——以日本〈保险法〉受益人介入权制度为例》,《上海保险》2017年第2期,第44-46页。
③ 李利、许崇苗:《我国保险合同解除法律制度完善研究》,《保险研究》2012年第11期,第106-112页。
④ 王静:《保单现金价值强制执行若干问题研究》,《法律适用》(司法案例)2017年第14期,第49-57页。
⑤ 《德国合同法》第一百八十条:当保险请求权被扣押或强制执行,或要保人之财产开始破产程序时,记名受益人得经要保人同意,介入保险契约,取得要保人之地位。受益人介入保险契约者,须于如终止契约时要保人所能向保险人请求之额度内,满足执行债权人或破产财团之债权。未经指定或未记名指定受益人者,要保人之配偶、伴侣及子女有相同之权利。前款介入应通知保险人,始生效力。该通知应于有权介入者知有扣押时起或自破产程序开始时起,一个月内为之。转引自叶启洲:"债权人与人寿保险受益人之平衡保障——德国保险契约法上受益人介入权之借镜",载《月旦法学杂志》2016年第8期。

但是,与西方国家保险法中以受益人为中心的保险法律制度设计不同,我国更加倾向于对被保险人的基本生命健康权益的保护,如直接全盘引进,将产生难以调和的冲突。

在我国保险法中,被保险人才是人身保险合同的核心主体,其与保险合同间的利害关系不容忽视。一方面,在投保人已为被保险人投保人身保险合同的前提下,被保险人可能会受到保险公司"不得重复/多家投保同类人身险"的核保口径限制,自身主观上也可能基于对在先人身保险合同的信赖而选择不再订立其他同类保险合同。在此情形下在先人身保险合同一旦被解除,被保险人重新获取同类保险保障的机会很可能会有所降低,也会花费更高的保费成本。

另一方面,由于介入权的行使最终会导致投保人主体的变更,原先被保险人对投保人的信赖基础不复存在,很可能对被保险人产生新的道德风险,赋予被保险人在人身保险合同强制执行阶段的"同意权"便十分必要。

因此,笔者认为,民事强制执行法草案第一百五十九条应遵循以被保险人为中心的立法立场,参照保险法第三十四条及保险法司法解释(三)第十七条背后的规范逻辑,为被保险人设立与受益人同等的知情权和介入权。

(三)司法机关对人身保单现金价值的执行应遵循比例原则

所谓比例原则,即首先应考察所采取的手段是否有助于目的之达成,其次应考察是否采取了对基本权利损害最少的手段,最后则判断该最少损害手段与所欲求之目的在效果上是否相均衡,只有当上一位阶的要件满足后,才能对下一位阶进行审查。①

笔者认为,虽然民事强制执行法草案第一百五十九条已规定"无其他财产可供执行"之适用前提以及受益人"介入权制度",但其"一刀切"式解除人身保险合同的做法仍不足以恰当实现被保险人、受益人、投保人以及债权人间的利益平衡,仍可从以下方面予以优化:

1. 在被执行人(投保人)、被保险人或受益人有后续偿债能力的情况下,可通过保单质押贷款方式强制折现偿债

从强制执行的根本目的而言,司法机关仅是要通过执行措施将债务人各类财产权益转化为货币金钱对债权人进行清偿。事实上,保险现金价值其实不仅只有"解除保险合同请求返还"一种折现方式,实践中还可考虑保单质押贷款。②

倘若被执行人(投保人)、被保险人或受益人有一定的后续偿债能力,此情形下解除人身保险合同则无必要,采用保单质押贷款这一无须解除保险合同的折现方式则更为适宜。在保单质押期间,保险公司仍应当按照保险合同约定履行保险责任。即使投保人最后没有偿还保单质押贷款本息,保险公司也仅是依据贷款协议约定对保单进行效

---

① 郑晓剑:《比例原则在民法上的适用及展开》,《中国法学》2016年第2期,第143-165页。

② 郭顺:《人身保单现金价值强制执行的反思与进路——以〈人身保险公司保单质押贷款管理办法(征求意见稿)〉为研究对象》,《保险理论与实践》2021年第5期,第136-145页。

力中止处理。如此一来,也给被保险人/受益人行使介入权提供了更长的缓冲期。

当然,当被执行人(投保人)、被保险人或受益人已确定不具备后续偿债能力,此情形下适用保单质押贷款则无必要,反而会导致保单现金价值中相当一部分金额转为贷款利息被保险公司收取。

2. 当被执行人(投保人)、被保险人或受益人无后续偿债能力,执行金额又少于保单现金价值时,应优先办理减保手续

所谓减保,是指在保险期限内经投保人申请,保险人同意降低保险金额,并退还部分保险费的行为。笔者认为,当被执行人(投保人)、被保险人或受益人无后续偿债能力,执行金额又少于保单现金价值时,法院应优先考虑代被保险人强制办理减保手续而非直接解除合同。尽量在保障债权人权益实现的前提下,维持保险合同的存续,保留部分对被保险人/受益人的保障。

3. 对于部分特殊人身保险合同可免除执行

需明确的是,人身保险合同是一个非常宏观的分类,其项下又包含以下几类保险产品:

(1)人寿保险,指被保险人在合同规定的年限内死亡,或者在合同规定的期限内仍然生存,由保险人按照约定向被保险人或者受益人给付保险金。具体又可分为定期寿险、终身寿险以及两全保险。

(2)年金保险:投保人或被保险人一次或按期交纳保险费,保险人以被保险人生存为条件,按年、半年、季或月给付保险金,直至被保险人死亡或保险合同期满。具体又可分为普通年金保险和养老年金保险。

(3)健康保险:是指在被保险人身体出现疾病时,由保险人向其支付保险金的人身保险,主要包括医疗保险、疾病保险、失能收入损失保险、护理保险以及医疗意外保险等。

(4)意外伤害保险:以被保险人遭受意外伤害造成死亡、残废为给付保险金条件的人身保险。

由上述内容可知,人身保险合同项下实际包含多种不同的人身保险,各险种价值属性亦不同,如年金保险、人寿保险更多体现的是投资价值和储蓄价值,而意外伤害保险与健康保险则体现的是对被保险人生命健康权利的保障。因此,民事强制执行法草案中将人身保险合同一律列入可供强制执行的范围有失合理性。事实上,在域外立法实践中,认为人身保险合同现金价值可供执行的日本司法实践也更倾向于对人身保险合同保单现金价值的强制执行应区分保障型保险产品和储蓄型保险产品,认为储蓄型保险产品与一般的金融产品无差别,当然可以被强制执行。[①] 即便是原则性排除债权人强制执行被执行人人身保险合同的美国法,实际上大多数州立法中也会设置豁免金额

---

① [日]栗田达聪:《生命保险债权的相关利益调整》,《保险学杂志》第 608 号,第 123 页。

上限,在尊重被保险人人身保障价值的基础上平衡保护了债权人的利益。该等豁免金额制度实质上仍是对人身保障/投资储蓄的区分对待。①

笔者认为,生活保障类人身保险产品(如重大疾病保险、意外伤残保险、医疗费用保险等产品)的保险现金价值,可考虑排除在可执行范围之外。

首先,此类保险产品存在高杠杆特性,退保后所能取得的资金数额不高,普遍为几百几千元左右。大部分情况下对于债权而言微不足道,不具备强制执行的充分必要性。

更何况,在此类人身保险合同中,其主要体现的是对被保险人生命、健康的保障,具有人身专属性。如果被保险人发生保险事故,保险公司理赔的保险金可能就是其最后的经济保障。

正因如此,上海市高级人民法院在《会议纪要》中明确将现金价值不高、杠杆高的意外险、医疗险和重疾险排除在可执行范围外。基于类似的考虑,浙江高院于2015年3月发布的《关于加强和规范对被执行人拥有的人身保险产品财产利益执行的通知》中,也将人身保单现金价值的可执行范围限制为"投保人购买传统型、分红型、投资连接型、万能型人身保险产品、依保单约定可获得的生存保险金,或以现金方式支付的保单红利,或退保后保单的现金价值"。

五、结　语

保单现金价值的强制执行问题涉及债法、保险法、诉讼法等诸多法律学科的衔接适用,既要考虑债权人合法权益的维护,又要兼顾被保险人、受益人的合理利益保障,更要考虑司法实践中的可操作性。以上只是笔者结合民事强制执行法草案第一百五十九条及现行司法实践经验对于保单现金价值执行程序的初步构想,具体细节还有待进一步研究,从而最终实现在执行与保险交错的领域充分保障各方当事人的合法权益。

---

① 岳卫:《人寿保险合同现金价值返还请求权的强制执行》,《当代法学》2015年第29卷第1期,第86-93页。

数字经济背景下网络安全保险法律规制问题研究

袁　竟*

[摘　要]　随着经济业态数字化转型加速,数字安全事件频发,网络安全保险承担风险转移的作用愈发重要。本文阐述了网络安全保险的产生及其特点,分析其发展存在的规制难题,并提出从立法规范、服务规范、执法规范三方面着手,促进我国网络安全保险规范发展。

[关键词]　网络安全保险;网络风险;规制

一、网络安全保险的发展与界定

(一)网络安全保险的兴起

实现数字经济健康发展,必须有效应对网络空间日益严峻的安全风险。随着网络攻击全球化、常态化,公众对网络安全风险的担忧不断加深,加速推动网络安全保险的产生和发展。国际上首批网络安全保险出现于 20 世纪 90 年代中期,并迅速在欧美地区发展。其中,美国共 200 家保险公司直接开办网络安全保险业务,包括美国国际集团(AIG)、丘博(CHUBB)和安达(ACE)等保险行业巨头,2020 年保费规模达 27.43 亿美元。① 据市场研究公司 Research and Markets 预测,全球网络安全保险市场规模将保持快速增长态势,至 2026 年预计达到 350.7 亿美元,年复合增长率均值高达 26.6%,展现出巨大的网络安全保险市场空间。②

网络安全保险在我国起步较晚,2013 年首次从国外引入,2017 年国内才出现首款网络信息安全综合保险,由众安保险和杭州安恒信息联合推出,此后人保、平安等保险公司亦有涉足。2020 年,中国数字经济占比 38.6%,规模居世界第 2 位,国家互联网应

---

* 袁竟,盐城市银保监局财产保险监管科科长。

① Aon. US Cyber Market Update:2020 US Cyber Insurance Profits and Performance,2021.06.

② Research and Markets,Cyber Security Insurance-Global Market Outlook,2019.

急中心(CNCERT)协调处理各类网络安全事件约 10.3 万起①,网络风险已经成为阻碍我国数字经济发展的重要因素。与之对照,我国网络安全保险市场发展却比较滞缓,据《我国网络安全保险产业发展白皮书(2021 年)》披露,2021 年国内网络安全保险保费 7080万元,最高保额超 4 亿元,但与财险业原保费收入 1.17 万亿元相比,规模尚不足万分之一,也与我国庞大的数字经济规模不相匹配。

（二）网络安全保险与传统财产险的区别

网络安全保险是以承保网络空间风险等相关风险为目的的保险合同,主要指的是保险企业针对因为遭受网络攻击而承担资料丢失、知识产权损失、服务暂停以及营收受损的被保险人提供赔偿保险金服务的保险活动,是一种将数据信息资产当成保险标的的新型保险。②

与传统财产险相比,网络安全保险主要存在以下区别:一是保险标的不同。传统财产险的保险标的主要是有形的财产及有关利益,而网络安全保险既可以承保有形财产,也可以承保网络攻击导致的系统崩溃、数据泄露、企业声誉等无形资产损失。二是风险环境不同。传统财产险的有形标的大多处于物理环境之中,主要面对意外、灾害等风险因素。网络安全保险更多面对的是黑客攻击、网络中断等来自网络空间的风险。三是作用机制不同。传统财产险采取"承保 + 理赔"的风险管理模式,主要是在风险事故发生后对经济损失进行被动补偿,而在网络安全领域则是立足投保企业的网络安全风险管理需求,通过"保障 + 服务"模式,对保险与其他利益相关者的合作进行主动风险管理,提供"防保结合"的管理方案。

二、网络安全保险相关问题的规制探析

（一）国内外网络安全保险的规制状况

1. 国外网络安全保险规制情况

自 20 世纪 90 年代发展至今,网络安全保险在欧美地区已具有一定的市场规模,制度规范化建设也取得了显著成效,对我国网络安全保险的标准化推进具有借鉴意义。

西方国家互联网产业诞生较早,配套法律制度为网络安全保险的规范发展奠定了基础。例如,美国的互联网监管体系覆盖立法、司法和行政三大领域,涉及联邦与州两

---

① 国家互联网应急中心(CNCERT):《2020 年我国互联网网络安全态势综述》,中华人民共和国国家互联网信息办公司官网,http://www.cac.gov.cn/2021 - 05/26/c_1623610314656045.htm? ivk_sa=1024320u。

② 王新雷、王玥:《网络安全保险的策略分析——以网络安全保险的生命流程为研究架构》,《情报杂志》2017 年第 11 期,第 34 页。

个层次,主要从国家安全、社会安全、基础设施安全三个层面进行宏观整体规范和微观具体规定,相关法达130多部。欧盟的网络安全体系则主要包含立法、战略、实践三大部分,立法体系包含决议、指令、建议、条例等,战略体系包括长期与短期战略,实践则包含机构建设、培训、合作演练等内容。英国的立法侧重点从早期的信息基础设施保护逐步转移至对网络犯罪的打击,同时积极开展公私合作,通过加强互联网产业行业自律实现全面网络管制。澳大利亚政府在不断完善信息安全有关法规标准的同时,还注重对公民网络风险意识的增强和专业网安人才的培养,同时进行信息产品测评认证等配套设施的建设,逐步构建起较为完整的信息安全保障体系。①

21世纪以来,为应对日益频发的数据泄露和信息盗窃案件,各国相继出台一系列保障数据安全的法案,行业监管为网络安全保险发展创造了良好的外部环境。例如,美国加州2002年颁布了《数据安全泄漏通知法案》,强制公开披露可能危及任何加州居民电脑个人信息的安全漏洞,对违法行为最高可依律处五年有期徒刑。随后,美国其他州也相继效仿出台法案。欧洲同样开展了安全事件强制公开的立法工作,英国在起草《欧盟数据保护规定》时便涉及数据泄露的强制披露义务。欧盟《通用数据保护条例》通过对违反条例的企业加大行政处罚力度,加强对数据主权的保护,这一条例于2018年5月生效,被视作隐私和数据保护进程中的里程碑事件,撬动了企业的投保需求,推动网络安全保险市场进入快速发展阶段。

在此背景下,国外网络安全保险的产品设计、服务流程等也逐渐形成行业统一规范。2016年12月,美国政府发布《关于恐怖主义风险保险计划下独立网络责任保险政策的指导意见》,提出改变网络责任险的附加险定位,设计独立的网络安全保险产品,对网络风险实行专业承保,为网络安全保险专业化发展夯实了基础。美国保险服务办公室(ISO)和德国保险协会(GDV)均开展了标准网安保险保单表格的制定和推广工作,网络安全保险保单中专业术语、保险条款和条件的一致性水平显著提高。2019年,澳大利亚保险集团(IAG)通过模拟数据泄漏、勒索软件攻击对企业的净损失成本、为重获客户信任感付出的宣传成本以及需支付的法律费用、付出的监管成本等进行测算,并对企业面临的网络风险进行分类评级,以此为依据进行风险建模。此举既提升了网络安全保险费率厘定的合理性和准确性,也逐步推动网络安全保险风险建模走向标准化。

2. 我国网络安全保险规制情况

2016年,《中华人民共和国网络安全法》(以下简称网络安全法)的出台标志着我国网络空间法治建设取得突破性成果,为推动经济发展和社会治理实现信息化转型奠定了主基调。2021年,《中华人民共和国数据安全法》发布,提出要建立健全国家数据安全管理制度。同年,《中华人民共和国个人信息保护法》(以下简称个人信息保护法)确立了以"告知—同意"为核心的个人信息处理规则,对企业应承担的部分第三方责任予

---

① 《国外网络安全立法对我国的启示》,《中国防伪报道》2016年第8期,第54-59页。

以明确,规定了个人信息处理者具有对数据泄露的法定通知、公布和补救义务。另外,《网络安全审查办法》自 2022 年 2 月 15 日起正式施行,用以确保关键信息基础设施供应链安全,以此保障网络、数据安全乃至维护国家安全。一系列法律法规和规范性文件相继实施,推动了我国网络安全法律体系的建立和完善,明确了网络安全主体责任、数据安全保护义务等,为我国网络安全保险的发展奠定了坚实的法律基础。

网络安全法治建设的推进直接催生了我国网络安全保险的市场需求。2019 年 9 月,工信部发布的《关于促进网络安全产业发展的指导意见(征求意见稿)》中提出,要"尝试在我国开展网络安全保险服务,加快网络安全保险方面的政策出台、制度建设和标准制定,通过网络安全保险产品提供的风控服务监控互联网风险敞口"。2021 年 7 月,工信部发布的《网络安全产业高质量发展三年行动计划(2021—2023 年)(征求意见稿)》中再次提及网络安全保险的发展事宜,建议面向工业物联网、车联网、电子信息产业等领域开展网络安全保险服务试点,产业政策利好不断释放。

标准化的法律规制是保险行业扩大供给的重要基础,但目前我国尚未制定专门针对网络安全保险的法律文件,网络安全保险的相关规制难点问题亟待从制度层面予以明确。2022 年,上海市保险同业工会发布《网络安全保险服务规范(征求意见稿)》,从服务基本条件、服务提供过程、服务质量评价和改进等方面设定了行业团体标准,标志着我国网络安全保险试点工作开始走上标准化之路。

(二)关于我国网络安全保险相关难点问题的规制思考

1. 关于网络安全保险承保责任的确定

与传统财产险保单采取大致统一的条款和术语不同,数字经济和政策变化迅速,一定程度上阻滞了网络安全保险标准化语言的出现。企业面临的网络风险往往具有针对性,情况不尽相同,导致保险公司设计标准化产品的难度较大。现今网络安全保险产品主要以两种形态存在,一种是独立保单,由保险企业专门针对各种网络风险设计独立保单;另一种是复合保单,在已有的传统财产保险基础上以扩展责任的形式附加网络安全责任。但由于不同保险公司的保单责任范围相差较大,投保人往往很难区分哪些风险被覆盖、哪些风险未被覆盖,容易引发保险公司和投保人之间的误解和诉讼,这也通常被认为是阻碍网络安全保险发展的重要原因。

无论保险公司采取何种保单形式承保网络安全保险,都应当清晰界定网络安全保险的承保范围,将过往业务中存在的一些"默示的"保险责任转化为明确的、有准确文字表述的承保范围。但是,为了充分满足企业对网络安全的个性化、场景化需求,网络安全保险的责任范围可以考虑在相对明确的基础上予以适当扩大,据此确定可保网络安全事件和可保损失类型。在保险实务中,目前业界普遍认可网络安全保险的可保损失范围大致包括两类:一类是网络事故给第一方即投保人自身带来的损失,至少应当包含营业中断损失、应急响应费用、物理损失、网络勒索损失等;另一类是对第三方造成的损失,至少应当包含数据泄露责任、网络安全事件责任、媒体侵权责任等。

另外,国内的网络安全保险目前仅对网络安全事故造成的直接损失进行承保,对于由网络安全事故信息披露导致的声誉、品牌形象、员工信心、市场地位受损等间接损失的保障仍处于空白状态,保险范围不足也是降低企业投保意愿的重要原因之一。对此,保险机构可以考虑在精算技术允许范围内,对间接类型损失给予适当赔偿,逐步延展保险责任范围,以满足多样化的投保需求。

2. 关于网络安全保险过错责任的界定

发生网络风险事故时,投保人在收集、保管和运用信息过程中的责任很难清晰界定。要准确界定过错责任,最关键的就是建立科学合理的举证责任分配机制。

虽然 2016 年网络安全法的出台,实现了从法律层面对网络安全问题的有效规制,但其中缺少对网络安全事故过错责任和举证责任的相关规定。在我国的网络安全立法中,应当明确采取区别责任制,对举证责任作出清晰规定。一方面,网络商品和服务的供给方在信息获取和使用过程中占主导地位,在危害网络安全的个案中,应当更多地承担信息管理不当责任;另一方面,与其他处于信息流通下游的企业和个人相比,对网络商品和服务的提供者采取更为严厉的处罚措施,倒逼其主动加强网络信息管理,往往能取得更好的惩戒和风险防范效果。只有通过立法明确过错责任的界定规则,才能使可罚行为的社会危害性与其实际受到的处罚代价匹配。这一点在 2021 年出台的个人信息保护法中已经取得了进展,该法确立了在对个人信息侵权案件进行归责时,应使用"过错推定"的原则。这一规定增加了个人信息处理者的民事责任风险,进一步催生了网络安全保险作为风险转移工具的市场需求。

3. 关于网络安全保险信息不对称风险的防范

信息不对称是指交易中的各人拥有的信息量不同,部分信息仅被其中一方参与者掌握的情况。由于网络安全保险标的具有特殊性,合同双方很难获取全部信息,在作出决策时都可能面临信息缺失造成的影响。一方面,保险公司相对于投保人而言,在掌握风险数据上具备显著优势,对于保单价值的认知也更加准确。在拓展网络安全保险时,保险公司容易夸大宣传风险,进而影响投保人在承保范围等方面做出正确选择。另一方面,网络安全保险市场发展,有时也会给保险公司带来认知偏差。保险公司往往过于关注开拓市场,对于自身是否完全掌握动态变化的网络安全威胁、是否能够正确识别投保人的实际风险状况并进行差异化定价、保险合同签订后被保险人是否存在降低自身网络安全防御力度的道德风险等因素缺乏充分预估和准备。

在国内,《最高人民法院关于适用〈中华人民共和国保险法〉若干问题的解释(二)》第六条规定,"投保人的告知义务限于保险人询问的范围和内容。当事人对询问范围及内容有争议的,保险人负举证责任。保险人以投保人违反了对投保单询问表中所列概括性条款的如实告知义务为由请求解除合同的,人民法院不予支持。但该概括性条款有具体内容的除外。"可见,投保人的最大诚信原则仅限于保险人的询问范围和内容,保险人如何举证已就相关问题进行了询问,很大程度上决定了案件的成败。对于保险公司而言,由于网络安全保险本身具有跨行业、跨领域的复杂属性,保险公司展业面临较高的行业和技术壁垒,加之历史数据缺失,极有可能导致保险公司的风险预判能力、传统精算模型难以真实反映和量化未知风险。对此,保险公司至少应当从三个方面克服信息不对称带来的不利影响:一是保险公司通过业务发展,不断积累数据和经验;二是保险公司基于自身需求开展网络安全建设,直接获取数据;三是保险公司从咨询公司、安全服务公司等专业的第三方机构处购买数据,充实数据库。另外,在数据匮乏的早期发展阶段,也可借助先保单评估、后合同再评估、不完全覆盖损失的风险共担模式等针对性策略来减弱信息不对称效应。[①]

4. 关于网络安全保险除外责任的明确

明确网络安全保险的除外责任主要是考虑特殊的网络攻击行为能否被作为保险除外情形。一方面,全球网络系统互联互通,针对单家机构的网络漏洞攻击、大规模的恶意软件攻击甚至可能严重威胁全球网络系统的安全,进而引发巨额索赔,影响保险经营主体可持续发展。例如,2017 年 5 月全球爆发 Wanna Cry 勒索病毒事件,导致全球超过 100 个国家、超 30 万台设备遭受攻击,损失超 80 亿美元。但由于网络信息安全的虚拟性和战略性,很难断定大规模的网络攻击事故属于个人行为还是有组织甚至国家行为。另一方面,保险公司为了提高保费规模,有时会低估承保的网络信息安全风险,增加了赔付案件发生的潜在可能。一旦发生大规模网络安全事故,面对巨额赔偿,保险公司有可能通过随意定性"特殊网络攻击行为",从而达到拒赔的目的。基于以上原因,将特殊的网络攻击行为作为保险除外责任非常必要。

近年来,保险公司也在逐步收紧网络安全保险的赔付条件,并在传统保险覆盖范围和一揽子保单基础上增加免责条款,以避免产生歧义。例如,2022 年初,劳合社发布了四种新的网络战争和网络行动除外条款,明确保险人"不承保由战争或网络行动直接或间接引起的,或因战争或网络行动而发生的,或由此产生的任何损失、损害、责任"。同时,对相关术语赋予严格的定义,战争意味着"一个国家对另一个国家使用武力……无论是否宣战";网络行动是"某国或代表某国使用计算机系统,破坏、拒绝、削弱、摧毁另一国家的信息或计算机系统中的信息"[②]。

在国内,《中华人民共和国保险法》(以下简称保险法)第十七条规定,"对保险合同中免除保险人责任的条款,保险人在订立合同时应当在投保单、保险单或者其他保险凭证上作出足以引起投保人注意的提示,并对该条款的内容以书面或者口头形式向投保人作出明确说明;未作提示或者明确说明的,该条款不产生效力"。足见保险公司在确

---

① 王新雷、王玥:《论网络安全保险发展初级阶段的问题与对策》,《情报杂志》2017 年第 12 期,第 22 - 28 页。

② 数世咨询:《网络保险和战争除外责任》,51CTO 网,https://www.51cto.com/article/705114.html。

定自身免责条款时,必须达到使投保人对这些免责条款清晰明白、确定无疑的程度。我国网络安全保险仍然处在发展初期,因此在考虑将特殊网络攻击行为作为保险除外情形时,更需要明确特殊网络攻击行为的范围,明确大规模、恶性网络攻击等特殊的网络攻击行为的定义,尽量做到可量化、可操作。例如,明确恐怖主义网络攻击、组织犯罪行为性质的网络攻击、国家战争行为性质的网络攻击的界定标准等。

三、规范网络安全保险发展的对策建议

(一)立法规范方面

为引导网络安全保险规范有序发展,我国亟须解决相关法律缺位问题,确保网络安全保险发展有法可依。一方面,应加强顶层设计,在国家层面出台促进网络安全保险发展的战略方针与总体规划,统筹指导网络安全保险市场整体发展。另一方面,应对网络安全管理的权责归属进行明确和细分,尽可能避免事权划分不清导致部门之间职能重叠,从而造成规章内容矛盾、交叉办案等管理乱象。

在此基础上,我国应逐步建立健全网络安全保险法律体系。修订完善已有的保险法、网络安全法,以明确网络安全保险当事人的权利义务、保险责任等[1];加快对网络安全标准的立法,使网络安全风险评估及等级确定有据可依;基于网络技术的特点,建立专业的网络安全保险法律文本体系,对承保的范围和条件进行专业的解释,对威胁、漏洞和影响力等网络风险要素进行专业的分类、测定和统计[2],并进一步在术语标准化基础上探索实现网络安全保险产品框架标准化,最终建立多层次的法律法规体系。

(二)服务规范方面

根据上海市保险同业工会发布的《网络安全保险服务规范(征求意见稿)》,可以从服务基本条件、服务提供过程、服务质量评价和改进三方面出发,组织研究制定网络安全保险行业标准及规范。

为确保网络安全保险服务顺利有序开展,各方主体包括保险机构、从业人员、合作机构等均需满足基本的服务条件,符合相关资质要求,管理制度、服务费用、档案管理等基本事项也应按统一标准执行。以合作机构资质为例,鉴于网络风险专业门槛高,保险机构需要寻求第三方机构的技术支持,借助保险科技公司在数据搜集和整合方面的优势,实现差异化定价,借助安全服务公司的漏洞扫描、威胁发现等专业技术提升企业抵

---

① 胡利民、邓昊:《阻碍网络安全保险发展的因素分析及发展对策研究》,《保险职业学院学报》2020 年第 4 期,第 65 - 72 页。

② 王新雷、王玥:《论网络安全保险发展初级阶段的问题与对策》,《情报杂志》2017 年第 12 期,第 22 - 28 页。

御网络风险的能力。对此,政府应出台配套政策鼓励和规范相关合作机构的设立,进一步促进网络安全保险市场的发展。

从服务提供过程看,网络安全保险服务主要包括投保前的风险评估、保单生效后的风险管控、出险后的鉴定理赔三个阶段。对于风险评估,应在现有国家标准的基础上,建立适用于网络安全保险的风险评估标准和分级标准,明确风险持续监测、事件应急处置及溯源取证的技术要求,同时加快网络风险评估模型研发,适度统一网络安全保险定价。对于风险管控,网络安全保险产品应在转移风险的同时提供更具主动性、预警性、实时性的安全风险解决方案,帮助客户分析风险点并制定相应的防范措施,督促客户加强落实风险减量方案[①],避免产生网络风险。对于鉴定理赔,保险企业应联合第三方评估机构、高校与研究机构对网络安全保险的定责定损标准、出险理赔程序等开展研究,明确基本原则、处理时限、业务流程等,确保网络安全保险及时赔付。

为建立识别缺陷、及时改进、提升服务的可持续发展机制,需制定评价网络安全保险服务工作质量的具体办法。内容包括但不限于定期对保险人及网络安全服务机构进行服务质量测评、保单完成后对被保险人展开回访和确认、构建行业内标准化的评价指标以实现对服务质量的常态化监测和评价,以及将服务质量评价结果纳入内部管理部门和管理人员的考核内容等。

(三)执法规范方面

作为风险影响范围广、风险系数较高的新型险种,银保监会应对网络安全保险的资金管理、风险控制、经营状况、偿付能力等保持密切关注,以防范系统性金融风险的产生。同时,监督采集网络安全事故基本信息的相关机构,确保所采集信息的存储与应用遵从伦理道德与法律法规。在监管实践中,要与其他网络执法部门划清权责,避免出现争管或推诿现象,规避重复检查和检查标准不一等导致执法效率低下。

为畅通各部门之间的执法沟通,应当实现行业风险数据的有效披露和各管理机构间的信息互联互通。一方面,要开展信息资源标准化建设,在《保险业务要素数据规范》基础上,结合网络安全领域《信息安全技术网络安全威胁信息格式规范》等信息共享标准,对应核保、承保、风控、理赔等业务活动及业务对象,探索标准化数据描述方式,进而形成适用于网络安全保险的数据收集标准、格式规范与传输共享模式,为网络安全风险数据共享奠定基础。另一方面,应积极推动强制信息披露制度和匿名共享网络安全事故信息机制的建立,在规避隐私问题的前提下推动多源数据融合,便捷风险实时监测,共享网络安全感知。

---

① 王禹:《网络安全保险的新兴发展与监管研究》,《中国信息安全》2017年第3期,第45-47页。

保险科技和保险风控的创新与发展

鄂力炜　张融融　刘昕维　王　威*

[摘　要]　近年保险行业整体发展快速,于社会生活的各个层面渗入度不断提高,在保障经济稳定发展的同时,也起到推动经济结构化转型的作用。而保险在作为风险调控工具的同时,保险主体的业务发展过程也伴随着各类的经营风险。通过科技在具体业务场景中的应用,可以有效地进行保险风险控制。

在后疫情时代,国内经济持续发生结构性的变化并时刻面临新的挑战,因此对面向企业的保险产品有了更高的要求,保险在持续稳定地起到保障作用的同时,也要满足企业经营的各类灵活性需求。本文针对企业保险的实际保险欺诈案例进行列举分析,结合当前主要风险防控技术手段,提出《灵犀数智化企业保险风控解决方案》,通过建立风控数据模型,利用大数据应用与智能设备结合的方案,降低保险业务中的风险,促成企业保险健康有序发展。

[关键词]　企业保险;灵活用工;雇主责任险;风险控制

一、保险与企业保险

(一)保险发展

党的十八大以来,我国保险业实现了新的跨越式发展。在过去十年,我国保险深度①由 2.91% 上升到 4.15%,保险密度②从 1257 元/人上升到 3360 元/人,保险业总资产从 2012 年底的 7.4 万亿元增加至 2021 年底的 24.9 万亿元,成为全球第二大保险市场。③ 一连串令人瞩目的成就背后,是保险领域各项改革不断深入推进,高质量发展,

---

*　鄂力炜、张融融、刘昕维、王威:心有灵犀保险代理有限公司;通信地址:浙江省杭州市余杭区仓前街道鼎创财富中心 2 号楼 B1 幢 16 楼;电子邮箱:liwei.e@ideacome.com。

①　保险深度＝某地区保费收入/某地区国内生产总值。
②　保险密度＝某地区保费收入/某地区总人口数。
③　中南财大风险管理研究中心、燕道数科:《2022 中国保险发展报告》,2022 年 4 月。

持续开创新局面的成果。

保险业的发展除在保费规模、增速变化、从业人员及主体变更上得到了明显的体现外,其对国计民生的风险保障与经济调节的作用,也体现在以下两个数据的变化上:

(1) 保险赔付金额:2021 年保险赔付金额已突破 1.5 万亿(财险、人身险合计),其中财产险赔付率 65.68%,人身险赔付率 23.84%。

(2) 保险资金运用规模:2021 年保险资金运用规模已突破 23 万亿,其中债券投资占比自 2016 年后连年上升,并于 2021 年成为资金运用占比第一。

(二) 保险对经济的调节与推动作用

在保险充分释放保险保障功能,发挥经济"减震器"和社会"稳定器"作用的同时,也在经济结构变化的进程中起到推动作用。

"十四五"规划纲要中提出的"三首"定义,即首台套装备、首批次材料、首版次软件①,旨在保障及鼓励具备"中国制造"能力的创新型企业发展,持续不断地强化科技创新能力的建设。

以此,财政部、工业和信息化部、银保监会共同公布了相关保险补偿机制与政策。由中央财政对符合条件的投保企业给予适当额度保险补偿,利用财政资金杠杆作用,强化保险的风险保障功能,降低用户风险,加快"三首"产品的市场化进程。这一举措充分体现了保险对经济的调节与推动作用。

(三) 企业用工新特征:灵活用工

2020 年突如其来的疫情,对每个直面变化的经济个体都产生了巨大的冲击,具体体现在以下两个方面:

(1) 线下经济的原有模式被改变,因为人与人之间接触的限制,在疫情后相当长的时期,各行各业都需要在原有的流程中,增设步骤以便阻断疫情所带来的风险。

(2) 线上经济的发展被刺激,加快了各行各业的信息化进程,尤其是以云端数字形式呈现的新系统建设。用不得不的方式转变原有的业务流程,以致商业模式升级。

在这期间劳动密集型产业,则直接面临运营成本和人力不足的问题。而此时"灵活用工"等新用工模式,一时成为解决人力资源问题的利器。事实上,在 21 世纪初,国内的灵活用工行业即已开启,虽然较欧美发达市场相比,在灵活用工整个产业链上来讲还处于该行业初期水平,但随着国内市场的不断发展,以及国内产业结构的变化,灵活用工市场较初期已经得到了较大的发展。

尤其是近十年,随着国内经济结构的变化,第三产业,特别是共享经济的兴起,叠加人口结构变化、劳动力成本提升、国内外局势变革等多种因素,也客观地推动企业与用工单位对灵活用工的需求。从近期国内灵活用工市场来看,其在各行业的渗透率也持

---

① 指国内实现重大技术突破、拥有知识产权但尚未取得市场业绩的产品。

续高涨,传统服务业、现代服务业和制造业灵活用工的比例分别为 61.9%、52.2% 和 58.5%,这是由于传统服务业和制造业工作重复性较强、对技术和专业的要求较低,且业务波动性更强的行业特点,更适合采用灵活用工形式①。所以在越多不稳定因素存在的情况下,更多的企业与组织会选择灵活的、有弹性的员工队伍,或者与之相似特征的劳动力。

灵活用工模式的本质是一个通过分解与整合实现劳动分工精细化的过程。从整个灵活用工产业链路来看,用工单位希望其用工成本、风险转移,而劳动输出者亦不具备独立承担风险的能力,所以在多数灵活用工场景中,风险的管理就由平台或人资中介完成。一个较为灵活且涉及多方的劳务模式,一方面,需要管理部门完善相关制度,在合规与保障上,切实保护各方的利益;另一方面,也需要借由专业的风险管理主体参与并保障灵活用工的模式运行,维护其稳定的发展。

这样的一个市场,在用工企业、保险公司以及市场监管部门三方合作下,可以确保其模式的健康稳定发展。在此关系中,主要发挥保险于市场经济中的风险管理与调节作用。

(四)行业灵活用工产品

就灵活用工中的各类单一场景,现今的保险产品保障方案也与技术应用结合创新,并不断地做出更有针对性的调整。

1. 蚂蚁保:灵工保

蚂蚁集团,拥有着国内最大的金融综合服务平台,旗下的蚂蚁保在保险与生活化场景结合上作出了持续多样的尝试与探索。但在保险与生产型场景中,以 toB 的业务场景为例,灵工保则是一个新的典型尝试。

灵工保全称"灵活工作保",为蚂蚁保联合众安保险上线的意外险产品。具体来看,该产品由众安保险承保,雇主及灵活工作者本人均可购买,同时针对特定行业,"灵活工作保"还定制了不同的方案。②

当前,灵工保在大型的 toB 业务场景的应用主要是阿里集团内的灵活用工场景,如盒马鲜生、菜鸟物流等。并根据实际生产场景进行技术与保险业务的结合,如盒马鲜生的超商门店考勤场景以及菜鸟配送员站点的管理场景中,通过考勤或打卡物联设备对被保障人员及时便捷地采集保障数据。

而随着产品的打磨与成熟,灵工保现在已经在支付宝平台,面向大众开放,符合该产品保障条件的人群均可进行投保。

---

① 艾瑞咨询:《2022 年中国灵活用工市场研究报告》,2022 年 9 月 23 日。
② 李冰:《蚂蚁保布局"新市民"领域联合众安保险推出"灵活工作保"产品》,《证券日报之声》2022 年 3 月 24 日。

2. 顺丰：骑手智能头盔

顺丰，作为国内物流配送的龙头企业，其业务覆盖范围广，覆盖场景丰富。对物流配送人员的管理也相对完善与友好。配送业务的骑手保险，本身是赔付率较高的业务类型，其综合成本率多超过百分之一百，是各家保险公司偏好度较低的业务品类。

这主要是因为保障过程，尤其是骑手营运过程，风险事故发生频繁。但保险产品对于骑手的保障切实有效，同时降低了配送业务的经营风险。

顺丰通过与物联智能设备厂商合作，定制骑手智能头盔，降低骑手在工作中尤其是路途中对手机的不当使用而造成的风险，并通过向保险公司定制获得了专有的骑手保障保险。①

市面上有着众多针对各类灵活用工场景的保险产品，此类市场在近年表现较为活跃，但市场的活跃也总是伴随着各类型的不稳定因素。

二、保险风险与防范

（一）保险经营风险

尽管有着强有力的立法与监管措施保障，保险市场行为被不断地正规化与规范化，但因有巨大金钱利诱，始终有人愿意铤而走险，触碰法律红线。根据国际保险监管者协会（IAIS）测算，全球每年约有 20%—30% 的保险赔款涉嫌欺诈。中国人民大学教授孟生旺曾指出，我国保险公司在每年的赔款中，至少有 10%—20% 的赔付属于保险欺诈。②

（二）保险欺诈案例：列举与分析

保险欺诈的危害不言而喻，但面对欺诈，险企在理赔审核与调查中，高额的成本制约防欺诈措施的有效实施。针对前文提及的灵活用工场景，雇主责任险③作为该场景中较为常见，也是企业用工单位所偏好的产品，但无论是哪家发行该类产品的保险主体公司，该类业务赔付率往往都在百分之一百之上。翻阅过往的保险欺诈案例，雇主责任险是一个高频出现的产品。以下为部分保险欺诈与反欺诈的系列案例的描述与分析：

1. 系列 1：威海渔船雇主责任险

某总部在上海的农险保险公司，2015—2016 年期间，经由中介渠道承保了共计约

---

① 方舟：《快递小哥装备升级！顺丰同城推出智能头盔》，《深晚报道》2021 年 12 月 24 日。

② 冰鉴科技研究院：《数千亿保险反欺诈市场：人工智能寻觅用武之地》，2022 年 4 月 14 日。

③ 雇主责任险，是指被保险人，即雇主，所雇佣的员工，在受雇过程中，遭受意外或患职业性疾病，所致伤、残或死亡，由雇主承担医药费用及经济赔偿责任，再由保险人，即保险公司，在规定的赔偿限额内负责赔偿的一种保险。

2000万元保费的山东威海渔船船主的雇主责任保险业务。但在业务保障期间，各类死伤理赔案件频出，该业务赔付率居高不下。因考虑核赔及对案件真实性调查的工作量，该公司先后委托多家公估与调查公司进行理赔查勘工作。经由实际调查后，发现多起案件均为骗保案件，以下就部分案件真实情况及调查结果进行说明描述：

（1）案件 1

事故简述：船主描述雇用船员在作业过程中，被缆绳带入海中，不幸身亡。

理赔金额：60 万元。

疑点与取证结果：根据船主提交的案件理赔资料审核时发现，银行转账记录页码右边隐约能见电脑鼠标图像，签订的协议书的第一页及后两页纸张材料不一致，字体磅数不一致；死者家属加盖手印印泥颜色色差较大。

处理结果：因涉嫌伪造单证、保险欺诈，该案件在保险公司销案处理，船东放弃所有理赔金额。

（2）案件 2

事故简述：船主描述其渔船在海上作业时意外起火，造成船员身亡。

理赔金额：30 万元。

疑点与取证结果：根据船主提交的理赔资料，向边防派出所核实身故船员船民证后，发现该证证号、登记核发的时间均与实际登记不一致，系变造的虚假资料。

处理结果：因涉嫌伪造单证、保险欺诈，该案件在保险公司销案处理。

（3）案件 3

事故简述：船主描述其雇用船员在船上机舱揭排污井盖时不慎摔死。

理赔金额：44 万元。

疑点与取证结果：根据船主提交的理赔材料，对比殡仪馆、派出所记录后发现，用于火化及户籍注销的死亡证明内容为猝死，非工作期间意外死亡，与提供给保险公司的死亡证明不符。调查员走访渔船，与共事厨师核实后得知，雇员是午休后起床，穿衣期间忽然捂住胸口倒地死亡，并非因工作摔死。

处理结果：该案最终以雇主伪造材料，雇员猝死进行拒付处理。

（4）案件分析

案件报案人均系船东，均为伪造提交材料中部分内容，试图骗取理赔款；通过常规技术手段（图片处理），伪造材料；向相关单位或部门核实材料真实性，判定真伪。

2. 系列 2：企业雇主责任险系列

（1）案件 1

事故简述：某建筑安装工程公司负责人报案，其负责工地钢筋加工区域发生意外事故，造成雇员手指受伤，申请理赔医疗与误工产生的费用。

理赔金额：30 万元。

疑点与取证结果：在根据审核理赔材料与实地走访调查后发现，病例材料缺少首页,伤者伤口照片有可疑印记;询问伤者相关工作问题,伤者无法回答涉案机器的基本操作问题;走访医院及调取 120 记录时,发现首次接诊的医院并非病历材料所示医院;询问伤者工友,获知真实意外发生地与报案所述不符。最后经核实,该建筑安装工程公司法人代表名下除建筑公司外,伤者所处工厂也是其经营的,但工厂员工无雇主责任险,遂伪造伤者劳动合同、工作证等材料,将伤者伪造成在建筑安装公司工作。

处理结果:因证实报案材料系伪造,被保险人向保险公司放弃索赔,该案件遂在保险公司销案处理。

分析:虚报事故地点,属于非保障范围内意外,以骗取雇主责任险赔偿金。

(2) 案件 2

事故简述:某人力资源公司,在投保雇主责任险后,有多名雇员发生工伤事故,多次出险申请理赔。

理赔金额:共计 45 万余元。

疑点与取证结果:理赔人员审核材料及调查公司调查取证后,发现银行回单疑似 PS 打印,伤者收到企业支付的工伤赔偿金额与银行回单不符;人资公司,即本案件投保人未先向伤者支付赔偿金再向保险公司申请理赔,而是进行倒序操作;为获得足额理赔金,人资公司向保险公司索赔过程中提供了"虚假赔偿协议"及"虚构离职证明材料";向保险公司提供的银行转账支付记录(转账给伤者的赔偿金)存在涉嫌伪造银行转账支付凭证的违法行为。

处理结果:经保险公司和调查公司合力追偿,最终追回赔款 45 万余元。

分析:伪造银行回单,并违规进行雇主责任赔偿操作,截留伤残赔偿款,以获取利益。

(3) 案件 3

事故简述:某公司负责人报案,其雇员在操作钻床时,因钻头断裂将手套卷入,受伤后住院治疗,故申请理赔医疗与误工产生的费用。

理赔金额:1 万元。

疑点与取证结果:调查员实地走访调查后发现,在报案叙述中,事件细节与事实存在不符,如企业因停电未开工等;走访伤者就诊医院,发现只有入院记录,无前述诊断记录;走访其他医院后,获知伤者前述诊断资料,伤情与报案叙述伤情不符;确认伤者投保时间在意外致伤时间之后,判定为倒签单。

处理结果:在将采集到的证据完整列出,普及相关法律知识后,负责人同意放弃本次事故全部理赔并签署放弃声明。

分析:借用雇员非保障相关致伤事实,混淆编造事实经过,以骗取保险赔偿金。

(4) 案件分析

从以上真实案例分析可以看出,骗保手段多样,且随着骗保方式的升级,调查取证成本逐步提升。较为普遍的为资料伪造类案件,该类案件尚可通过从资料留档机构或部门的调查取证,核实资料真伪,但仍需调查人员的人力投入。而稍显复杂的利用多方的信息不对称,颠倒事实顺序或陈述与事实不符等手段,会明显提升调查取证的难度与成本。

3. 行业大案

以上案件多为涉及死亡或人伤理赔金额较高案件,而理赔金额小的案件,在保险公司业绩考核指标的压力下,可能会成为漏网之鱼,也不难得出保险欺诈的金额损失连年持续高位的原因。正是如此巨大的利益诱惑,驱使保险欺诈的产业化与多元化。请继续看以下两个近年的行业大案:

(1)案件 1

2021 年底,南宁市警方通过与保险公司合作,成功破获了一起跨省区的"家族式骗保"案件,共计抓获 7 名嫌疑人,案件涉及全国 10 个省区共 57 人。

案件主要嫌疑人杨某某及其家庭人员,以免费治病且还可获得额外报酬的名义,引诱其他嫌疑人入伙,并在南宁市物色宋某某等人,购买多家保险公司意外伤害类保险产品,后通过自残自伤的方式,谎称受伤入院治疗,而后再伪造多份发票,向各家保险公司理赔,总计涉案骗保金额达 500 余万元,涉及全国 83 家保险公司。①

2022 年初,杨某某因涉嫌保险诈骗罪被正式批捕。而该保险欺诈案件也被列为公安部全国"集群案件"典型案例。

分析:利用保险保障条款以及各家保险公司数据未互通的漏洞,骗取保险理赔款。

(2)案件 2

2015 至 2018 年期间,山东产联企业管理咨询有限公司(以下简称"山东产联"),以与保险公司合作研发"雇工宝"的名义,向人力资源公司、用工单位收取企业员工信息与保费,再转而向保险公司进行团体保险产品投保,即"团险个做"方式。

在该案中,首先,山东产联并不具备保险中介资质,不能直接参与保险销售行为;其次,山东产联作为投保人,为与其合作的人力资源公司或用工单位员工进行投保,并无直接保险利益,本身这一行为就违背了保险基本的保障订立逻辑,属于无效投保行为。

"雇工宝"直接造成了企业及用工单位的人伤赔偿损失,也使多家主体机构陷入赔偿纠纷之中。此外,"团险个做"的涉案公司还存在保险诈骗的情况,比如山东产联自行开展理赔业务赔付了 1000 元,通过病例造假手段,使得保险公司实际赔付 1 万元。②

分析:非法参与保险经营,团险业务个做,伪造病例骗取保险理赔款。

(3)案件分析

家族式的骗保行为近期频出,而保险欺诈产业化的现象,也日趋严重。在行业内,尤其是雇主责任险类的业务,国内部分省份的特定地区已进入行业黑名单,各家保险公

---

① 南宁警方:《侦破纪实,看南宁警方如何识破百万骗局》,"南宁警方"微信公众号 2022 年 2 月 20 日。

② 徐颖浩:《起底雇工宝"团险个做"黑幕 雇工宝＝雇主责任险＋工伤险＋意外伤害医疗险＋工伤补充险?》,《每日经济新闻》2021 年 8 月 9 日。

司畏之如虎。其骗保手段以及产业流程的完备,让人惊叹。

保险欺诈,有着多方面的恶果。首先,保费未能起到正常的保障作用,直接造成资源的浪费;其次,欺诈案件造成的调查取证成本增加,间接致使保险机构综合成本率的提升,增加经营风险;再次,此行为破坏社会公平公正秩序,对保险行业整体形象造成负面影响,危及保险本身的社会保障属性。

(三)保险欺诈防范与治理手段

在国家监管与执法不断加强的同时,行业也在谋求内部的改变与举措,从持续强化的内部风险管控上对抗保险欺诈的发生。魔高一尺道高一丈,违法者利用技术手段破坏规则,而技术更能用于规则的维护。2019 年,中国保险学会与金融壹账通联合发布《2019 年中国保险行业智能风控白皮书》[1],全方位阐释了保险行业智能化风控的可能性与可行性。

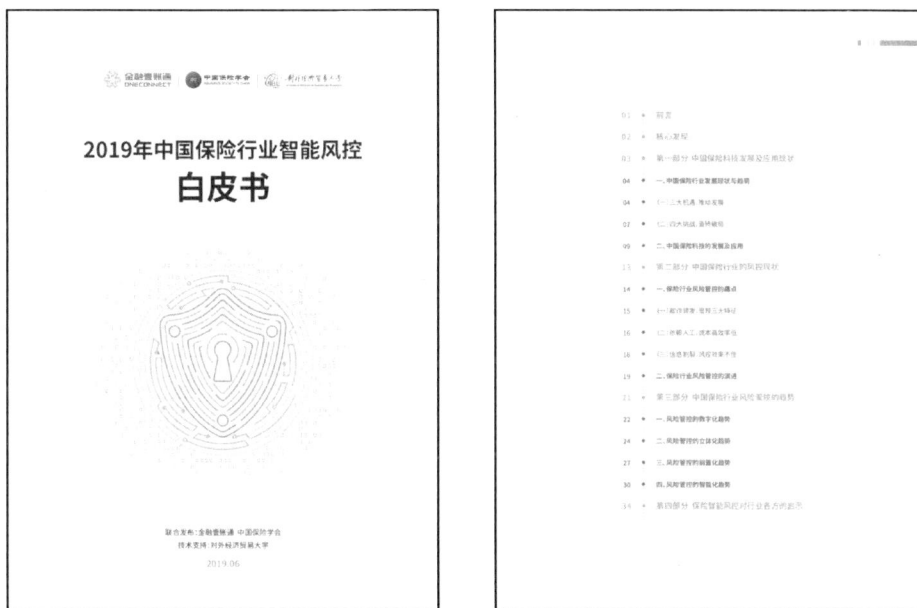

图 1　2019 年中国保险行业智能风控白皮书

近年来保险数智化风控技术不断发展,部分成熟的方法已经被行业采用,而前述案件中的多个欺诈行为,都可以通过这些方法进行防范。

1. 名单过滤

简单的名单过滤,直接匹配投保人或者被保险人,在业务开始之前防范。这种业务名单,可以以较低的成本在业务主体间同步,以扩大其有效范围。针对前述系列 2 案例

---

[1]　金融壹账通、中国保险学会:《2019 年中国保险行业智能风控白皮书》,2019 年 6 月。

1 中企业主名下有多家企业的情况,也可以通过企业信息查询的平台,以聚合查询方式进行关联筛查,找出潜在风险。

2. 智能化设备使用

近几年的智能化穿戴设备逐步商业化与大众化,在实际生产过程中,强化设备智能应用与穿戴,可以大大降低风险的发生,这也逐步变为保费应用的一个趋势。

而在企业保险业务场景中,因为有实际办公场景与工作时间的特定限制,上下班智能打卡设备的应用,既能提供便利的 OA 应用方式,又能简化保险场景业务事实的留存手段。系列 2 案例 4 中类似"倒签单"的行为,可用此种最低成本的方式防范其发生。

3. 数据互通与溯源

早期较多的欺诈行为,都是借由保险机构之间、保险公司与医疗体系之间,以及相关材料背后主体数据不同步的漏洞来实施的。随着各行各业信息化与数字化系统的应用,数据互通成本已大大降低。

同时借助区块链等数据溯源技术,又能将资料取证与查验的成本降低。针对系列 1 中的伪造这种较为常规的欺诈手段,可以利用较高程度的自动化方式进行防范,从而节省人工调查取证成本。

但面对更加综合和复杂的场景,单一的技术手段也有一定的局限性,更为融合和多方位的设计将会更加系统有效地进行综合的业务治理。

三、灵犀数智化企业保险风控解决方案

以下为笔者结合所在单位"心有灵犀科技股份有限公司"的风控与技术团队,在数智化综合方案的实施过程中所经历的尝试与思考,总结提出的《灵犀数智化企业保险风控解决方案》(以下简称《方案》)。

整体方案根据保险业务完整生命周期设计,包括事前、事中及事后三类场景的应用,通过基于模型的数字化应用来进行风险识别与业务控制,并通过引入物联智能设备,实现风险管理与防范。数据架构示意如下图:

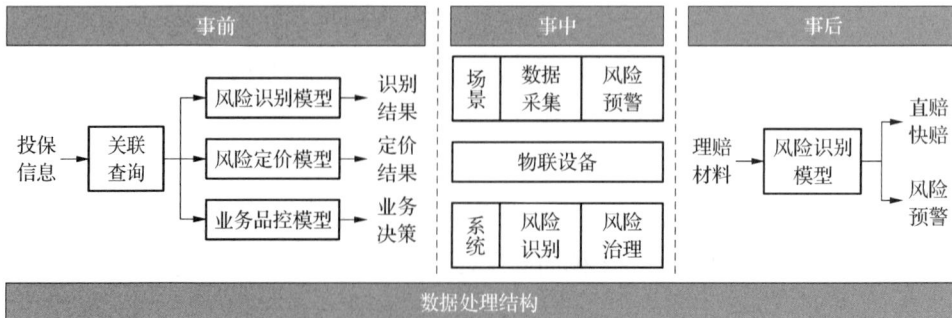

图 2　数据架构示意图

（一）智能设备应用

《方案》中提及的物联智能设备，无论是穿戴设备，还是在场景空间内的物联体验，如家居、办公、交通等，大众对其已经有较深的接触与体验。现在在设备普及上已经达到较高的商业化程度，在为大众的生产与生活带来丰富体验的同时，也起到风险预警与防范的作用。

灵犀的《方案》实施过程中，结合具体应用场景进行相应设备数据的接入与互通，如骑手场景，智能头盔；制造工厂场景，智能监控设备、智能考勤机等。在数据采集后，由风控模型进行风险监控或预警，通过下发指令到终端或具体应用场景管理系统，实现风险管理。

那智能设备在起到风险预警与防范作用的同时，是否可以发挥更大的用途呢？

应用场景	规则引擎	决策场景	业务应用
数据市场	数据模型	指标库	商用数据
数据中台	数据处理&加工		数据模型迭代
传输层	5G		
物联终端	穿戴设备	监控设备	智能化终端

图 3　具体应用场景与设备

（二）数据应用

下文从数据应用的角度出发，对《方案》中从应用场景的数据模型建立，到应用等相关部分做详细的阐释。

1. 数据建模

基于数据建模的风险管控应用，整个系统逻辑架构一般会分成三个部分：风险识别，通过对采集的数据进行相关性的数学分析，建立风险识别模式；应用模型，建立应用模型，同时设立模型验证指标项；反馈机制，建立回溯模型，根据实际业务应用结果及指标表现，回溯迭代应用模型。

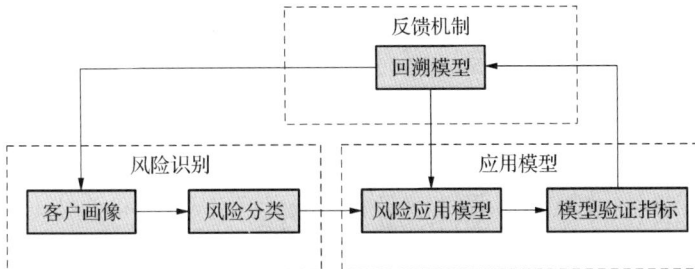

图 4　系统逻辑架构

2. 风险定价模型详解

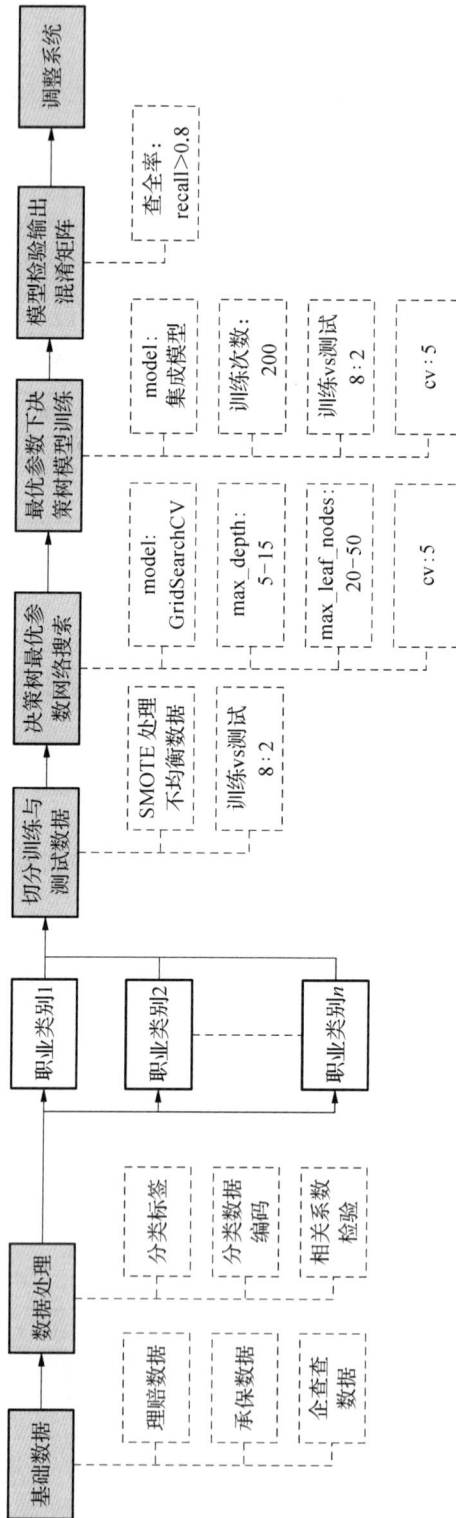

图 5　风险定价模型

《方案》中涉及多个数据模型建模,下面以风险定价模型为例,做详细的介绍,该模型设计主要分成两步,首先为客户画像系统实现,其次是定价模型设计。

(1)客户画像系统设计与实现。

客户画像系统设计全流程如下图:

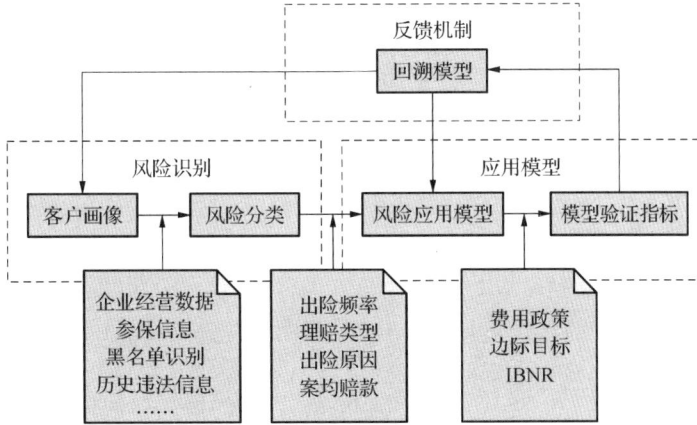

图6 客户画像系统设计全流程

① 基础数据整理。

根据业务系统留存数据进行整理,详细如下:

雇员承保清单,以雇员为条目,无对应人员识别信息可重复。

企团险承保清单,保障方案属性,如是否包含24小时方案等,所关联保单的职业人数及其他方案字段。

理赔清单,关联保单,通过数据透视,汇总数值案件次数、已决赔款、未决赔款。

职业类别表清单,以每个职业类别信息为条目。

方案清单,不同保额、职业与保费的映射矩阵为条目。

企查查清单,与雇员清单中的被保险人进行匹配。

雇员风险分类清单,根据雇主责任险历史承保数据库,对根据新保雇员所对应的各职业类别的出险频率、案均损失进行分类,共计9种客户类别。

表1　9种客户类别

出险频率\案均赔款	低(≤5000)	中(5000,10000)	高(≥10000)
低(≤2‰)	LL	ML	HL
中(2‰,4‰)	ML	MM	MH
高(≥4‰)	HL	HM	HH

以上信息最终汇总成一张雇员承保理赔清单。

② 数据预处理。

保留字段:

表 2　雇员信息保留字段

工种	性别	年龄	保额	保险期限	注册资本
存续时间	所属省份	所属城市	公司类型	所属行业	参保人数
保单人数	职业原版	是否涉高	评残比例	是否24小时	雇员风险分类

计算得出各变量与雇员风险分类相关系数值：

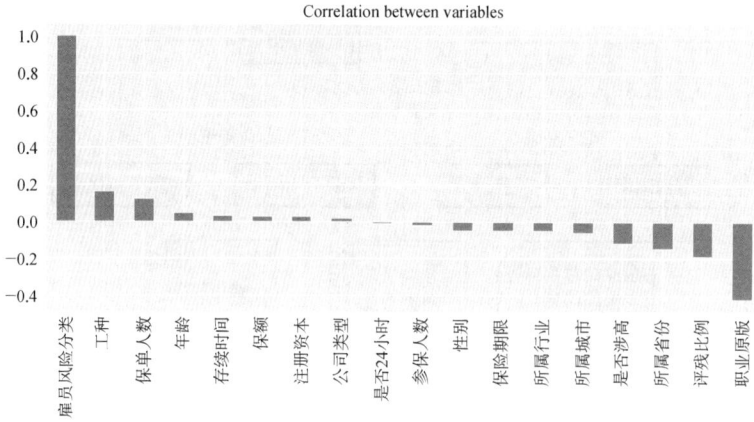

图 7　各变量与雇员风险分类相关系数值图

计算得出各变量间相关系数值：

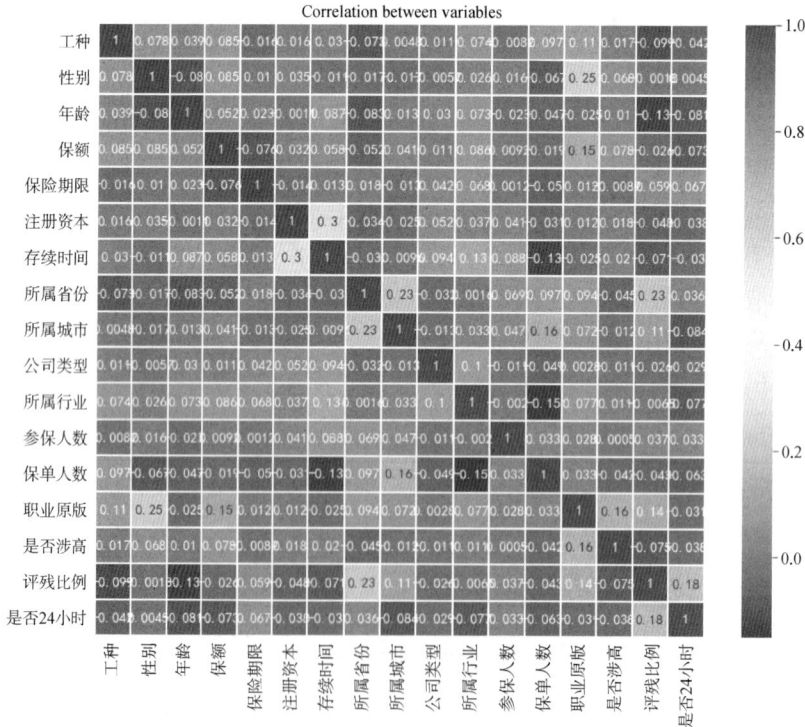

图 8　各变量间相关系数值图

根据各参数与雇员风险分类相关度处理情况及相关系数检验,各变量间相关系数低于0.3,决策树对系数相关性不敏感,不采用 PCA 降维。

③ 模型验证及参数探索。

i. 数据分布不平衡:采用 SMOTE 算法,增加风险样本数量,平衡各类别间样本占比。

ii. 训练集、测试集切分:使用 train_test_split 切分数据集 8∶2。

输入项(X):

表 3　输入项

工种	性别	年龄	保额	保险期限	注册资本
存续时间	所属省份	所属城市	公司类型	所属行业	参保人数
保单人数	职业原版	是否涉高	评残比例	是否 24 小时	

输出项(y):雇员风险分类。

iii.决策树参数探索:

默认切分依据:criterion = 'entropy'

决策树深度:max_depth = n

最大子叶数量:max_leaf_nodes = m

采用 GridSearchCV,max_depth 范围(5,15),max_leaf_nodes 范围(20,50),采用 5 折交叉验证,测试次数 10 * 30 * 5 = 1500 次。

④ 模型验证。

模型精确度检验标准:

查准率 precision:0.5

查全率 recall:0.8

FI - score(β = 1):0.8

⑤ 修正模型。

$$Precision = \frac{TP}{TP + FP}$$

$$Recall = \frac{TP}{TP + FN}$$

$$F - Score = \frac{(1 + \beta^2) * Precision * Recall}{\beta^2 * Precision^2 + Recall^2}$$

模型预测的纯风险保费:

$$LL_{pred\_Premium} = \sum_{i=LL}^{HH} LL_{Premium} * LL_{probability}$$

纯风险保费修正系数:

$$\propto_{LL} = LL_{pred} / LL_{real}$$

整体方案中关键的数据模型设计基本以此为逻辑,通过分析与构建模型,寻找标准且结构化的数据与模型关键指标项的数理关系,并通过构建验证模型来持续优化模型的准确性。而在风险定价中,关键指标项为客户分类,即雇员风险分类。本论文中罗列的分类共计 9 类,实际可以再拓展至更细致的类别拆分,以及引入更多的标准数据做相关性验证,这里不做赘述。接下来再介绍在此基础上的模型应用。

（2）定价模型设计。

客户画像系统根据以下业务的输入项:

表 4　输入项

工种	性别	年龄	保额	保险期限	注册资本
存续时间	所属省份	所属城市	公司类型	所属行业	参保人数
保单人数	职业原版	是否涉高	评残比例	是否 24 小时	

输出雇员风险分类。再根据具体业务中的保险出险率,计算得出纯风险保费。

① 纯风险保费。

这里选取了影响雇主责任产品综合成本的三个主要的出险率,身故、残疾、医疗出险率,每一个出险率又和该项目细分项有关,基于统计得出具体的相应类别出险率,与相应保额及赔付金额的乘积,即各职业保单的纯风险保费。

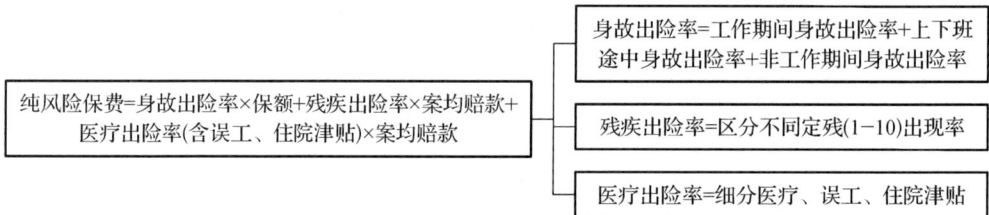

图 9　纯风险保费计算示意图

根据业务中每单保单中职业类别及投保人数计算出保单的纯风险保费（E）:

② 职业人均报价保费。

在纯风险保费基础上,再结合实际业务其他变量,如边际目标、手续费率（本实例只选取这两个变量,实际中会包含其他成本因素）得出每个职业的人均报价保费。

对应职业类别人均报价保费 P=E/(1-Q-F)
E: 对应职业人均纯风险保费
Q: 利润率=100%-边际目标
F: 手续费率

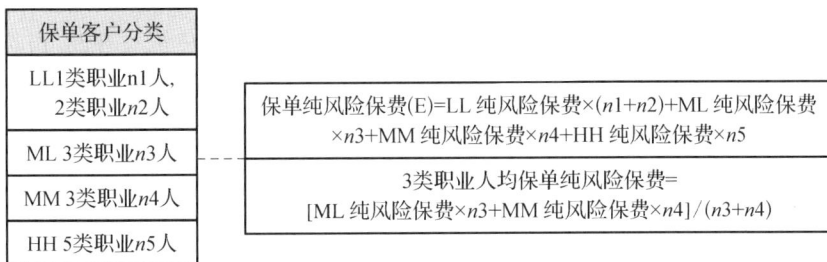

图10　职业人均报价保费

③ 风险定价全过程。

以下为一个完整的保单风险定价计算过程：

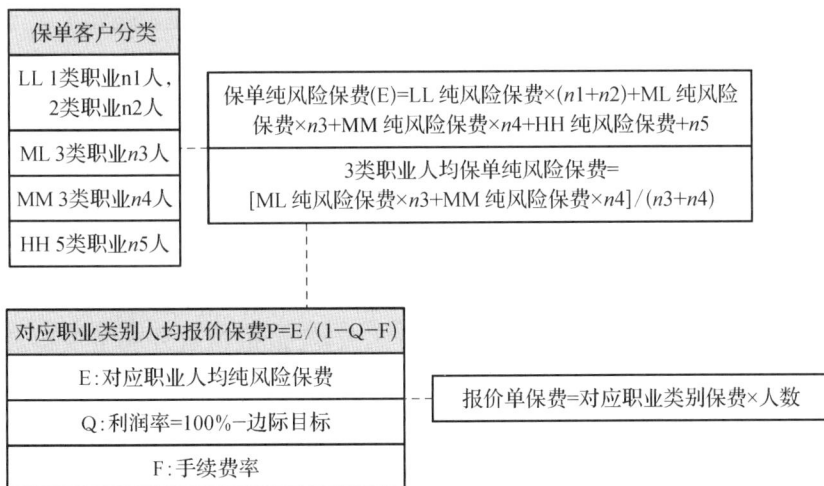

图11　保单风险定价计算过程

至此，风险定价模型设计完成，可实际应用在雇主责任险业务的定价环节，通过引入该模型，对风险实际表现高的业务提高保费，以降低业务整体的综合成本率，保障业务持续健康运行。

（三）《方案》中的模型介绍

在整个《方案》中，除风险定价模型外，也有其他数据模型的设计与应用，限于篇幅，这里仅做模型的设计思路与应用简述。

1. 风险识别模型

在《方案》中，风险识别模型概念将包含在不同业务环节、不同业务场景中，并分为事前、事中、事后三个阶段来定义。

根据采集的投保客户信息，包括企业法人、注册地、地址信息等，再附加企查查、天眼查等提供的企业公开信息查询的数据服务,完善投保客户的投资人、经营风险、企业变更等更丰富的投保相关信息,并以此为基础进行聚合的数据分析与查询,最终输出风险识别结果,包括风险项目以及初步的风险评分,提供业务决策参考。

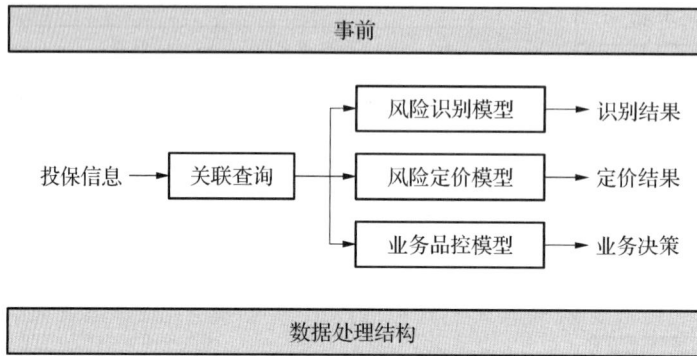

图 12　风险识别模型—事前

图 13　风险识别模型—事中

　　在保障过程中,通过在物联设备的实时数据采集,输入至云端的智能风控模型,这部分会更有针对性地为每一个商业场景进行定制,比如骑手配送场景、制造型企业生产车间、营运车辆行驶过程等。通常,场景化风险模型会经过更有针对性的定制化设计,并以适配的方式与系统进行集成,完成数据自终端至模型及系统的互通。

　　理赔案发生后,根据客户提交的理赔资料、案件发生时的事实资料,首先完成标准化数据的处理,依照基本案件的特征进行骗保欺诈行为的识别。在经过实际的应用后发现,此类模型实际上还需要大量的人工介入,进行行为意图和逻辑判定结果的干预。目前此模型主要的作用还是对资料真伪和合理性的初步判定。

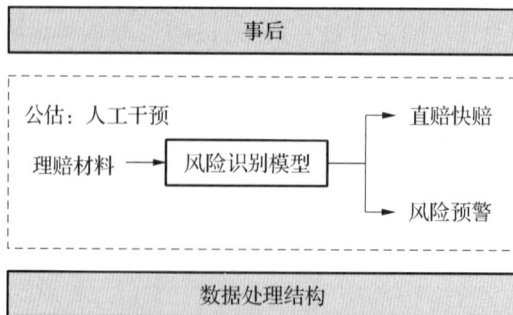

图 14　风险识别模型—事后

2. 业务品控模型

单一特征的系统在风险识别上相对简单,但在风险的承担上会相对有限。中介类保险机构在保险业务经营上,通常呈现更加复杂和综合的业务结构:不同的上游保险供应链接入,增强在合作风险上的抵御能力;不同业务领域的叠加,建立结构化产品矩阵,增强核心业务经营风险的抵御能力;建联多家渠道,增强销售场景风险的抵御能力。

所以《方案》中设立业务品控模型,在整体业务品质评估的基础上,发挥风险识别、风险定价等模型应用的决策参考作用,进而提升系统整体动态风控的能力。

(四)《方案》反思与总结

回归到该类保险业务本身,因其产品精算定价会包含职业类别、单一方案(即保障条款,如伤残保额)的保障金额、投保人数以及特别约定等因素,再结合实际产生的业务数据,有相当多的数据字段可供挑选使用。

数据模型是以寻找标准化数据与关键指标的数理关系,在设计过程中通过调整所选取字段来拟合数值,从而得出不同业务数据与关键指标的相关度。因此这一方法具有较高的可塑性。

数据建模应用是相对成熟的数学应用方式,随着样本数据的增加,模型是可以被验证的。在业务进行中,我们也将业务品类再做细分,不同地区、不同细分产品的业务表现数据再做指标定义。同时结合校验结果表现,相应做出不同颗粒度的调整,包括选取的算法与字段,从而持续进行模型的迭代。

从信息安全角度考虑,因为数据模型本身不包含个人信息、敏感信息或业务主体的经营数据,且单纯从数据模型也无法回溯原始数据。将输入数据进行去标识化处理,就可以消除数据泄露与滥用等安全隐患。以模型作为能力,开放给行业,或仅是相关的单一类型的业务主体,都是可行且双赢的。作为开发者,通过获得更多的业务数据,来不断完善模型,提升有效性;作为使用者,在业务操作的参考与决策上都有着众多场景应用,来实现业务目标。

但数智化系统也还是会有其局限性的:通过数智化系统的实现与实施,可以预见业务中人工成本的下降,但该效应还是会遵循边际效益递减的规律,在系统成熟与稳定后会趋于平稳的曲线;同时在风控系统的应用过程中,也会面临业务规模与业务品质的权衡问题,需要在不同的阶段目标下进行取舍;如何更平滑与稳妥地进行不同场景的切换与复制,也需要其他手段的保障。

在智能化应用初期,还需要大量的人工干预的方式,来完善决策应用的效果。在《方案》实际落地中,灵犀也借助自身的公估能力,对事后理赔案件做出更详细的信息采集和实地调查,作为确保风险管控有效实施的最终手段。

在对风险识别的结果优化上,除使用数据回溯模型验证之外,也将人工干预后的结果应用到数据模型的修正中,从而更全面地利用整体的系统能力。

四、展　望

保险作为重要的金融工具，在国计民生的各个层面发挥着巨大的作用。本文从保险行业的发展与当前经济特征的需求出发，选择了企业，尤其是灵活用工企业的保险保障需求，根据其需求特征，以及该保险领域的风险特征，进行分析与拆解。结合灵犀实际的业务开展与软件系统建设的经验，对《方案》进行了描述与阐释。

在发达保险市场中，保险反欺诈技术应用已经达到较高的覆盖率。据反保险欺诈联盟（CAIF）和数据与人工智能领导者 SAS 最新的反保险欺诈技术研究结果，目前美国 80% 的保险公司已采用了预测分析模型来监测欺诈行为。且反欺诈技术应用还在不断扩大，保险公司数据来源呈现多样化发展，图片分析技术也在日益精进。但同样在反欺诈过程中，保险公司调查人员还需要更多的渠道来获取足够的资源。[1]

《方案》最初的设计，是为了满足业务一线人员的反馈与作业流程上的需求，实现较为单一的雇主责任保险产品的业务持续经营目的。在尝试通过数据建模，并结合风险定价理论，设计并完成系统后，通过跟踪系统实际应用效果，我们发现该方法可以在业务整体流程上做迭代升级，覆盖更广的风险控制场景。

随着公司业务模式的升级与业务场景的拓展，《方案》的实现系统功能不断叠加，可以将数据应用方法论延展到不同的业务场景中，以及更综合的业务治理能力建设上。我们相信《方案》的可应用场景会有更多选择，也开始尝试将其推广至公司的多个保险业务领域中。

回归到业务本身，保险产品从保障需求分析、产品精算设计、适合的销售计划订立、保险保障的实施到出险后的合同履约，是一个极其复杂的过程。为了保障《方案》更有效且完整地执行，必定还需要配合的措施，包括机构的行政执行力度以及业务团队的配合。在保险风控数智化的道路上，灵犀也仅仅是踏出了第一步，但坚信数智化的道路必会是保险与科技结合的发展方向，灵犀定会砥砺前行。

---

[1]　《保险业迅速采用反欺诈分析技术，应对网络诈骗》，凤凰网，http://biz.ifeng.com/c/8D8rwziH59U。

保险案例评析

实习责任保险的保险金给付责任
——学校无责情况下保险人理赔责任的认定

韩　芳　王瑞煊*

[摘　要]　在实习责任保险中,即使校方被认定为无责任,若在保险合同中约定了公平责任条款,保险公司仍可能就该公平责任条款承担一定的责任,其责任限额可借鉴政策性险种,确定保险人承担不超过保险限额10%的赔偿责任。此外,为完善实习强制保险制度,更好地发挥实习责任保险的价值,笔者建议将实习责任保险中规定的"公平责任"的条款删除,由投保人另行为实习生购买附加团体意外伤害保险。

[关键词]　实习责任保险;公平责任条款;赔偿数额

【裁判要旨】①

如责任保险中约定了即便被保险人对保险事故的发生没有责任,保险人也要承担保险金给付义务的所谓"公平责任"条款,对于保险人应当承担的具体保险金给付数额,可借鉴政策性险种,确定保险人承担不超过保险限额10%的赔偿责任。

【案件索引】

一审:江苏省南京市雨花台区人民法院(2020)苏0114民初5688号(2021年3月25日)

二审:江苏省南京市中级人民法院(2021)苏01民终6883号(2021年8月3日)

---

*　韩芳,本案一审承办法官,南京市雨花台区人民法院副院长。王瑞煊,本案二审承办法官,南京市中级人民法院金融借贷庭副庭长。

①　本案是江苏省首例在认定被保险人无责任情形下,判决责任保险保险公司仅依据合同约定的公平责任支付赔偿款的诉讼。法院立足社会公平司法理念,依据《中华人民共和国保险法》相关规定,借鉴《中华人民共和国民法通则》与《中华人民共和国侵权责任法》确定了在校方无过错前提下保险公司仍具有赔偿义务,从解释论角度出发同时借鉴交强险,确定保险公司应承担不超过保险限额10%的赔偿义务。由于《中华人民共和国民法典》自2021年1月1日起施行,《中华人民共和国民法通则》《中华人民共和国侵权责任法》等同时废止,为适应法律的新规定,法院同时向中国银保监会江苏监管局提出完善职业院校实习责任保险条款、加强对学校及学生利益保护的司法建议,该司法建议被评为全市法院2021年度优秀司法建议。同时,本案被评为南京法院金融审判十大典型案例(2019—2021),并被江苏省高级人民法院微信公众号推送。

【基本案情】

吴某、曾某某一审诉称:吴某、曾某某之子吴某某为某工程技术学院的学生。2019年 12 月 13 日,该工程技术学院为包括吴某某在内的 209 名学生向某财产保险公司投保实习责任保险。2019 年 12 月,吴某某进入某公司南昌分公司实习工作。2020 年 4月 17 日上午 10 时,吴某某在实习工作时间内,因履行工作职责途中遭受交通事故当场死亡,江西省南昌市青山湖交警大队出具的《道路交通事故责任认定书》认定肇事者为全责,死者吴某某不负责任。事故发生后,吴某、曾某某认为根据实习责任保险的约定,吴某某的人身损害应由保险公司承担赔偿责任,工程技术学院没有尽到相应的管理、教育义务,应与保险公司共同承担赔偿责任。故向法院提起诉讼请求:① 保险公司与工程技术学院共同承担保险责任,向吴某、曾某某支付死亡保险金 50 万元,精神损害抚慰金 5 万元;② 两被告承担本案诉讼费用。

保险公司辩称:① 本案中投保人工程技术学院在保险公司处投保职业院校学生实习责任保险,投保学生人数合计 209 人,其中包含死者吴某某。② 该保险每人责任限额为 500000 元,其中包含每人医疗费用责任限额 80000 元,精神损害抚慰金责任限额50000 元,所以本案最高理赔额应为 500000 元。③ 死者吴某某是因交通事故死亡,事故责任认定书认定肇事方负全责,所以肇事方为实际侵权人,应当承担全部赔偿责任。依据实习责任保险合同的约定,保险公司仅仅对责任方未足额赔偿的部分进行赔偿并且在赔偿后应当取得向责任方追偿的权利。④ 本案所涉及的交通事故案件正在诉讼过程中,而保险公司在本案中是否赔偿及具体赔偿的金额需以该案的审理结果为依据。

工程技术学院辩称,其已经充分尽到了教育管理义务,不应当承担连带赔偿责任或者共同赔偿责任。① 学校作为投保人为吴某某购买了职业院校学生实习责任保险,已经充分注意到了可能会发生的人身伤害事件并采取了相应的风险防控措施。② 在吴某某同学实习开始前一个月,学校已经通过课堂讲授的方式对学生进行了安全教育,其中包括交通安全,在《教学活动安全教育登记表》上有吴某某同学的亲笔签名。③ 吴某某同学死亡的原因是交通事故,《道路交通事故责任认定书》载明:"吴某某不负本次道路交通事故的责任",因此吴某某同学知晓交通法规且做到了遵守交通法规。④ 学校对于学生顶岗实习采取了全过程、立体化、信息化的教育管理措施。⑤ 学校不是本案适格的被告。

经审理查明:吴某、曾某某系吴某某的父母,吴某为听力二级残疾。吴某某出生于1997 年 8 月 26 日,系家中次子。吴某某系工程技术学院 2017 级计算机应用 3 班的学生。

2019 年 12 月 13 日,工程技术学院为包括吴某某在内的 209 名学生投保了职业院校学生实习责任保险及相应附加险,保险期间自 2019 年 12 月 14 日 0 时起至 2020 年 5月 31 日 24 时止,每人责任限额为 50 万元,每人精神损害抚慰金责任限额 5 万元;附加险中附加被保险人责任每次/每人赔偿限额与主险、其他附加险共用各限额,附加实习无过失责任 A 款每人责任限额为 10 万元,每人医疗费用责任限额同每人责任限额。

　　关于保险条款,案涉保险合同涉及的保险条款包括《职业院校学生实习责任保险条款》《职业院校学生实习责任保险附加实习无过失责任保险 A 款条款》《校方责任保险条款》《校方责任保险附加校方无过失责任保险条款》,上述保险条款均备案在中国银保监会的财产险备案产品目录中。《职业院校学生实习责任保险条款》第四条约定:在保险期间内,在中华人民共和国国内(含港澳台地区),被保险人的学生在实习期间内,因发生下列情形导致的伤残或死亡,经人民法院判决,或有关仲裁机构裁决,或实习责任保险调解处理中心认定,或事故委员会认定对被保险人需要承担的经济赔偿责任,保险人按照本保险合同约定负责赔偿:……(四) 因实习工作外出期间,由于实习工作原因受到意外伤害……第七条“公平责任”约定:在保险期间内,在中华人民共和国范围内(含港澳台地区),发生上述第三至第六条保险责任所述的意外事故或情形导致被保险人的学生人身伤亡,尽管被保险人已经履行了相应职责、行为并无不当,但经人民法院判决,或有关仲裁机构裁决,或事故鉴定委员会认定,保险人按照本保险合同约定也负责赔偿。第四十一条约定:对精神损害责任的赔偿。被保险人应承担精神损害赔偿责任的,应提供确定精神损害赔偿金额的人民法院判决书。对于每次事故,保险人就每名学生精神损害与人身伤亡的赔偿金额之和不超过保险单列明的每人责任限额。对于每次事故造成的所有损失,包括但不限于被保险人对学生的人身伤亡和精神损害赔偿责任,保险人的赔偿金额总和不超过保险单中载明的每次事故责任限额。第五十四条“定义”约定:实习,指被保险人根据人才培养目标要求、教学计划安排等,结合实习单位实际情况,组织或安排学生进行的职业技能训练、教学实习、顶岗实习等实践活动。组织或安排实习的形式包括统一安排、逐个派遣、学生自行落实实习单位、学生中途离开学校安排的实习单位转入自行落实实习单位等形式。

　　案涉技术工程学院学生实习责任电子保险单中虽然约定附加被保险人责任条款为《职业院校学生实习责任保险附加被保险人保险条款(2016 版)》,但一审庭审中双方均认可实际履行的条款为《校方责任保险附加校方无过失责任保险条款》,该条款第二条约定:“在保险期间内,在中华人民共和国境内(港澳台地区除外),在被保险人的在校活动中或由被保险人统一组织或安排的活动过程中,下列情形下发生的造成学生人身损害的事故,尽管被保险人已履行相应职责,行为并无不当,但是被保险人依法可以根据实际情况对学生给予一定的经济补偿,保险人按照本附加险合同的约定负责赔偿:……(二) 来自被保险人外部的突发性、偶然性侵害造成的;……第八条约定:保险人对每次事故的赔偿金额总和不超过每次事故责任限额,保险人对多次事故的赔偿金额总和不超过累计责任限额。该条款释义部分载明:被保险人外部的突发性、偶发性侵害:来自校外的车辆、外来人员或其他侵害主体实施的突发性、不可预见的伤害事件。

　　2019 年 12 月,吴某某进入某公司南昌分公司实习。2020 年 4 月 17 日上午 10 时,吴某某在实习工作时间内,因工作外出途中遭受交通事故当场死亡,经江西省南昌市青山湖交警大队出具的《道路交通事故责任认定书》认定,肇事者负本次交通事故的全部责任,吴某某不负责任。事故发生后,肇事者因交通肇事行为被处刑罚并已自愿补偿吴某、曾某某 30 万元。后吴某、曾某某向江西省南昌市青山湖区人民法院起诉肇事者、车主及肇事车辆投保的保险公司,该院确认肇事者对本次事故负全部责任,并判令保险公司分别在交强险范围及三者险范围内向吴某、曾某某支付赔偿款合计 801985.5 元。一审判决作出后,该案三者险的保险公司认为其在三者险范围内不应承担赔偿责任并提起上诉,现该案仍在二审审理中。

另查明,2019 年 11 月 14 日,工程技术学院就教学项目顶岗实习对 2017 级计算机应用 3 班进行了安全教育,教学项目起止日期自 2019 年 11 月 20 日至 2020 年 5 月 20 日,吴某某在《教学活动安全教育登记表》中的"已接受安全教育人员"处签名确认。实习期间,2017 级计算机应用 3 班的班主任通过班级 QQ 群对班级同学进行日常管理、发布招聘信息、发布防止诈骗信息、统一安排在线学习、转发江苏省教育厅要求停止实习的通知、要求学生在疫情期间填报体温情况,等等。

【裁判结果】

江苏省南京市雨花台区人民法院于 2021 年 3 月 25 日作出(2020)苏 0114 民初 5688 号民事判决:① 阳光财产保险股份有限公司江苏省分公司于判决生效之日起十日内向吴某、曾某某支付经济赔偿 50000 元;② 驳回吴某、曾某某的其他诉讼请求。宣判后,吴某、曾某某提起上诉。江苏省南京市中级人民法院于 2021 年 8 月 3 日作出(2021)苏 01 民终 6883 号民事判决:驳回上诉,维持原判。

【裁判理由】

法院生效裁判认为:本案争议焦点为:① 工程技术学院对吴某某的死亡是否负有责任;② 阳光财险江苏分公司就案涉保险事故承担的赔付责任应当如何认定。

关于争议焦点①,工程技术学院对吴某某的死亡是否负有责任的问题。根据已查明的事实可知,首先,工程技术学院在实习前已对包括吴某某在内的学生进行了必要的实习安全教育,交警部门出具的事故责任认定书亦可反映吴某某对案涉交通事故的发生不存在过错。其次,吴某某在某公司南昌分公司的实习系其个人自行联系,并非工程技术学院统一安排,在此种情况下,工程技术学院通过 QQ 群和教学系统及时提醒并持续监督管理学生,已尽到了教育管理职责。上述事实可以证明工程技术学院对吴某某的死亡并无过错,一审法院据此认定工程技术学院对案涉交通事故的发生及吴某某的死亡不承担责任,并无不当。吴某、曾某某关于工程技术学院未尽安全教育管理及人身保障义务的上诉意见,与已查明事实不符,应当不予采纳。此外,承担无过错责任的前提应当是基于法律的明确规定,而现行法律并无学校对其学生在实习期间发生的伤亡应承担无过错责任的规定,故吴某、曾某某关于工程技术学院应对吴某某死亡承担无过错责任的上诉意见,缺乏法律依据,亦不予采纳。

关于争议焦点②,阳光财险江苏分公司的赔付责任问题。首先,《中华人民共和国保险法》(以下简称保险法)第六十五条第四款规定,责任保险是指以被保险人对第三者依法应负的赔偿责任为保险标的的保险。第九十五条第一款第二项规定,保险公司的财产保险业务,包括财产损失保险、责任保险、信用保险、保证保险等保险业务。本案中,无论是校方责任保险还是职业院校学生实习责任保险,均属于财产保险业务项下的责任保险。因此,根据前述法律关于责任保险的定义,阳光财险江苏分公司承担保险赔付责任应当以工程技术学院对其学生在实习期间的伤亡承担经济赔偿责任为前提。吴某、曾某某以案涉《职业院校学生实习责任保险条款》第四条第四款为依据,要求阳光财险江苏分公司赔付死亡保险金50万元和精神损害抚慰金5万元,一方面,案涉保险合同中明确约定每人责任限额50万元中包含了每人精神损害抚慰金责任限额5万元,吴某、曾某某实际主张的赔偿数额55万元已超出保险合同约定的最高赔偿数额,即该数额缺乏合同依据;另一方面,如前述分析,工程技术学院对吴某某的死亡并无责任,吴某、曾某某以案涉《职业院校学生实习责任保险条款》第四条第四款为依据要求赔偿,缺乏事实依据。故吴某、曾某某该项上诉主张缺乏事实和合同依据,应当不予支持。其次,纵观案涉保险条款,阳光财险江苏分公司的保险金给付义务并非是以工程技术学院对保险事故的发生负有责任为绝对前提,而是包含了即便在工程技术学院没有责任的情况下,"但经人民法院判决,或有关仲裁机构裁决,或事故鉴定委员会认定",阳光财险江苏分公司按照保险合同约定也负责赔偿的公平责任。该公平责任不仅体现在主险条款中,在附加险条款的相关约定中亦有相应体现,即案涉《校方责任保险附加校方无过失责任保险条款》第二条,该条款明确约定"尽管被保险人已履行相应职责,行为并无不当,但是被保险人依法可以根据实际情况对学生给予一定的经济补偿,保险人按照本附加险合同的约定负责赔偿"。阳光财险江苏分公司通过保险条款自愿赋予其该项责任系其真实意思表示,故其应当基于该条款约定对工程技术学院给予吴某某的一定经济补偿予以赔偿。最后,关于阳光财险江苏分公司赔付的具体金额问题。虽然工程技术学院对吴某的死亡并无责任,但一审法院根据保险条款约定,并结合吴某和曾某某的家庭、经济状况等因素综合考量,酌定阳光财险江苏分公司直接给付吴某、曾某某5万元保险金,并无不当,应予维持。

【案例评释】

本案是江苏首例认定以校方无责任为前提,判决保险公司仅依据合同约定的公平责任条款支付赔偿款的诉讼。法院立足社会公平司法理念,依据保险法相关规定,借鉴民法中公平责任的历史发展和交强险的推广及实践经验,在实习生责任强制保险制度的推广过程中探索出无责任前提下赔付的路径,提供了生动的实践样本,一些做法对今后类似案件起到了示范作用。

具体而言,该案审理过程中重点解决了以下三个问题:

一、实习责任保险赔偿诉讼中,法院如根据合同条款认为校方在事故中无过错,可根据实习责任保险条款中的"公平责任",由保险公司进行赔偿。

就法源分析而言,实习责任保险约定的第七条"公平责任"条款,其制定的法律依据为民法中的公平责任原则。《中华人民共和国民法通则》(以下简称民法通则)第一百三十二条规定:"当事人对造成损害都没有过错的,可以根据实际情况,由当事人分担民事责任。"该条被视为我国侵权法公平责任归责原则的起源。后《中华人民共和国侵权责任法》(以下简称侵权责任法)对该条进行了修改,形成了侵权责任法第二十四条:"受害人和行为人对损害的发生都没有过错的,可以根据实际情况,由双方分担损失。"现代侵权法充分体现了人本主义的精神,其基本的制度和规则都是"以保护受害人为中心"建立起来的,最大限度地体现了对人的终极关怀[1],该条体现了对受害人的特殊保护。本案实习生责任保险制定于民法通则与侵权责任法发挥效力期间,保险合同中公平责任的内涵与民法通则、侵权责任法中公平责任原则的内涵及适用方式相似,故本案约定的公平责任条款合法有效,可据此认定保险公司具有的赔付义务;就文义解释而言,实习责任保险第七条"公平责任……尽管被保险人已经履行了相应责任、行为并无不当"以及"但经人民法院判决……保险人按照保险合同约定也负责赔偿"的约定,明确了具体适用方法,根据本案事实,保险公司具有赔付义务。

二、在实习责任保险条款第七条"公平责任"及附加校方无过失责任保险条款尚未明确具体赔偿比例的情况下,具体赔偿比例可借鉴机动车交通事故责任强制保险等政策性险种的赔付方式。

鉴于每年有上千万的职业院校学生开展外出实习,职业院校学生因实习而受伤害事故频频发生,当前我国正在推动实习生强制责任保险制度,虽然尚无法律层面的规定,但是已有相关规范性文件中涉及相关内容,如教育部等五部门《职业学校学生实习管理规定》中明确规定:"推动建立学生实习强制保险制度。"对于交强险而言,本来投保人是否购买相应的责任保险应奉行私法自治原则,但鉴于交通事故的不可避免性与严重的社会危害性,立法者逐渐赋予汽车责任保险越来越多的"保护受害第三人"之公共政策目的[2]。实习生责任险相关的现行政策文件与交强险的法律背景均是基于社会公共利益,二者的目的都含有妥善解决纠纷、及时化解矛盾、促进社会和谐之意。所以,为加强保护实习生实习安全,实习生责任险同交强险一样应强调基本保障功能及填补功能。正因如此,案涉保险条款中会规定即便被保险人对保险事故的发生没有责任,保险人也要承担保险金给付义务的所谓"公平责任"条款。然而,在目前常见的保险条款并未对保险金的给付标准予以明确,法律亦未对此作出明确规定的情况下,本案的处理参考了政策性险种交强险中"被保险人在道路交通事故中无责任的赔偿限额"规定,在校方对学生伤亡不承担责任时,保险公司承担不超过保险限额 10% 的保险金赔偿义务。

第一,从赔偿义务前提的角度。《中华人民共和国道路交通安全法》第七十六条规定"机动车发生交通事故造成人身伤亡、财产损失的,由保险公司在机动车第三者责任强制保险责任限额范围内予以赔偿;不足的部分……机动车一方没有过错的,承担不超过百分之十的赔偿责任"。保险公司在交强险责任限额范围内对受害人予以赔偿,立法者在这里并没有明确说明保险公司的赔偿义务是以被保险人的责任为前提,或者说,至

① 王利明:《侵权责任法的中国特色》,《法学家》2010 年第 2 期。
② 张力毅:《比较、定位与出路:论我国交强险的立法模式——写在〈交强险条例〉出台 15 周年之际》,《保险研究》2021 年第 1 期。

少在字面上看不出保险公司的责任与被保险人的责任存在特定关系。① 而实习责任保险的制定依据为教育部等五部门根据国务院相关政策文件制定的《关于印发〈职业学校学生实习管理规定〉的通知》(教职成〔2016〕3 号)中第三十五条规定:"推动建立学生实习强制保险制度。职业学校和实习单位应根据国家有关规定,为实习学生投保实习责任保险。责任保险范围应覆盖实习活动的全过程,包括学生实习期间遭受意外事故及被保险人疏忽或过失导致的学生人身伤亡,被保险人依法应承担的责任,以及相关法律费用等。"该条也并没有明确说明保险公司的赔偿义务是以被保险人责任为前提。

第二,从首要目的的角度。根据《交强险条例》第一条,交强险的首要功能被定位于"保障机动车道路交通事故受害人依法得到赔偿"②,该条甚至并未提及交强险对被保险人的风险分散功能。可以说保护公众利益,使受害人的损失得到赔偿,是交强险制度的首要目的。而国务院相关政策文件及《关于印发〈职业学校学生实习管理规定〉的通知》第三十五条规定的第一句和第二句,将实习责任保险推行成强制保险制度,其首要目的是保护公众利益,进一步保障实习生在实习过程中的合法权益。二者均涉及对弱势群体的保护——无论是对交通事故受害者还是遭受实习事故或意外的实习生。其目的均含有妥善解决纠纷、及时化解矛盾、促进社会和谐之意。

三、提出司法建议,完善实习强制责任保险制度,更好地发挥实习责任保险特有的社会管理、经济管理职能。

第一,建议将实习责任保险中规定的"公平责任"条款删除。从法源分析角度,《中华人民共和国民法典》(以下简称民法典)自 2021 年 1 月 1 日起施行,其中第一千二百六十条规定民法通则、侵权责任法等同时废止。民法典侵权责任编第二章损害赔偿第一千一百八十六条规定:"受害人和行为人对损害的发生都没有过错的,依照法律的规定由双方分担损失。"该条对原侵权责任法第二十四条作出重大修正,将"可以根据实际情况"修正为"依照法律的规定",从而完全改变了公平分担损失规则的适用机理,将其由一个可以直接适用的一般条款修正为一条具有指引性质的转致规范。③ 上述条款对公平责任原则适用范围进行了缩小,并减小了法官的自由裁量权。民法典中明确公平责任原则的适用范围仅为"依照法律",而实习生责任险中约定公平责任的情形,不在民法典公平责任原则的适用范围中。目前只有相关政策推动实习生强制保险制度,并无相关法律明确规定。保险合同中约定的"公平责任"条款以一个兜底条款的形式存在于实习责任保险中,但该条款与现行民法典有相悖之处。故民法典实施以后,在尚未出台

①　姜强:《交强险的功能定位及其与侵权责任的关系——审理机动车交通事故损害赔偿案件的制度背景》,《法律适用》2013 年第 1 期。

②　张力毅:《政策性保险之政策目的如何融入司法裁判——以〈交强险条例〉第 1 条的司法适用为中心》,《华东政法大学学报》2016 年第 4 期。

③　郑晓剑:《公平责任、损失分担与民法典的科学性——〈民法典〉第 1186 条之"来龙"与"去脉"》,《法学评论》2022 年第 1 期。

相关法律规定前,实习责任保险中"公平责任"相关条款应该避免"公平责任"的提法。从保险性质角度分析,责任保险的理赔原则主要是被保险人造成第三方损失且承担民事赔偿责任,保险人才予以理赔。而保险合同中"公平责任"条款约定的赔偿情形并不以被保险人有责任为前提,该条款实质为无责赔付条款。删除这一条款,可使得实习责任保险回归严格的责任保险范畴。从实际操作角度,在实习责任保险条款中的"公平责任"条款尚未明确具体赔偿比例的情况下,在司法实践中可能因此出现裁判尺度不统一、自由裁量权过大以及不能及时为受害人提供有效的救济的问题。而本条款的制定目的在于约定实习生实习期间发生意外时校方无责情况下的赔付,此条款的制定目的实际也可由其他附加险实现。综上所述,建议删除实习责任保险中规定的"公平责任"条款。

第二,建议投保人另行为实习生购买附加团体意外伤害保险。从社会角度分析,该附加团体意外伤害保险,不同于一般的团体意外险,而是作为实习强制责任保险制度的一部分,响应相关政策文件精神,强调基本保障功能及填补功能,有利于保护公众利益,进一步保护实习生实习安全。从实习生的角度分析,附加团体意外伤害保险能够填补原有合同中笼统的"公平责任"条款无法为学生提供及时、明确赔付的缺陷。就本案而言,学生在实习期间发生意外事故,被保险人不承担责任的情况下,易对赔付金额产生纠纷。而意外伤害险属人身保险,既无须区分责任也不必遵循财产险的填平原则,发生事故后可有效避免纠纷的产生,最大化保障实习生权益。从被保险人的角度分析,实习强制责任保险制度正由教育部等相关部委推进,借助科学合理的精算方法,辅之以客观公正的监管机制,则能够将实习责任保险与包含附加团体意外伤害险在内的所有附加险的保费及保险限额进行科学分配,故不会加重被保险人的经济负担。

保险合同解除中不可抗辩条款的理解与适用

储翔昱*

[摘　要]　本案系投保人未履行如实告知义务,于保险合同成立2年后申请理赔遭拒引发的纠纷。人身保险中被保险人的健康状况对于保险人是否承保以及保费的多少具有决定性影响,因此,投保人对于被保险人之身体健康状况负有向保险人如实告知义务。为防止当事人的权利义务长期处于不确定状态,现行《中华人民共和国保险法》在第十六条第三款规定了不可抗辩期间条款,防止保险人任意以投保人违反如实告知义务为由拒绝赔偿。但现实中,一些保险事故发生在保险合同成立后2年之内,被保险人或受益人故意在2年后才申请理赔;或者保险合同订立时事故已发生,保险合同成立2年后,被保险人或受益人以可抗辩期已过为由,要求保险人对该项隐瞒的事故进行赔偿或给付保险金等。此类情形有违保险制度中对价平衡和诚信原则,也与公正诚信的社会主义核心价值观相悖。在保护投保人、受益人和保险人的合法权益之间找到平衡点,同时遏制投保人通过隐瞒事实滥用不可抗辩条款等不诚信行为,本案在现有《中华人民共和国保险法》的规范体系内,通过合理解释不可抗辩条款的适用范围予以判决,既符合法理,亦避免了未适用《中华人民共和国保险法》第十六条第三款的质疑,还弘扬了公正诚信的社会主义核心价值观。

[关键词]　保险合同;如实告知;解除;不可抗辩;诚信

【裁判要旨】

保险合同订立时事故已发生,投保人就此向保险人作了不实告知,保险合同成立2年后,被保险人或受益人以可抗辩期已过为由,要求保险人对该项隐瞒的事故进行赔偿或者给付保险金的,人民法院不予支持。被保险人由于前述事故之外的其他原因发生新的保险责任范围内的事故,该保险事故发生在保险合同成立2年后的,保险人应当依据保险合同的约定赔偿或者给付保险金;保险事故发生在保险合同成立后2年之内,被保险人或受益人在2年后申请理赔,存在解除保险合同事由的,保险人可以解除保险合同。

【案件索引】

一审:江苏省连云港市海州区人民法院(2020)苏0706民初2033号(2020年11月13日)

---

*　储翔昱,江苏省高级人民法院法官。

二审:江苏省连云港市中级人民法院(2021)苏 07 民终 253 号(2021 年 4 月 7 日)

再审:江苏省高级人民法院(2021)苏民申 5899 号(2022 年 6 月 7 日)

【基本案情】

于某一审诉称:2018 年 4 月 3 日,于某为其子于小某向中国人寿保险股份有限公司连云港市分公司(以下简称人寿保险公司)投保,交纳了保险费。2018 年 4 月 15 日、4 月 30 日,于小某两次入院,出院诊断为癫痫、先天性脑发育不全、肺炎等病症。2020 年 4 月 27 日,于某向人寿保险公司申请理赔。2020 年 6 月 2 日,人寿保险公司向于某邮寄送达《解除保险合同通知书》,解除合同的理由是于某在投保时未履行如实告知义务。于某遂请求法院判令:① 人寿保险公司赔付保险金 30 万元;② 承担本案诉讼费用。

人寿保险公司一审辩称:① 于某故意隐瞒被保险人既往病史,足以影响人寿保险公司决定是否同意承保。人寿保险公司在得知上述情况后,已经依法解除了双方的保险合同关系,于某无权要求人寿保险公司承担赔偿责任。② 即使法院认定于某不存在未如实告知的情形,因被保险人首次发病时间为签订保险合同后 180 日内,按照保险条款的约定,人寿保险公司赔偿限额也仅为涉案保险合同的保险费用,于某无权要求人寿保险公司赔偿 30 万元保险金。但本案系于某故意不履行如实告知义务,导致保险合同解除,人寿保险公司不应退还保费。

经审理查明:于某次子于小某出生于 2018 年 2 月 24 日。2018 年 3 月 1 日,于小某因患新生儿高胆红素血症入院治疗,于 2018 年 3 月 16 日出院。出院诊断载明:新生儿高胆红素血症、新生儿脑病。出院情况:治愈。2018 年 4 月 3 日,于某作为投保人,以其次子于小某为被保险人向人寿保险公司投保国寿少儿国寿福终身寿险。2018 年 4 月 15 日、2018 年 4 月 30 日于小某再度两次住院治疗,出院诊断为癫痫、先天性脑发育不全、肺炎等。2020 年 4 月 27 日,于某向人寿保险公司申请理赔。2020 年 6 月 2 日,人寿保险公司向于某邮寄送达《解除保险合同通知书》,解除合同的理由是于某在投保时未履行如实告知义务。《解除保险合同通知书》于 2020 年 6 月 3 日由于某本人签收。

保险合同载明:保险金额为 30 万元。投保人故意或者因重大过失未履行前款规定的如实告知义务,足以影响本公司决定是否同意承保或者提高保险费率的,保险公司有权解除合同。前款规定的合同解除权,自保险公司知道有解除事由之日起,超过 30 日内不行使而消灭。自本合同成立之日起超过 2 年的,本公司不得解除合同;发生保险事故的,保险公司承担给付保险金的责任。投保人故意不履行如实告知义务,对保险事故的发生有严重影响的,保险公司对于合同解除前发生的保险事故,不承担给付保险金的责任,但退还保险费。保险合同对"重大疾病"载明了若干种规范定义,其中包含严重癫痫。附加合同约定被保险人于附加合同生效(或最后复效)之日起 180 日内,首次发生并经确诊的疾病导致被保险人初次发生并经专科医生明确诊断患本附加合同所指的重大疾病(无论一种或多种),附加合同终止,保险公司按照附加合同所交保险费(不计利息)给付重大疾病保险金。保险合同告知事项部分,保险公司预制了若干问题及"是"与

"否"的选项供投保人和被保险人选答。询问事项中包含以下问题,第 6 项症状体征:是否曾患有黄疸? 第 8 项诊疗、检查经历:过去 3 个月内是否接受过医生的诊断、检查和治疗? 过去 1 年内的健康体检是否有异常? 过去 5 年内是否因疾病或受伤住院或手术? 被保险人、投保人勾选的答案均为"否"。《电子投保确认单》尾部的投保人签名、被保险人/法定监护人签名处均有于某签名。保险公司在对于某进行电话回访时,于某表示确认电子投保确认单上的签名是其本人签署,确认已阅读并了解投保提示,对保险责任中的责任免除与保险期间都知道。于某、人寿保险公司一致确认于某向人寿保险公司交纳保险费 4052.43 元。

【裁判结果】

江苏省连云港市海州区人民法院于 2020 年 11 月 13 日作出(2020)苏 0706 民初 2033 号民事判决:驳回于某的诉讼请求;案件受理费由于某负担。宣判后,于某提出上诉。江苏省连云港市中级人民法院于 2021 年 4 月 7 日作出(2021)苏 07 民终 253 号民事判决,判决驳回上诉、维持原判。于某申请再审,江苏省高级人民法院于 2022 年 6 月 7 日以同样的事实作出(2021)苏民申 5899 号民事裁定,裁定驳回于某的再审申请。

【裁判理由】

一、于某在为被保险人于小某投保时未履行如实告知义务,且于某为故意不履行如实告知义务。于小某在投保前因患新生儿高胆红素血症、新生儿脑病住院治疗 15 天。但是于某在投保时,对于《电子投保单(个人长险)》告知事项部分,于小某是否曾患有黄疸、过去 3 个月内是否接受过医生的诊断、检查和治疗、过去 1 年内的健康体检是否有异常、过去 5 年内是否因疾病或受伤住院或手术的询问,均作出了否定的回答。且于某在合同签订后,人寿保险公司的电话回访中明确认可《电子投保确认单》上的签名是其本人所签,确认已阅读并了解投保提示,对保险责任中的责任免除与保险期间都知道。此外,于某还为其长子在太平洋保险公司以及人寿保险公司投保过保险,其应当知晓投保时投保人的如实告知义务。于某在明知于小某自身身体症状、既往病史的情况下,作出了不符合事实的陈述,并就以上问题签署了《电子投保确认单》。《最高人民法院关于适用〈中华人民共和国保险法〉若干问题的解释(二)》第三条第二款规定:"保险人或者保险人的代理人代为填写保险单证后经投保人签字或者盖章确认的,代为填写的内容视为投保人的真实意思表示。"因此,即使投保书中的告知事项并非由于某勾选,但经过于某签字确认后,该填写的内容也应当视为于某的真实意思表示,对其具有约束力。据此,可以认定于某在投保时故意不履行如实告知义务。于某虽然对《电子投保确认单》中投保人处"于某"签名的真实性提出异议,但其确认了《电子投保确认单》上被保险人/法定监护人签名处是其签署,投保人处签名是否为于某签名,并不影响于某对《电子投保确认单》已经确认。

二、于某故意不履行如实告知义务,保险公司有权解除合同,并不承担给付保险金的责任。《中华人民共和国保险法》(以下简称保险法)第十六条第二款规定:"投保人故意或者因重大过失未履行前款规定的如实告知义务,足以影响保险人决定是否同意承保或者提高保险费率的,保险人有权解除合同。"第十六条第四款规定:"投保人故意不履行如实告知义务的,保险人对于合同解除前发生的保险事故,不承担赔偿或者给付保险金的责任,并不退还保险费。"由于于某在投保时故意不履行如实告知义务,且未如实告知事项足以影响保险公司决定是否承保或者提高保险费。因此,本案中,人寿保险公司有权解除其与某签订的保险合同,对该保险合同解除前发生的保险事故不承担给付保险金的责任,并不退还保险费。

三、人寿保险公司行使合同解除权未超过法定期限,保险合同已解除。保险法第十六条第三款规定:"前款规定的合同解除权,自保险人知道有解除事由之日起,超过30日不行使而消灭。自合同成立之日起超过2年的,保险人不得解除合同;发生保险事故的,保险人应当承担赔偿或者给付保险金的责任。"首先,根据该规定,30日期限的起算点是保险公司知道有解除事由之日。本案中,于某未举证证实人寿保险公司在其提起诉讼前即得知于某在投保时未履行如实告知义务。于某于2020年4月27日填写的《理赔申请书》也不足以证实人寿保险公司在此时得知于某在投保时未履行如实告知义务。人寿保险公司在于某起诉时才得知于小某在投保前就已经因为患病住院治疗,人寿保险公司在得知投保人于某未如实履行告知义务之日起30日内作出解除保险合同的理赔决定并将该理赔决定通知书寄给于某,行使合同解除权并未超过法定的期限,合法有效。于某辩称其未收到该《解除保险合同通知书》,与事实不符,不予采信。其次,虽然本案保险合同于2018年4月3日成立时起至2020年6月3日于某收到人寿保险公司发出的《解除保险合同通知书》时止已超过2年,但是人寿保险公司也有权解除合同。根据于小某的历次病历资料可以看出,本案保险合同成立之前已发生了与涉案保险事故有直接因果关系的事实,随后于某再投保,该行为违反了保险合同当事人行使权利、履行义务应当遵循的诚实信用原则,且2年不可抗辩期间适用的前提是保险合同成立2年后新发生的保险事故,而本案保险事故发生在保险合同成立2年之内,因此,人寿保险公司有权拒绝给付保险金。

【案例注解】

保险法为平衡保险人和投保人之间的利益,规定了不可抗辩期条款。但随着我国保险业的快速发展,投保人在投保时未履行如实告知义务,于保险合同成立2年后申请理赔的案件屡见不鲜。此类有违诚信的行为,不应获得司法支持,可通过对履行如实告知义务、解除合同、不可抗辩条款进行目的解释等方式合理适用,避免投保人通过不诚信行为获益。

一、保险合同解除的法律规定和理论基础

作为双务有偿合同,保险合同的成立需要投保人在投保时履行如实告知义务,保险人根据投保人的陈述情况决定是否承保以及如何收取保险费,最大诚信原则和对价平衡原则贯穿这个过程。

为保证投保人和保险人的权益,保险法规定双方对保险合同都享有解除权,但考虑到保险合同的高度专业性导致投保人相对处于弱势地位,对两者行使解除权作了不同规定,投保人在保险合同成立后可随时解除合同,而保险人原则上不得解除合同,除非保险法另有规定或保险合同另有约定。保险法对保险人行使合同解除权的条件主要规定为投保人违反如实告知义务,但同时为了防止保险人滥用合同解除权,对其行使合同解除权还规定了不可抗辩期间,即自保险人知道解除事由之日起超过 30 日,或者保险合同成立之日起超过 2 年的,保险人不得解除保险合同。同时还通过司法解释规定,即便投保人未履行如实告知义务,保险人亦须先解除合同方能拒赔。

在一个保险合同中,保险人信赖的是投保人告知的保险条款相关信息及风险事故的真实性,投保人信赖的是保险人赔付的可得性和有效性。一个获得现实的保费利益,一个获得对未来风险的保障,通过保险合同达到互利共赢的效果。保险法对双方信赖利益的保护强度并不一样,对保险人的合同解除权设置了较高门槛,主要是因为保险人和投保人实质地位不对等。不可抗辩条款对保险人法定解除权作出限制,是基于法律对利益平衡的考虑。如果在保险合同生效期间内,保险人已知投保人违反某种能够导致合同解除的义务却未采取任何行动,那么可以相信投保人对该保险合同的期待是合理的,对合理期待的立法评价的结果是投保人应当得到法律的保护。其间限制仅仅是手段,而对投保人和被保险人信赖利益的保护是不可抗辩条款的存在意义。

对保险人行使合同解除权的条件进行严格限制,能够防止保险人滥用专业优势行使解除权,从而维护保险合同的稳定性,保护投保人和受益人的利益。但随着我国保险业的发展,投保人的弱势地位日益改善,被保险人或受益人不履行如实告示义务,后以可抗辩期已过为由,要求保险人理赔的案件时有发生。此类行为侵蚀了社会诚信基础,有违社会主义核心价值观,人民法院应通过裁判给予否定性评价,发挥司法的指引功能,树立正确的社会价值观。

二、保险合同解除的法律适用分析

对投保人以可抗辩期已过为由,要求保险人对隐瞒的事故进行赔偿或者给付保险金,人民法院应着重审理以下三个方面:

(一)投保人是否如实告知

如实告知义务,是指在订立保险合同时,投保人应当将有关保险标的的重要事项向保险人做出如实陈述的义务。履行方式,目前国际上有自动申告主义和询问告知主义。①

---

① 自动申告主义指投保人应当告知的事项,不管确知与否,都应当告知保险人,且告知的事项应当与客观事实相符,以便保险人根据其告知内容,对保险风险进行评估。询问告知主义指投保人仅在保险人询问时才承担如实告知义务,且其告知内容以保险人询问内容为限。

根据我国保险法第十六条以及《最高人民法院关于适用〈中华人民共和国保险法〉若干问题的解释(二)》[以下简称《司法解释(二)》]第五条和第六条,我国采用的是询问告知主义方式。保险法第十六条首先从正面规定了投保人如实告知的义务范围以保险人询问范围为限,然后又从反面规定投保人因故意或重大过失未履行如实告知义务的事项,是足以影响保险人决定是否同意承保或者提高保险费率的内容。《司法解释(二)》第五条肯定了询问主义,第六条认为概括性的条款不属于投保人如实告知的范围,第十一条、第十二条则规定,保险人的说明告知义务允许以口头或者网页、音频、视频等多种形式履行,只要保险人的询问达到明确清晰即可。因此,判断投保人是否履行如实告知义务的标准主要是:① 投保人对保险人的询问主观上存在不告知或不如实告知的故意或重大过失。对于主观过错的认定,首先应当从事实判断的角度,即投保人存在不履行或不如实履行告知的行为,然后再结合投保人不告知或不如实告知的事项,考虑其对保险人决定是否承保以及保险费的收取、保险事故发生的直接必然性进行判断。② 投保人未告知事项客观上达到了一定的危险程度。即投保人应当如实告知事实应为保险标的的重要事实,该事实可能影响保险人决定是否同意承保;该事实可能影响保险人提高保险费率;该事实对保险人决定是否承保或提高保险费率造成的影响足够大。总结各国关于投保人违反如实告知义务的法律后果,主要有无效主义、解除主义和折中主义三种。根据我国保险法第十六条的规定,我国对违反如实告知义务的法律后果采解除主义,而且根据投保人主观意识的不同,在承担保险责任和退还保险费上作出了区别。本案中,保险人对被保险人是否曾患有疾病的类型以列举的方式进行了询问,于某作为投保人,对被保险人曾患有的疾病以勾选否的方式进行了否定性回答,可以认定其主观上具有不如实告知的故意,客观上进行了不如实告知的行为,而该行为对保险人是否承保或提高保费会产生直接的影响,故可以认定其故意不如实履行告知义务。

(二)保险合同是否可以解除

保险合同解除指保险合同当事人在保险合同成立后,因法定或约定的条件具备时,依一方或双方当事人的意思表示,使合同归于无效的法律行为。① 保险合同解除关系到保险合同对当事人的信赖利益保护。信赖利益的产生建立在诚实信用基础上。审理过程中主要考察解除的实质要件、时间要件、程序要件和同时具有解除权时的优先性四个方面。首先,保险人解除保险合同的实质要件为投保人未履行如实告知义务。其次,保险人解除保险合同的时间要件为知道有解除事由之日起不超过 30 日,对于"知道有解除事由之日"的认定,是收到理赔申请之日,还是调查确知有解除事由之日,还是一方起诉之日,应根据具体情况认定,以确知有解除事由之日为准,由法院根据案情和双方举证确认。再次,解除合同应以通知方式提出,依据为保险法第五十八条和第四十七条,但以何种方式履行通知义务,保险法及其司法解释均未明确规定。在此情形下,应

---

① 傅廷中:《保险法论》,清华大学出版社 2011 年版,第 47 页。

适用《中华人民共和国合同法》(以下简称合同法)有关解除权行使方式的规则,而合同法对此亦未作特别规定,故书面、口头、默示、抗辩等形式应都可构成解除的意思表示。在实务中,通过书面方式履行通知义务更易固定证据,也更有利于维护保险合同当事人尤其是投保人的利益,但考虑到保险合同中投保人一方的举证能力及法律意识相对较弱,对保险人行使合同解除权应赋予较严苛的义务,故保险人解除合同需以书面方式通知投保人,投保人解除合同可以书面形式,亦可以口头或诉讼方式。当然,无论哪种方式,举证责任由提出解除方承担。第四,谁具有优先解除权。对于法定解除权,现行保险法中保险人的法定解除条件包括:① 违反如实告知义务(足以影响是否承保或提高费率);② 虚假保险事故(含虚报事故或故意制造事故);③ 标的危险程度显著增加(由于标的转让等原因);④ 违反维护标的安全的义务;⑤ 部分损失赔偿;⑥ 合同效力中止未复效。在第③—⑥项条件下,保险人合同解除权的行使结果都是不赔付保险金,但需退还现金价值或保险费,而投保人行使任意解除权的法律后果也是退还现金价值或保险费。因此,此时双方行使解除权的效果相同,二者不存在冲突。但在第①项和第②项条件下,保险人解除合同的法律后果是"既不赔付保险金也不退还保险费",与投保人行使解除权的效果不同,二者会产生冲突。对于这种投保人和保险人同时主张法定解除权的情况,保险人的解除权应优先行使。理由是:在第①—②项条件下,投保人不如实告知、制造保险事故或谎称保险事故都是出于主观故意,其行使解除权的目的也是获得不当利益,根据"恶意不受法律保护原则",应优先保护保险人的法定解除权。本案中,保险人自于某提起诉讼时,确认其知道有解除事由,在未超过 30 日内以书面通知方式解除合同,符合保险法规定的解除要件。

(三)适用不可抗辩条款应考量的因素

适用不可抗辩条款时主要应考虑利益平衡和诚实守信,其中,诚实守信应作为价值判断的首要选择。为防止保险人滥用合同解除权,保护投保人、被保险人的利益,保险法第十六条第三款规定了不可抗辩期间,即保险合同成立之日起超过 2 年的,保险人不得解除保险合同。从法律性质上分析,不可抗辩条款属于一种实体权利消灭时效(或称除斥期间)的规定,经过一定时间,保险人基于最大诚信原则而享有的解除权或拒赔权消灭。不可抗辩期间在保险人和受益人之间做了适当的平衡,最终目的在于追求保险制度中"对价平衡"及"诚实信用"基本原则的实现。[1] 从法条字面看,不可抗辩条款通常规定在保单签发之日起 2 年后,保险人对保单的有效性不能提出异议,即使投保人在投保时故意违反如实告知义务时也是如此。实务中,对于不可抗辩条款适用的争论主要有两种观点:一种观点认为,当可争议期间届满后,禁止对保单有效性提出任何争议;另一种观点认为,在欺诈、故意违反如实告知义务等情形下,即使可争议期已经结束,也可以对保单的有效性提出争议。因此,对不可抗辩期间的理解和释义,对于不可抗辩条

---

[1]　江朝国:《保险法基础理论》,中国政法大学出版社 2002 年版,第 233 页。

款的正确适用起到至关重要的作用。本案三级法院采用了第二种观点,将保险法第十六条第三款做如下理解,即"保险事故发生在保险合同成立后 2 年期间之内,被保险人或受益人在 2 年后申请理赔,存在解除保险合同事由的,保险人可以解除保险合同。"主要理由如下:① 投保人违反如实告知义务,产生解除合同与拒绝理赔双重法律效果,故保险法第十六条中"保险人不得解除保险合同"与"保险人应当承担保险责任"之间为互文关系,因此"合同成立之日起超过 2 年"与"保险人发生保险事故"这两个时间限定词也应当为互文关系,从合理的文义解释的角度,也能够解读出"保险人发生保险事故应当在保险合同成立之日起超过 2 年之后"的含义。② 限于 2 年内保险事故未发生符合设置 2 年抗辩期间的前提。该设置理论上已包含这样一个前提:如果契约经过 2 年后,仍没有发生保险事故,则几乎可以认定投保人的告知即使有瑕疵,也不足以影响保险人对危险的估计。保险的长期实践证明,投保人在投保时告知瑕疵的影响往往在 2 年内表现出来。① 因此,保险事故若发生于 2 年抗辩期间,则可以从客观上推翻上述不可抗辩条款设立的前提假设。此时,立法规定的 2 年可抗辩期间应自动终止,排除不可抗辩条款之适用,纵使保险人 2 年后才发现投保人未如实告知,仍然可以行使解除权。③ 限于 2 年内保险事故未发生符合不可抗辩条款之意旨。不可抗辩条款之设立,很大原因在于保护受益人对长期性保险合同有效性的合理期待与信赖利益,免除其因时间过长而举证困难,维护契约的实质正义。而当保险事故发生于 2 年可抗辩期内时,一般而言,证明投保人告知义务履行状况之证据并不难寻获,受益人也尚未基于合同效力长期未受质疑而产生合理期待。因此,无须适用不可抗辩条款。④ 限于 2 年内保险事故未发生可防止保险金请求权人故意迟延通知。如果单纯以保险合同成立是否经过 2 年,而不论保险事故是否已发生,来断定保险人解除权之存续,则心怀不轨的保险金请求权人为避免保险人行使解除权,便故意怠于为保险事故发生的通知,迟至保险契约订立经过 2 年,保险人契约解除权已因除斥期间经过而消灭时,始提出保险金的理赔申请,此时保险人对于此类已违反据实说明告知义务之案件,因恶意受益人之隐瞒行为无法行使契约解除权而仍须给付保险金,如此无异是在鼓动保险金请求权人投机取巧而有失公平。② 本案中,因被保险人投保前已经患病,于某在投保时违反如实告知义务,投保后 2 年内再次发生保险事故,故三级法院对保险法第十六条第三款从法规目的解释出发作限缩性解释,即"保险人不得解除合同的前提是自合同成立之日起 2 年后新发生保险事故",不予支持其理赔主张,为真正实现不可抗辩条款的规范意旨,彰显契约实质正义,维护公序良俗,弘扬诚信的社会主义核心价值观作出了良好示范。

但因此也引发了新的质疑,即如果保险事故发生于 2 年不可抗辩期即将届满前,此

---

① 胡立峰:《寿险不可抗辩条款法律问题研究》,梁慧星主编《民商法论丛》,法律出版社 2008 年版,第 583 页。

② 江朝国:《保险法第六十四条据实说明告知义务之探讨》,《江朝国保险法论文集(二)》,我国台湾地区瑞兴图书股份有限公司 1997 年版,第 176 页。

时未如实告知与保险事故的发生之间的因果关系同样较弱，采取上述思路无法对该种情形下的投保人进行保护。我们认为，未如实告知的投保人本身就存在隐瞒相关保险事实的过错，除非所隐瞒的保险事实明确与保险事故的发生没有因果关系，否则应当令此类投保人承担相应责任。两年的不可抗辩期是平衡保险人与投保人之间利益的工具，处于公平临界点上的投保人存在确定的过错，法院还是应当倾向于对其不诚信的投保行为予以负面评价。从法律经济的角度来看，也无特别区分出此类案件并施加保护的必要。因此，严格以保险事故发生于合同签订 2 年后为适用不可抗辩期的前提，总体上符合公平、效率的要求。

三、结语：司法裁判对社会诚信的维护

不可抗辩条款的出现是为了保护被保险人、受益人的信赖利益及合理期待，而不是为违背社会公序良俗及诚实信用的行为提供保护伞，且这种信赖利益及合理期待一般不涉及保险关系外的善意第三人，所以不可抗辩条款必须有其容忍的限度，一般的漏告与过失误告，其可以随着时间的经过而被原谅，可以列入准用不可抗辩条款的范围，而一些主观恶意明显的行为如欺诈等则不应适用不可抗辩条款的规定。人民法院在面对不诚信的社会行为时，应通过能动解释现有法律条文，实现投保人和保险人之间的利益平衡，并积极发挥司法裁判的指引功能，树立诚信的社会价值观。

监管与合规问题研究

保险业行政监管措施的比较研究

吕丹丹　梁艳东*

一、引　言

　　随着我国保险业的快速发展,行业监管也不断出现新的考验,从银保监会官网上公示的监管处罚信息来看,近年来行政监管措施数量多,覆盖机构广泛。行政监管措施兼具金融法与行政法属性,作为保险行业中的基础概念,没有统一的立法规范其内涵,相应的程序规范也还处于立法空白的状态。2022 年 5 月,全国人大常委会发布2022 年度立法工作计划,将《中华人民共和国保险法》(以下简称保险法)作为预备审议项目。本文立足于保险行业监管实务情况,结合域外保险业监管的法律规范,尝试探讨进一步完善我国保险业行政监管措施立法体系的思路和方向,希望能为我国保险监管立法的完善贡献一点微薄的力量。

二、金融业行政监管措施的概念

(一)金融行政监管的含义

　　厘清行政监管措施的概念,核心是要明确何为行政监管,目前尚无明确的立法或官方界定。笔者经梳理发现,相关学者对行政监管措施的理解主要有以下几种:学者马英娟对(行政)监管的定义为"监管应理解为政府行政机构在市场机制的框架内,为矫正市场失灵,基于法律对市场主体的经济活动以及伴随其经济活动而产生的社会问题进行的微观层面上的干预和控制活动"[①];中国银监会马晓光先生在《依法行使监管者正式权力:实施有效银行监管的保障》一文中指出,"银行监管者的权力不是与生俱来的,它是由国家以法及法律的形式,赋予监管者针对被监管对象(包括机构和个人)的具体行

---

　　*　吕丹丹、梁艳东:中国平安财产保险股份有限公司法律合规部。
　　①　马英娟:《监管的语义辨析》,《法学杂志》2005 年第 5 期,第 111 - 114 页。

为,按照法定程序可以采取的一系列的纠正措施和强制措施的权力"①;学者陈思明认为,行政监管是依法享有行政职权的行政主体依照法律规定,规制行政相对方(多为企事业单位)权利或义务的行政权力的统称。② 三位学者对监管的定义,都揭示了行政监管的最大特点,即权力的来源为"国家以法律的形式赋予"。因此,金融行政监管通常可以理解为在金融领域依法享有行政职权的主体依照法律规定,规制金融机构权利或义务的行政权力的总称。

近年来,我国金融行政监管机制在摸索中逐渐成熟。2018 年 4 月 8 日,中国银行保险监督管理委员会(简称银保监会)成立,在组织框架、监管范围、监管内容、监管程序上均有重大的调整,我国金融监管体制由"一行三会"变更为"一行两会"(中国人民银行与银保监会、证监会)的体制,明确了相关机构各自宏微观审慎监管职责,结合功能监管,从而防范系统性金融风险。③

(二)我国金融业监管措施的法律渊源

"行政监管措施"并非立法语言,在我国法律法规中没有直接出现这一用语。追根溯源,在金融业立法之初,即已出现了此类既不同于行政处罚也不同于行政强制措施的行政监管措施。1995 年 5 月制定的《中华人民共和国商业银行法》中,首次规定了包括责令改正、责令停业整顿、接管和撤销等少量监管措施。④ 1995 年 10 月制定的保险法规定了责令提取或者结转各项准备金、责令办理再保险、整顿、停止新业务、调整资金运用、调整负责人等十余项监管措施。⑤ 1998 年制定的《中华人民共和国证券法》(以下简称政券法)也规定了询问、检查、调查、封存文件和资料等监管措施。

此后,在我国金融业立法和修法的进程中,行政监管措施的类型、适用范围都不断增加、扩大。2002 年修订的保险法在监管措施方面增加了"限制业务范围",2003 年 12 月制定的《中华人民共和国银行业监督管理法》大幅度增加了行政监管措施,2005 年修订的证券法、2009 年修订的保险法更是大幅度地增加了 12 项监管措施。此外,在证券规章和证券监管实践中,监管机构也引进和发展了不少监管措施。

2001 年,中国人民银行在唐智勇案中的《行政复议决定书》中首次提出"金融监管

---

① 马晓光:《依法行使监管者正式权力:实施有效银行监管的保障》,《国际金融报》2004 年 11 月 24 日。
② 陈思明:《行政监管主体的若干问题思考》,《法制与社会》2010 年总第 36 期,第 148-151 页。
③ 危钊强:《美国经验对我国金融监管体制改革的启示——以宝万股权之争为切入点》,《山西财政税务专科学校学报》2017 年第 4 期,第 24-30 页。
④ 《中华人民共和国商业银行法》(1995)第六十四条、第六十五条、第六十六条、第六十七条、第六十八条、第七十四条、第七十五条、第七十七条、第七十八条。
⑤ 《中华人民共和国保险法》(1995)第一百零七条、第一百零八条、第一百零九条、第一百一十一条、第一百一十三条。

措施"的概念①,可以说,此类行政监管措施一定程度上才有了官方冠名。案涉《行政复议决定书》载明,"取消金融机构高级管理人员任职资格"仅是一项"金融监管措施",不是行政处罚,将"金融监管措施"与行政处罚明确区别。2002年中国证监会在《进一步完善中国证券监管管理委员会行政处罚体制的通知》中又提到一个"非行政处罚性监管措施"概念,"行政处罚委员会认为违法行为不成立或虽构成违法但依法不予处罚,应当采取非行政处罚性监管措施的,由法律部根据行政处罚委员会的《审理意见》交由有关部室处理"。此处的"非行政处罚性监管措施"也强调了非行政处罚的属性,与"金融监管措施"的内涵别无二致。

2011年,《中华人民共和国行政强制法》(以下简称行政强制法)出台,行政强制法第三条使用了"金融业审慎监管措施"的概念,"行政机关采取金融业审慎监管措施、进出境货物强制性技术监控措施,依照有关法律、行政法规的规定执行",似乎将金融业审慎监管措施排除在行政强制法的适用范围之外。行政强制法的"官方学理解释"列明的审慎监管措施包括限制分红、限制资产转让、限制股东转让股权、阻止直接责任人员出境和禁止其处分财产。② 这意味着金融业审慎监管措施也被排除在行政强制的范畴之外。

综上所述,在我国金融业立法之初,行政监管措施即已存在于银行、保险、证券等专门法之中,但始终没能在立法层面正式提出一个法定概念或厘清其性质。此后陆续出现在各类文件中的词汇,无论是金融监管措施、非行政处罚性监管措施还是金融业审慎监管措施,实际上都指向同一类监管措施,着重强调该类监管措施在性质上与行政处罚、行政强制相区别,程序上不适用行政处罚。因此,虽然行政监管措施的法律属性不明确,但是,它始终存在于我国金融业立法之中,实际指代的即为金融监管主体依照法律规定,规制金融机构权利或义务的行政措施。

二、保险业行政监管措施概况

(一)保险业行政监管措施的范围

"行政监管措施"在保险业的监管实务中是一个十分常见的概念。在银保监会官方网站的监管处罚公示区域,也直接使用了"行政监管措施"这一概念。

---

① 2001年12月,中国人民银行向全国各金融机构下发文件(银发〔2001〕403号),取消华夏银行广州分行珠江支行行长唐智勇的金融机构高级管理人员任职资格5年。唐智勇认为,取消任职资格的行为属于行政处罚,但作出该处罚未听取其陈述和辩解,未向其送达处罚决定书,违反《行政处罚法》,于2002年1月向中国人民银行提起行政复议。中国人民银行就此作出的《行政复议决定书》〔(银)复决字(2002)第5号〕维持原处罚决定。该《行政复议决定书》称"取消金融机构高级管理人员任职资格"仅是一项"金融监管措施",不是行政处罚。

② 信春鹰:《中华人民共和国行政强制法释义》,法律出版社2011年版,第17页;袁曙宏:《行政强制法教程》,中国法制出版社2011年版,第13页。

保险业行政监管措施的法律授权源于保险法第六章第一百三十三条的规定,"保险监督管理机构依照本法和国务院规定的职责,遵循依法、公开、公正的原则,对保险业实施监督管理,维护保险市场秩序,保护投保人、被保险人和受益人的合法权益",明确授予银保监会对保险业实施监督管理的权力。保险法第六章列明了监管机关可以对保险机构实施监督管理的各类情形和各种措施,监管部门可以根据实际风险状况,对违法违规的银行保险机构采取不同监督管理措施,包括法律后果较重、对相对人权益影响较大的责令停止新业务、监管整顿、接管,也包括法律后果较轻、对相对人权益影响较小的问题条款责令停止使用、限期修改,以及法律后果轻微、对相对人权益影响小的监管谈话。从监管措施的类别上看,保险法第六章既有行政处罚性质的规范,又有其他监督管理措施,因此,从立法原意看,保险业行政监管措施的范围应为《保险法》第六章所规范的全部监督管理措施。

（二）保险业行政监管措施的种类

保险法第六章共规范了至少 19 项监管措施,分别体现在保险法第一百三十六条、第一百三十八条、第一百三十九条、第一百四十四条、第一百五十二条等。

结合我国现行《中华人民共和国行政处罚法》(以下简称行政处罚法)的规定[①],行政处罚可以分为:人身罚(行政拘留)、资格罚(暂扣许可证件、降低资质等级、吊销许可证件)、行为罚(责令关闭、责令停产停业、限制开展生产经营活动、限制从业)、财产罚(罚款、没收违法所得、没收非法财物)、申诫罚(警告、通报批评)共五大类。笔者认为,保险法第六章所规范的 18 项监管措施中一部分与行政处罚类型具有相同属性,为行文方便,笔者将这 19 项监管措施区分为"行政处罚类监管措施"和"一般监管措施"。

具体而言,保险法第六章中的"行政处罚类监管措施"有 9 项,包括:限制增设分支机构、责令停止接受新业务、禁止申报新的保险条款和保险费率、限制固定资产购置或经营费用规模、责令拍卖不良资产、转让保险业务、整顿公司、接管公司、撤销清算,前 8 项监管措施内容上都是不同程度地限制保险公司开展业务或扩大规模,应当属于限制开展生产经营活动的行为罚;撤销清算则是使保险公司失去营业资格并清算注销,本质上属于吊销许可证件的资格罚。其余的 10 项为"一般监管措施",包括:责令停止使用费率、责令增加资本金、责令办理再保险、责令调整负责人及有关管理人员、限制向股东分红、限制资金运用的形式及比例、限制董监高薪酬水平、限制商业性广告、责令限期改正、监管谈话,虽然也存在不同程度的强制性,但不具有行政处罚法所规范的行政处罚行为的典型特征。

---

① 《中华人民共和国行政处罚法》(2021 年修订)第九条:"(一)警告、通报批评;(二)罚款、没收违法所得、没收非法财物;(三)暂扣许可证件、降低资质等级、吊销许可证件;(四)限制开展生产经营活动、责令停产停业、责令关闭、限制从业;(五)行政拘留;(六)法律、行政法规规定的其他行政处罚。"

（三）保险业行政监管措施的实施现状

近年来，我国保险行业持续呈现从严监管态势。根据普华永道发布的《2022 年 2 季度保险行业监管处罚及政策动态分析》①，2022 年上半年，银保监会全系统发布罚单约 1100 张，同比增幅约 15%，处罚金额约 1.28 亿元。从历年银保监会发布的《政府信息公开工作年度报告》来看，2019 年以来行政处罚数量分别为 4517 件、6178 件、6884 件，呈现逐年上升趋势，制定新的规章及规范性文件数量分别为 166 部、214 部、229 部。

由于行政监管措施不属于行政处罚，不在《政府信息公开条例》所规范的主动公开事项范围内，银保监会未在报告中披露采取行政监管措施的数量，但从近年来监管力度不断加强、监管尺度细化的趋势来看，行政监管措施作为重要的监管手段，也必然越来越重要。在现行保险监管体制下，行政监管措施是一种较常见的监管手段，但立法层面的缺失，导致实务中存在以下几方面的问题：

1. 行政监管措施无明确的法律地位

承前文所述，我国现行法律法规中并不存在行政监管措施这一概念，但在保险业监管实务中却是基础概念。银保监会官方也直接使用"行政监管措施"以区别"行政处罚"。但囿于行政监管措施在我国现行的法律框架下无清晰定位，其内涵和外延无法明确，其所适用的法律规范就不确定。"行政监管措施"如何理解和定位，在学术界也存在不同观点，有学者认为应当将其安顿在行政法的框架下，有的学者认为行政监管措施与具体行政行为属于不同的逻辑类型和话语体系，难以作为行政法的概念。因此，通过立法明确行政监管措施的概念、性质、范围是十分必要的，确定行政监管措施的法律地位，也有助于进一步规范法律适用等一系列问题。

2. 行政监管措施暂无实施程序相关立法

在我国法律层面上，还未出台对行政监管措施实施程序的相关立法。近两年来为规范行政处罚的适用，银保监会、证监会纷纷出台了部门规章，如 2020 年 8 月银保监会发布了《中国银保监会行政处罚办法》（以下简称《处罚办法》），2021 年 7 月证监会发布了《证券期货违法行为行政处罚办法》，两部规章都是依据行政处罚法制定的，明确了银行保险业、证券行业行政处罚的类型、范围以及适用程序，旨在将监督管理措施中具有行政处罚性质的行为单独规制，一定程度上规范了行政监管措施的实施程序。

从内容上看，《处罚办法》对监管机构实施行政处罚行为的程序作出了全面规范，一个行政处罚行为的作出需要经过立案调查、取证、移送行政处罚委员会审理并形成审理报告、提交行政处罚委员会审议、权利告知、听取陈述申辩或举行听证、决定送达与执行

---

① 普华永道：《2022 年 2 季度保险行业监管处罚及政策动态分析》，普华永道官网，https://www.pwccn.com/zh/industries/financial-services/insurance/publications/analysis-regulatory-penalties-insurance-2022q2.html。

等。但是,上述《处罚办法》并不适用于行政监管措施①,实务中行政监管措施通常以监管部门下发行政监管措施决定书或监管函的形式作出,具体实施程序在立法上是空白的,在决策和实施的程序上也缺乏类似规范性文件。

虽然行政监管措施决定书和监管函的实施均无程序性规范,但从实际执行的情况来看,二者在具体实施程序上也存在一些差异。笔者通过公开访问银保监会官网,发现在 2019 年以前监管函为主要载体,2019 年之后公示的则只有行政监管措施决定书,但据了解,实务中行政监管措施决定书尚未完全取代监管函。总体而言,行政监管措施决定书较监管函在程序规范方面更为明确,行政监管措施决定书设置了一定的事前告知与事后救济程序。监管部门在下发行政监管措施决定书之前,会先向当事人发出一份行政监管措施事先告知书,该告知书内容一般包括拟作出监管措施的事实和理由,同时告知当事人可以在给定的期间内发表陈述申辩意见。同时,在行政监管措施决定书作出时,也在文书中载明了当事人有权提起复议或诉讼。监管函的实施程序则相对简单,大多数调查发现问题后即下达监管函,相关行政监管措施即立刻生效执行,无统一明确的执行规则及程序性规范。

尽管现行法律规范未给予行政监管措施清晰的法律定位,但行政监管措施本身也具有强制性,具备限制人身权和财产权的功能。部分行政监管措施的严厉性及对当事人造成的权益减损并不亚于行政处罚的影响。因此,通过立法明确规范其实施程序是十分必要的。

3. 行政监管措施相对人的权利救济缺乏成文规范

我国在立法上没有对行政监管措施的救济程序进行规范,但实务中以行政监管措施决定书形式作出的行政监管措施,仍然参照了行政处罚的救济路径,给予了当事人陈述申辩的权利,并告知了当事人提起复议和诉讼的路径。但较行政处罚所赋予当事人的法定救济程序而言,其实施程序没有成文的程序性规范,一般由监管部门酌定相应的陈述申辩期限为 3 个工作日左右,低于我国一般程序救济立法的 7—15 日的答辩期间。实际上,要求被实施监管措施的相对人在 3 个工作日内形成陈述申辩材料确实有些紧迫,可能会造成当事人客观上无法在期限内形成申辩材料而不得已放弃此项权利。退一步讲,此处当事人的陈述申辩权并非依法取得的,而是监管部门出于执法公平的考量,酌定赋予当事人的权利本身可能也具有不稳定性。

因此,在没有清晰程序救济的立法规范下,行政监管措施为当事人提供的事前、事

---

① 《中国银保监会行政处罚办法》第三条:"本办法所指的行政处罚包括:(一)警告;(二)罚款;(三)没收违法所得;(四)责令停业整顿;(五)吊销金融业务许可证;(六)取消、撤销任职资格;(七)限制保险业机构业务范围;(八)责令保险业机构停止接受新业务;(九)撤销外国银行代表处、撤销外国保险机构驻华代表机构;(十)要求撤换外国银行首席代表、责令撤换外国保险机构驻华代表机构的首席代表;(十一)禁止从事银行业工作或者禁止进入保险业;(十二)法律、行政法规规定的其他行政处罚。"

后救济的实际效果有限,当事人的权利也没有在立法上得到稳定的保障。

4. 行政监管措施裁量基准缺少规范

在监督管理过程中,监管部门依据自身判断对法律法规理解和适用,属于其行使自由裁量权的范畴。2022 年 8 月 17 日,国务院发布《关于进一步规范行政裁量权基准制定和管理工作的意见》,提出规范行政裁量权基准制定和管理,对保障法律、法规、规章有效实施,规范行政执法行为,维护社会公平正义具有重要意义。要求行政机关要依法合理细化具体情节、量化罚款幅度,并提出到 2023 年底前,我国行政裁量权基准制度普遍建立的工作目标。① 近年来,各部门先后出台了规范自由裁量权的实施办法、意见或标准,不断加强制度建设,细化量化行政裁量权,执法能力和水平有了较大提高。

从保险业监管实务中看,不排除存在相同违规行为被采取不同的监管措施或同一问题被不同的监管机构分别采取不同的行政处罚或监管措施的情况。统一执法尺度、明确行政监管措施与行政处罚措施的界限及适用范畴,至关重要。

三、域外保险业监管立法比较

各国依据自身的经济、政治、历史、文化及国情,选取了各自对应的金融监管模式,各国监管模式及设置虽各有差异,但都以兼顾监管效率与安全作为基本诉求。保险业监管与金融业整体行政监管紧密相连,是金融行政监管的一个重要组成部分。下文对域外金融业行政监管的具体措施和程序进行梳理,了解目前法国、德国的保险监管形态。

鉴于各国立法体例不一,就监管措施的实施程序而言,有的国家在行政法层面进行规范,如按照德国《行政程序法》,无须严格区分行政处罚行为与其他行政监管行为,其实施程序统一适用《行政程序法》;有的国家在金融立法层面对监管措施(包括行政处罚)的实施程序进行规范,如《法国金融及货币法》,除实体规范外,还明确了保险业监管措施(包括行政处罚)的具体实施程序。因此,为全面理解域外保险业监管的立法情况,本小节介绍的监管措施不仅包括非行政处罚性质的措施,也包括行政处罚类的措施。

(一)法国保险业的监管措施

法国金融市场管理局(AMF,全称 Autorité des Marchés Financiers,)和审慎监督管理局(ACPR,全称 Prudential Supervisory Authority and Resolution)是法国的主要金融监管机构。根据《法国金融及货币法》(FFMC)的规定,保险业以及银行业由审慎监管及行动局(ACPR,全称 Prudential Supervisory Authority and Resolution)进行监

---

① 国务院办公厅:《国务院办公厅关于进一步规范行政裁量权基准制定和管理工作的意见》(国办发〔2022〕27 号),中华人民共和国中央人民政府官网,http://www.gov.cn/zhengce/zhengceku/2022 - 08/17/content_5705729.htm。

管。ACPR 是法国中央银行下属的独立行政机关,其内部有专门负责银行业的监管部门,也有专门负责保险业的监管部门。

1. 监管措施类别

法国金融监管措施主要包括监管检查、建议或最佳操作意见、监管处罚、强制性监管措施。① 监管检查。监管检查包括文件监管以及现场监管。文件监管是指对监管对象定期提交的文件进行分析评估,是否开展现场监管可能基于文件监管的情况酌情决定。② 建议或最佳操作意见。建议类监管措施常用于规范被监管对象的市场行为,并不是对具体的行政相对人作出,而是对所有同类的市场主体都具有指导作用。虽然这些建议或意见无法律上的约束力,但从监管实践效果来看,监管企业是否遵循监管建议可以作为是否作出处罚的依据。③ 监管处罚。监管处罚包括行政处罚及其他处罚类监管措施。根据违法行为的严重程度,ACPR 可采取谴责、暂停董事职务及/或吊销执照等在内的行政处罚及其他监管措施,包括:警告、谴责、禁止开展某些经营或对经营作出限制;暂停管理人员或其他人员的职务;强制管理人员或其他人员辞职;部分撤销经营许可;完全撤销经营许可或从被批准人员名单上除名;罚款;公开处罚委员会的处罚。但较为特别的是,处罚委员会可处以最高一亿欧元的罚款替代上述监管措施。①
④ 强制性监管措施。若 ACPR 的监管对象有清偿力或流动性方面的危险,则 ACPR 可对被监管对象实施特别监督,包括:指示代理人对作为纳税主体的被监管对象实施长期控制目标,以确保对被监管对象的密切监督;暂时限制或禁止部分交易或活动;暂时停止、限制或禁止自由处置资产;要求转让其业务;限制机构数量;禁止或限制向股东分配股息或用股票分红;暂停高管的职务;②任命临时董事或监事等。

2. 监管措施的实施程序

AMF 行使监督与调查权时,如果利害关系人涉及保险公司,则 AMF 与社会保险、互助保险及社会保障机构监督委员会(la Commission de controle des assurances,des mutuelles et des institutions de prévoyance)共同享有管辖权。是否进行监督或调查由 AMF 的秘书长作出决定。其依据 AMF 一般条例所规定的细则授权相关的监督者和调查者。但监督者或调查者应当符合履行监督或调查职责的条件且与案件不具有利益冲突。为进行监督和调查,AMF 还可借助外部机构、审计员、司法专家或者其他"有权限的个人或职权机构"。AMF 所授权的监督者或调查者可以传唤并要求所有可能提供信息的人到庭陈述。传唤应在传唤日期前至少八天以带收信回执的挂号信(remise en propre contre récépissé ou acte d'huissier)寄给利害关系人。传唤信中应载明 AMF 秘书长或其代理人所确立的调查者记名任务表,并向被传唤人重申,其有权获得其所聘请之顾问的协助。在调查结束后,调查者应制作书面报告,说明调查对象可能违反

---

① 《法国金融及货币法》第 L. 612-39 条、第 L. 612-40 条及第 L. 612-41 条。

② 《法国金融及货币法》第 L. 622-33 条。

AMF 一般条例或者其他职业义务等违法行为。此外，AMF 理事会通过发布令状要求停止某些违反法律或条例的行为，在发布令状前，AMF 应告知利害关系人在最低为三天的期限内提供解释。AMF 主席也可向巴黎大审法院院长申请，以紧急审理的形式作出执行裁决或者请求其发布令状要求涉案当事人遵守法律及一般条例的规定，并责令该当事人终止违法行为及消除违法后果。①

《法国金融及货币法》对 ACPR 采取行政处罚的相关程序进行了规定，ACPR 须遵守的具体程序包括：启动处罚程序、调查程序、听证程序、权利救济程序。① 启动处罚程序。处罚程序可依据三种情况启动，包括：现场检查报告的结论、分析书面监管文件以及监管对象违法行为。② 调查程序。处罚委员会主任将从委员会成员中任命一位负责人，被调查者可由其律师予以协助。② 调查的目的是让处罚委员会的成员了解所涉案件的复杂程度。负责人分析被调查者违法行为、控辩双方的理由，提出解决方案并形成报告。当事人可在 15 天内提出其对该报告的意见。③ ③ 听证程序。所有处罚都必须执行听证程序，且需要在听证会召开至少 30 天前提前通知当事人。④ 处罚决定及决定公开。处罚委员会作出处罚决定后发给当事人、财政部门以及 ACPR 的主席。④ 处罚决定将在其正式的登记册上公布。⑤ 权利救济。在处罚委员会决定告知各方后两个月内，受处罚方可向行政法庭提出起诉。

对于强制性监管措施，ACPR 在决定对被监管对象采取强制性监管措施之前，会先发出一份警告函。若被监管企业能证明其未违反法律，或不存在危险，被监管企业可向 ACPR 或法官申请停止强制性监管措施。虽然从法律规定层面 ACPR 可不经过对抗式的行政程序而决定是否采取保全性措施，但实际上不经过对抗式的行政程序而决定采取保全性措施的情况非常罕见。

（二）德国保险业的监管措施

德国的保险行业由联邦金融监督管理局（以下简称"联邦金管局"）（Bundesanstalt für Finanzdienstleistungsaufsicht）监管。联邦金管局负责监管信贷及其他金融机构、付款服务提供商、保险及再保险公司、养老基金、资产管理公司及证券交易，内部分为保险、银行及证券独立的监管部门。

1. 监管措施类别

① 监管检查。联邦金管局对保险公司及资产管理公司的监管检查分为定期检查和临时检查。② 指引、通知及意见。除强制性法律或对该等法律的解释之外，联邦金管局会定期发出各种指引、通知或解释意见，披露其对各种监管法律的观点。此类文件

① 施鹏鹏：《法国金融市场监管管窥》，《证券市场导报》2006 年第 5 期，第 35 - 39 页。
② 《法国金融及货币法》第 L. 612 - 38 条。
③ 《法国金融及货币法》第 L. 612 - 38 条及 FFMC 第 R. 612 - 39 条。
④ 《法国金融及货币法》第 R. 612 - 50 条。

不针对任何具体对象,不具有法律强制力,但因为其实际披露了一些监管导向及监管意见,往往能够取得一定实效。③ 强制性监管措施。从立法上,根据德国保险监管法的兜底条款,联邦金管局可以对被监管企业采取一切必要措施以及时规避异常风险。但从监管理念上,德国监管机关更倾向于通过和监管企业的"合作"来实现监管目的。监管机关主要关注如何引导和督促被监管企业自身遵守监管法律的相关要求。如果被监管企业或监管机关发现任何异常,将鼓励被监管企业自行消除。如出现被监管企业不符合清偿力或最低资本要求的风险,被监管企业自身需要提出一份清偿力或融资方案,证明其重新符合了监管要求。只有在此类被监管企业的该等"自我监管"措施不足以合规的情形下,联邦金管局才会采取升级的干预措施,如限制资产的自由处置。①

此外,联邦金管局还可对被监管企业采取一切适当措施,以确保被保险人利益得到保障,具体包括但不限于:要求比最低的清偿力资本金更高金额的自有资本金;禁止或限制提取准备金或分配利润;禁止或限制将会导致平衡已发生的年度亏损或净利润的行为②以及警告、要求免除管理层或监事会成员、吊销经营许可证。③

2. 监管措施的实施程序

根据《德国行政程序法》("VwVfG")的规定,一切行政行为均受《德国行政程序法》规范,也就是说,无论是联邦金管局作出的行政处罚还是行政监管措施,均受《德国行政程序法》的普遍约束。根据《德国行政程序法》的规定,联邦金管局在作出影响当事方权利,即损害当事方主要法律权益的行为时,必须遵守必要的程序。而"主要法律权益"通常是指当事方不受限制地开展营业的权利及自由,除紧急情况外,基本上所有的行政行为都会被认为影响到当事方的主要法律权益。按照这一标准,联邦金管局可能只有在作出不具有强制性的"指引、通知及意见"时,才能免于举行听证会。因此,听证会是基于一般法律原则的必需步骤,凡行政行为影响了当事方不受限制地开展营业的权利及自由,则必须举行听证会。根据《德国行政程序法》,正式行政程序以听证为主要特征,核心要求是:行政当局在作出裁决前,除法律另有规定外,应当进行言辞辩论。行政当局在全面评估正式程序的各种结果后作出裁决。④ 听证会无须当事方要求而举行,当事方亦可放弃其举行听证的权利。⑤

同时,按照德国法律关于行政法院程序的规定,受行政行为处罚或制裁的当事方如果对行政行为不服,可就行政行为的合法性和适当性(合目的性)提出审查申请,按照《联邦行政法院法》规定提起复议或行政诉讼。⑥

---

① 《德国保险监管法》第 134、133 及 135 条,以及《德国银行法》第 45 条。
② 《德国保险监管法》第 137 条、《德国银行法》第 45 条。
③ 《德国保险监管法》第 304 条、《德国银行法》第 35 条。
④ 杨柳青:《德国行政程序法》,《法制与社会》2010 年总第 26 期,第 172 页。
⑤ 《德国行政程序法》第 28 条。
⑥ 杨柳青:《德国行政程序法》,《法制与社会》2010 年总第 26 期,第 172 页。

四、完善我国保险业行政监管措施的启示

(一)通过立法明确行政监管措施地位

行政监管措施是我国保险监管的重要手段,但在我国法律框架内却没有清晰的界定,是亟待厘清的法律概念。明确行政监管措施的法律地位,是规范监管措施实施的基础。结合域外立法经验及我国实践,存在以下两种角度。

从行政法视角看,如借鉴德国的做法,将行政监管措施直接纳入行政法框架下则能够一揽子解决法律适用问题,但我国目前尚无统一的行政程序法或基本法。也有学者提出,我国应制定一部行政基本法或行政法总则,即"规范所有行政行为,在行政法体系中起纲领性、通则性、基础性作用的一部法律"[①],"制定行政法总则既有必要也有可能,总则的内容包括一般规定、行政法律关系主体、行政活动、行政程序以及行政的监督、保障和救济"[②]。基于《中华人民共和国民法典》的成功实践和学界的热烈讨论,2021 年 4 月 22 日全国人大常委会法工委发言人臧铁伟在记者会上表述,本年度要在总结民法典编纂立法经验的基础上,"研究启动条件成熟的行政立法领域法典编纂工作"[③],因此,通过行政法典确立行政监管措施的地位也是不无可能的。

从金融监管视角看,保险业监管措施可以在保险法第六章中直接确定行政监管措施的地位,明确其仅适用于保险业监管这一特定场景,且应与行政处罚相区别,通过实质判断标准,将行政监管措施与行政处罚交叉的部分剥离,符合行政处罚的一律按照行政处罚程序处理。笔者认为,如能在保险法中解决行政监管措施的法律定位问题,相较于待行政法体系化后进行解释适用,在实操上更加简明高效。

(二)加强行政监管措施程序相关立法

第一,规范行政监管措施的实施程序。正当的法律程序具有实体和程序两个方面的含义,其中在程序方面,决定某一行为受法律调整,必须遵守适当的程序。目前,行政监管措施在立法层面的规范还是空白,行政监管措施的实施只能参照相关行政处罚程序,因此加快行政监管措施相关程序性立法尤为关键。

第二,细化执法自由裁量标准。自由裁量权并不是一个绝对禁止事项,相反它是行

---

① 江必新:《迈向统一的行政基本法》,《清华法学》2012 年第 5 期,第 101 - 111 页。

② 应松年:《关于行政法总则的期望与构想》,《行政法学研究》2021 年第 1 期,第 3 - 12 页。

③ 张天培:《全国人大常委会法工委发言人:今年立法项目多于往年》,百度网,https://baijiahao.baidu.com/s? id=1697778418146045991&wfr=spider&for=pc。

政权的核心[①],明确自由裁量权的合理边界是使监管规范化、标准化的必要手段,在我国行政管理水平不断提高的今天,精细化执法也越来越成为各级政府的新主张。自由裁量尺度划分得越细致,对应的行政处罚幅度就越精确,在监管措施涉及自由裁量权时,细致的裁量标准能够辅助执法者更好适用过罚相当的原则,尽可能把对相对人的权益损害降低到最低程度。

第三,增强救济保障程序规范。无救济则无权利,救济是实现权利有效保护的必然要求,也是对权力的合理约束。从事前救济程序来看,德国、法国在监管措施正式实施前都配备有完备的听证制度。以听证、和解代替处罚,对于简化争端、节约执法成本、维护当事人的利益都具有重要意义。因此,建议在立法上设置行政监管措施的缓冲地带,在作出行政监管措施前,通过提示、建议或者举行听证会等方式,赋予当事人较为合理的陈述申辩期限,增设事前救济手段。从事后救济程序看,复议、诉讼是维护当事人合法权益的重要救济途径,司法审查对维护行政相对人权益和纠正监管错误具有重要意义。尽管目前我国行政诉讼在规制保险监管方面的作用比较有限,但通过诉讼程序,当事人能够获得更多发声的机会,监管部门也在复议和诉讼程序中得到反馈。

(三)完善保险机构的自我监管机制

德国、法国的金融业监管法律法规和实践,在金融监管理念上都强调通过"建议"和"最佳执行意见"等软性措施来指导被监管对象,督促其进行自我纠正。此类意见在作出时不具备法律强制力,通常其作出的程序也不复杂。但在执行层面,如果未遵守,将遭受进一步具有强制性的更严厉的监管措施或处罚,因此常常能够得以有效实施。

通过"指导"和"建议"等监管措施的运用,建立保险机构的"自我监管机制和自我纠错机制"一方面有利于被监管企业及时了解自身问题和监管思路从而对市场行为尤其是创新行为及时有效地采取纠正措施,另一方面对一些市场上出现的新产品、创新业务模式,在没有明确的法律规定的情况下能够及时进行风险管控,以弥补制度供给不足或缺失的现实难题。

实际上,我国保险业监管中已经存在类似措施,如保险法第一百五十一条规定的责令改正,监管对象在按要求改正前,银保监会可以限制其股东权利,拒不改正的,将责令其转让所持的保险公司股权。但此类措施主要在偿付能力监管中运用,在保险机构市场行为监管中的运用较少。因此,可以进一步拓宽责令改正等"指导"和"建议"类措施的适用范围,一方面在处罚前为保险机构设置缓冲地带,另一方面提升行政执法的效率,有利于改善监管机构和被监管对象的沟通机制,消弭由于对监管政策理解不准确而产生的行政成本和市场成本。

---

① 郑琦:《行政裁量基准适用技术的规范研究——以方林富炒货店"最"字广告用语行政处罚案为例》,《政治与法律》2019 年第 3 期,第 89 - 100 页。

（四）引入行政和解制度

相比正式的行政处罚程序,行政和解在化解行政资源与行政效率之间的矛盾、及时补偿投资者损失、恢复市场秩序等方面具有积极作用。2015 年 2 月,我国证监会发布的《行政和解试点实施办法》(证监会令第 114 号)初步确定了我国金融监管中行政和解的范本,2020 年 8 月发布的《证券期货行政和解实施办法(征求意见稿)》[①]也意味着行政和解在证券监管领域即将全面展开,进入正式立法阶段,近期证监会与高盛亚洲、高华证券等九名主体达成行政和解,是证监会自 2015 年开展行政和解试点以来的首次实践应用。[②]

在保险业监管中运用行政和解也有一定现实意义。近年来,保险市场交易随着投资性、信用保证保险等创新产品的涌现、保险资金运用领域的丰富和整体行业规模的迅速扩大而越来越多地呈现出交易结构嵌套、涉及利益巨大,违法违规行为涉众广、跨区域,涉及非保险金融机构以及非金融机构的特点。按照行政和解制度的做法,对存在事实不明或彻底查清需要大量资源的,监管机构即可以与当事人进行协商,以当事人支付必要数额和解金为代价,达成监管机构不再另行作出处罚决定的和解协议。在特定情形下,能够更加快速有效地实现惩治违法、保护受害人,及时恢复市场秩序的监管执法目的。

传统执法模式对侵害被保险人权益的违法行为,未能让受害者得到补偿。而行政和解制度则有利于受损害的当事人通过"和解金"及时获得实实在在的经济补偿,兼顾行政执法的惩治功能与救济功能。近年来部分由于销售误导引起的群访群诉案件,既侵害了保险消费者和被保险人的权益,也对保险从业人员形象造成了损害,如通过行政和解,则可能尽快弥补受害者损失,平息争议,恢复市场秩序和社会秩序。此外,面对行业出现的新情况、新问题,在缺少专门法律规定,客观上难以认定当事人行为法律性质,根据当事人行为的社会危害后果,以当事人缴纳和解金的形式结案有时可以破解现实执法难题。

五、结　语

维护金融稳定,应当坚持强化金融风险源头管控,将金融活动全面纳入监管,按照市场化、法治化原则处置金融风险,公平保护市场主体合法权益,防范道德风险。[③]行

[①] 《关于就〈证券期货行政和解实施办法(征求意见稿)〉公开征求意见的通知》,中国证券监督管理委员会官网,http://www.csrc.gov.cn/csrc/c101950/c1047986/content.shtml。

[②] 《证监会与高盛亚洲等九名主体达成行政和解》,百度网,https://baijiahao.baidu.com/s?id=1631667979990757968&wfr=spider&for=pc。

[③] 《中国人民银行关于〈中华人民共和国金融稳定法(草案征求意见稿)〉公开征求意见的通知》,中国人民银行官网,http://www.pbc.gov.cn/goutongjiaoliu/113456/113469/4525742/index.html。

政监管措施作为保险监管的重要手段,对于维护保险市场秩序、保护消费者合法权益发挥着重要作用,也是维护金融稳定的重要一环。本文分析了当前保险业行政监管措施的渊源、性质和范围,并对保险行业监管措施现状和范围进行介绍,提出了相关立法建议,希望通过对行政监管的不断探索完善,推动我国保险行业高效健康发展,平衡金融安全与市场竞争的关系,切实防范系统性风险。

保险业务行为中信息保护合规问题研究

聂 勇*

[摘　要]　《中华人民共和国个人信息保护法》对各行各业均产生巨大深远影响,保险作为与个人信息等数据"关联度极高、协同度极严"的重要行业,更具有"信息主体广、信息场景广、信息种类广"等信息密集的重要特质,要处理大量个人信息,涉及较为复杂的个人信息流转和商业模式,深受《中华人民共和国个人信息保护法》的影响和调整。本文以保险业务行为中"产品设计、销售宣传、承保核保、批改批注、理赔核赔、防灾防损及结案归档"等全流程业务规范为考察点,探讨保险业务行为中个人信息保护合规问题,实现保险业务合规机制和保险业务流程机制的协同,实现投保人的个人信息法益和保险人的自身信息利益之间的平衡性。

[关键词]　个人信息;产品设计;销售宣传;承保核保;理赔核赔

《中华人民共和国个人信息保护法》(以下简称个人信息保护法)经 2021 年 8 月 20 日第十三届全国人民代表大会常务委员会第三十次会议通过,于 2021 年 8 月 21 日颁布,并于 2021 年 11 月 1 日起正式生效。该法共计八章七十四条,包括个人信息处理规则,个人信息跨境提供规则,个人在个人信息处理活动中的权利,个人信息处理者的义务,履行个人信息保护职责、法律责任等内容。个人信息保护法是在总结我国十几年来相关立法经验的基础上所进行的前瞻性立法,同时也充分吸收了欧美日等国家的立法精髓,这部法律为中国个人信息保护完成了顺应时代的系统设计,也为世界提供了一个充满借鉴价值的中国方案,被称为"世界上最严格的数据隐私法"①,这部法律最大亮点是规定了"共同处理、委托处理、个人信息转移、其他个人信息处理者共享、自动化决策、公共采集"等六大场景中个人信息处理的规则。该法的颁布标志着我国形成了以《中华人民共和国网络安全法》(以下简称网络安全法)、《中华人民共和国数据安全法》(以下简称数据安全法)和个人信息保护法三法为核心的网络法律体系,成为构建我国数据主权、数据安全、网络安全和个人信息保护法律框架的三个重要支柱,为数据时代的网络安全、数据安全、

---

* 　聂勇,正高级经济师,公司律师,任职于英大泰和财产保险股份有限公司法律合规部,中国法学会保险法学研究会理事,专注于保险法律、保险实务、保险条款等领域研究。
① 　龙卫球:《个人信息保护法具有深远的国际意义》,《经济参考报》2021 年 8 月 23 日。

个人信息权益保护提供了基础制度保障,对我国数字经济发展、个人信息保护、企业数据合规实践等产生了重大且深远的影响,也标志着我国个人信息保护进入新时代。

个人信息保护法明确个人信息是以电子或者其他方式记录的与已识别或者可识别的自然人有关的各种信息,自然人的个人信息受法律保护。结合《中华人民共和国民法典》(以下简称民法典)及《信息安全技术个人信息安全规范》(GB/T 35273—2020)的规定,个人信息包括但不限于自然人的姓名、出生日期、身份证件号码、生物识别信息(脸相、指纹、虹膜、声音等)、住址、电话号码、电子邮箱、医疗健康信息、行踪信息、宗教信仰、特定身份、金融账户、行踪轨迹等,其中,生物识别、宗教信仰、特定身份、医疗健康、金融账户、行踪轨迹被列为敏感个人信息。

个人信息保护法对全国各行各业均产生了巨大且深远的影响[①],保险作为与个人信息等数据"关联度极高、协同度极严"的重要行业,要处理大量个人信息,具有信息主体广(包括自然人投保人、被保险人、受益人、个人保险代理人等)、信息场景广(包括互联网保险、代理人线下销售、线上线下销售、保险公估机构理赔调查、关联方共享客户信息等)、信息种类广(包括一般个人信息、敏感个人信息、官网及移动客户端等途径所收集用户信息等)等特征,并涉及较为复杂的个人信息流转和商业模式,遵循个人信息保护法更具有必要性及紧迫性。而根据个人信息流动的现实过程可知,个人信息保护的责任主体应是作为个人信息控制者的企业,而非自然人。保险行业的当务之急是解决经营管理实际操作层面的合法性问题,以及"个人信息权益"保护问题,梳理个人信息处理规则,将对保险业务行为产生有益影响,细化保险业务行为中保险人作为"个人信息处理者"的义务指引,实现保险业务合规机制和保险业务流程机制的协同性,实现投保人的个人信息法益和保险人的自身信息利益之间的平衡性。

"保险业务行为"包括产品设计、销售宣传、承保核保、批改批注、理赔核赔、防灾防损及结案归档等全流程业务规范,"个人信息处理"包括个人信息的收集、存储、使用、加工、传输、提供、公开、删除等所有环节。而保险业务行为与各类交易主体密切关联,特别是保险业务行为中交易主体(自然人)的信息采集,"如何采集信息、采集哪些信息"是保险人决定承保与否及承保价格的关键因素,规制保险人采集交易主体的信息,应以个人信息保护法、网络安全法及数据安全法为基础,规范保险人采集交易主体各类信息的行为,共同构建和完善保险业务行为在信息保护和网络安全领域更加完备、全面和系统的法律保护体系和合规指引体系。

---

① 有学者认为:保险行业涉及如此重要的"个人信息",保险行业又了解了多少,特别是"个人信息权益"。一直以来,我们总认为"公司的数据属于公司"是天经地义的,于是,一方面为了获得更多的数据,"不遗余力",竭尽所能,用尽一切手段,不惜"打擦边球",即使数据是"来历不明"的;另一方面在数据的利用上,凭借着保险精算的"家底",在算法和算力的加持下,利用人工智能等技术,开展客户画像和精准营销,而"歧视"和"杀熟",往往也都与"个性化"和"精细化"混为一谈,且难解难分。但当我们在做这一切的时候,应该考虑"个人信息权益"问题,以及"个人信息权益"的保护问题。

一、产品设计的信息保护

保险产品设计是在研究分析保险需求及市场调研基础上,准确界定承保风险范围的条款研发及费率厘定的论证过程。保险条款格式化的属性及保险费率精算化的厘定,需确保个人信息使用的规范性及合规性。

（一）在条款设计方面,遵循格式化及正当化相统一

保险条款具有格式化属性,保险条款的拟定应注重个人信息保护,采集个人信息应具有正当化的路径,不能通过保险条款格式化过度获取个人信息。一是保险条款应遵循保险业务性质,收集必须收集的个人信息,不能超出业务办理所必需的范围收集个人信息。保险监管明确要求不能通过格式化合同、业务申请表向消费者收集非办理业务或提供服务所必需的个人信息。二是保险条款应遵循合理化授权收集使用个人信息,不能强制要求同意使用信息。保险监管明确要求不能在格式化的合同、业务申请表、App 隐私政策中加入无法选择的不合理授权条款,强制消费者同意将其信息用于与所办理业务无关的方面（如同意用于营销推介、同意向外部机构或个人提供等）,否则无法正常办理业务、使用服务或功能。三是保险条款应遵循逐项授权收集使用个人信息,不能要求概括授权。保险监管明确要求不能在格式化合同、App 隐私政策等文本中故意模糊授权事项范围,取得消费者对个人信息使用"无明确目的、无明确期限"的概括授权等。

（二）在费率定价方面,遵循去标识化及匿名化相统一

保险费率基于大数法则的概率性,必然会涉及个人信息的采集与分析。保险产品定价即费率厘定需遵循个人信息保护法第七十三条第三项"去标识化"及第四项"匿名化"规定,做好个人信息处理及保护。"去标识化"是指个人信息经过处理,使其在不借助额外信息的情况下无法识别特定自然人的过程。"匿名化"是指个人信息经过处理无法识别特定自然人且不能复原的过程。诚然根据精算规则及概率规则,费率厘定也必然是"去标识化"及"匿名化"处理后的信息,符合个人信息保护法第四条"个人信息不包括匿名化处理后的信息"规定,即意味着"衍生个人信息"已经脱离具体化的自然人,且其信息源是来自某个自然人群体,而能够实现不指向具体某个自然人的"匿名化",这一类"衍生个人信息"就不再是个人信息保护法所定义和适用的"个人信息",而是转化为保险机构自有的商业信息、商业秘密、知识产权。

（三）在 UBI 车险方面,遵循去敏感化及隐私化相统一

UBI 车险产品核心是借助驾驶里程或驾驶行为来计算保费,驾驶里程及驾驶行为必然涉及个人信息保护。美国 UBI 具体模式主要分两种,一种是基于驾驶人的驾驶里程,即 PAYD（Pay As You Drive）;另一种则基于驾驶人的驾驶行为,即 PHYD（Pay

How You Drive)。保险人在 UBI 中不但掌握车主的基本信息，还能够获取行车轨迹、驾驶里程、车辆状况等信息，能否获得或如何获得客户的授权收集与使用这些数据，是保险人推行 UBI 产品必须跨过的一道门槛，需要通过制度和技术措施防止客户隐私数据泄露，这是保险人必须履行的义务。"去敏感化"是指不涉及行踪轨迹等敏感信息，个人信息保护法将生物识别、宗教信仰、特定身份、医疗健康、金融账户、行踪轨迹等信息列为个人敏感信息，只有在具有特定的目的和充分的必要性，并采取严格保护措施的情形下，方可处理个人敏感信息，同时应当事前进行影响评估，并向个人告知处理的必要性以及对个人权益的影响。"隐私化"是指保护车辆位置等隐私信息，保险人为保护客户隐私，在 OBD 硬件上不提供 GPS 功能，仅根据汽车的刹车、起速、最高时速等分析用户习惯，且数据的采集和适用范围明确写入保险条款，以得到客户明确授权。

（四）在 TSL 车[①]方面，遵循驾驶行为化及评分化相统一

特斯拉推出根据实时驾驶行为定价的车险，"驾驶行为化"是指每 1000 英里前撞警告（Forward = Warnings per 1000 Miles）、紧急制动（Hard Braking）、急转弯（Aggressive Turning）、不安全的跟车距离（Unsafe following distance）以及强制自动驾驶脱离（Forced Autopilot disengagement）等五项安全系数指标，特斯拉推出的车险定价模式与传统车险定价有非常大的不同，区别于以往车险根据年龄、性别、理赔历史及信贷定价的模式，特斯拉精准根据个人驾驶习惯和实际使用的按月里程付费实践更显科学合理。"评分化"是指每一辆特斯拉车有一个安全评分，安全评分越高保费越低。区别于美国一些保险公司需要通过外置的车载诊断系统、OBD 设备采集驾驶行为数据，特斯拉不需要额外的设备安装在车里监控驾驶行为。其自带的传感器收集的车辆数据包括行驶时间、里程、行驶距离、急刹车、猛烈转弯、前方碰撞警告、强制自动驾驶脱离，以及潜在/实际安全关键事件如事故或安全气囊打开等。可见特斯拉的保险定价是基于个人个性化的大数据，而非通常保险精算采用的社会统计数据，意味着保险行业即将发生重大变革，未来保险业费率计算即将开启"千人千价"模式，马斯克或又将改变一个行业。

另外在定制保险中，遵循个性化及专属化定制专属保险方案，我国互联网保险代表性公司众安保险推出专属保险方案定制，根据客户已知或未知的风险，以科技驱动，众安保险为客户提供个性化的保险服务和风险解决方案。定制保险必然涉及个人信息，如涉及多个险种，则会收集更多个人信息。

二、销售宣传的信息保护

保险宣传销售是保险展业行为及业务拓展行为的基础环节，通过电话、短信、微信、知识测试、宣传页、海报、自媒体、互联网等多种形式，全方位展示保险产品的亮点及卖

---

① 《特斯拉推出根据实时驾驶行为定价的车险》，《国浩法律研究——保险版》2021 年第 10 期。

点,寻找潜在客户及收集目标客户信息。

(一)在市场营销方面,遵循精准性及规范性相统一

保险人在市场营销中收集个人信息,严禁用于不当营销,如私自收集或违规收集消费者信息和联系方式用于营销;在消费者明确拒绝营销后仍继续营销;规避销售系统向消费者营销产品等。在强化个人信息保护的背景下,保险销售宣传中精准营销和投放难度显著增加,保险营销需要多重维度的数据和信息,相互比对才能做到精准营销与投放,但个人身份信息和生活信息,如年龄、性别、工作行业、历史保单等,还可能涉及敏感信息,企业在没有获得客户同意和告知使用范围的情况下,可能无法获取并使用任何个人数据。若企业想精准获取某个客户对其个人信息的授权,就应将营销目的和使用范围明确告诉客户,但客户是否同意是未知的,敏感信息更需要客户书面同意。

保险人在市场营销行为中,至少需要向个人信息主体规范告知五方面必要内容:一是个人信息处理者的名称或姓名和联系方式。二是个人信息的处理目的、方式、范围,处理的个人信息种类、保存期限。三是个人行使个人信息保护法规定权利的方式和程序,包括个人查询、更正、删除、复制、转移个人信息的渠道。四是如收集敏感个人信息,例如身份证号、银行账户、面部识别特征等,还需要向个人信息主体告知处理个人敏感信息的必要性以及对个人权益的影响。五是法律、行政法规规定应当告知的其他事项。

(二)在市场客户方面,遵循目标性及授权性相统一

保险公司在收集目标客户的个人信息时,需要明确说明其收集信息的真实意图及可能对客户产生的影响,向个人信息主体告知收集、使用个人信息的目的、方式和范围等,告知通俗易懂、明确具体、易获取,告知事项完整、真实、准确,并保证此次收集信息的使用范围,若用于个人信息①数据交互,则需要客户的明示认可。民法典明确要求未

---

① 任自力:《〈民法典〉与保险消费者个人信息保护》,《保险研究》2020 年第 8 期,第 3 - 14 页。个人信息极为广泛:账户信息,主要是指保险费支付账户及其相关信息,如账户开立时间、开户机构、账户余额、户名、支付信息等;鉴别信息是指用于验证主体是否具有访问或使用权限的信息,如信息主体登录密码、账户查询密码、交易密码、动态口令、短信验证码、密码提示问题答案等。保险交易信息,是指保险消费者在交易过程中产生的各类信息,如保单信息、索赔与理赔信息等。个人身份信息主要包括个人基本信息与个人生物识别信息,个人基本信息包括但不限于个人的姓名、性别、国籍、民族、职业、婚姻状况、家庭状况、收入情况、身份证与护照等证件类信息、手机号码、固定电话号码、电子邮箱、工作及家庭地址,以及在接受保险产品或服务过程中提供的照片、音视频信息等。个人生物识别信息则包括指纹、人脸、虹膜、耳纹、掌纹、声纹、眼纹、静脉、步态、笔迹等生物特征样本数据、特征值等。财产信息,是指保险消费者的个人收入状况、拥有财产(不动产、车辆等)情况、纳税额、公积金缴存金额等。借贷信息,是指个人以保单质押贷款等形式发生借贷业务产生的信息,包括贷款发放及还款、担保情况等。其他信息主要是指保险机构(包括保险公司与保险中介机构)等信息处理者在提供产品或服务过程中获取、保存的消费者的其他个人信息,以及对原始数据进行处理、分析形成的,能够反映特定个人某些情况的信息,如其消费意愿、支付习惯等。

经权利人明确同意[①]，任何人不得以电话、短信、即时通信工具、电子邮件、传单等方式侵扰他人的私人生活安宁。这意味着，在没有得到权利人同意的情形下，随意拨打销售电话、发送营销短信或邮件可能会被认为侵扰他人私生活安宁，进而侵犯了他人隐私权。保险机构通过拨打电话、发送短信或邮件推销保险产品是一种常见的市场销售方式，因此在形势趋严的情形下，保险公司须另辟蹊径或者进行电话营销前征得权利人同意。

保险人在市场客户中收集个人敏感信息时，需要履行四方面特殊要求：一是收集敏感个人信息应当取得个人的单独同意。法律、行政法规规定收集敏感个人信息应当取得书面同意的，从其规定。二是公司处理敏感个人信息，还应当向用户告知处理敏感个人信息的必要性以及对个人权益的影响。三是收集敏感信息前应当进行个人信息保护影响评估，并对处理情况进行记录，个人信息保护影响评估报告和处理情况记录应当至少保存三年。四是法律、行政法规规定收集个人敏感信息应当取得相关行政许可或者作出其他限制的，从其规定。

（三）在客户授权方面，遵循实质性及形式性相统一

根据"告知—同意"核心框架及更正权、删除权的实质性规范，在不属于例外情况时应获得个人信息主体的明示授权同意。个人应以书面、口头、影像等方式，且主动作出纸质或电子形式的同意，或者作出肯定性动作（如主动勾选、主动点击"同意""注册""发送"，主动填写等）的形式性规范。坚决杜绝不合规行为，包括：未明显提示用户阅读个人信息处理规则（隐私条款）、设置默认勾选同意、未征得用户同意前就收集个人信息或打开可收集个人信息的权限，用户明确表示不同意的仍收集个人信息或打开收集个人信息的权限，或频繁征求用户同意、干扰用户正常使用、实际收集的个人信息或打开的可收集个人信息权限超出用户授权范围等。

在授权第三方条款方面，个人需授权保险人可以从第三方就有关保险服务事宜查询、收集与本人相关的信息。同意保险人将本人提供的信息、本人接受保险人保险服务产生的信息以及保险人从第三方查询、收集的信息（包括本单证签署之前提供、查询收集和产生的），用于集团及其因服务必要而委托的第三方，向本人提供服务、推介产品、开展市场调查与信息数据分析，集团及其委托的第三方对上述个人信息依法承担保密和信息安全义务。在隐私条款方面，一般都强调"仔细阅读本政策，确保已全部知晓并充分理解其内容及相应的法律后果，其中加粗的部分可能对您的权利义务产生重大影响，请您重点阅读。您通过线下方式在本政策上签字，或通过线上方式点击或勾选'同意'即视为您接受本政策，我们将按照相关法律法规及本政策合法使用和保护您的个人信息"等告知内容。杜绝不公开个人信息处理规则（隐私条款）、隐私条款难以访问（点

---

① 中国保险行业协会：《〈民法典〉颁布对保险业的影响》，中国金融出版社 2021 年版，第 296 - 313 页。

击超过多次)、难以阅读(文字过小、过密、颜色不明显)、未逐一列举收集个人信息的目的、方式、范围等不合规行为。

三、承保核保的信息保护

保险承保核保是对保险销售行为及投保手续行为的核保技术控制,承保环节是收集客户个人信息最为突出的阶段,根据承保险种、承保价格的差异性及匹配性,收集客户的个人信息也应呈现出差异性及匹配性。

(一)在投保流程方面,遵循投保提示与投保确认相统一

个人信息保护法所确立的知情同意要求与保险法项下的保险人明确说明义务有异曲同工之妙,可以发挥保险业独特优势。投保提示中保险人履行明确说明义务,投保确认中投保人或被保险人履行知情同意义务,即将"明确说明"赋能"知情同意",将个人信息处理规则的告知义务与保险条款的提示说明义务融合统一。个人信息保护法第十四条规定:"基于个人同意处理个人信息的,该同意应当由个人在充分知情的前提下自愿、明确作出。"第十七条规定:"个人信息处理者在处理个人信息前,应当以显著方式、清晰易懂的语言真实、准确、完整地向个人告知相关事项。"与之类似,保险法第十七条规定:"订立保险合同,采用保险人提供的格式条款的,保险人向投保人提供的投保单应当附格式条款,保险人应当向投保人说明合同的内容。对保险合同中免除保险人责任的条款,保险人在订立合同时应当在投保单、保险单或者其他保险凭证上作出足以引起投保人注意的提示,并对该条款的内容以书面或者口头形式向投保人作出明确说明;未作提示或者明确说明的,该条款不产生效力。"最高人民法院相关司法解释进一步要求,保险公司的说明义务要达到投保人明确其含义和法律后果的程度。

寿险行业为了落实《保险法》所要求的明确说明义务已经发展出了一整套完善、复杂、充分的投保说明规则,并且成为监管重点。因此寿险行业可以在此基础上将个人信息保护法的告知同意规则融入现有如实告知、明确说明流程中予以落实,以达到事半功倍的效果。从这方面讲,寿险行业相比于其他需要落实个人信息保护的行业而言,挑战难度更低,并非"从零到一"的挑战,而是"从一到二"的升级。此外,经过寿险行业近年来的不懈努力,消费者已经对这种特有的说明、告知、同意流程有了基本的认知和理解,特别是在监管部门强调录音录像等销售可回溯的规则的情况下,流程建设和技术解决能力得到强化,寿险行业可以在此基础上不断优化流程,合并、减少不必要环节,既能够满足《个人信息保护法》的新要求,又不至于降低客户体验,并提升效率、节约资源投入。[①]

---

① 靳毅:《〈个人信息保护法〉对寿险业的挑战与机遇》,《保险理论与实践》2021 年第 9 期,第 25－35 页。

（二）在投保险种方面，遵循一般信息与敏感信息相统一

投保险种与个人信息应具有差异性及匹配性，如客户投保车险，则不能收集其个人健康信息；如客户投保健康险，则不能收集其个人汽车及家庭财产等信息。

在人身险产品中，以健康险为例，保险人可能会收集的个人信息主要是：一是投保人身份类信息包括姓名、年龄、性别、家庭住址、身份证号码、电话号码、微信号等。当投保人与被保险人、受益人不一致时，还会收集被保险人、受益人的身份信息。二是投保人财产类信息包括银行账号、第三方支付平台信息（如支付宝、微信支付）等。三是投保人生物类信息包括刷脸、按指纹、手掌静脉等生物信息，销售时的双录（录音、录像），身份证照片，注册时当场自拍的照片等。四是投保人健康类信息包括被保险人过去两年内是否做过 X 光、B 超、彩超、CT、病理活检、血液检查等并被建议专科检查、治疗或随诊；最近两年内是否因健康异常发生过住院或手术，是否曾经被诊断或正患有良、恶性肿瘤、高血压、心脏病、肾脏疾病等。甚至有客户感叹"投保人身险，祖宗八代都要告诉保险公司，有的情况我自己也不知道"的戏言，诸如"您是否在国外持续居住超过三个月或正准备出境？""您是否有过任何形式的人身保险理赔？""您最近六个月内是否有视力下降、心慌、反酸"等 38 种身体不适症状？另外还有家族史等询问事项，这些不仅涉及个人信息，还涉及大量个人敏感信息。

在财产险产品中，以车险为例，保险机构除收集投保人身份类信息、财产类信息，通常还会收集保险标的即被保险车辆的如下信息：一是车辆基本信息包括车辆所有人、登记日期、使用性质、车牌号码、品牌、详细型号、车架号、车身颜色、出厂日期、进口信息等。二是车辆配置信息包括发动机型号、变速箱信息、排量、核定载客等。三是保险理赔信息包括是否有保险/连续投保以及理赔/拒赔次数等。但相关司法判例[①]显示车架号、车辆基本行驶数据、维保数据、碰撞数据、评分项目及具体评分，以及保险理赔、维修保养等车况信息，因无法识别到车辆所有人等特定自然人，因此不属于个人信息保护法所规定的个人信息。

保险机构应依据对"承保与否及承保价格"有影响的个人信息设计询问点，不询问无关保险事项的个人信息。遵循"三最"原则，即收集个人信息应当限于实现目的的最小范围，处理个人信息应当采取对个人权益影响最小的方式，个人信息保存的时间应当为实现处理目的所必需的最短时间。个人信息处理者不得过度收集个人信息。处理个人敏感信息，更要遵循"单独同意"原则，对处理个人敏感信息的活动应当作出更加严格的限制，只有在具有特定目的和充分的必要性，并采取严格保护措施的情形下，个人信息处理者方可处理个人敏感信息。如保险机构对健康保险需设置专门个人信息保护规程，因为健康险中疾病信息、基因信息属于个人敏感信息，需采用更严格的保护标准。

① 广州互联网法院(2021)粤 0192 民初 928 号民事判决书。

（三）在投保信息方面,遵循一般保护与特别保护相统一

妥善保存承保信息极为重要,保险业存在大量泄露信息硬伤,保险公司个人信息泄露问题主要是内部人员或者离职人员私自行为所致。如某人寿南通中支存在内控管理不完善的违法事实,无明确制度规定约束业务人员"通过非正当渠道获取公民信息"的违法行为,对某人寿南通中支予以罚款人民币金额壹万元的行政处罚。① 民法典第一千零三十四至一千零三十八等条款明确了自然人信息处理及保护的相关规则,成为民事领域自然人信息保护的基础条款,而个人信息保护法违法惩戒惩罚严厉,在民事责任方面,个人信息处理者如果不能证明自己没有过错,就必须要为其侵害个人信息权益承担侵权责任。在行政责任方面,对情节严重的违法行为,最高可处五千万以上或上一年度营业额百分之五的罚款,并可对相关责任人员作出从业禁止的处罚。宁夏银保监局查处两件因侵害保险消费者个人信息权益而作出禁业处罚的案件。② 另外保险实践中还存在未经同意向他人或外部机构提供信息,在无法定事由且未获得消费者同意的情况下,将消费者个人信息提供给外部机构或其他个人,甚至向外部机构、境外机构或个人贩卖消费者个人信息的情形。保险机构侵犯自然人信息权利,不仅要承担监管责任,还要承担民事责任。在承保核保中更应建立预防展业人员泄露保险消费者个人信息控制机制。

保险人对投保信息应采取特别保护措施:一是查询个人信息保护。应规范查询权限,确保业务系统账号权限设置与岗位职责匹配。严禁员工可跨业务、跨机构、跨层级、跨地区查询与本人管理业务无关的消费者个人信息。严禁员工之间共用账号、借用账号查询消费者个人信息;严禁离职员工账号未及时注销查询权限等。二是查询业务操作保护。应严格限制查询权限,严禁不具备权限的员工可以查询完整的保单号、投保人和被保险人证件号码、联系电话、联系地址等未经脱敏处理的个人信息等。三是撤回个人信息使用保护。在个人撤回同意后不能再使用个人信息,严禁在消费者明确表示收

---

① 中国银保监会南通监管分局通银保监罚决字〔2019〕20号行政处罚决定书。原某人寿保险股份有限公司南通中心支公司保险代理人董某,向时任某投资咨询有限公司南通分公司业务主任张某索要其从他人处非法获取的含有车牌号码、车辆品牌、车辆识别代号、发动机号、机动车所有人、身份证号码、住所详细地址、手机号码等信息的公民个人信息11023条,并给张某50元话费的电话卡作为好处。2017年6月1日,原保险代理人董某因涉嫌侵犯公民个人信息案被如皋市公安局予以立案侦查。2019年5月27日,如皋市人民法院一审判决董某犯侵犯公民个人信息罪,判处有期徒刑3年,缓刑3年,并处罚金人民币5000元。同时对该人寿公司南通中支予以罚款人民币金额10000元的行政处罚。

② 中国银保监会宁夏监管局宁银保监罚决字〔2022〕18号及19号行政处罚决定书。对时任某财产保险股份有限公司宁夏分公司银川中心支公司创新电子部经理樊某、原某财产保险股份有限公司宁夏分公司员工刘某分别予以禁止进入保险业5年的行政处罚。对时任某财产保险股份有限公司宁夏分公司电网营销业务部总经理徐某予以禁止进入保险业5年的行政处罚。

回对使用其个人信息的同意后,仍继续使用消费者个人信息。四是删除个人信息保护。应明确个人信息删除要求,并及时删除个人信息。应对各类消费者个人信息电子数据和纸质材料规定保存期限和到期删除、销毁要求,应明确删除、销毁的程序和方式。在保险业务关系终结后,应按照约定或消费者的请求删除或销毁已收集的个人信息(法律法规另有规定的除外);所办理的保险业务申请未获通过的,应将申请材料及时退还消费者或按规定删除、销毁,客户经理或保险代理人不得保存消费者个人信息等。五是个人信息传输保护。确保通过安全渠道传输个人信息,应采取加密、脱敏等安全措施通过互联网邮箱、微信发送消费者个人信息数据;使用符合安全要求的商业网盘存储分享个人信息数据等。预防系统或操作原因在发送包含消费者个人信息的电子保单等资料或服务信息时导致消费者重要信息外泄。

另外保险单批改批注中的信息保护,一般而言,保险单批改批注行为应遵循承保核保流程及对应的个人信息保护规制。保险批改批注是对保险单记载事项的变更,这种变更是对保险单记载内容的修改修正,确保保险单继续发生效力。

四、理赔核赔的信息保护

理赔核赔是对保险标的出险行为开展现场查勘、近因界定、损失核定及理算赔付的核赔技术控制。理赔核赔行为会涉及大量个人信息,乃至敏感信息,如健康险中伤者及住院者的疾病调查、投保前患病调查等。

（一）在损失查勘方面,遵循标的调查与近因调查相统一

保险标的是保险保障的载体和对象,出险标的必须是保险标的,这是获得赔偿的前提和基础,近因原则是保险基本原则,保险事故符合近因原则,才能获得赔偿。因此保险标的的调查和保险近因调查是保险赔偿的基础条件,在调查中会涉及个人信息的提供及印证,所收集个人信息必须是用于核实保险标的的状况及出险近因状况,不得用于非损失查勘方面。在医疗保险中,被保险人因健康或意外伤害住院治疗的,保险人会委派调查人员或者委托有关机构向医院、诊所等医疗机构调取被保险人的医疗原因、医疗部位及医疗费用等就诊信息,这是建立在被保险人事先许可及不可撤销的前提下,但根据个人信息保护法第十五条"基于个人同意处理个人信息的,个人有权撤回其同意。个人信息处理者应当提供便捷的撤回同意的方式。个人撤回同意,不影响撤回前基于个人同意已进行的个人信息处理活动的效力"规定,保险人将其设置为义务性条款,并严格遵循保护规则,也需要在投保阶段向被保险人及投保人明确说明义务性条款。

（二）在损失核定方面,遵循损失项目与损失程度相统一

保险标的损失核定是保险理赔的难点和焦点,直接涉及被保险人的切实利益即索赔权益,凡涉及保险标的的损失项目与损失程度的相关个人信息,被保险人需如实提供,

以核定保险标的损失状况,但保险标的损坏信息是否能公开并使用?公开到什么程度?再如汽车毁损部位、维修记录信息、理赔信息记录等能否用于二手车车况评估服务?二手车车况评估服务的信息是否构成侵犯个人信息权益或隐私权益?笔者认为保险人在理赔流程及对外协作流程中,应遵循严格限制原则及非必要不使用原则来保护被保险人的个人信息。

在保险公估中,保险公估公司接受保险人委托参与现场查勘、定损调查等行为来自保险人授权,在授权范围内开展公估业务行为,收集与保险公估行为相关联的保险标的损坏信息及必要的个人(被保险人及关联事故方)信息,以准确开展公估评估活动。但保险人在选择公估人时应选择建立合作关系或获得保险人授权的公估人,公估人在公估中应仅收集与核定损坏标的相关的个人信息,以准确判断保险标的损失近因及损失程度。从保险人委托保险公估人开展公估行为判例①来看,法院认定根据保险人官网的隐私条款要求,公估公司依法成立、具有公估机构资质,在与保险公司签订了相应有效委托合同的情况下,保险公司依法有权向公估公司披露被保险人的个人信息及事故情况,该行为并不构成对被保险人隐私权的侵犯,公估公司虽存在行为不当,但不构成侵害隐私权。另外根据法律法规规定,或按政府主管部门的强制性要求或司法裁定,对外共享被保险人的个人信息。

（三）在损失赔付方面,遵循准确核赔与准确理算相统一

保险标的损失赔付是保险理赔的初心和使命,直接涉及被保险人赔偿金额,但凡赔款计算中的理算行为与核赔行为涉及相关个人信息,被保险人需如实提供,如家财险中金银首饰价格价值发票及赠与情况,以精准确定赔款金额。尽管确立了个人信息保护"告知—同意"核心原则,个人信息处理者在取得个人同意的情形下方可处理个人信息,

---

① 北京市西城区人民法院(2021)京 0102 民初 10722 号判决书。原告刘忠主张,发生交通事故后进行车险事故报案,在不知情的情况下接到自称被告工作人员的来电,电话中提及原告的个人信息与事故情况,见面改口自称为华大公估公司的人员,此次前来为被告所委托授权,其掌握的原告所有个人信息及事故信息均为被告所提供。认为被告故意泄露个人敏感信息及事故隐私给不明身份人员,侵害了原告隐私权。被告太平洋财险北京分公司主张,在原告报称发生交通事故后,依保险法一百二十九条的规定,对本次保险事故委托公估公司进行查勘工作。公估机关的监管是依据保险公估机构监管规定内容开展业务,将保险事故委托保险公估进行查勘具有法律依据,并不属于泄露原告隐私,不存在任何侵权行为。北京华大保险公估有限公司辩称,我公司是在原保监会备案的具有资质的公估公司,其从业人员均取得相应的从业资格。我公司对太平洋财险北京分公司委托的交通事故进行调查,合法有据,未侵害原告的任何隐私权也未对原告的生活造成任何影响。法院认定,根据"中国太平洋保险官网""帮助—隐私条款(部分)","我们会以高度的勤勉义务对待您的信息。除以下情形外,未经您同意,我们不会与除太保集团及其关联方外的任何公司、组织和个人分享您的信息:① 在获得您的明确同意后,我们会与其他方共享您的个人信息。我们可能会根据法律法规规定,或按政府主管部门的强制性要求或司法裁定,对外共享您的个人信息"。原告诉求无事实与法律依据,本院不予支持。

个人信息处理的重要事项发生变更,应当重新向个人告知并取得同意,但"告知—同意"核心原则也有例外,考虑到经济社会生活的复杂性,个人信息处理的场景日益多样,个人信息保护法从维护公共利益和保障社会正常生产生活的角度,还对取得个人同意以外可以合法处理个人信息的特定情形作了规定,例如"为履行个人作为一方当事人的合同所必需""为履行法定职责法定义务所必需",有利于准确界定损失近因及准确理赔理算。

另外防灾防损中的信息保护,结案归档中的信息保护,都需要遵循上述主要流程的个人信息保护规则。

五、互联网保险的信息保护

在互联网保险中,严格执行互联网保险业务监管中处理个人信息应遵循合法、正当、必要的原则[①]及互联网保险销售行为可回溯中个人信息保护的原则[②],防范不当或过度收集个人信息,确保互联网保险业务与个人信息的匹配性。

(一)在电子注册方面,遵循明细告知与概括告知相统一

在互联网保险中,通过"APP 强制、频繁、过度索取权限"乱象频繁发生,如某保险集团开发的"某医生 4.7.27 版本"在 VIVO 应用商店"强制、频繁、过度索取权限"[③];再如保险信息平台"懂保汇"被指在华为应用市场的 1.3.20 版本应用涉及"APP 强制、频繁、过度索取权限"[④]。保险人应正确处理投保人的个人信息,如果是用户在 APP、小助手、服务号等注册或使用阶段,则单纯适用"知情同意"规则,并不涉及明确说明义务(该义务的主要适用情形是合同订立过程中以及涉及免除保险人责任的条款),保险人明确说明义务和个人信息保护规则直接结合主要适用于保险合同订立及合同存续期间。

在互联网保险中,需要特别重视嵌入场景中的个人信息采集,若采取小助手、服务号等载体,需要做好特别提示。如某集团提出在某财险公司"小助手"的登录页面,在《个人信息保护协议》的基础上增加《某集团会员服务协议》和《某集团会员服务隐私政策》,客户同意后将会员手机号推送至某集团会员系统完成会员注册。同时,在后续办

---

① 《互联网保险业务监管办法》(中国银保监会令 2020 年第 13 号)第三十八条"保险机构应承担客户信息保护的主体责任,收集、处理及使用个人信息应遵循合法、正当、必要的原则,保证信息收集、处理及使用的安全性和合法性"的规定。

② 《中国银保监会关于规范互联网保险销售行为可回溯管理的通知》(银保监发〔2020〕26 号)第二十一条"保险机构开展互联网保险销售行为可回溯相关工作时,应当严格依照有关法律法规,采取切实可行的管理措施和技术措施,保护投保人、被保险人和受益人的个人信息安全"的规定。

③ 工业和信息化部信息通信管理局:《关于侵害用户权益行为的 App 通报》(2022 年第 1 批,总第 21 批),2022 年 2 月 18 日。

④ 上海市通信管理局:《关于 2022 年第一批侵害用户权益行为 APP 的通报》,2022 年 7 月 26 日。

理金融业务时,"小助手"将用户投保时提供的实名信息推送至会员系统,进一步完善会员基本信息。此时会员注册成功应视同充分授权,某财险公司可以按照字段需求向某集团传输客户数据。

（二）在电子保险方面,遵循信息流程与业务流程相统一

在互联网保险中,AI技术助力保险人实现机动车险等险种投保环节全流程"电子化",完善机动车险等险种承保流程中"法律证据"留存痕迹,有望降低乃至杜绝"代签名、不签名"及"提示、说明、明确说明"等易发、频发类诉讼风险。保险科技创新技术为保险合同诉讼中"争议点"最多的承保行为带来"操作规范"及"合规规程"。将个人信息保护要求嵌入业务流程,重点关注存在较高风险的处理场景,确保个人信息处理流程清晰。保险人可以根据投保险种收集个人信息,在电子保单流程中内嵌信息流程,实现个人信息流程与电子保险流程的融合融通,电子保险中通常在投保界面设置投保人声明,将保险人需要履行提示说明义务的内容以条款的方式全部呈现于投保界面,并设置需要投保人主动勾选的确认按钮,之后还要对阅读的完整性进行二次确认,若不点击则无法进行下一项具体投保事项的填写,投保完成后会自动生成电子保险单。一是"投保人通过投保页面在线阅读费率浮动告知单、保险条款、免责事项说明书和投保信息等告知事项。阅读告知事项设计为必经环节,保险公司系统应设定相关控制,未进行阅读的无法进行后续投保操作,同时记录投保人阅读相关内容后的确认时间,确认按钮应设计在阅读内容的最下方,点击确认以后方可继续投保。保险公司需在页面中添加投保人存疑的解决方式,将咨询途径告知投保人,并留存相关内容"。二是"保险公司投保页面提示投保人认真、完整阅读费率浮动告知单、保险条款、免责事项说明书等告知事项内容以后,方可完成投保。投保人阅读告知事项以后,须点击确认按钮获取告知短信。保险公司系统根据实际情况生成短信文字内容,告知短信至少包括:投保人姓名、车牌号码、投保验证码及回填验证码需要承担的法律责任等内容。保险公司将告知短信内容发送平台,由平台统一添加投保验证码及保险公司名称后,向投保人手机发送告知短信。投保人回填投保验证码后方可进行后续投保操作"。这两个关键步骤完成后,保险人履行完毕"提示、说明及明确说明义务"程序,同时也就履行了个人信息收集的告知义务。

（三）在电子数据方面,遵循操作管理与存储管理相统一

在互联网保险中,保险人应妥善存储电子数据及使用电子数据,确保数据安全。保险监管机构指出,当前存在承保电子数据存储管理混乱,违反规定下载、存储、记录消费者个人敏感信息的行为,如"机构人员超职权范围将未经加密、脱敏的消费者个人敏感信息下载、存储至个人办公计算机、移动硬盘或U盘等具有存储功能的终端或介质;机构人员使用誊抄、拍屏、扫描文字识别等方式私自记录消费者个人信息数据;机构人员滥用职权或利用管理漏洞篡改消费者个人信息数据"等不良现象。究其原因,还是保险人内部电子数据的操作管理和存储管理中频现管控纰漏和管理漏洞,因此必须确保业

务系统账号权限设置与岗位职责匹配,促进操作管理与存储管理的规范性、严格性、技术性及可控性。

在互联网保险中,应规范和限制自动化决策,严禁保险"大数据杀熟"行为,严禁在未经消费者同意的情况下,利用已获得的消费者个人信息,擅自为消费者办理或冒充消费者办理赠险业务等。禁止个人信息处理者利用个人信息进行自动化决策,应当保证决策的透明度和结果公平公正,不得对个人在交易价格等交易条件上实行不合理的差别待遇。禁止通过自动化决策方式向个人进行信息推送、商业营销,应当同时提供不针对其个人特征的选项,或者向个人提供便捷的拒绝方式。

六、结　语

保险行业具有"信息主体广、信息场景广、信息种类广"等信息密集特征,个人信息在"保险直销业务、保险代理业务、保险经纪业务、保险公估业务、医疗等委托第三方提供业务、共保业务、再保险业务"等典型业务场景中具有差异性,更具有挑战性,因此研究保险业务行为中信息保护的合规问题极为重要,本文抛砖引玉,期待提升个人信息使用的规范性,保护保险消费者信息安全权。

诚然个人信息保护法以严密制度、严格标准、严厉责任,构建了权责明确、保护有效、利用规范的个人信息处理和保护制度规则。保险行业与个人信息、数据安全、网络安全联系紧密,应严格按照个人信息保护法、网络安全法、数据安全法等法律法规设置个人信息保护条款,充分履行告知义务,在保险业务合同中明示个人信息收集的目的、对个人权益的影响、处理规则、保留时限以及安全措施等,做好个人签署、确认同意的证明,采取有效措施获取用户合法授权。另外还应约定数据权益条款,明确数据权益归属、使用范围及条件、安全保护措施、数据衍生权益的归属以及合同到期后的数据返还或删除等事项,有针对性地开展合作方式、权利分界、违约责任、纠纷处理等条款设计。保险行业应遵循合法、正当、必要和诚信原则,依法依规开展个人信息处理,细化个人信息保护责任,防范涉诉涉罚风险。

信用保证保险专题研究

融资性保证保险业务中"违约金"的法律性质研究

包刚桥*

[摘　要]　对于"融资性保证保险违约金"的诉请是否应当支持,应当按何种标准支持,目前司法实践中呈现相当混乱的状态,需基于"融资性保证保险违约金"的法律性质来统一司法裁判尺度。保证保险所承保的风险是投保人的履约信用风险。在大数法则下,该风险并非取决于投保人对履约与否的主观选择,而是可以度量的客观风险,并符合大数法则下概率分布的规律。因而保证保险在本质上属于"保险"而非保证担保。为确保投保人履约信用风险的"客观性",在合同义务安排上,需确保在投保人对债权人履约和投保人对保险公司偿还理赔款这两种情况下,投保人的经济义务是等同的。就融资性保证保险这一特定险种而言,作为借款人的投保人,其核心经济义务是支付资金占用的时间成本。为确保对借款合同履约与违约的成本相同,需要在保险合同中设置投保人在保险公司理赔后继续承担资金使用成本的义务安排。因此,该"违约金"的法律性质为保险合同的商务条件与合同对价的一部分,而不是违反合同义务的"违约金",其请求权基础为合同约定,从名称上改为延期保险费更为妥当。为方便实务理解,该类追偿案件的案由以保证保险合同纠纷更为适宜。从长远来看,融资性保证保险的延期保险费应当通过部门规章予以明确。

[关键词]　融资性保证保险;违约金;延期保险费;案由

借款/贷款保证保险是近年来我国信贷业务市场上发展较快的一个险种,在促进中小微企业融资和消费金融方面发挥了积极作用。借款/贷款保证保险属于银保监会定义的典型的融资性信保业务。① 该业务以借款人的履约信用风险为保险标的,当借款人对借款合同出现履约风险,即不能依约还款时,保险公司向出借人赔付借款人的应付本息,并向借款人追偿理赔款。保险公司除向作为借款人的投保人追偿理赔款外,还会

---

*　包刚桥,陆金所控股有限公司法务经理。

①　《信用保险和保证保险业务监管办法》(银保监办发〔2020〕39号)第一条第一款:本办法所称信用保险和保证保险,是指以履约信用风险为保险标的的保险。信用保险的信用风险主体为履约义务人,投保人、被保险人为权利人;保证保险的投保人为履约义务人,被保险人为权利人

第三款:本办法所称融资性信保业务,是指保险公司为借贷、融资租赁等融资合同的履约信用风险提供保险保障的信保业务。

主张未付保费和延期偿还理赔款的违约金。① 为讨论方便,本文中称之为"融资性保证保险违约金"。

一、问题的提出

融资性保证保险违约金的法律性质及标准,目前在立法及司法实践中均未明确,引发了司法实践中的混乱。通过研究设置"融资性保证保险违约金"的基本经济原理,进而确定其法律属性,对实践中统一该问题的裁判倾向和完善未来立法均颇有裨益。

立法层面,对于"融资性保证保险违约金"的性质尚无规定。《最高人民法院关于适用〈中华人民共和国民法典〉担保部分的解释》(征求意见稿)曾在第三十五条采用了"保险金占用损失"的观点②,以图对该问题的法律性质予以明确。但在该解释的最终生效版本中,第三十五条被全部删除。笔者认为,在《中华人民共和国民法典》(以下简称民法典)担保部分的司法解释中规定保证保险纠纷"适用保险法的规定"确有不妥,"融资性保证保险违约金"的法律属性问题显然应当在《中华人民共和国保险法》(以下简称保险法)立法或解释中予以解决。

司法层面,对于"融资性保证保险违约金"的诉请是否应当支持,应当按何种标准支持,呈现相当混乱的状态。笔者对 2020 年 8 月 20 日《最高人民法院关于审理民间借贷案件适用法律若干问题的规定》(法释〔2020〕6 号)出台后,中国裁判文书网上出现的全国范围内的涉及"融资性保证保险违约金"判项的近 700 份判决书进行统计分析发现,司法实践中存在如下四种裁判倾向:① 从保险代位求偿权仅限于保险赔偿金角度出发而不予支持;② 属于保险公司资金占用损失而按一年期贷款市场报价利率支持;③ 不应高于民间借贷上限而按一年期贷款市场报价利率 4 倍来支持;④ 依据保险合同约定对违约金予以支持。以上四种判决方式均有一定比例,并未出现某种判决方式占主流(占比均不超过 50%)的情况。

---

① 保险公司通常在投保单特别约定项目中载明典型条款如后:投保人拖欠任何一期借款达到 80 天(不含)以上,保险人依据保险合同约定向被保险人进行理赔。保险人理赔后,投保人需向保险人归还全部理赔款和未付保费。从保险人理赔当日开始超过 30 天,投保人仍未向保险人归还上述全部款项的,则视为投保人违约。投保人需以尚欠全部款项为基数,从保险人理赔当日开始计算,按每日千分之一的标准,向保险人缴纳违约金。

② 《最高人民法院关于适用〈中华人民共和国民法典〉担保部分的解释》(征求意见稿)第三十五条规定:当事人因保证保险发生的纠纷,适用保险法的规定。保险人按照保证保险合同的约定向被保险人赔偿保险金后,在赔偿金额范围内向债务人追偿的,人民法院应予支持。保险人同时请求债务人按保险金支出时一年期贷款市场报价利率计算的保险金占用损失的,人民法院应予支持。保险人请求债务人按照约定支付违约金以及其他费用的,人民法院不予支持。

二、保证保险符合保险原理是解决保证保险法律问题的基础

虽然目前主流观点以及实务处理,均已明确保证保险纠纷应当适用保险法,但保证保险的法律属性到底是保证还是保险,理论界与实务界仍有争议。2020 年的《最高人民法院关于适用〈中华人民共和国民法典〉担保部分的解释》(征求意见稿)中置入保证保险纠纷的法律适用条款而后又删除这一条款,即为此性质争议的又一例证。笔者认为,保证保险在经济功能与权利义务的外观形态上固然与保证担保有极大的相似之处,但保证保险的法律属性并不能仅仅依据立法上的主观选择而自明。法律是社会经济生活的反映,只有明确保证保险是否符合保险原理,才能从根本上解决其法律适用问题。

(一) 保证保险符合大数法则下风险发生的概率性的保险原理

由于保证保险的保险标的为投保人的履约信用风险,故很容易产生保证保险的承保风险不是客观的分散化的风险的结论,进而认为保证保险不符合保险原理。梁慧星教授就认为:"因为保险人所承保的保险事故,是投保人不履行债务,而该保险事故之是否发生,主要是由投保人主观方面决定的,不符合关于保险事故必须是客观的不确定事故的保险法原理。因此,我们可以断言,现今所谓保证保险合同,不是真正意义上的保险合同。又由于保证保险的保险事故之是否发生,实际上是由投保人主观方面决定的,因此保证保险本身就包含着投保人故意不履行债务,造成保险事故发生的可能性。换言之,保证保险本身包含保险诈骗的危险。"[1]

众所周知,保险的核心原理是大数法则下风险发生的概率性,即对于单一保险标的,其是否发生风险是预先不确定的,而对于众多同类保险标的,其风险发生却有一个特定的概率,并进而可以通过保险精算予以测度。也就是说,只要同时满足了"我不知道单次抛硬币是正是反""但我知道多次抛硬币的正反面分布规律"这两个条件,就可以在满足保险利益原则的前提下设计出一种保险(没有保险利益,就成为一种赌博了)。表面上看,单个投保人是否履行债务是一种主观行为,但保险公司站在多个分散化的单个投保人的集合来看,投保人是否履行债务却是有一个客观概率的。很容易理解,这个"客观概率"受到社会经济发展状况、保险公司反欺诈运营水平、司法执行情况等因素影响。例如,经济下行时期,违约概率高,上行时期,违约概率低。运营水平高的保险公司,其接受的投保人可能更平均化,运营水平低的保险公司,则可能面临更多"老赖"客户集中的问题。社会整体执法严格时,则"老赖"客户少,否则"老赖"将增多。极端而言,甚至可以说投保人是否违约完全不受投保人主观方面影响。梁慧星教授关于保证保险的"保险事故之是否发生,主要是由投保人主观方面决定"的观点,显然是将单件合同是否履约的事件从社会生活环境中抽离出来,误以为是否履约仅由投保人的"自由意

---

[1]　梁慧星:《保证保险合同纠纷案件的法律适用》,《人民法院报》2006 年 3 月 1 日。

志"所决定。从哲学上讲,如果承认唯物主义而非唯心主义的话,就会承认人的主观行为(合同是否履约)是受客观的物质条件(社会经济环境等)制约,并且人是可以认识到其中规律的(即分析出违约概率)。

以本文所要研究的融资性保证保险为例,保险公司通常以分散化的个人借款人(包括消费性借款和个体工商户、小微企业主的经营性融资)为投保人,保险金额(借款本息额)均为小额(相较于银行开展的面向大中型企业的对公贷款业务)。这完全满足单件业务是否发生保险事故完全不能确定,但整体业务的风险概率却可以确定的原则。在风险管理领域,信用风险的度量和预测早已有了成熟的科学基础。以研究巴塞尔协议著称的银行业风险管理专家杨军博士指出:"信用风险管理一直被认为是主观性、经验性、实践性的问题。但从 1974 年默顿提出期权的估价模型以后,人们对贷款信用风险的认识有了质的飞跃和提高,默顿模型成为现代信用风险管理理论中最有创新意义、最完美的成果之一。这个模型从理论上回答了信用风险的度量和预测问题,使信用风险不再是一个无法进行理论描述的概念,信用风险管理开始有了科学基础。"正是基于默顿模型,进而有了违约概率、违约损失率、个人信用评分卡等一系列概念及相关应用模型开发。[①]

从以上分析可以看,保证保险完全符合大数法则下风险发生服从概率分布的保险原理。从而通过保险法的立法和法律适用对保证保险活动给予法律规制才有现实基础,而非立法者任意将某种法律规则运用于特定社会生活。

(二)投保人对债权人和对保险公司的经济义务在合同设置上相同是保证保险符合保险原理的必然要求

在借贷业务中,借款人对债权人违约时需要承担立即偿付未到期债务并支付罚息等经济成本。在融资性保证保险业务中,作为借款人的投保人对债权人违约时,将由保险公司向债权人赔付。显然,要确保借款人/债权人的违约行为成为"客观风险",而非"理性人"的"主观选择",则借款人违约后对保险公司所负经济义务不应当低于对债权人所负义务,也即保险公司在投保人不履约后(即发生保险事故后)对投保人应当享有追偿权。曾有观点认为,其他险种都是由保险公司将本由被保险人分散化承担的风险集中起来而成为风险的最后承担者,保险公司收取保费也正是为了弥补这部分风险损失。而保证保险中,保险公司对投保人享有追偿权,并非风险的最后承担者。因此保险公司享有追偿权就造成保证保险并不符合保险原理,只有放弃保证保险的追偿权才能说明保证保险符合保险原理。

首先,在此种观点中,所谓保险公司并非风险的最后承担者仅仅是一种形式逻辑上的"非最后承担者"。实际上,即便保险公司保留"永久"追索权,保险公司也仍然会存在

---

① 杨军:《风险管理与巴塞尔协议十八讲》,中国金融出版社 2013 年版。相关讨论详见该书第三章至第五章《违约概率》《违约损失率》《违约风险敞口》。

需其最终承担的客观的坏账损失。此时,保险公司当然是风险的"最后承担者"。其次,其他险种中的"保险代位求偿权"①也是由对保险标的造成损害的第三者承担最后的赔偿责任,也属于保险公司作为风险的"非最后承担者"的情形。依上述观点,凡是由第三人损害造成的车辆损失险、房屋损失险都因为保险公司可以追偿而不符合保险原理了。这显然是荒谬的。最后,正是保险公司追偿权的存在,才使得保证保险可以符合保险原理。试想,如果不规定保险公司对投保人的追偿权,则作为理性人的投保人必然不会继续履行对债权人的义务,而直接选择违约,这与直接宣布投保人无须履约毫无二致。只有规定了保险公司的追偿权,才可能使得在投保人对债权人履约和投保人对保险公司偿还理赔款这两种情况下,投保人的经济义务是完全相同的(甚至投保人偿还保险公司理赔款的经济义务应当更重才合理)。只有当投保人不会因合同条件设置的差异而选择是否违约时,投保人的违约行为才具有"客观性"。换言之,大数法则下的投保人违约并非由于投保人比较了履约与违约的合同义务大小,而是由于客观的社会经济与社会环境。

三、"融资性保证保险违约金"的设置原理与法律性质

(一)设置融资性保证保险违约金是确保投保人对债权人和对保险公司的经济义务相同之必需

依上文所述,为确保保证保险符合大数法则下风险发生服从概率分布的保险原理,除了保证保险的对象即履约行为中的"合约"需要是分散化、同质化的大数量的不同投保人所需履行的合约这一条件外,还需要在保险合同的相关安排中造成投保人对保险公司履约和对债权人履约这两者相比,其在经济义务上的效果等同或加重。不同内容的保证保险,在这一问题上有不同的特点。例如,工程履约保证保险,投保人的义务是依约完成工程,否则需对债权人(工程业主)承担赔偿责任。债权人为免于投保人不能依约赔偿的风险,而以保险公司的保险理赔款消除自身风险。此种情况下,投保人的义务主要是此种赔偿责任本身的数额,通常不考虑投保人履行赔偿责任时点不同所产生的时间成本或延迟履行的收益。因此,保险合同中无须设置投保人未能及时偿还理赔款时的违约金。与这个原理相同的是,在常见的保险代位求偿权中,造成保险标的损害的第三者也不存在是否需要及时清偿保险公司理赔款的问题。

---

① 保险法第六十条:因第三者对保险标的的损害而造成保险事故的,保险人自向被保险人赔偿保险金之日起,在赔偿金额范围内代位行使被保险人对第三者请求赔偿的权利。前款规定的保险事故发生后,被保险人已经从第三者取得损害赔偿的,保险人赔偿保险金时,可以相应扣减被保险人从第三者已取得的赔偿金额。保险人依照本条第一款规定行使代位请求赔偿的权利,不影响被保险人就未取得赔偿的部分向第三者请求赔偿的权利。

在融资性保证保险业务中,作为借款人的投保人,其核心经济义务是支付资金占用的时间成本。融资性保证保险的理赔款是截至理赔时投保人应付债权人的借款本息。如果限定投保人只需偿还理赔款,而不考虑投保人偿还理赔款的具体时点,则无异于从保险公司理赔到向保险公司完成清偿的这个时间段内,投保人在无偿占用资金。有一种观点认为,保险公司可以通过积极行使追偿权利而缩短投保人无偿占用资金的时间。但实际上,无论保险公司通过非诉讼还是诉讼手段,得到清偿的时间长则数年,短亦有数月。如不设置"融资性保证保险违约金",则投保人无偿占用资金的时间并非甚短,其所获时间成本利益与正常履约期间所应付成本相比并非甚小。因此,设置"融资性保证保险违约金"是确保融资性保证保险业务符合保险原理及业务可持续的必要安排,也是基于其经济合理性逻辑的必然要求。同时,设置"融资性保证保险违约金"也有利于督促投保人尽快偿还保险公司理赔款,避免久拖不决。

(二)融资性保证保险违约金的法律性质为融资性保证保险合同的特定对价,可命名为"融资性保证保险延期保险费"

"融资性保证保险违约金"的本质是投保人对借款合同的履约成本,即其综合融资成本,因此将其法律属性认定为保险公司的保险金被占用的损失就并不恰当。相反,如果认定了保险金占用损失的名义,则在其他险种当中,当保险公司需要向造成保险标的损害的第三者追偿时,是否也需主张保险金占用损失呢?约定"融资性保证保险违约金"既然是为了实现融资性保证保险业务的经济合理性逻辑,那么该约定就应当视为保险合同中的一种特定的合同安排,也就是保险合同本身权利义务结构的一个组成部分,换言之,就是一种商务条件或者合同对价,其并非违约补偿,也并非哪一方的损失填补。相应地,其请求权基础就应当是合同约定本身,而非保险代位求偿请求权,也非合同违约损失或可得利益弥补的请求权。由此来看,"融资性保证保险违约金"这一名词并不恰当。保险公司条款中之所以出现"违约金"的名称,可能的原因一是将对借款合同的违约和对保险合同的违约混淆,二是将没有及时偿还保险理赔款认定为对保险合同的违约。而偿还保险理赔款的请求权基础是法定的保险代位求偿权,并非合同约定。并且,由于保险代位求偿权的法定性,保险公司在保险合同中设定偿还保险理赔款的具体时间和惩罚措施并进而认定投保人违约也于法无据,保险公司不能因为保证保险这一险种中造成保险标的损害的第三者恰好是保险合同的订立人就借机给该第三者设定额外义务。为使名实相符,笔者认为可以将"违约金"改为"延期保险费",全称为"融资性保证保险延期保险费"(下文开始统一使用此名称)。

(三)融资性保证保险延期保险费的比例应当依据借款人正常履约时的综合融资成本确定

依据上述原理,"融资性保证保险延期保险费"的具体比率问题也可以顺理成章得出结论。在保费和利息同时支付且分期支付的情况下,其不应当低于借款合同中所约定的利率与保险合同所约定的保费率之和(需按资金占用的时间价值换算,不一定为两率简单相加)。由于借款合同通常还会约定高于正常履约时的罚息率,为使得投保人为避免支付罚息而故意选择对出借人违约,"融资性保证保险延期保险费"的比率还应当不低于罚息率与保费率之和。在近年来新兴的银行、保险、担保公司三方合作业务中,还存在担保公司因为组织和促成借贷交易而向借款人收取融资服务费的情形。这种业务中,借款人的借款成本是由各项息费组成的综合融资成本,则"融资性保证保险延期保险费"的比率还应当不低于借款人的综合融资成本。就具体比例上限而言,融资性保证保险属于典型的金融业务,并非民间借贷的范畴,不应当适用一年期贷款市场报价利率 4 倍的标准,而应当以现行的年化 24%为其上限。"融资性保证保险延期保险费"的具体比率应当由保险公司依据其经营能力、市场地位等情况自行设定。另外,目前征信体系建设逐渐完备,投保人对出借款违约而造成保险事故时会被保险公司报送不良征信记录,这也构成投保人的违约成本之一。保险公司基于此种情况及市场竞争的考虑,也可以将"融资性保证保险延期保险费"的比率设定为比投保人综合融资成本略低。

四、具体立法及诉讼案件案由的建议

依据笔者观点,并非所有类型的保证保险均需要或者应当设置延期保险费。"融资性保证保险延期保险费"仅仅是融资性保证保险这一特定险种所必需的特定商务条件,故在立法上应当由保险监管部门以特定险种风险管理的需要而通过部门规章予以明确规定,包括延期保险费的上、下限,计算基数,免收条件,等等。在条件成熟时,可以通过修改保险法将其上升为法律,修改方向为规定"特定险种中可以依据衡平原则设置特定权利义务条件"。由最高人民法院以司法解释的方式直接认定融资性保证保险延期保险费约定是否有效及其计算标准,一方面超过了法律解释的职能范围,另一方面有可能造成特定险种风险管理上的失衡。

与保险合同纠纷相关的民事诉讼案由主要有:① 财产损失保险合同纠纷;② 责任保险合同纠纷;③ 信用保险合同纠纷;④ 保证保险合同纠纷;⑤ 保险人代位求偿权纠纷。实务中,保险公司向融资性保证保险的投保人发起追偿起诉时,存在保险人代位求偿权纠纷案由与保证保险合同纠纷案由并存的情况。而保险公司此类诉请一般同时包括三项:理赔款、未付保费及融资性保证保险延期保险费。其中,未付保费的产生是由于融资性保证保险通常采用分期缴纳保费的保费支付方式,而保险公司向出借人理赔之前,投保人往往已经欠付数期应缴保费。在这三项诉请中,如前所述,理赔款的请求权基础是保险代位求偿权,而未付保费与融资性保证保险延期保险费的请求权基础则是保险合同约定。虽然请求权基础不同,但这三项诉请显然不应当要求保险公司分开起诉。可能有法院认为,三项诉请中,理赔款为主要诉请,其他两项为附带诉请,因而此类诉讼的案由定为保险人代位求偿权纠纷也无不当。但是,由于融资性保证险延期保险费的请求权基础具有特殊性（未付保费显然是保险合同中投保人应当支付的合同对价，而融资性保证保险延期保险费作为合同对价之一则不易被理解），为避免实务中对融资性保证保险延期保险费性质的误解，笔者建议将此类诉讼的案由定为保证保险合同纠纷。

信用保证保险的风险管控与防范

陆新峰[*]

[摘　要]　信用保证保险是相对特殊的险种,具有高风险强欺诈的特点,尤其是融资性保证保险,其业务本质与信贷、担保高度相似,发展信保业务,重点在于风险选择与风险控制。只有具备强大的风险识别能力和风险控制措施,才能从大量的市场需求中过滤掉欺诈类客户,选择符合自身风险偏好的业务,确定相应的风险对价以获得风险补偿。

[关键词]　信用保证保险;监管政策;风险因素;风险防范

一、信保业务的市场概况

2010 年起,我国信用保证保险市场步入发展快车道。2010 年到 2019 年,伴随着经济增长和信用扩张,融资性信用保证保险保持快速发展,其中保证保险保费从 2009 年的 8 亿元增至 2019 年的 844 亿元。但到 2020 年,因为业务承压,信用保证保险市场经历一场大洗牌,多家保险公司因信用保证保险业务陷入“风险旋涡”,不少险企尝到信保业务高赔付压力的“苦果”,从试水布局到谈之“色变”,从此前的趋之若鹜变成了敬而远之,险企内部亦出现了是否能够继续开展信保业务的质疑,甚至对能否做好类信贷业务产生了疑问。这不禁让人思考我国信保业务发展该何去何从。

二、信保业务的监管政策变化

1983 年,国务院通过《财产保险合同条例》,将信用保险和保证保险确定为财产保险险种。2004 年,原中国保监会印发《关于规范汽车消费贷款保证保险业务有关问题的通知》,要求保险公司重新制定贷款费率,随后各保险主体陆续停办该项业务。2017年 7 月,为加强信保业务管理,防范金融交叉风险,促进信保业务持续健康发展,原中国保监会印发了《信用保证保险业务监管暂行办法》(以下简称原《暂行办法》),原《暂行办

---

*　陆新峰:紫金财产保险股份有限公司法律合规部总经理。

法》的实施,明确了信用保证保险业务的发展边界和原则,整治了市场乱象,取得了一定成效。由于原《暂行办法》试行期限为 3 年,于 2020 年 7 月到期,加之近几年金融新业态迅猛发展,信保业务风险发生了重大变化,原《暂行办法》部分内容已不能完全适应保险行业和监管面临的新形势、新问题,尤其是融资性信保业务风险持续暴露,亟须进一步规范。鉴于此,中国银保监会于 2019 年 11 月下旬向各银保监局、各财产保险公司下发《信用保险和保证保险业务监管办法(征求意见稿)》,广泛征求意见。在此基础上,中国银保监会于 2020 年 5 月 19 日对外发布了《信用保险和保证保险业务监管办法》(以下简称《信保新规》)。

《信保新规》以风险为导向,实施差异化监管。明确将信保业务进一步划分为"融资性信保业务"和"非融资性信保业务",并针对近年来发展迅速、风险较高、曾引发较多纠纷的"融资性信保业务"提出了更高的监管要求,同时,通过设置弹性承保限额的方式,引导有能力、有实力的保险公司加大对普惠型小微企业融资增信的支持力度;通过调整业务类型,扩大保险服务实体经济的业务领域。

三、信保业务各方主体的风险因素

信保业务在财险公司中是一个特殊的存在,与其他险种"大数法则、风险分散"风控逻辑不同,以信用风险为标的的信保业务具有"高风险性、强欺诈性"特点,尤其是融资性保证险,无论业务本质还是核心操作都与信贷、担保高度一致,单纯依靠大数法则进行风险分散是远远不够的。

(一)产生于投保人的主要风险

1. 投保人不履行如实告知义务

保险合同双方信息不对称,且投保人资信参差不齐,出于顺利融资的目的,投保人在提供信息时往往会利用信息的不对称性。

2. 投保人缺乏履约能力

投保人的履约能力是动态的,投保人不履行还款的义务,可能是出于客观上的原因,更可能是出于主观上的原因,主、客观因素的判断也存在困难,而保险事故的发生则往往体现出较大的主观性,若是投保人主观上不履行,其行为会表现出明显的预谋性。

3. 投保人履约意愿不足

实践中,保险事故的发生多表现为投保人的故意行为。保险人支付了保险赔偿金,与被保险人完成了权利转让,投保人对保险公司的代偿操作存在误解,因其承担了一定的融资成本,有求减免的心理,投保人故意逃避债务的行为也给保险人带来追偿的难度。

（二）产生于被保险人的主要风险

1. 被保险人逆选择，通过保险增信缓释信贷风险

这种道德风险的产生一般有两种情况：一是投保人基于欺诈的目的贷款；二是放贷机构出于市场竞争与拓展业务的需要，把关不严，造成信贷质量下降，有意识地通过保险转嫁风险。被保险人对债务人偿付能力存疑，不能确定借款人是否有能力最终偿还所欠债务，因此向保险公司投保。逆选择及道德风险，都会导致保险公司的实际赔付超出预定的赔付率，从而产生经营风险。

2. 不能严格履行尽职调查义务和放款审批手续

保险公司往往与放贷机构在保险条款之外另行签订合作协议，合作协议往往在相当程度上排除条款的适用，被保险人认为审贷义务转移给了保险公司，即便承担审贷义务，因为风险发生了转移，也是怠于审贷。实际上，放贷机构应重点关注借款人第一还款来源，不能因为信贷业务有保证保险，即放松对借款人还款能力、信用状况、财务状况等的调查核实。

3. 被保险人主导模式并实施欺诈

保险公司在对底层资产进行实质审查方面均呈现无力或不足，被保险人实际掌握着整个借款人融资（即底层资产）的运作模式及细节，在其具有欺诈故意时，可以通过虚构保险标的（通过伪造融资租赁债权、以旧债务人二次借款等）、制造保险事故等方式实施欺诈。

（三）保险公司的业务压力、获客模式和风控能力

1. 保险公司的业务压力

保证保险容易上规模，赔付时间也有一定的滞后性，是保险公司当期保费增长的创新点，在激烈的保险市场压力下，保险公司面对业务增长、业绩考核的压力，为促成任务的达成，片面追求信用保证保险规模，但风控、费率却跟不上，且缺少风险意识、忽视风险管控，导致尽职调查履责不到位，把关不严，没有认真核实客户信息资料的真实性，未详细调查客户的还款能力，甚至内外勾结以虚假资料出具保单，从银行骗取贷款融资，造成贷款无法收回，最后的结果可能会是"踩雷"甚至"扛雷"。

2. 保险公司的获客模式

信保产品和所有金融产品的共同之处在于，都是通过客群选择和控制、进件筛选、风险模型判断、征信数据保障、保后监控和代偿后回收全流程控制来防范和控制风险。但大部分中小型保险公司的一个明显特征是缺少获客能力，虽然中小型保险公司在银保监会要求下，在 IT 系统建设、风控能力建设、征信系统建设、保后管理建设方面已取得了长足进步，但因为获客能力仍有差距，所以仍然会采用渠道获客方式承接业务，这样在获客环节便埋下了重大风险隐患。目前市场上出问题的融资性信保业务，多是保险公司与第三方互联网平台合作，客户与业务来自互联网场景，信息的真实性、完整性

不足,风控能力、模型手段也跟不上,加之合作助贷机构盲目扩大规模,粉饰投保人信息,导致保险公司承保质量下降,赔付率不断升高。

3. 保险公司的风控能力

保险公司在与助贷公司的合作中,往往是助贷公司主导商业模式,保险公司更多是为了流量和规模,将业务风险审核和风险监控等核心业务环节外包给合作机构,保险公司因合作机构提供风险反制措施而放松风险管控,未能严格筛选信用等级高、抗风险能力强的客户,把好入口关,亦未通过资信调查、费率浮动等多种手段进行风险管控,以至于无法通过充足的保费覆盖可能出现的风险损失。保险公司难以掌握借款人真实信息,承保业务存在虚假、诈骗等风险,造成后续理赔环节出现诸多民事纠纷,侵害被保险人合法权益。

四、信保业务的风险防范

保险公司发展信用保证保险,重点在于战略选择与风险控制。只有具备正确的经营战略和有效的风控制度,才能从大量的市场需求中确定相应的产品风险对价以获得风险补偿;打破价值与成本互替定律,走出优质的产品线和合规的经营线。

(一)明确信保业务的法律性质为保险

保险公司经营的就是保险,从法律到监管,从保险公司到放贷机构,再到融资主体,都应当认清信保业务的性质和功能,不能扩大其范围。一份合同属于保险合同还是担保合同,需要从其主要功能和目的角度进行判断,保险的基本功能是分散风险和补偿损失,担保的基本功能是保障债权的实现,主要靠项目自身的反担保措施覆盖项目本身损失,二者主要功能明显不同。

(二)匹配风险特征的风险管控方式

保险采用的风险管理技术主要是风险分散机制,利用大数法则对被保险人的风险发生频率和损失程度进行概率测算和定价,通过集合更多的风险单位降低风险发生概率,从而达到降低风险的目的。信保业务的风险特征体现为可控个体风险的大规模聚集,采用的风险管理方法主要是风险回避机制,即通过规避特定的风险单位和风险行为,避免风险事故的发生。这便对个体风险的精细管理提出了更高的要求,因此,应建立精准、严密的风险筛查机制,建立覆盖全流程的风险管理机制,建立科学、合理的风险定价机制,通过将业务系统与征信系统相连,实现风险的实时监控等。

(三)坚持产品开发的原则

1. 信保业务开发应遵守产品开发原则

保单条款设计和操作中,不得无限扩大保险责任范围,要设定责任免除条款;要采用保险单证,明确双方权利和义务,避免采取可能混淆其保险性质的形式。同时,在与外部机构合作时,慎重对待合作协议、保单批注约定,不得随意变更保险条款,任意承诺保证责任或变更保险责任本意。

2. 合理确定费率,正确看待客户的综合借款成本

保险公司收取的是保费,与银行收取的利息不同,不能把保费直接计算到借款的年利率当中去。如果借款人的综合借款成本超过了年化24%,甚至更高,司法实践中可能会被认为有"规避利率红线之嫌",从而被司法机关视为职业放贷人,丧失诉讼追偿权利。因此,利率、费率、违约金等问题,值得保险公司与合作方进一步深入思考。

3. 开展信保业务应遵守的基本要求

开展信保业务,应当坚持依法依规、小额分散、稳健审慎、风险可控的经营原则;应当遵守偿付能力监管要求,确保信保业务的整体规模与保险公司资本实力相匹配;同时关注底层风险,不经营底层资产复杂、风险不可控、风险敞口过大的业务。

（四）坚持风险共担的原则

1. 坚持市场化的风险共担机制

建立一定比例的风险共担机制,并在保险合同中明确各方权利义务,通过风险责任共担增强获客方的风险意识和责任心;有效降低保险公司摄入风险的概率;在发生风险事件时亦可有效分散风险,降低经营结果影响。因此,风险共担机制是保障市场化合作类信保业务可持续发展的有效手段。

2. 建立专门的信息共享机制

各方成立专门的工作部门开展信保业务,便于加强相互之间的交流与信息共享。无论是在贷款发放初期,还是后期对借款人经营状况的掌握,合作机构所掌握的借款人的各项信息,尤其是借款人过往的履约情况及其现有经营状况,对于保险公司来说都至关重要。

（五）坚持自主的风险管控

保险公司以往较多采取风险管理和贷后追偿完全依赖贷款平台的"反担保模式"和"共担模式",将风险管理和贷后追偿完全交给贷款平台,导致对风险管理知之甚少,完全失去了对信用风险的掌控,陷入被动地位。因此,保险公司应当建立对保险标的全流程和多层次的风控体系。全流程包括保前评估、保中监控、催收追偿三个环节,包括对交易对手主体信用、基础资产风险及交易结构设计进行全面的评估。

（六）债务清收处置能力

1. 不同增信措施的法律效力及关系

除贷款保证保险之外,增信措施还包括第三方担保、抵押担保或质押担保等,多重

担保机制下如何赔偿、如何追偿,在保证保险的核保、核赔等关键节点,应厘清债权债务以及担保关系,尽可能地控制或降低阶段性风险。

2. 依法合规地开展追偿

保险公司应当依法合规地开展追偿催收工作,对于委外催收的,应当与催收机构制定业务合作规则,明确双方权利义务,加强对催收机构业务的行为管理,严禁委托涉黑涉恶机构和个人催收。催收时,不得以暴力、胁迫、恐吓、侮辱、诽谤、骚扰等方式,以及冒充公、检、法等国家机关工作人员等行为进行催收,发现催收机构采用非法手段催收的,应立即停止合作关系。

3. 建立失信惩戒机制

将企业和个人的失信行为纳入人民银行征信系统,并对失信行为施加取消各类优惠政策、补助等资格的威慑措施,同时加大对恶意骗贷等行为的打击力度。

4. 建立对债务人贷后偿还能力的动态管理

债务人的动态偿还能力具有一定的不确定性,保后管理中,要及时跟踪投保人、合作机构等主体的情况,并认真排查偿债能力、经营风险等,甚至需要对社会经济环境、整体债务状况具有高度的评估能力。保险公司保后管理人员要及时向合作资金方了解逾期具体情况,辨识履约义务人是否存在主观恶意;与资金方共同协商如何对逾期未还款项向履约义务人进行催收;强化过程管理,明确合作方管理缺失导致风险传递的问题;对追偿机构等合作方设定资质条件,对追偿工作的合法性提出要求等。

从多家公司"踩雷"到不少险企信保业务赔付率攀升,可看出信保业务具有高风险高赔付的特征。在信用缺失的整体环境下,并非所有险企都适合涉足信保领域。保险公司应当清醒地认识信保业务的风险特征,应明确业务发展定位,切勿盲目求大。面对资本市场、大额信贷业务、民间融资等多方强烈的融资增信需求,保险公司应认清自身状况和风险管理能力,审慎开展业务,切勿追求短期利益和保费规模,在没有具备精准的信用风险科学管控能力之前,应持敬畏之心。

参考资料

[1] 王德明:《一种新类型独立保证——〈九民纪要〉发布后对融资性保证保险法律性质之再检讨》,《保险理论与实践》2020 年第 6 期。
[2] 任自力:《保证保险法律属性再思考》,《保险研究》2013 年第 7 期。
[3] 贾林青:《重构保证保险制度的法律思考》,《保险研究》2012 年第 2 期。
[4] 李利、许崇苗:《论保证保险合同法律关系——兼谈汽车消费贷款保证保险合同》,《保险研究》2010 年第 7 期。

融资性保证保险的实务困境及突破路径

杜晓琳*

[摘　要]　保证保险发展的突破点和风险点在于融资性保证保险。厘清融资性保证保险的风险特征,匹配行之有效的监管措施和风险管理,是发展好融资性保证保险的关键。理论界对融资性保证保险的法律属性探讨较多,但对其风险特征的讨论较少,本文立足于风险特征带来的实务困境视角,探讨融资性保证保险的实务突破路径。从风险特征来看,信用风险的个体性与保险经营的集合性之间的矛盾,形成了融资性保证保险业务经营的实务困难。融资性保证保险发展的实务突破路径是,统一明确其保险的法律属性,围绕其信用风险个体性的风险特征,严控风险,立足保障,精细管理,合作共赢。

[关键词]　融资性保证保险;保险;信用风险;精细管理

一、引　言

保证保险自被写入《财产保险合同条例》经历过两次爆发式增长,但都因风险过高监管收紧而渐渐式微。第一次快速增长是,汽车消费贷款保证保险(以下简称"车贷险")在1998年中国人民银行颁布《汽车消费贷款管理办法》后,得到迅猛发展。这次发展,以2004年4月原中国保监会以发布通知的形式对该业务进行规范整顿而收尾,车贷险全面停办。第二次快速增长,是互联网金融风险专项整治、P2P网贷风险专项整治工作领导小组办公室于2017年末下发"141号文"(《关于规范整顿"现金贷"业务的通知》整治办函〔2017〕141号)[①]出台后,"助贷＋保险"的模式成为行业常态,依托消费金融和P2P平

---

*　杜晓琳,中国人民财产保险股份有限公司法律合规部业务主管,公司律师。本文原载于《保险理论与实践》2021年第8期。

①　《关于规范整顿"现金贷"业务的通知》(整治办函〔2017〕141号)针对"具有无场景依托、无指定用途、无客户群体限定、无抵押等特征的'现金贷'业务",在第一条第一项规定:"设立金融机构、从事金融活动,必须依法接受准入管理。未依法取得经营放贷业务资质,任何组织和个人不得经营放贷业务。"并在第三条第三项规定:"银行业金融机构与第三方机构合作开展贷款业务的,不得将授信审查、风险控制等核心业务外包。'助贷'业务应当回归本源,银行业金融机构不得接受无担保(转下页)

台,贷款保证保险(以下简称助贷险)得到迅猛发展。这次发展,以 2020 年监管部门对网贷平台的压降、退出政策收尾,助贷险发展速度放缓。综观两次起落,车贷险和助贷险都属于融资性保证保险,保证保险的发展突破点在于融资性保证保险业务,风险点也在于融资性保证保险业务。因此厘清融资性保证保险的属性,根据其本质属性和特征,施行行之有效的监管措施和风险管理,是发展好保证保险的关键。

二、风险特征带来的实务困境:信用风险的个体性与保险经营的集合性

融资性保证保险的法律属性探讨体现的是其法律关系定位的争论,而其作为保险业务的经营失败,则源于保险公司对其风险特征的认识不健全。区别于一般保险经营的集合性,融资性保证保险的风险管理呈现出更多的个体性。融资性保证保险业务的发展必须取得规模与风险控制的微妙平衡。

融资性保证保险的两次腾飞均起源于市场需求(汽车消费、消费金融),开端于政策认可(1998 年《汽车消费贷款管理办法》,2017 年《关于规范整顿"现金贷"业务的通知》),均恰逢保险公司发展商业非车险、调整业务结构,因此得到快速扩张。但是,未厘清风险特征的快速扩张,带来的却是风险的快速聚集,典型的就是最近一次的"助贷险"失败。

依据保险年鉴的数据,保证保险保费收入自 2017 年起呈快速增长趋势,2017 年保费规模达到 386.28 亿元,相较于 2016 年的 170.29 亿元同比增速达到 115%。2017 年—2019 年,保证保险保持快速增长趋势,到 2019 年,全行业保证保险保费收入达到 843.10 亿元。[①] 从保证保险的市场竞争格局来看,保证保险保费市场占比前三的分别为平安产险、阳光产险、人保财险。其中,融资性保证保险贡献了绝大部分力量。

但是,从"侨兴债事件"开始,拉开了融资性保证保险业务高风险"暴雷"的序幕。新浪财经报道,浙商财险向侨兴集团发行的私募债提供履约保证保险服务,合计保险金额涵盖私募债的本息共计 11.46 亿元。从 2016 年 12 月 15 日起,侨兴债出现违约风险,浙商财险面临保证保险的大规模理赔。自 2016 年至 2019 年的四年间,浙商财险累计亏损约 21 亿元。[②]

另一个头部险企亏损的例子是人保财险。人保财险在不具备对个人融资性信用保

(接上页)　资质的第三方机构提供增信服务以及兜底承诺等变相增信服务,应要求并保证第三方合作机构不得向借款人收取息费。""现金贷"业务准入的限制以及资金来源风控的严格要求,促使助贷公司引入保险公司的"助贷险"进行增信,推动了"助贷险"业务的快速发展。

①　《中国保险年鉴 2017》《中国保险年鉴 2018》《中国保险年鉴 2019》,《中国保险年鉴》社,2017年、2018 年、2019 年。

②　https://finance.sina.com.cn/roll/2020 - 10 - 27/doc-iiznezxr8293199.shtml。

证保险足够的风控能力的情况下,合作多家个人融资性信保产品,这里包括舆论影响较大的与"玖富"的 23 亿元纠纷。2019 年,人保财险对此单一险种计提超过 28.8 亿元坏账准备,并在 2020 年逐渐收紧对该产品的理赔上限,甚至暂停部分分支机构的该业务产品。①

2019 年,头部险企中,除平安产险保证保险实现承保利润 15.52 亿元②以外,人保财险和阳光产险均为亏损状态。人保财险信用保证保险承保利润亏损 28.84 亿元③,阳光产险保证保险承保利润亏损 1.62 亿元④。平安产险保证保险虽然实现盈利,但承保利润从 2018 年的 22.05 亿元也下降到 15.52 亿元。其他涉及 P2P 融资性保证保险业务的保险公司,安邦财险、富德财险、易安财险、华农财险、太平财险合作、长安责任、天安财险、安心财险等也相继传出亏损消息。⑤ 在融资性保证保险业务领域取得佳绩的保险公司凤毛麟角,保险行业几乎全军覆没。

实际运行情况暴露了保险公司对信用风险个体性特征的认识不清,和对个体信用风险管理的经验缺乏。融资性保证保险的业务发展似乎存在着一个发展悖论,认定为保险,就应当是保险式经营模式,用规模来分摊风险,但盲目扩大规模会模糊个体风险,并导致风险的聚集,一旦风险控制不当,就会导致风险的集中爆发。融资性保证保险的两次腾飞也对应着两次探索失败,究其原因,是对信用风险个体性的忽视。实际上,融资性保证保险虽然不是担保,但在风险特征方面与担保呈现出非常多的共性,特别是在大量风险聚集时,对风险总量的控制其实源于对单个债权的风险识别和风险管理。信用风险的个体性与保险经营的集合性之间的矛盾,形成了融资性保证保险业务经营的实务困境。

（一）对信用风险个体性的忽视:风险判断过于粗放

1. 没有认识到"助贷险"的市场定位决定了其客户构成多为次级客户,信用风险较难把控

"助贷险"本轮的发展得益于 2017 年末的"141 号文","无场景依托、无指定用途、无客户群体限定、无抵押"等特征的"现金贷"业务,其掠夺性的定价机制引起监管部门的重视,并对其进行严格规范。"141 号文"下发后,助贷公司撮合资金融通的来源只能是有资质的持牌金融机构。但鉴于银行对信贷风控的要求一向严格,助贷公司如果没有进一步的增信方式,很难从银行获取资金。因此,助贷公司在助贷链条中引入了保险

① https://finance.sina.com.cn/money/insurance/bxyx/2020-06-16/doc-iircuyvi8756881.shtml。
② 《中国平安财产保险股份有限公司 2019 年年度信息披露报告》。
③ 《中国人民财产保险股份有限公司 2019 年年度信息披露报告》。
④ 《阳光财产保险股份有限公司 2019 年年度信息披露报告》。
⑤ 雷赛兰:《中华财险保证保险踩雷或包袱难甩,业内:严控风险实施全周期管理》,搜狐网,https://www.sohu.com/a/336914504_250147。

公司的融资性保证保险。但这些从"现金贷"业务中承接来的客户,大多数本来就是达不到银行信用要求的次级客户,否则也不会以更高的利率从助贷公司渠道借款。而次级客户的信用风险管理,在全球范围都是管理难题,遑论信用风险管理经验缺乏的保险公司。

2. 忽视了个体信用风险受社会经济环境影响的共发性,错误地采用了激进的市场营销策略

信用风险具有区别于一般风险的偶发性,在社会经济环境恶化的情况下,信用风险往往集中爆发,形成巨亏。但是保险公司在经营助贷险时,为抢占市场,仍采用激进的市场营销策略。在部分业务中,为快速"上规模",保险公司在商业条款中对风险上限设置较高,甚至不设置上限,对于资金方的全部损失,进行"无上限坏账赔付"。[①] 没有匹配风险转移机制和风险管理措施的"无上限坏账赔付",一旦发生风险,就会带来连锁反应,形成巨亏。

3. 过于依赖第三方,失去风险判断的第一手资料

绝大部分保险公司经营"助贷险",获客及营销依赖助贷公司,贷中监测和贷后管理也全部外包给助贷公司,这就导致保险公司对风险规模和风险变化情况的认识是极为模糊的。保险公司完全依靠助贷公司建立的"数据模型"来选择业务或者照单全收,完全依靠助贷公司的数据监测来掌握业务情况,最后又完全依靠助贷公司进行追偿催收。而助贷公司由于风险已经转嫁给保险公司,并没有动力投入成本,对信用风险进行精细管理。从实际情况来看,助贷公司提供的数据也往往并没有经过严密分析,并没有实现信用风险的实质管控,无法让保险公司根据客户的特点采用相应的风险管理工具和风险抵补机制。

(二) 对个体信用风险精细管理要求的忽视:风险管理方式定位错误

融资性保证保险的风险特征体现为可控个体风险的大规模聚集。针对融资性保证保险,从个体角度看,风险很大程度上是可以人为控制的,因此,保险公司对个体风险的管理有决定作用。而一般来说,保险公司承保的其他物质损失风险,对个体而言,很大程度上风险是其不可控制的,因此,对个体风险的管理投入成本相对较少,但由于个体风险在群体中是随机分布的,保险公司能够以规模聚集的方式进行风险分摊。

一般保险采用的风险管理技术主要是风险分散机制,利用"大数法则"原理,对被保险人的风险发生频率和损失程度进行概率测算和定价,通过集合更多的风险单位数量降低风险发生概率,从而达到降低风险的目的。

而融资性保证保险采用的风险管理方法主要是风险回避机制,通过规避特定的风

---

① 《人保将和 360 金融、分期乐签协议,赔付比例从无上限改为保费的 150%》,新浪财经网,http://finance.sina.com.cn/stock/relnews/us/2020 - 05 - 13/doc-iirczymk1363960.shtml。

险单位和风险行为,主动干预风险事故的发生,这对个体风险的精细管理提出了更高的要求。对融资性保证保险的风险管理,如果完全采取一般保险的风险管理策略,就会忽视个体风险的管理,在业务规模的放大作用下,造成风险的失控。

(三)互联网平台的双刃剑,在快速扩大规模的同时,也模糊了个体风险,使风险快速聚集

融资性保证保险从第一轮的"车贷险"发展到第二轮的"助贷险",很重要的变化因素是互联网平台的加入。互联网平台的规模效应,使得保险公司的融资性保证保险业务迅速扩大了保费规模。但未厘清风险的盲目扩张,也模糊了个体风险,使保险公司忽视了风险的快速聚集。当保险公司发现风险之时,风险已经扎根,积重难返。

三、融资性保证保险的实务突破路径探讨

当前,外部经济形式复杂多变,内部金融征信数据仍覆盖不足,信用借贷业务的覆盖率仍待完善,广泛的长尾借贷需求仍需被满足。尤其是新冠疫情以后,经济增长活力的激发还要依靠需求端拉动。在国家"十四五"规划中,专章强调了"加快培育完整内需体系"(第十四章)和"全面促进消费"(第十四章第一节),明确将"规范发展消费信贷"纳入完善促进国内大循环的政策体系中(第十二章第四节)。从整体而言,在金融信用借贷领域,利用保险公司的风险管理能力和风险管理经验,通过保险公司庞大的营销和管理网络,为中小企业及个人用户个性化的需求提供"保障、增信及融资"的金融服务,为个性化的风险提供专业、精准的精细管理,对我国构建一个更为稳健、多层次、多维度且具备抗冲击能力的金融借贷体系将起到重要的作用。从需求端来看,融资性保证保险可以通过增信达成消费者借贷诉求。从供给端来看,保险公司经营融资性保证保险可以稀释社会信用风险,并且依托"保险+科技"的红利,保险服务便捷度会得到进一步提升。综上,长远来看,政策支持与外部需求的双重动力,使得保险公司经营融资性保证保险的发展仍有空间。但必须注意的是,发展的前提是明确其属性,定位其发展路径。

(一)明确融资性保证保险的法律性质为保险,为统一司法裁判提供依据

国家对保险公司的定位决定了保险公司经营的就应当是保险,由保险公司经营的就应当是属于保险属性的融资性保证保险业务。从法律到监管、从保险公司到银行到融资主体,都应当认清融资性保证保险的性质和功能,不能扩大其范围。

1.法律规定及司法裁判对其性质的认定应统一

建议《中华人民共和国保险法》修订中,对融资性保证保险属于保证保险进行明确,为融资性保证保险的法律性质确认提供依据。《最高人民法院关于〈民法典〉有关担保制度的解释(征求意见稿)》在征求意见时曾经在第三十五条中明确保证保险纠纷适用

保险法,遗憾的是,在征求意见后最终颁布时并未采纳,这可能是多方权衡的结果。但是,定纷止争的最好方式,应当是统一裁判依据,建议时机成熟时予以完善。

2. 保险公司在经营融资性保证保险业务时,不应有混淆其性质的行为

保险公司在设计融资性保证保险产品时,要按照保险产品去设计。第一,不得无限扩大保险责任范围,要设定责任免除约定;第二,要遵照最大诚信原则,明确投保人的如实告知义务;第三,保险单证也应采用一般保险单证格式,明确双方权利义务,而避免采取可能混淆其保险性质的形式。

(二)重视融资性保证保险业务的风险特征,围绕信用风险的个体性制定风险管控策略

保险业已经"两次踏入同一条河流",失败的惨痛教训已经充分证明,忽视融资性保证保险的风险特征,一味"上规模"是行不通的。早在 2004 年,原中国保监会答记者问时,就归纳了车贷险业务的经营风险成因,一是没建立起健全的信用数据体系,缺乏信用监督机制,以及配套的惩戒机制。二是对产品设计思路不完善,未限制和框定责任范围,借款人的道德风险较高,很难管理。三是保险公司对车贷险的风险意识不够,盲目发展而缺乏管理,风控能力不足。四是整体社会经济情况变化,引起车贷险风险集中爆发。①

"车贷险"失败后,从监管部门到保险主体,已经在具体业务层面认识到了客户筛查、产品设计、风险认识、社会环境预估等方面存在的不足。但可惜的是,随着"车贷险"业务的叫停,保险业并没有深入挖掘融资性保证保险的实质风险特征。十几年后,对同属于融资性保证保险业务的"助贷险"业务,各家保险公司仍怀揣陈旧的思路,一些保险公司甚至由于"车贷险"从业人员换代的影响,完全"遗忘"了之前的经营风险,在没有完全摸清这一新型险种的风险特征的情况下,还没"磨好金刚钻",就"揽了瓷器活"。

对于保险公司来说,应当清醒认识融资性保证保险业务的风险特征,应当围绕信用风险的个体性制定特殊的经营策略。即便面对经营压力,也应避免快速"上规模"的常规思路,要警惕融资性保证保险的高风险性,在没有建立起精准的信用风险科学管控能力之前,不可草草入场。保险公司必须在融资性保证保险业务领域找准定位,合理进行业务选择。传统财产保险公司在建设好全套硬件、软件的风险管理体系前,应先剥离高风险融资性保证保险业务。而如果选择经营融资性保证保险业务,就必须具备对个体信用风险的精细管理能力。

1. 建立精准、严密的风险筛查机制

融资性保证保险业务承保环节需要对投保人的未来收入水平、履约习惯、预期收入

---

① 《车贷险日渐显现三大问题》,中国法院网,https://www.chinacourt.org/article/detail/2004/02/id/103463.shtml。

等进行背景调查和专业判断,运用专业的计算模型判断风险,回避高风险客户。保险公司开展融资性保证保险业务,首先需要解决的问题就是判断信用价值,判断履约风险,这对保险公司的专业管理能力提出了更高的要求。

2. 建立覆盖全流程的风险管理机制

对个体风险需要进行精细的过程管理,涵盖保前、保中和保后全流程。保前要避免违约风险较高的履约义务人投保,保中要避免履约义务人违约行为的发生,保后要避免履约义务人违约金额无法追回。

3. 建立科学、合理的风险定价机制

对于一般保险而言,保险费率通常主要由损失率决定,风险概率对每一个主体是相对平均的。但对于融资性保证保险而言,每一个风险单位的风险大小各有不同,甚至在不同时期会出现波动,需要对其建立科学合理的定价机制,将诸多风险因素全部纳入其中,例如投保需求预测、风险的规模、保额要求的影响、风险的性质、已知风险的类别、信用延伸的价值、信用风险的程度、所要求的服务的性质、代理费标准、再保成本以及逆向选择的影响,等等。[①]

(三) 布局先进技术领域,打磨精细业务管控能力

中小客户,尤其是次级客户的信用风险管理,是世界性的难题。信贷风控是一个宽泛的概念,客户筛选、调查、授信、签约、放款、支付、跟踪、收回的全流程都涉及风险管理,大部分环节并不为保险公司所掌握。[②] 运用先进技术打磨精细业务管控能力,是未来保险公司发展融资性保证保险不可回避的课题。

1. 推动大数据与量化建模的深入应用,优化客户画像精准度

当前,我国个人信用体系以及小微企业信用体系尚未建立完善,个人和小微企业信用数据并不全面。一方面,保险公司要依靠社会信用体系建立信用数据模型,实现信用数据的共享和接入,在最大范围内掌握个体信用数据,实现个体信用识别和管控。另一方面,保险公司也应布局自身大数据与量化建模建设,将数字建设纳入客户画像,优化客户画像的精准度,提升风险管理能力。

以平安集团为例,平安银行 2020 年年报显示,在数据治理方面,制定基础数据标准超 2000 项、指标数据标准超 500 项。截至 2020 年年末,核心数据资产可查可用率达到 96%。[③] 平安集团已经开始布局大数据战略,利用数字分析搭建量化管理模型,将金

---

① 蒋昭昆:《信用保证保险:行业的"增长点"还是"引爆点"》,《保险理论与实践》2020 年第 7 辑,第 96 - 103 页。

② 李政明、陈劲松:《保证保险的法律属性、实务困境与完善建议》,《保险理论与实践》2020 年第 11 辑,第 133 - 144 页。

③ 《平安银行股份有限公司 2020 年年度报告》。

融创新技术运用到尽职调查、价值发现、资产定价、撮合交易等信用风险管理的全流程中。

在融资性保证保险业务领域，保险公司未来应当建立起个体信用数据库，结合自身客户数据分析优势，建立信用数据模型，为融资性保证保险业务夯实基础。

2. 探索区块链技术在信用风险管理领域的应用

流程设计的科学性不仅是业务风险管控的要求，也是监管政策的导向。[①] 从"保前"的信用审核、客户画像，到"保中"的风险监控、征信数据对接、多维度信用数据分析，再到"保后"的提高追偿效率、降低追偿成本，提升追偿率。业务流程的设计务必实现全流程闭环管理。

信用风险管理的难点在于个体的分散性、信息的不透明及不可追溯。区块链技术以其分布式记账方式的特性，恰好可以串联起信用风险管理的全流程，打通"保前""保中""保后"的各个环节。数据存储和处理的实时性，也可以解决融资性保证保险业务数据缺失和追偿难的问题。近年来，区块链技术的研究逐步发展，应用已经越来越广泛。2016 年 12 月 28 日，国务院印发的《"十三五"国家信息化规划》，将区块链技术列为规划项目之一。未来，保险公司也应及早布局区块链技术的投入和应用，提升融资性保证保险业务的全流程管控能力。

3. 运用现代管理理念，细分市场积累类型化风险管理经验

运用现代管理理念进行分类管理，才能平衡管理人员不足与风控要求严格的客观矛盾。从产品的设计来看，各个保险公司融资性保证保险业务的条款大致趋同，并无实质差别，以传统保证保险产品为主，风险共担机制设置不足。

融资性保证保险业务的发展路径应当是精细管理，这就要求保险公司要运用现代管理理念，对客户群进行分类管理，细分市场积累类型化风险经验。针对不同资信的客户类型和风险状况，开发不同的产品，配套不同的风险控制措施。对风险的精准管控，要在承保源头就作出区分。

（四）融资性保证保险的风险管理不能假手于人，精准管控的前提是独立管控

如果说提高融资性保证保险业务质量的关键在于对其风险特征的准确把握，那么，准确把握其风险特征的前提就是独立管控，不假手于人。监管部门显然也已经注意到了独立管控的重要性，银保监会在专门针对融资性信保业务的最新监管文件"一个办法，两个指引"（2020 年 5 月，银保监会发布《信用保险和保证保险业务监管办法》；2020

---

① 　银保监会发布《信用保险和保证保险业务监管办法》，在第三章第十二条中强调"建立涵盖信保业务全流程的业务系统"，并发布《融资性信保业务保前管理操作指引》和《融资性信保业务保后管理操作指引》，细化融资性信保业务全流程管理的要求。

年 9 月,银保监会发布《融资性信保业务保前管理操作指引》和《融资性信保业务保后管理操作指引》)中,明确了融资性信保业务独立管控的监管精神和详细要求。

过去保险公司对融资性保证保险业务的经营,较多的是采取风险管理和贷后追偿完全依赖贷款平台的"反担保模式"和"共担模式",采取"自营模式"的只有极少数。实践证明,在高风险的融资性保证保险业务中,将风险管理和贷后追偿完全交给贷款平台,保险公司对风险管理知之甚少,完全失去了对信用风险的掌控,完全陷入被动地位。反观在融资性保证保险业务中硕果仅存的平安产险,由于依托平安集团的普惠信贷业务,其自身就拥有一支规模庞大的信贷服务团队。由于与平安集团内部专业公司的紧密合作,并在应用金融科技的前提下,业务风险整体可控,提升了信用保证保险的业务质量与规模。[1]

(五)对融资性保证保险业务进行风险隔离,由专营保险公司进行专业运营

从传统财产保险公司的运营来看,建立起对信用风险的精准管控能力,建设好全套硬件、软件的风险管理体系,成本非常高,需要长久打下基础。由于当前保险公司主体较多,竞争激烈,保险公司抢占市场的过程往往极易引起恶性竞争,一再压低费率,枉顾风险,削弱机构偿付能力,不利于保险公司和金融市场的长远发展。

设立信用风险的专营保险公司进行专业运营,由银保监会统一监管,提高行业集中度,可以将信用风险与传统保险风险隔离,将信用风险限定在有限的领域,避免引起保险领域的系统性风险,有利于社会经济的稳定。

---

[1] 《融资性信用保证保险行业发展白皮书》,众安金融科技研究院,2019 年 12 月。

出口信用保险在一带一路"小而美"项目中的保险融资方案设计及相关法律问题研究

刘慧峰　耿颖英[*]

[摘　要]　出口信用保险自 1988 年发展至今,虽不为普通民众熟知,但在拉动出口中的作用至关重要。在中国入世之初、全球金融危机爆发时及"一带一路"倡议提出之后,出口信用保险这一政策性金融工具在我国外向型经济发展的背后始终发挥着"四两拨千斤"的稳定调节作用。随着外贸产业升级和传统外经业务市场瓶颈的不断增强,在中国企业近20 年来大规模开展海外基础设施建设后,"小而美"项目成为人类命运共同体这一宏大命题在"一带一路"沿线国家的双赢选择。在此类项目的落地过程中,出口信用保险通过灵活的保险融资方案设计,为中国企业及国外业主解决了信用风险,搭建了融资结构,推动了产能合作。而出口信用保险背后所隐含的大量法律实务问题是中国企业在开展"小而美"项目时无法绕开的问题。本文通过简述出口信用保险的发展及作用,对出口信用保险在"小而美"项目中的五种模式运用进行了模拟案例分析,以期对研究海外项目法律问题的同仁有所裨益。

[关键词]　出口信用保险;"小而美"项目;涉外项目法律实务

一、出口信用保险的发展及作用

(一) 出口信用保险在中国的发展历程

自改革开放以来,中国经济发展有几个关键时点,均有出口信用保险的一席之地。也可以说,出口信用保险与中国外向型经济发展相生相伴。一是 1994 年分税制改革,中央预算收入占比大幅提升 33 个百分点,进而推动各地招商引资,扩大税源,制造业的迅猛发展为中国加入全球化打下基础。同年 1 月,汇率双轨制并轨,极大调动了企业扩大出口创汇的积极性。4 月,中国进出口银行成立,承办中长期出口信用

---

*　刘慧峰、耿颖英:中国出口信用保险公司江苏分公司。

保险业务。[①] 5 月,《中华人民共和国对外贸易法》颁布实施,将出口信贷、出口信用保险、出口退税列为三大对外贸易促进政策。[②] 一系列举措为中国出口铺就了金融和法律基础。二是 2001 年,中国加入 WTO。此后 20 年,高速的出口增长拉动中国经济引擎飞驰向前。而入世后一周即告成立的中国出口信用保险公司(以下简称"中国信保"),对中国出口增长的贡献功不可没。[③] 这家在中国对外经贸发展中具有特殊地位的金融机构,是由国家出资设立,旨在支持中国对外经济贸易发展与合作,具有独立法人地位的国有政策性保险公司。该公司的经营宗旨是:"通过为对外贸易和对外投资合作提供保险等服务,促进对外经济贸易发展,重点支持货物、技术和服务等出口,特别是高科技、附加值大的机电产品等资本性货物出口,促进经济增长、就业与国际收支平衡。"自 2001 年以来,中国信保累计支持贸易和投资 6.2 万亿美元,为超过 24 万家企业提供了信用保险及相关服务,向企业支付赔款 178 亿美元,实现融资增信保额超过 4 万亿元。三是 2009 年,全球金融危机,我国出口断崖式下滑。为拉动投资,4 万亿政策出台,带动 GDP 增长的同时,埋下了经济过热的隐患。[④] 为拉动出口,国务院常务会议确定稳定外需措施第一项即为"完善出口信用保险政策",并安排短期出口信用保险承保规模 840 亿美元。在短短不到一年的时间里,出口信用保险实现几何数的承保扩张,有力保障了中国出口在当年 8 月企稳回升,至年底实现强势增长[⑤],对外贸易加速复苏。"840"也成为中国出口信用保险发展史上划时代的符号。[⑥] 四是 2015 年,《推动共建丝绸之路经济带和 21 世纪海上丝绸之路的愿景与行动》正式发布,中国信保成为"一带一路"领导小组成员单位,深入参与推动"一带一路"建设工作。自 2015 年起,国务院政府工作报告连续八年明确提及"出口信用保险"有关内容。也是自 2015 年以来,中国信保业务总规模在全球官方出口信用保险机构(ECA)中始终排名第一。五是 2020 年,中美

---

① 我国出口信用保险业务始于 1988 年。当时,随着对外开放的扩大,经中国人民银行批准,中国人民保险公司设立了出口信用保险部,经营短期出口信用保险业务。1994 年,为扩大对机电产品和成套设备等资本性货物出口的政策性金融支持,成立了中国进出口银行,同时开办出口信用保险业务,重点是中长期出口信用保险业务。

② 该表述在 2016 年修正《中华人民共和国对外贸易法》时依然保留。

③ 自中国人民保险公司开办出口信用保险业务至 2021 年中国信保成立,我国出口信用保险累计承保总额为 200.79 亿美元。中国信保成立后,2002 年承保规模达 27.5 亿美元,2003 年为 57.1 亿美元,2004 年为 133 亿美元。三年以来的承保额超过成立前 13 年的承保总额。而出口信用保险随后的发展更将推动中国出口强劲增长。

④ 不断推高的过剩产能和中国出口长期顺差带来的贸易摩擦,推动中国企业"走出去",参与更大范围的全球资源配置。这也是本文后续讨论"小而美"项目的市场前因之一。

⑤ 据海关统计,2009 年 12 月,我国进出口总额 2430 亿美元,同比增长 32.7%,环比增长 16.7%;其中出口 1307.3 亿美元,为历史上月度出口额第四高位,同比增长 17.7%,环比增长 15%。

⑥ 中国信保的业务规模自成立时的 27.5 亿美元增长至 2021 年的 8300 亿美元,2009 年是其中最为重要的一年。2009 年,中国信保实现承保金额 1166 亿美元,突破千亿美元大关,是上年的 1.9 倍,掀开了出口信用保险加速发展的篇章。

贸易摩擦加剧,新冠疫情暴发,国内产业链供应链堵点增多,出口订单外流和产业外迁压力加大,市场主体预期不稳。2020 年,党中央多次对出口信用保险工作做出重要部署,要求充分发挥出口信用保险作用。当前,党中央、国务院在稳住经济大盘和稳外贸稳外资工作部署中,再次对出口信用保险发挥跨周期调节作用提出更高要求,该政策性金融工具的重要性也进一步凸显。

(二)出口信用保险的功能作用

虽然短期出口信用保险已在中国保险业逐步放开,但中国信保仍是当前经营出口信用保险业务最主要的市场主体。目前,中国信保的产品和服务体系不断完善,已经形成了出口买方信贷保险、出口卖方信贷保险、海外投资保险、海外租赁保险、短期出口信用保险、特定合同保险、国内贸易信用保险以及与出口信用保险相关的信用担保、应收账款管理、商账追收等产品服务序列。①

作为发挥对外经贸稳定器作用的金融工具,出口信用保险的作用主要体现在以下方面:一是帮助对外经贸企业开发海外市场,解决"有单不敢接"的问题。中国入世之初,随着对外开放的不断深入,面对需求旺盛而又陌生的海外市场,中国企业机遇与挑战并存。在出口方处于相对弱势市场地位或出口交易量日益增加的情况下,合同支付方式逐渐从信用证转向赊销,应收账款风险随之加大。出口信用保险通过承保出口合同项下应收账款的债权收汇风险,可增强企业接单信心,扩大对外经贸合作规模。二是配合解决对外经贸企业的融资问题,解决"有单无力接"的问题。在一般贸易中,如果通过赊销或远期信用证方式进行结算货款,出口企业将面临垫资采购的问题。如果现金流不足,即便订单规模扩大,也将存在因没有流动资金备货而无力接单的问题。通过将出口信用保险和银行的贸易融资业务相结合,因未来收汇风险已锁定,银行可为出口企业提供出口信用保险保单项下的融资业务,进而拉动出口增长。在境外工程承包项目或大型成套设备出口项目中,国外业主往往处于不发达国家,需要外部资金注入才能启动项目。中国信保可以通过与银行合作,为国外业主提供中长期融资,以解决其项目资金问题,进而带动中国企业"走出去"。三是帮助企业建立科学的风险管理体系。当今国际经济形势异常复杂,"黑天鹅""灰犀牛"事件频发。借助中国信保覆盖 200 多个国家和地区的资信信息渠道以及国别风险研究优势,依托独有的大数据平台,对外经贸企业可以利用出口信用保险构建自身的风控体系,进而实现业务高质量发展。四是在风险事件发生时发挥风险补偿作用。在对外经贸活动中,中国企业的交易对手一旦出现经营困难,将面临应收账款无法收回的困难。出口信用保险可以给予中国企业及时的赔付,保障企业稳定经营。

---

① 中国信保成立后,原中国人民保险公司承办的短期出口信用保险业务和中国进出口银行承保的中长期出口信用保险业务归入中国信保统一办理。随着出口企业对信用保险业务多元化需求的提出,随后增设了特定合同保险、海外租赁保险、担保等业务品种。

从外经①和外贸两个大的板块来看,出口信用保险可分为项目险和贸易险两大类业务。前者重点支持大型成套设备和机电产品等资本性货物的出口及境外投资业务,后者重点支持一般贸易(含服务贸易)的出口。因业务形态不同,两大板块的业务在承保思路、保险合同设计和功能性方面均有不同,但总的来说都具有开拓市场、促进融资、风控管理和损失补偿等四方面的作用。

二、海外项目中的出口信用保险合同结构

就本文所讨论的"走出去"项目而言,在出口信用保险的保单体系中,大体可以分为两类:中国企业境外投资项目,主要涉及海外投资保险②;中国企业开展境外工程承包或出口大型成套设备项目,主要涉及特定合同保险、出口卖方信贷保险③和出口买方信贷保险。④ 前者能够解决东道国政治风险问题,后者主要解决项目业主还款风险问题。本文重点讨论这四种出口信用保险合同的应用思路及相关法律实务问题。

(一)海外投资中的政治风险问题

随着企业国际化经营程度的不断提高,境外投资成为必由之路。有些企业随着国内生产成本的上升或欧美反倾销措施的加重,需要在境外投资设厂,如纺织服装行业的相关企业在东南亚国家开立加工厂便属此类。有些企业为了向产业链上游延伸,需要在境外获得原材料,如矿业企业在印尼和非洲等国家投资。从市场变化看,随着中国出口企业竞争力的减弱,将产能转移到更靠近具有资源禀赋的其他新兴市场是近十年来的趋势。柬埔寨、越南、缅甸等东南亚国家因地理位置优越,劳动力成本相对低廉,成为

---

① 根据我国商务部门口径,外经业务指对外工程承包、对外劳务合作和对外投资等对外经济活动,不包括机电产品出口业务,因此外经业务与项目险业务不具有一一对应关系。当前"小而美"项目中,境外建厂所需的成套设备是以一般贸易形式产生的,项目险对此类业务的应用也体现了对一般贸易出口的拉动。

② 海外投资保险的承保风险为东道国相关政治风险(一般包括战争及政治暴乱、汇兑限制、征收及政府违约)引发的中国企业在境外投资项目中的资本金及收益损失、股东贷款本金及利息损失,或银行在境外投资项目贷款中的本金及利息损失。

③ 特定合同保险的承保风险为中国企业在境外工程承包合同或其他出口合同中,国外业主破产或存在拒绝付款等合同违约行为,导致的合同项下的应收账款损失或应收账款确权之前的成本投入损失。一般该应收账款期限不超过 2 年。出口卖方信贷保险的承保风险与特定合同保险类似,但应收账款期限可长达 10 年之久,最长不超过 15 年。

④ 出口买方信贷保险业务与银行的出口买方信贷业务相伴而生。顾名思义,出口买方信贷保险是为银行的出口买方信贷提供中长期保险,承保风险为银行在跨境中长期出口买方信贷贷款项下,境外借款人的破产或拒绝还款等信用风险所导致的本金和利息无法收回的风险。

中国制造的出口区域。而印尼 1998 年发生的"黑色五月暴动"①、越南 2004 年对中资企业的打砸抢事件、缅甸 2021 年的"9·18 武装冲突事件"等也让中国企业在这些国家投资设厂时无法不考虑政治风险问题。

在跨境经营过程中,由于东道国大都处于不发达国家②,在当前地缘政治下,企业面临的最不可估测的风险便是东道国的政治风险。跨国投资项目固有的风险催生了投资保险市场。③ 2003 年,中国信保出具第一张海外投资险保单,产品条款最早脱胎于 MIGA 的保单。无论是中国信保还是国外的出口信用保险机构,海外投资险保单的承保范围一般都包括征收、汇兑、战争、革命、叛乱等风险,与双边投资协定中的风险类型吻合。

在海外投资保险条款中,最难界定的是"征收"风险。"征收"一般分为"直接征收"和"间接征收"。"直接征收"在实践中较为容易判别,而"间接征收"则因其隐蔽性、外延模糊性,极难界定。征收传统上通常指国家基于公共利益的需要对私人企业全部或部分资产实行征用,或收归国有。一国对其领土内的私人财产和外国财产实施国有化的权利在国际社会得到了普遍的承认。但一国在对外资实施国有化时,必须遵守条约义务和国际法,否则国家将对其行为承担责任。但随着全球经济一体化的发展,一国政府对经济实行管制的范围和方式也发生了变化,由原来国家所有和直接控制经济活动转变为以经济政策管理为主的间接控制。国际法上的征收理论也随之进一步发展。

"间接征收"概念出现的根源是国家征收行为与政府合法管理经济和社会事务的行为之间客观存在一个灰色区域。如何对这个灰色区域内的行为进行定性,直接关系到一国政府如何基于公共利益实施其管理职能和对外国投资者进行保护。各国对征收概念的认识存在分歧,致使法律界定和认定标准也不尽一致。总体而言,当前认定"间接征收"的国际法标准尚未成型,仍在不断的演变当中。仲裁庭在多年的实践中逐渐总结出认定"间接征收"的几个重要原则,包括:申请人必须证明财产权利是合法有效的,而政府的措施造成了对财产权利的显著剥夺;在决定政府措施是否适用于"警察权例外"时需考虑政府措施的性质;在评估是否发生"间接征收"时,需要考虑投资者基于投资的合理预期,需逐案分析。

---

① "黑色五月暴动"是指 1998 年 5 月印度尼西亚暴徒发动的一系列针对华人的暴动,也称为"1998 年印尼排华事件"。该暴动的直接导火索是 1997 年亚洲金融危机,印尼本币暴跌,燃油和粮食价格暴涨,国内民怨沸腾,国内反华势力由此挑起反华社会暴乱。

② 需要特别指出的是,中国企业为利用境外品牌、技术等资源优势开展的跨境并购类业务,以及为打开欧美市场而设立的平台销售公司大都位于发达国家。

③ 投资保险业最早出现于 20 世纪 50 年代,当时整个市场由官方保险人占据,目的是鼓励本国投资"走出去"。1985 年,世界银行集团的成员国决定设立一个国际组织专门负责海外投资保险,即多边投资担保机构(Multilateral Investment Guarantee Agency,以下简称"MIGA")。

(二) 海外工程及设备出口项目中的还款风险问题

在已开展的境外"一带一路"项目中,工程总承包和大型成套设备出口是重头戏,而资金问题是绕不开的核心商务问题。从金融的角度看,融资和风险是一体两面的,解决了风险闭环问题,就解决了融资结构问题。而融资结构的设计背后便是大量复杂的涉外法律问题。在这个意义上,融资结构设计的合理性问题,就是合同结构的可操作性问题。任何一笔跨境融资业务,均需论证法律上的可行性。一般来说,海外项目的资金来源有三类:

第一类是项目所在国的财政预算,此类多为政府公共项目,一些国家会通过主权借款或主权担保的方式对外举债,也称为主权类项目。主权类项目通常包括以下类型:一是根据一国法律法规或有关法令,由具备代表主权借款或担保职能的相关政府部门直接举债,或者为还款出具保证担保的项目,包括一国财政部、中央银行或其他实际履行类似财政职能的经济主管政府部门;二是由经一国中央政府或有关法律法规、法令临时授权的其他政府部门或机构等主体代表主权直接举债,或者为还款出具保证担保的项目。金融机构的审查重点主要包括主权举债或担保的合法性,包括但不限于主权举债/担保主体的职能权限、主权信用主体出具的担保函或其他担保性质的文件文本、举债/担保程序是否符合该国对外举债/出具主权担保的程序和要求等。如存在债务重组,需审查该举债/出具主权担保是否符合相关债务重组要求;项目债务国如为重债穷国,需审查其主权举债/担保是否受国际货币基金组织(IMF)等机构的限制等。此类项目曾一度是中国企业开展境外工程承包项目的主流模式,项目主要集中在非洲地区。但随着 IMF 对非洲国家以主权担保形式对外举债的相关约束,加之疫情对这类国家还款能力的影响,主权担保类项目在市场上日趋减少。①

第二类是由银行为项目业主提供长期贷款,而银行为规避贷款项下的风险,往往会以中国信保出具的出口买方信贷保单作为提款条件。出口买方信贷保单,是中国信保在"一带一路"项目中运用最多的金融工具,其保险合同的设计逻辑是由中国信保通过分析项目经济可行性和借款人的偿债能力,承保银行与境外借款人所签署贷款协议的还款风险,通过为项目找到合适的资金安排,进而帮助中国企业拿下项目。该保险合同结构由于涉及跨境贷款和担保等法律关系,中国信保需要对项目开展严谨的法律尽职调查。在贷款协议中,会安排一系列担保及风险缓释措施,必须确保保证担保协议的持续、合法、有效,论证资产抵押、股权质押、权益转让等协议符合当地法律且可执行。

第三类是由中国企业为项目业主垫资建设,该情况在当前中小项目中运用较多。由于存在较大比例的应收账款敞口,视垫资期限长短,中国企业会向中国信保申请特定

---

① 与十几年前相比,金融机构对当前主权类项目不仅需要评估一国的偿债能力,且对项目本身的经济可行性的分析日益看重,内含推动"一带一路"高质量发展的逻辑。

合同保险或出口卖方信贷保险。[①] 这两类产品的承保范围均是对外承包工程项目或大型成套设备出口项目在执行过程中,项目所在国政治风险,或项目业主破产、无力偿付债务、单方面毁约、恶意变更合同、拒绝付款以及其他违反商务合同约定致使合同无法履行等事项,对国内企业在商务合同项下所造成的应收账款损失。一般而言,特定合同保险适用于应收债权确立后 2 年以内的项目,出口卖方信贷保险适用于应收债权确立后 2 年以上的项目。在解决相关债权的风险问题后,中国企业可通过自身的资金优势为项目业主垫资建设,待项目建成并有现金流后逐步还款。

三、当前"小而美"项目的出口信用保险方案选择

近年来,为实现高标准、可持续、惠民生的目标,国家重点强调要打造高质量共建"一带一路"的标志性工程,提高示范引领作用,要将"小而美"项目作为对外合作优先项目,提升东道国民众获得感。"小而美"项目成为"一带一路"倡议中的热点。

(一)从"大写意"到"工笔画"

2013 年,我国首次提出"一带一路"合作倡议。2015 年 3 月 28 日,国家发展改革委、外交部、商务部联合发布了《推动共建丝绸之路经济带和 21 世纪海上丝绸之路的愿景与行动》,使"一带一路"倡议的目标和实施方针更加明确。"一带一路"倡议是一种以和平合作、开放包容、互学互鉴、互利共赢为理念,以政策沟通、设施联通、贸易畅通、资金融通、民心相通为主要内容的系统工程。从其战略实施主要内容看,基础设施互联互通是优先领域,投资贸易合作是重点内容。以上两点为战略实施硬件。同时,政策沟通是重要保障,资金融通是重要支撑,民心相通是社会根基,为战略实施提供政策、资金、社会环境的有力支持,可理解为实施软件。截至 2022 年 5 月,我国已与 150 个国家、32 个国际组织签署 200 多份共建"一带一路"合作文件。

过去几年,我国完成了共建"一带一路"总体布局,绘就了一幅"大写意",今后要聚焦重点、精雕细琢,共同绘制好精谨细腻的"工笔画"。自"一带一路"倡议提出至今已有九年,而"走出去"项目的形态也在悄然变化。在"大写意"阶段,路桥、电力等大型基础设施建设项目为"一带一路"主流,主权信用为主要融资路径,中央企业为主力军。随着"一带一路"画卷的展开、项目所在国基础设施的不断完善以及主权债务的上升,加之全球疫情的叠加影响,境外项目的经济可行性和风险问题受到更多关注。高质量发展理念也不断深入"一带一路"建设,支持重点逐步转移到新型基础设施、民生、文化、卫生、

---

① 实践中,中国信保开展的出口卖方信贷保险业务与出口买方信贷保险业务和特定合同保险业务相比,在数量和金额上都要小得多。这主要是因为中国企业不愿为境外业主提供大金额长账期的垫资,一方面在出口卖方信贷保险项下,保单的最高赔偿比例不超过 90%,中国企业仍有相当的风险敞口;另一方面,垫资会造成中国企业财务报表上体现大量应收账款,且无法支持项目的滚动开发。

新能源、高科技、工程机械、能源和战略性资源等领域。对内而言,中国制造业企业面临人力资源成本上升、上游原材料受制于人、重点行业贸易争端加剧等问题,制造业"走出去"是市场资源配置的应然选择。对外而言,非洲、东南亚等全球热点投资区域的 FDI 持续放缓,大型基础设施投资建设后的制造业本地化(本地化招商引资)是解决当地就业、教育、税收、工业体系建设等问题的现实路径。无论是国内大循环,还是国际国内双循环,"小而美"项目实则是人类命运共同体这一宏大命题在"一带一路"沿线国家的双赢选择。

(二)对"小而美"项目的大致界定

"小而美"是个相对概念。此类项目通常体量较小、周期较短,具备效益好、风险可控等特点,且可统筹兼顾政治、经济、社会和技术带动效益。

"小而美"项目的效益好,至少包括以下含义:一是具有较高的政治效益,如具有重大战略意义的项目;二是具有较好的经济效益,项目自身造血能力强,经济可行性较好;三是具有较好的民生效益,有利于提高当地就业水平、改善当地居民工作生活和医疗卫生条件、促进文化交流;四是具有较强的比较优势,如战略性新兴产业项目,高标准、高技术、高附加值的项目等;五是具有较好的带动效益,如专精特新"小巨人"企业的项目,属于国家级境外经贸合作区项目,能够填补东道国产业、技术空白或稀缺资源,带动当地新能源等新兴产业发展的项目等。

与大型基础设施项目相比,"小而美"项目的周期更短。就笔者的经验而言,大型基础设施项目的建设周期需要三年以上,项目投资回收期需要十年以上。而"小而美"项目的建设周期大都在两年以内,项目投资回收期五年左右。处于市场风口的行业,两三年就可收回投资。同时,此类项目的投资规模也相对较小,一般在一亿美元以内。

(三)出口信用保险在"小而美"项目中的运用

为更好理解这一话题,笔者在下文中将通过虚拟案例简要介绍出口信用保险在"小而美"项目中的运用和需要关注的法律风险点。案例选取的角度拟糅合中国企业境外投资和对外工程承包两种业务形态为一体,以凸显当前国际形势下中国企业间"抱团出海"的重要性。模拟项目概况如下:根据 X 国法律,镍矿禁止原矿出口。为解决上游镍铁原料的供应问题,A 公司拟在 X 国投资建设镍铁冶炼厂 B 公司,用于其国内生产制造,投资金额 1 亿美元。该冶炼厂的建设总包方为中国 C 公司,建设资金 0.8 亿美元。简要说,本项目中两家中国企业开展了海外业务,一家负责投资和运营,一家负责建设。为顺利实施该项目,根据项目建设资金配置的不同方案,可分为五种模式,分述如下:

模式一:中国企业自有资金投资模式——海外投资(股权)保险

假设 A 公司在 X 国冶炼厂 B 公司的投资均为其国内自有资金,不涉及建设资金来源,则出口信用保险方案较为简单。因其 1 亿美元资金均以股本金形式注入 X 国冶炼厂 B 公司,通过申请海外投资(股权)保险可保障其股本金不受 X 国相关政治风险的影响。

其投资及出口信用保险结构示意图如下：

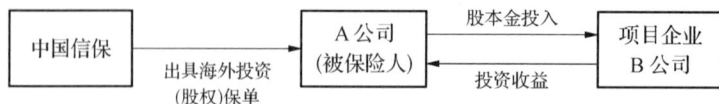

图1　海外投资(股权)保险结构

该模式中,法律层面关注的重点为投资合规性问题,即投资项目需获得我国和东道国的各类行政审批。我国的审批文件,主要包括发改委和商务部门的批文。按照东道国审批文件性质的不同,大体可分为准入类审批文件和建设运营类审批文件。准入类审批文件指东道国政府依照相关法律同意投资者实施投资行为的审批文件,一般包括项目企业获准成立的证明文件、外商投资许可(如涉及)等。建设运营类审批文件指项目企业依照东道国相关法律在执行投资项目时,根据项目行业和具体情况所取得的相关审批文件,是判断项目能否正常开展建设和投入运营的证明材料。根据对项目企业经营活动影响程度的不同,建设运营类审批文件分为必要文件和重要文件。必要文件如勘探证、冶炼证、环评许可等,缺少必要文件将导致项目无法开工建设或无法正常运营。重要文件如土地许可、施工许可等,缺少重要文件会对项目的建设和正常运营产生直接影响。

模式二:项目投资贷款模式——海外投资(股权)保险＋海外投资(债权)保险

假设A公司在X国冶炼厂的1亿投资拟使用30%自有资金,70%通过银行贷款,则可通过海外投资(股权)保险与海外投资(债权)保险的综合方案予以解决。其中,30%部分的自有资金以股本金形式投入X国,通过海外投资(股权)保险覆盖政治风险因素。针对70%的项目贷款,银行以境外投资贷款方式提供项目融资,因项目所在地为X国,政治风险相对较高,可通过投保海外投资(债权)保险将其境外贷款项下的本金及利息因相关政治风险无法收回的风险转移给保险机构。

其投资及出口信用保险结构示意图如下：

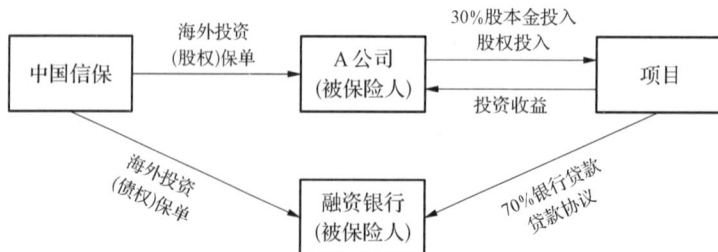

图2　海外投资(股权)保险＋海外投资(债权)保险结构

该模式中,法律层面关注的重点除投资合规性问题外,实务层面还需关注投资路径设计、贷款协议提款前提条件及国内担保有效性等问题。在投资路径设计方面,通常需要考虑增设离岸夹层公司以隔离风险,以及作为利润归集中心便于后续追加投资。在贷款协议提款前提条件方面,需关注相关前提条件的落实进度与项目建设进度的匹配度。国内担保有效性,主要是审查国内担保人对境外项目贷款提供担保是否符合跨境担保的相关法律法规。

模式三:出口买方信贷模式——海外投资(股权)保险 + 出口买方信贷保险

借助中国信保支持中国企业(C 公司)开展境外工程承包项目的政策导向,该项目可以将 X 国冶炼厂的总承包合同作为融资标的,以 B 公司为借款人,A 公司为担保人,由中国信保出具保单给银行,由银行提供中长期贷款给 B 公司,用于支付 B 公司与 C 公司签署 EPC 合同项下的施工款项。根据目前出口信贷业务的相关规定,最高融资比例不超过 EPC 合同金额的 85%;融资期限包括提款期和还款期,提款期一般为工程施工建设的期限,根据 EPC 合同约定而设定,提款期内只需支付利息,不需归还本金。还款期根据项目投资回收期确定,一般为 10 年以内,需半年或每季度等额还款。

该模式的投资及出口信用保险结构示意图如下:

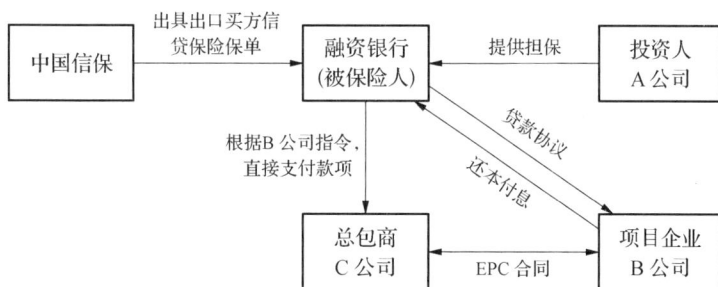

图 3　海外投资(股权)保险＋出口买方信贷保险结构示意图

该模式中,实务中需关注几个问题:一是 C 公司需取得中国工程承包商会或中国机电产品进出口商会出具的支持意见函,目前该支持函仍是中国信保出具出口买方信贷保单的必要文件;二是除由 A 公司作为贷款担保人外,贷款协议中将设置 B 公司资产抵押、股权质押等担保缓释措施,由于项目资产位于境外,相关措施的法律合规性是银行放款时需要重点审核的内容;三是 B 公司与 C 公司签署的 EPC 合同和 B 公司与银行签署的贷款协议,是两份既独立又关联的法律文件。独立性体现在前者是以施工建设为主要内容的商务合同,后者是以借贷方权利义务为主要内容的融资合同。关联性体现在前者合同中付款条件的资金来源及落实时间与后者相关,后者在放款条件及放款进度中的整体安排与前者相关。因此,在使用该种模式时需统筹考虑。

模式四:中短期垫资模式——海外投资(股权)保险 + 特定合同保险

C 公司作为 X 国冶炼厂项目总包商,与 B 公司签署 EPC 合同。假设合同约定预付款比例为 15%,2 年延付,A 公司提供付款担保,则该项目可将 EPC 合同作为保险标的,由中国信保出具特定合同保险保单给 C 公司,保障 C 公司在该合同项下由政治风险和商业风险导致的直接成本投入损失或应收账款损失。由于建设期资金需求较大,

15%的预付款无法全额满足建设需要,C公司会面临垫资需求,C公司可利用信用保险保单融资,与融资银行、中国信保签署三方应收账款转让协议或赔款转让协议,将商务合同项下应收账款卖断给银行或将特险保单项下的赔款权益转让给银行,以此缓解项目建设期资金周转压力。

该模式的投资及出口信用保险结构示意图如下:

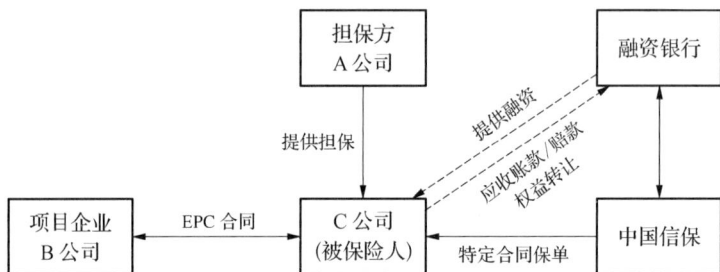

图 4　海外投资(股权)保险＋特定合同保险结构示意图

与出口买方信贷相比,该模式不存在银行跨境贷款,仅在商务合同中做出约定即可。模式搭建具有短平快的优势,可省去纷繁复杂的跨境贷款所带来的复杂流程和法律文本拟定环节,C公司还可因提供垫资带来差额资金收益[①],但相关法律风险也随之产生。出口信用保险的承保一般需要适格的担保人和其他抵质押安排,此类担保及风险缓释措施需持续保持合法,而确保一系列协议持续合法的法律风险则在被保险人(即C公司)身上。

该模式下,除国内担保有效性外,实务层面还需重点关注:一是担保方资质及履约能力,包括但不限于经营年限、净资产规模、表外债务情况等。国内担保人如涉及境内资产/权益抵质押的,需进一步关注抵质押资产/权益是否符合跨境担保的相关法律法规。二是EPC合同审查,比如合同主要条款是否明确(包括但不限于是否明确规定工程范围、是否明确界定承包商与业主的责任义务等),合同延付条件是否清晰及合理,业主付款担保是否受限等问题。

模式五:中长期垫资模式——海外投资(股权)保险＋出口卖方信贷保险

假设C公司与B公司签署的EPC合同约定预付款比例为15%,5年延付,与模式四整体结构相似,该项目可将整个EPC合同作为保险标的,由中国信保出具出口卖方信贷保单给C公司,保障的同样是C公司商务合同项下已确立债权的应收款与未确立债权部分对应的实际投入成本。相较于特定合同保险,出口卖方信贷保险最大的区别在于信用期限超过2年,为中国企业参与长周期项目提供了融资切入口。对于建设期资金需求,C公司也可将商务合同项下权益与卖方信贷保单项下赔款权益转让给融资

---

① 垫资模式下,垫资方因提供建设资金的流动性支持,合同价格一般包括了垫资费用。该笔费用比其从银行融资成本更高,进而可为垫资方带来利差收益。

银行,银行为其提供出口卖方信贷融资,融资金额最高可与卖方信贷保单承保金额一致,为商务合同金额的 85%。[①] 该模式的投资及出口信用保险结构示意图如下:

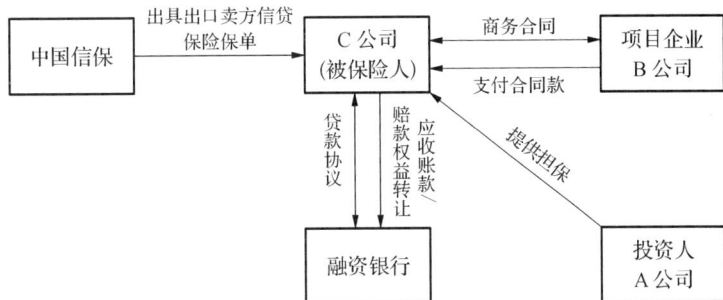

图 5　海外投资(股权)保险＋出口卖方信贷保险结构模式

整体来看,出口卖方信贷业务存在的主要风险点:一是建设期的履约及确权风险。如项目建设期发生工程质量问题,导致业主不予付款,此时触发了保单的除外责任,而资金垫付行为也已发生。此类风险在模式四中也会存在;二是因信用期限更长,出口卖方信贷保险对项目担保措施的要求较特定合同保险更为严格,被保险人在实际上需承担更加审慎的法律性审查义务。举例说明:若担保条件中做出了对境外项目公司 B 公司股权质押给 C 公司的相关安排,在风险发生时,X 国法律规定该国公司股权不得质押给外国公司,则该股权质押协议因违反当地法律而无效,而出口卖方信贷保险保单因担保条件无法满足而无法赔付。即便此时各方同意由 C 公司在 X 国新设公司承接 B 公司股权,因我国境外投资需事先核准备案,C 公司也面临无法新设公司的法律风险。另外,与出口买方信贷保险相同,C 公司也需取得中国工程承包商会或中国机电产品进出口商会出具的支持意见函,作为中国信保出具出口卖方信贷保单的必要文件。

限于知识局限,笔者仅从实操角度提出出口信用保险切入"小而美"项目的五种融资路径,因项目所在国适用法律因时因地而异,无法深入分析相关具体法律问题。但恰恰因该问题纷繁复杂,在当前"走出去"过程中才凸显其重要性。

四、结　语

改革开放让中国打开了融入全球化的大门,加入 WTO 为中国经济全力开启了出口导向引擎。中国入世发展的 20 年,是中国经济腾飞的 20 年,也是出口信用保险发挥

---

① 在中国信保产品序列中,还有一个产品为再融资保险,是在出口卖方信贷保险产品项下,通过对商务合同应收账款的卖断安排,将出口企业(本案例中为 C 公司)的应收账款转至银行,而中国信保将保单由出口卖方信贷保险转为再融资保险,保单被保险人由出口企业调整为银行,实现卖贷业务买贷化。但实践中,该模式运用很少,主要原因之一是涉外应收账款的卖断安排因涉及各类担保条件很难实现无追索。

政策性金融工具以推动外向型经济发展的 20 年。当前,从宏观层面看,我国提出要构建以国内大循环为主体、国内国际双循环相互促进的新发展格局,是推动我国开放型经济向更高层次发展的重大战略部署。这一重大战略不是对外开放的回缩,而是要在消费、投资、出口的均衡发展上,在融入全球化发展过程中更好利用国际国内两个市场上,在推动供需在更高水平上实现动态平衡。从微观层面看,在"一带一路"倡议提出的 9年多来,中国企业的对外经贸合作也逐渐因国内比较优势减弱而将产能逐步转移至更高效更经济的区域,海外项目"小而美"的特征不断加强。出口信用保险在发展实践中,上需承接新发展格局的战略布局,下需满足企业"走出去"过程中的各类需求变化,通过对保险合同方案的灵活安排,坚定地支持中国企业在这百年难有之大变局中应变而动。但不论是保险合同、融资协议、投资决策还是商务谈判,出口信用保险背后所隐含的大量法律实务问题是中国企业在开展"小而美"项目中绕不开的问题,跨法系、跨行业、跨周期的合同结构以及由此带来的法律管辖和法律适用问题,不仅是法律技术问题,更是中国企业在当前纷繁复杂的国际环境下确保全球产业布局稳定性的重要竞争力之一。

这是发现"美"的过程,更是创造"美"的过程。

融资性保证保险相关法律问题调研报告

一、融资性保证保险的意义

（一）融资性保证保险的缘起及早期发展

保证保险起源于美国的保证业务（bond），在员工信用、工程建设、融资借贷等多方领域发挥着重要作用。事实上，就债权人寻求债权回收的担保途径而言，民法上物的担保以及人的保证为最基本的方式。但是，担保物权牵涉到物权登记等繁杂的手续，且债权人为了实现担保物权可能将负担相当的时间、金钱成本。人的保证即保证合同的情形下，保证人于保证期间内是否一直具有充足的资力亦为必须考量的风险因素。而保证保险的出现某种意义上解决了上述难题，保险公司在约定的保险事故发生后原则上即承担保险金给付责任，保险公司自身的资金运用也处于监管部门的严格监管之下。

根据承保风险的不同，保证保险大致可分为忠诚保证保险与履约保证保险两类，如我国台湾地区保险法就明文规定，"保证保险人于被保险人因其受雇佣人之不诚实行为或其债务人之不履行债务所致损失，负赔偿之责"（第九十五条之一）。其中履约保证保险又被称为确实保证保险（我国台湾地区）、履行保证保险（日本），融资性保证保险即属于此。

我国最早涉及保证保险的法律文件是 1983 年 9 月 1 日由国务院发布的《中华人民共和国财产保险合同条例》，其中第二条明文规定："本条例所指的财产保险，包括财产保险、农业保险、责任保险、保证保险、信用保险等以财产或利益为保险标准的各种保险。"而各公司真正广泛开展融资性保证保险业务则是 1998 年。1997 年 7 月，原国务院保险监管部门中国人民银行批准平安保险公司在汽车消费领域试办贷款保证保险业务，并于 1998 年颁布了《汽车消费贷款管理办法（试点办法）》（银发〔1998〕429 号，已失效），各保险公司据此纷纷开始经营汽车消费贷款保证保险业务，以年均 200% 的规模迅速增长，融资性保证保险得到迅猛发展，这可以称为我国保证保险业务第一次快速增长期。除汽车贷款保证保险外，保险公司还借机推出了其他融资性保险产品。例如，中国人民保险公司推出"个人购置住房抵押贷款保证保险"①。

我国保证保险业务的第二个快速增长期是在互联网金融风险激增之后。2017 年 12 月 1 日,互联网金融风险专项整治工作领导小组办公室(人民银行)、P2P 网贷风险专项整治工作领导小组办公室(银监会)联合下发《关于规范整顿"现金贷"业务的通知》(整治办函〔2017〕141 号),其中指出"具有无场景依托、无指定用途、无客户群体限定、无抵押等特征的现金贷业务快速发展,在满足部分群体正常消费信贷需求方面发挥了一定作用,但过度借贷、重复授信、不当催收、畸高利率、侵犯个人隐私等问题十分突出,存在着较大的金融风险和社会风险隐患"。通知要求"银行业金融机构不得接受无担保资质的第三方机构提供增信服务以及兜底承诺等变相增信服务,应要求并保证第三方合作机构不得向借款人收取息费"。由于 2009 年修订的《保险法》已经明文规定,保证保险为保险公司的业务范围(第九十五条第一款第二项)②,保险公司据此显然被认为符合"具有担保资质"之条件,由此"助贷 + 保险"的模式成为行业常态,贷款保证保险得以迅猛发展。据统计,保证保险保费收入自 2017 年起快速增长,2017 年保费规模达到 386.28 亿元,与 2016 年的 170 亿元相比,增速达到 115%。到 2019 年,全行业保证保险保费收入达到 843.10 亿元。其间,中国保监会于 2017 年 7 月下发了《信用保证保险业务监管暂行办法》(保监财险〔2017〕180 号,已失效),对保证保险的定义、经营规则予以明确的规定。2020 年 5 月,中国银保监会又下发了《信用保险和保证保险业务监管办法》(银保监办发〔2020〕39 号),再次确认所谓保证保险是指以履约信用风险为保险标的的保险,其投保人为履约义务人,被保险人为权利人。而融资性信保业务,是指保险人为借贷、融资租赁等融资合同的履约信用风险提供保险保障的信保业务(第一条)。

(二)普惠金融的兴起与融资性保证保险

普惠金融(inclusive finance)这一概念由联合国在 2005 年提出,是指以可负担的成本为有金融服务需求的社会各阶层和群体提供适当、有效的金融服务,小微企业、农民、城镇低收入人群等弱势群体是其重点服务对象。2021 年 12 月 16 日,《中国普惠金融发展报告(2021)》发布。该报告显示,截至 2021 年三季度末,我国普惠小微贷款余额 18.6 万亿元,同比增长 27.4%,比各项贷款平均增速高 15.5 个百分点。③ 近年来,受疫情及各种因素影响,国家出台各项政策力保经济稳定,今年 5 月 30 日国务院刚发布的《扎实稳住经济的一揽子政策措施》,其中第 9 条措施即为加大普惠小微贷款支持力度。

① 关于信保业务的早期发展简史,参见《信用保证险的前世今生》,零壹财经网,https://baijiahao.baidu.com/s? id=1715780820796949810&wfr=spider&for=pc。

② 2002 年保险法仅规定了信用保险,保证保险是否为财产保险人的经营范围并未明确(第九十二条第一款第一项)。

③ 参见《中国普惠金融发展报告(2021)发布》,央视新闻网,http://content-static.cctvnews.cctv.com/snow-book/index. html? item_id = 18381742919595365409&share_to = wechat&track_id = 8c650b99 - 1e99 - 441c - 87f4 - b42f22eec9ef。

　　虽然我国亦有政府性融资担保机构,但由于存在政策与收益难以平衡、风险抵御能力低、担保能力弱等诸多问题[①],其政策实现度仍需进一步考察[②]。而商业保险公司开展的保证保险作为国家普惠金融服务体系的重要市场参与者,其运用保险特有的增信融资功能,支持实体经济发展、缓解中小企业融资难题的价值,已得到市场验证,并在国家政策层面获得持续关注、支持。近年来部分政策内容如下:

　　2013 年 8 月,国务院发布《国务院办公厅关于金融支持小微企业发展的实施意见》(国办发〔2013〕87 号),呼吁"充分挖掘保险工具的增信作用,大力发展贷款保证保险和信用保险业务"。

　　2014 年 8 月,国务院印发《关于加快发展现代保险服务业的若干意见》(国发〔2014〕29 号),明确提出拓展保险服务促进经济提质增效升级,"加快发展小微企业信用保险和贷款保证保险,增强小微企业融资能力""积极发展个人消费贷款保证保险,释放居民消费潜力"。

　　2020 年 4 月《中国银保监会办公厅关于 2020 年推动小微企业金融服务"增量扩面、提质降本"有关工作的通知》(银保监办发〔2020〕29 号)中提道:"鼓励保险机构向受疫情影响的小微企业提供纯信用保证保险、质押贷款保证保险等产品,适当降低保费。"

　　2022 年 4 月《中国银保监会办公厅关于 2022 年进一步强化金融支持小微企业发展工作的通知》(银保监办发〔2022〕37 号)中肯定信保业务对于提升小微贷款可获得性的价值,鼓励开展小微企业融资性信保业务,明确了全年工作目标要稳步增加银行信贷并优化结构,丰富普惠保险产品和业务,促进综合融资成本合理下降。同时关注强化对个体工商户和个体经营者的金融覆盖:"鼓励保险机构稳步开展小微企业融资性信保业务,对优质小微企业给予费率优惠。"

　　伴随着政策的大力扶持以及中小企业融资的强劲需求,虽然随着浙商财险因"侨兴债事件"11.46 亿元的违约风险面临大规模理赔,以及人保财险涉及舆论影响较大的玖富数科科技集团 23 亿元纠纷等事件的影响[③],2020 年全行业保证保险保费收入明显下降。但是,2021 年随即增速强劲,中国保险行业协会发布的《2021 年互联网财产保险发

---

　　① 左莉娜:《政府性融资担保机构发展的思考》,《经济师》2022 年第 1 期。
　　② 国务院《扎实稳住经济的一揽子政策措施》中第四条即为"用好政府性融资担保政策",但从该措施的提法即可看出,政府性融资担保功能与现实需求存在较大差距。
　　有观点指出,政府性融资担保机构属财政出资,致力于解决政策扶持企业的融资问题。一方面,为降低中小企业综合融资成本,政策要求担保公司务必在可持续发展的基础上,保持低水平担保费率,即业务经济效益低。另一方面,某些政策性引导产业(如战略性新兴产业)可抵押财产较少,运营风险较高,政策要求担保公司予以支持,即担保业务具有高风险性。政策性融资担保业务低收益与高风险并存,使得部分担保机构背离主业,大力拓展大中型国有企业债券、城投债券等担保业务,偏离了担保公司设立的目的。参见刘霄艳《政策性融资担保机构发展问题及建议》,《市场观察》2020 年第 8 期。
　　③ 杜晓琳:《融资性保证保险的实务困境及突破困境》,《保险理论与实践》2021 年第 8 期。

展分析报告》显示,2021 年信用保证险保费收入 112 亿元,较 2020 年同比增长 80%,增长最快,占总保费收入比重为 13%,同比上升 5 个百分点,增幅最大。[①] 有鉴于此,未来融资性保证保险在助力普惠金融,促进国民经济发展方面必将继续起到积极作用。

二、保证保险合同的基本法律构造

《中华人民共和国保险法》并未直接定义何为保证保险,一般认为,保证保险属于财产保险的一种,是指保险人为被保证人(债务人)向被保险人(债权人)提供担保而成立的保险合同。比较法上该定义内容亦基本相同,例如,日本学界认为,"保证保险是债务人与保险人之间缔结的,以债权人为被保险人,并以填补因债务人的债务不履行给债权人造成的损失为目的的利他型损害保险契约"[②]。

(一)保证保险合同的当事人、关系人

保证保险合同的当事人为投保人(债务人)与保险人,债权人为被保险人。投保人具有缴纳保费、履行如实告知义务等保险法规定的义务,保险人则具有于约定的保险事故发生后给付保险金的义务,并以给付的保险金金额为限享有对债务人的代位求偿权。而被保险人(债权人)则为保险金请求权人。从民法的角度而言,保证保险合同实为一种利他合同。

不过,由于保证保险的特殊构造,在原国务院保险监管部门中国保监会给最高人民法院的《关于保证保险合同纠纷案的复函》(保监法〔1999〕16 号)中,曾主张保证保险合同的当事人是债务人(被保证人)和保险人(保证人),债权人一般不是保证合同当事人,可以作为合同的第三人(受益人)。显然该观点并不正确。2020 年 5 月,中国银保监会下发的《信用保险和保证保险业务监管办法》(银保监办发〔2020〕39 号),确认保证保险是指以履约信用风险为保险标的的保险,其投保人为履约义务人,被保险人为权利人。

保证保险实务中,债务人为投保人、债权人为被保险人亦为各公司条款所确认。例如:

(1)阳光信用保证保险股份有限公司的个人贷款保证保险条款(A 款)。

第二条　凡年满 18 周岁,具有完全民事行为能力,个人信用记录良好,有稳定收入的中国(不含香港、澳门及台湾地区,下同)公民,可作为本保险合同的投保人。

第三条　凡经中国金融监督管理部门批准,与投保人签署真实、合法、有效的贷款合同的商业银行等金融机构和具有经营放贷业务许可的小额贷款公司等非存款类放贷组织,均可作为本保险合同的被保险人。

---

① 参见中国保险行业协会发布的《2021 年互联网财产保险发展分析报告》,中国保险行业协会官网,http://www.iachina.cn/art/2022/5/13/art_22_106027.html。

② [日]潘阿宪『保険法概説』(中央経済社,2018 年)47 頁。

（2）中国人寿财产保险股份有限公司小额贷款保证保险条款。

第三条　根据国家相关法律法规的规定,凡在中华人民共和国境内(不包括港、澳、台地区)注册,依法开办贷款业务的商业银行、信用社、小额贷款公司等金融机构,可作为本保险合同的被保险人。

第四条　与被保险人签署借款合同的自然人或法人,可作为本保险的投保人。

（二）保险事故与保险责任

所谓保险事故,是指保险人保险金给付义务具体化的事件,由当事人通过条款所约定。而所谓保险责任,则当然是指保险公司的保险金给付责任。

一般情形下,保险人承担具体的保险金给付义务的前提不仅是发生了保险事故,还必须是被保险人蒙受了经济损失。保险法虽然对此没有明确表述,但是通过第二十二条关于协助义务、第二十三条关于理赔、第二十五条关于先行赔付的规定等,都可以看出只有发生了损失,保险人才可能予以理赔。各保险人的条款也都对此予以了明确,财产保险一般表述为"在保险期间内,由于下列原因造成保险标的的损失,保险人按照保险合同的约定负责赔偿","下列原因造成的损失、费用,保险人不负责赔偿"等。[①] 之所以如此,盖因财产保险乃以填补被保险人的经济损失为目的。

保证保险的标的是被保险人(债权人)对投保人(债务人)基于借款合同享有的金钱债权,因此保证保险中的损失应当是被保险人确实无法回收债权,即债务人无法清偿的债务。然而,相当一部分的保证保险于条款中约定保险人承担保险金给付责任仅以保险事故的发生为前提,即只要债务人陷入债务不履行的状态或者陷入债务不履行状态后经过一定期间。换言之,其仅要求发生保险事故,而并不一定以损失的发生为前提。课题组认为,这是由保证保险的担保经济本质所决定的,其构造上必定具有鲜明的担保的特征,并不能由此认为保证保险就不是保险。正如保证保险的保障范围包括投保人故意制造保险事故(债务人的故意债务不履行)亦不当然违反保险法的相关规定,这里不要求以损失为前提亦如此,显然它更有利于投保人一方的利益保护。如果要求保险金给付责任一定要以损失为前提,那么保证保险的担保功能将大打折扣。当然,约定以损失的发生为前提当然也不违法。

典型的条款约定以如下三家公司的条款为代表:

（1）中国平安财产保险股份有限公司个人借款保证保险条款。

第四条　在保险期间内,投保人在借款合同约定的还款日,未履行或未完全履行还款义务,且超过保险单载明的约定天数的(约定天数将在保险合同中载明),视为保险事故发生。或虽未超过约定天数但发生本条款下述情形之一的,也视为保险事故发生:

（一）投保人近亲属提供死亡证明证明投保人死亡,或投保人被宣告死亡或失踪的;

（二）投保人或其担保人被刑事立案侦查或涉及诉讼、仲裁、行政处罚或财产被查

---

① 　温世扬主编:《保险法》,法律出版社 2016 年版,第 231 页以下。

封、扣押、冻结、扣划,造成财务状况严重恶化影响还款能力的;

（三）投保人提供抵/质押物的,如在保险人承保后出现使保险人不能成功行使抵/质押权,或抵/质押物被扣押或被司法查封或冻结,或其他导致保险人无法对抵/质押物进行处置的情况;

（四）投保人违反借款合同约定,被保险人依据借款合同约定通知投保人提前偿还剩余全部借款本息,投保人拒不履行的;

（五）其他投保人或其担保人财务状况严重恶化影响还款能力的。

（2）中国人寿财产保险股份有限公司小额贷款保证保险条款。

第五条 在保险期间内,投保人未完全履行借款合同约定的贷款本金、贷款利息的还款义务,且投保人拖欠任何一期欠款超过保险单载明的期限(以下称"还款等待期"),或借款合同到期后 30 日投保人仍未完全履行偿还贷款本金、贷款利息的义务,视为保险事故发生。

第六条 发生保险事故的,被保险人根据借款合同及本保险合同的约定向投保人和相关担保人进行催收后,对于不足以清偿投保人未偿还的贷款本金、贷款欠息的剩余部分,保险人按照本保险合同的约定负责向被保险人赔偿。

（3）阳光信用保证保险股份有限公司的个人贷款保证保险条款。

第四条 在保险期间内,投保人未能按照与被保险人签订的贷款合同的约定履行还本付息义务,且投保人拖欠任何一期欠款的时间超过保险单约定期限(以下简称"索赔等待期")以上的,经被保险人向保险人书面提出赔偿请求,保险人对投保人在贷款合同项下应偿还而未偿还的贷款本金及相应利息扣除相应的绝对免赔金额后,按照本保险合同的约定向被保险人支付赔偿金。"索赔等待期"是保险人为了确定保险损失已经发生及其程度,在被保险人向保险人提出书面索赔前需等待的一段时间。在此期间内被保险人应当采取一切必要合理的手段进行催收(包括但不限于:对担保人请求赔偿金、对担保物进行处置等),在最大程度上减少损失。索赔等待期自贷款合同约定的还款日次日开始起算,具体天数由投保人与保险人协商确定,并在保险单中载明。

通过上述三家财产保险公司的条款可以看出:① 平安财险规定原则上只要发生保险事故即承担保险金给付责任。② 国寿财险则要求被保险人先向债务人进行催收,其仅对催收不能的部分承担补充的保险金给付责任。③ 阳光信保的规定则似乎介于两者之间,其规定了一个"索赔等待期",要求被保险人于该期限内进行催收,但并未规定只对未能催收的部分承担补充责任。

课题组认为,保险责任不以绝对的损失发生为前提正是保证保险具有保证这一经济功能的特殊性,在保证保险以外的财产保险中,该种约定应该被认为违反了保险制度的宗旨从而不具有法律效力。而且,如果保险公司只是承担债权人求偿不能后的补充责任,则就保险产品的竞争力甚至进一步可以说是合理性而言是有缺陷的。虽然该种约定并不存在违法性的问题,但既然以保险而非保证这一形式出现,那么就应当充分运用保险的功能,在债务人陷入债务不履行(或经过一定的期限)后,保险公司就应当给付保险金,债权人求偿不能风险应由保险公司通过代位求偿权制度解决,这样才能真正地发挥保证保险作为保险的社会功能。比较法上,以日本的保证保险为例,其对于保险事故一般有两种典型约定,分别称为"给付不能事故"与"履行迟延事故"。其中履行迟延事故与我国对保险事故的约定于性质上基本相同,而前者的给付不能事故,则仅指债务人宣告破产、限定继承等的情形下确实不能清偿债务的状态①,其并非指债权人求偿不能。因此,可以说以平安财产保险公司为代表的条款最具合理性。

(三)免责事由(投保人的故意以及重大过失所致保险事故)

虽然各公司的保险条款于表述上有所差异,但投保人故意所致保险事故,保险人并不当然免责这一点并无不同。只有在"投保人与被保险人恶意串通,损害保险人利益"的情形下,保险公司才可主张免责。

阳光信用保证保险股份有限公司《个人贷款保证保险条款》于免责事由中规定:"投保人、被保险人的故意行为、重大过失行为。但投保人逾期或拒不偿还贷款的行为除外"(第六条第二项)。"投保人与被保险人采用欺诈、恶意串通等手段订立贷款合同,损害保险人利益的"(第五条第二项)。由于保证保险中所谓故意、重大过失所致保险事故,其实质就是指故意、重大过失不履行债务,所以条款规定"投保人逾期或拒不偿还贷款的行为除外"应无实际意义。

保证保险这一险种出现之初,学者对于其是否属于保险人可经营的险种存在很大争议。无论认为保证保险是填补债务人因不履行债务而导致债权人蒙受的损失,还是更直接地定义保证保险是保险人为债务人而向债权人提供的担保,就保证保险的经济功能或者说经济本质乃在于对债权人提供担保增信这一点应无异议。基于此,债务人故意以及重大过失的债务不履行必须亦为保证保险的承保对象,否则保证保险的上述经济功能难以实现,其存在意义亦将受到质疑。

当然,经济功能的合理性并不等同于其必然具有合法性。我国保险法明文规定投保人故意制造保险事故的,保险人免责(第二十七条第二款)。理论界对于故意免责的理论构成存在多种学说,在此不一一详细论述。一般认为,投保人故意制造保险事故的情形下保险人依然给付保险金的,有违保险法要求的最大诚信原则。然而,保证保险中投保人与保险人约定承保风险就是投保人的债务不履行,且保险金取得者为被保险人而非投保人,除非债务不履行不能成为承保风险,否则保证保险的效力不得予以否认。那么,债务不履行能否成为承保风险?课题组认为,保险法的故意所致保险事故免责规定的法律性质应属任意性规定,原则上任何风险均可通过保险制度转移。只要约定事由不违反公序良俗即为有效。例如,高尔夫一杆进洞保险亦是以投保人故意所致保险事故为保险标的,该约定并无任何违反公序良俗之处。保证保险亦如此,只要排除了投

---

① [日]倉沢康一郎「保証保険、信用保険、ボンド」,『現代契約法大系』(有斐閣,1986 年)283頁。

保人与被保险人共谋骗取保险金这一情形,保证保险当事人双方对于承保风险的约定并无违反公序良俗之处。

(四)合作协议

一般的财产保险合同,仅为投保人与保险人之间协议,被保险人的法律地位仅仅是保险金请求权人,在投保人与被保险人非为同一人的情形下,其基于利他型保险契约的法律性质当然取得该法律地位,其与保险人并无必要要再行签订任何协议。

然而,如前所述,由于保证保险的经济功能或者目的实际上是为作为被保险人的债权人提供保证,而且保证保险合同的业务开展需要债权人与保险人就各项具体进行协商,所以实务中除保证保险合同外,另有合作协议存在。合作协议的形式一般分为两种,一种是债权人与保险人之间的双方合作协议,另一种是债权人、助贷机构、保险人之间的三方合作协议。

关于合作协议的内容,理论上而言,应当仅仅包括如何相互合作开展业务以及对保证保险合同条款没有规定的内容予以补充,因为保险合同的内容均已通过保险条款约定完成。前者的情形下,例如为了防止保险的逆选择,协议往往约定债权人需要要求一定范围内的所有债务人都投保。后者的情形下,例如债权人为了节约时间等成本,往往将申请理赔等方面的权利委托给助贷机构处理,以及要求助贷机构作为保证人为保险人的代位求偿权提供反担保。不过,我国的保险实务中还存在着合作协议的内容与保证保险条款相异的情形,其效力如何应当根据合同解释的原则予以处理。例如,若合作协议约定有"保证保险条款与被协议不一致的,以本协议为准"之表述的,当然应当按照合作协议的内容为当事人双方的真实意思表示。①

三、保证保险的法律性质与法律适用

虽然对保证保险的经济功能在于为债权人提供担保这一点几乎没有异议,但就具体争议问题的解决应当适用保险相关法律规定还是担保相关法律规定,我国理论与司法实践长期以来一直存在较大争议。②

(一)学说的争议

1. 保证说

否认保证保险是保险的学者大致持以下观点:

---

① 施卫忠、王静:《保证保险与保险》,《南京大学学报》2008 年第 3 期。
② 各学说的整理参见王静《保险类案裁判规则与法律适用》,人民法院出版社 2013 年版,第 354 页;李利、许崇苗《对保证保险合同性质及相关法律问题的再探讨》,《保险研究》2020 年第 11 期;李玉泉《保险法》,法律出版社 2019 年版,第 174 页,等等。

（1）与一般的财产保险不同，根据合作协议，保证保险事实上存在三方当事人，即债权人也是当事人。

（2）保证保险的保险人在承担保险责任后，可以向债务人（投保人）追偿，而财产保险的保险人在保险合同中一般并不向投保人追偿。

（3）保证保险合同依附于基础合同，不具有独立性，符合保证合同之特征。

（4）保证保险承保的对象包括投保人故意的债务不履行，这违反了保险法所规定的投保人故意免责的相关规定。

2. 保险说

（1）保证合同为典型的单务无偿合同，而保证保险合同为双务有偿合同。

（2）保证合同的当事人双方分别为债权人和保证人，而保证保险合同的当事人双方分别为债务人和保险人。

（3）保证保险合同符合保险合同的外在形式。包括保费的收取乃以大数法则为依据予以精算得出。

3. 二元说

持这种观点的学者强调保证保险具有保险性与担保性的双重法律性质特征，认为"保证保险合同中并存保险关系与保证关系，两种关系相互独立，共同实现防范投保人违约风险的功能，合同当事人和关系人各自扮演在两种合同中的不同角色，其中任何一种关系的缺失，都会引起理论上的不周延和实践中的悖论"。[①] 主要理由有以下几点：

（1）从保证保险的主体来看，投保人同时为债务人，被保险人同时为债权人，而保险人为投保人提供担保类似于保证人的地位，因此，保证保险的双重属性也赋予了合同主体的双重身份。

（2）保险单的签发不仅是保险合同的成立要件，而且保险单内保险人担保投保人履行债务，也在客观上促成了保证关系的建立。

（3）保证保险性质的双重性也为保障信贷关系的各方当事人的权益提供了双重救济模式，即合同主体可依据私法自治原则，选择保证型救济或是保险型救济，选择不同的救济方式即适用不同的制度规则。

（二）司法实践的倾向

1. 最高人民法院的态度

（1）最高人民法院〔1999〕经监字第 266 号复函。

"保证保险是由保险人为投保人向被保险人（即债权人）提供担保的保险，当投保人不能履行与被保险人签订合同所规定的义务，给被保险人造成经济损失时，由保险人按

---

① 王颖琼、魏子杰、徐彬：《保证保险二元性思辨及其法律适用》，《河北法学》2004 年第 4 期。

照其对投保人的承诺向被保险人承担代为补偿的责任。因此,保证保险虽是保险人开办的一个险种,其实质是保险人对债权人的一种担保行为。在企业借款保证保险合同中,因企业破产或倒闭,银行向保险人主张权利,应按借款保证合同纠纷处理,适用有关担保的法律。"

（2）最高人民法院〔2000〕经终字第 295 号判决书。

在保险合同法律关系中,其他民事合同的权利义务虽是保险人确定承保条件的基础,但其不能改变两个合同在实体与程序上的法律独立性,其他民事合同与保险合同之间不存在主从关系。

（3）最高人民法院〔2006〕民二他字第 43 号。

汽车消费贷款保证保险是保险公司开办的一种保险业务。在该险种的具体实施中,由于合同约定的具体内容并不统一,在保险人、银行和汽车销售代理商、购车人之间会形成多种法律关系。在当时法律规定尚不明确的情况下,应依据当事人意思自治原则确定合同的性质。……中国建设银行股份有限公司葫芦岛分行诉中国人民保险股份有限公司葫芦岛分公司保证保险合同纠纷案,在相关协议、合同中,保险人没有作出任何担保承诺的意思表示。因此,此案所涉保险单虽名为保证保险单,但性质上应属于保险合同。……此案的保证保险属于保险性质。

2. 各高级人民法院的态度

（1）福建省高级人民法院民二庭《关于审理保险合同纠纷案件的规范指引》（2010年 7 月 12 日印发）。

"保证保险合同是指借款合同或借款担保合同的债务人向保险人投保,当因债务人不履行借款合同或借款担保合同约定的义务,导致债权人权益受到损失时,由保险人承担保险赔偿责任的财产保险合同。保证保险合同效力独立于借款合同或借款担保合同效力之外,不具有从属性。"（第二十六条）

"人民法院审理保证保险合同纠纷案件,应当适用保险法、合同法及其他相关法律、法规和司法解释。"（第二十七条）

（2）广东省高级人民法院《关于审理汽车消费贷款保证保险纠纷若干问题的指导意见》（粤高法发〔2006〕19 号,2006 年 6 月 27 日印发）。

"因《汽车消费贷款保证保险合同》发生纠纷的案件,应根据合同的主要内容、当事人责任、履约方式及合同目的等确定合同性质属于保险合同还是担任合同,并据此确定相应适用的法律。保险人在《汽车消费贷款保证保险合同》中或在银行签订的合作协议中明确约定为借款人的借款提供保证,银行向法院起诉要求保险人承担保证责任的,应认定银行与保险人之间建立保证法律关系,适用《中华人民共和国担保法》认定保险人责任。"（第一条）

"不构成担保法规定的保证关系的保证保险合同具有独立性,应依照保险法相关规定确定合同效力,不应以借款合同无效为由认定保证保险合同无效。"（第三条）

（3）上海市高级人民法院《2012年第一次高中院金融审判联席会议纪要》（2012年4月10日）在讨论银保合作支农贷款背景下保证保险合同相关问题时,倾向性意见认为:"履约保证保险是保险人开办的一种保险业务。在该险种具体实施中,由于各保险人制定的合同具体内容并不统一,导致其法律性质存在一定争议。鉴于2009年《保险法》已将保证保险明确纳入财产保险范畴,故法院在审理此类合同引发的纠纷时,应将之作为保险法律关系处理。对于此类合同纠纷,首先适用保险法、合同法的相关规定,保险法、合同法没有明确规定的,才参照担保法相关规定。但合同明确约定,保险人承担保证责任,而且合同约定的权利义务也符合保证的法律性质的,法院应当将其界定为保证,适用担保法的相关规定。"

（三）法律性质的界定对法律适用的影响

课题组认为,既然保证保险是以担保为目的保险,那么其必然既具有保证合同又具有保险合同的特征,两者之间并不互相排斥,因此形式上是否具备保证合同或者保险合同要件的争议毫无意义,法律性质界定上赞同二元论,即保证保险具有保证合同以及保险合同的双重属性。

但是,在法律适用上,课题组认为保证保险的双重属性并不当然产生合同主体具有任意选择适用法律的权利这一法律效果。显然,如果合同的主体——保险合同的双方当事人选择不同的法律而导致出现完全不同的法律效果的情形下,究竟又应以何者的选择为标准？另有观点在赞成保证保险二元属性的基础上提出,保证保险"既可以享受保证保险条款的除外责任和免责条款带来的免责,又可以主张保证规则下保证人的权利,例如在担保竞合时主张担保物权优先,在保证方式约定不明时主张一般保证从而享受优先抗辩权"等。[1] 这应该是从保险人的角度出发的观点,但其并没有给出任何理由。如果仅以保证保险的二元属性为依据,那么也可以得出完全相反的结论。因此,课题组认为,二元论下,并不是任意地由所谓合同主体选择适用何种法律,而是应当将纠纷类型化,根据不同的类型,基于不同的法理依据予以不同的判断。其具体理由如下:

（1）保证保险是保险法规定的险种,符合保险的所有特征。但毫无疑问其亦同时具备保证合同的诸多特征,不能也无法将两者的性质完全割裂。

首先,不能因保证保险承保的范围包括投保人的故意债务不履行就否定其具有保证保险合同的性质。现代保险法制度下,虽然对于投保人故意免责的法理依据存在不同见解,导致法律效果存在差异,但将投保人故意所致保险事故列为保险人的免责事由

---

① 周玉华:《从〈民法典〉关于担保规则的变化谈保证保险诉讼应对策略》,《保险理论与实践》2021年第2辑。

乃世界各国保险法的一致规定。① 因此,有观点认为保证保险违反了该强制性法律规范故其法律性质只能是保证。然而,或认为故意免责是对法定风险的排除②,或认为对被保险人(债权人)而言仍属意外③,世界各国的通说均认为承保投保人的故意债务不履行并未违反保险法的规定。更有观点认为,保证保险的经济功能在于保证,因此不能用一般财产保险中的故意免责理论生搬硬套地解释保证保险的免责事由。④ 课题组的观点如前所述,接近于法定风险的排除,在此不再赘述。

其次,保险金请求权的行使并未以损失发生为前提条件亦不影响其为保证保险。如前所述,我国保证保险合同中存在债务人陷入债务不履行的状态(包括持续一段时间)后,保险人即承担保险金给付责任的条款,而不论债务人是否真的不再具有履行的资力。但正如指数保险中,保险人仅根据约定的指数是否达到约定的标准即给付保险金,保险金请求权人无须再就是否有损失以及损失的大小举证。之所以如此,盖因根据相应的计算,约定的指数这一条件成就基本上等同于一定损失的发生,陷入一定时间后的债务不履行亦属同理。可以说,这正是保证这一经济功能的必须要求。

其他例如保险费的收取乃基于大数法则的精算,被保险人对保险标的具有保险利益等,均可证明保证保险毫无疑问具备保险成立的要件。然而,这并不代表保证保险合同不具备保证的特征,不能适用担保法律制度的相关规定。

例如,虽然保证合同的当事人双方是债权人与保证人,但保证保险合同中存在债权人参与缔结的合作协议,其事实上符合保证合同的特征。不仅如此,债务人的故意债务不履行亦为担保对象、承担保证责任并不以损失发生为前提,这些都符合保证合同的基本特征。被保险人对保险标的具有保险利益与该合同为保证合同亦无任何矛盾之处。再以保证保险的独立性为例,虽然其具有独立性,但亦不能成为其不能是保证的理由。支持保险说的一个主要理由就是,如果是保证,那么基础合同无效,保证保险合同亦当然无效。正是因为其为保险,所以即便基础合同无效,保险公司亦有可能支付保险金。的确,对于保证保险合同而言,由于无论基础合同是否成立或者有效,均可能产生合同债权,即对于作为投保人享有的基于其债务不履行的债权,因此作为债权人的被保险人当然具有保险利益,该保证保险合同亦当然有效。只要发生约定的保险事故,保险人即应承担保证保险责任。⑤ 但是,这并不能成为否定保证保险具有担保功能的决定性理

---

① 例如,我国保险法规定:投保人、被保险人故意制造保险事故的,保险人有权解除合同,不承担赔偿或者给付保险金的责任(第二十七条第二款前段)。德国《保险法》规定:"投保人故意造成保险事故的,保险人不承担保险金给付义务。"(第八十一条第一款)。日本《保险法》规定:"投保人以及被保险人的故意或者重大过失所致保险事故的,保险人不负损害填补责任。"(第 17 条第 1 款前段)

② ［德］Hans-Leo Weyers、Manfred Wandt 著、［日］藤原正则、金冈京子译:『保险契约法』(成文堂,2007 年)240 页。

③ 邹海林:《保险法学的新发展》,中国社会科学出版社 2015 年版,第 507 页。

④ ［日］山下友信『保险法』(有斐阁,2005 年)371 页。

⑤ 李利、许崇苗:《对保证保险合同性质及相关法律问题的再探讨》,《保险研究》2020 年第 11 期。

由。如前所述,课题组认为,保证保险法律属性二元论的法律效果并非是由当事人选择适用何种法律,其法律适用乃是根据纠纷的类型来决定的。对于基础合同无效,保险人是否需要给付保险金的问题,既然采用了保险这一形式,保险公司当然需要依照保险条款的约定给付保险金。此时若认为应适用保证的相关规定而主张免责,那显然是违约行为,不受法律保护。

(2) 对二元论的批评并不正确,缺乏合理性。

有学者总结了针对二元论的代表性批判意见,主要有以下几点:"首先,同一法律关系不可能同时适用存在冲突的保险法和担保法。其次,就保证保险而言,不论保险与担保何为实质、何为形式,在内容与形式不一致情形下,或者采外观主义(或形式主义)以保护交易安全,或者探求当事人真意而采实质主义,而不可能在一个法律关系中同时采用形式主义和实质主义两种法律适用规则。再次,此观点对于所有其他存在双重或多重法律关系的合同纠纷也同样适用,对于解决实践问题并无任何用处。最后,此观点的主要论据之一——保证与保险在担保债权实现方面功能类似(也是保证说的主要论据之一),也是经不起推敲的。"[①]

然而,上述观点显然是对二元论的误解。首先,二元论是在强调具有双重属性的前提下,根据不同类型的问题予以分别不同的法律适用,而不是所谓同一法律关系同时适用不同的法律。其次,或采外观主义以保护交易安全,或探求当事人真意而采实质主义,可以说这正是二元论下类型化解决的判断标准之一,而非两者同时被采用。最后,保证与保险在担保债权实现功能方面类似这一点亦应无问题。前面反复强调,无论是保证还是保险,其均具有经济上的担保功能,在实现方法上两者或许存在差异,但即便如此,也不妨碍将争议予以类型化的解决。

(3) 保证保险合同法律性质的二元化界定是保险险种发展的必然需求。

如前所述,保证保险合同是一种特殊的财产保险合同,其是以担保债权回收为目的的保险。虽然能够得以解释,但不可否认的是,其在故意所致保险事故、不以实际出现损失为保险金给付前提的诸多问题上有别于传统的财产保险合同。

近年来,随着金融工具学的发展,越来越多的具有风险转移功能的衍生金融工具得以利用。以看跌期权为例,不动产所有者为了转移不动产灭失的风险,可以向看跌期权销售者购买看跌期权商品,其内容为如果在约定的一定期限内不动产发生灭失,则看跌期权销售者必须用约定的价格将该不动产购入,而不动产所有者向该销售者给付一定的对价。如果该对价的计算运用了保险的精算原理,该合同的性质就越来越接近保险了。然而,即便如此,亦无须将其予以保险或者看跌期权的一元化法律性质界定,即只能是保险或者只能是期权,而是可以根据具体问题予以类型化处理,保证保险合同正是这诸多接近于保险合同的风险转移工具的一种。

---

① 任自力:《保证保险法律属性再思考》,《保险研究》2013 年第 7 期。

（四）类型化处理及其判断标准

目前保险实务中主要存在的纠纷有：保证保险与其他担保并存的情形下（不包括债务人自己提供的物的担保，以下相同），两者之间法律关系的处理问题；保证保险的投保费用与民间借贷法定利率之间的关系问题；保证保险的保险人能否要求投保人提供反担保；保证保险中违约金的相关问题；保险人的代位求偿权是否可以转让，以及转让的对象是否可以为被保险人的问题，等等。

课题组认为，保证保险相关纠纷看似多样化，极具复杂性，但实际上以相关纠纷涉及的对象范围予以归纳，可简单归纳为以下两种类型：

相关纠纷仅局限于保证保险合同内部，仅涉及当事人及关系人。例如保证保险的投保费用与民间借贷法定利率之间的关系问题；保证保险的保险人可否向投保人主张违约金的问题等。

相关纠纷不局限于保险合同内部，其不仅牵涉当事人及关系人，还牵涉到保险合同以外之人，例如保证保险与其他担保人之间的关系问题等。

第一种情形下，即便保证保险具有保证合同的属性，但该属性只应体现在保险产品的设计上，例如保险责任不绝对以损失的发生为前提，投保人故意的债务不履行也是保险金的给付原因。比较法上，甚至如实告知义务的要求也大幅度缓和。而在纠纷的法理适用问题上，保证保险既然是保险法所规定的一个合法险种，且一切亦符合保险的特征，那么纠纷解决就应依照保险法律关系处理，并无适用民法关于担保的各项法律规定以及相关司法解释（以下简称"民法典担保制度相关规定"）的余地。

相对于此，第二种情形下，因为涉及保险合同以外之人，而保险法相关规定及司法解释（以下简称"保险法相关规定"）只能规范保险合同内部法律关系，对涉及保险合同外部法律关系的，必须适用担保相关法律关系予以解决。

以下将针对具体问题予以细致的考察。

四、保证保险的保险人与担保人之间的相互追偿问题

融资性保证保险中，债权人一般均为银行等金融机构。虽然其形式上的法律地位仅为被保险人，但往往会通过三方协议，明确其在保证保险作为担保的经济功能体系及法律关系中的作用。不仅如此，为了最大限度地保障自身的利益，债权人在要求债务人缔结保证保险的同时，往往还会要求债务人提供其他担保方式。因此实务中经常发生保证保险与其他担保并存等情形下的法律纠纷。

如前所述，课题组认为，除保证保险外还存在债务人以外的第三人提供担保方式的情形下（如无特别说明，本章中所称担保人均指债务人以外的第三人），应当适用担保法律。以下从不同法律规定所产生的不同法律效果出发，对此展开进一步的详细论述。

（一）民法典担保制度相关规定下保险人与担保人的相互追偿

如果担保人提供的是物的担保，那么根据《中华人民共和国民法典》（以下简称民法典）第三百九十二条后段的规定，"第三人提供物的担保的，债权人可以就物的担保实现债权，也可以请求保证人承担保证责任。提供担保的第三人承担担保责任后，有权向债务人追偿"。从该条的表述来看，其仅规定担保人承担责任后可以向债务人追偿，而未明确可以向其他担保人追偿。

如果担保人提供的是人的担保即保证，那么根据民法典第七百条的规定，"保证人承担保证责任后，除当事人另有约定外，有权在其承担保证责任的范围内向债务人追偿，享有债权人对债务人的权利，但是不得损害债权人的利益"。由于该条也仅明确保证人享有的是债权人对债务人的权利，所以一般认为，该条亦未明确可以向其他担保人追偿。

对于此问题，《最高人民法院关于适用〈中华人民共和国民法典〉有关担保制度的解释》①第十三条予以了明确规定，简单地概括，即担保人之间有意思联络的可以追偿，否则不得追偿。

据此，如果适用民法典担保制度相关规定，除非保险人与担保人有上述司法解释所规定的意思联络，那么无论是担保人承担了担保责任，还是保险人承担了保险金给付责任后，均无权向对方进行追偿。

（二）保险法相关规定下保险人与担保人的相互追偿：保险代位求偿权的对象是否及于担保人

那么，保险法相关规定下法律效果又如何？如果债权人先向担保人行使权利并实现了债权，那么由于保险法相关规定没有也不可能对担保人是否能够向保险人追偿做出规定，因此承担了担保责任的担保人能否向保险人追偿就应适用民法典担保制度法律规定，即取决于其与保险人之间是否有意思联络。

当然，上述情形并不常见，一般情况下作为被保险人的债权人均会依照保险合同的

---

① 2020 年 12 月 25 日最高人民法院审判委员会第 1824 次会议通过，自 2021 年 1 月 1 日起施行。

第十三条　同一债务有两个以上第三人提供担保，担保人之间约定相互追偿及分担份额，承担了担保责任的担保人请求其他担保人按照约定分担份额的，人民法院应予支持；担保人之间约定承担连带共同担保，或者约定相互追偿但是未约定分担份额的，各担保人按照比例分担向债务人不能追偿的部分。

同一债务有两个以上第三人提供担保，担保人之间未对相互追偿作出约定且未约定承担连带共同担保，但是各担保人在同一份合同书上签字、盖章或者按指印，承担了担保责任的担保人请求其他担保人按照比例分担向债务人不能追偿部分的，人民法院应予支持。

除前两款规定的情形外，承担了担保责任的担保人请求其他担保人分担向债务人不能追偿部分的，人民法院不予支持。

约定先向保险人行使保险金请求权。保险人承担保险责任后,可依据保险法规定的保险代位求偿制度,以所给付的保险金金额为限,向相关责任人追偿。我国保险法关于代位求偿权规定的表述是,"因第三者对保险标的的损害而造成保险事故的,保险人自向被保险人赔偿保险金之日起,在赔偿金额范围内代位行使被保险人对第三者请求赔偿的权利"(第六十条第一款)。由于其并未明确第三者的范畴,因此理论及实务界对于投保人乃至担保人能否成为第三者产生了较大争议。

鉴于我国《保险法司法解释(四)》第七条规定,保险人主张代位行使被保险人因第三者侵权或者违约等享有的请求赔偿的权利的,人民法院应予支持。而保证保险违约方就是投保人,因此保证保险的代位求偿权行使对象可以为投保人应无异议,目前的争议焦点主要在于能否及于担保人。如果答案为肯定,则意味着保险人可以向担保人追偿。

1. 学说的争议

我国台湾地区保险法关于代位求偿权的规定与大陆基本相似。[①] 台湾地区持肯定论的学者指出,保险代位求偿权可及于保证人的原因是出于保证债务的从属性,被保险人(债权人)对主债务人之赔偿请求权为保险代位之客体,而保证债务又从属于主债务人之债务,因而例外地因主从债务不可分之原则,债权人对保证人的债权一并移转予保险人。[②]

反对论者认为,保证人虽然和主债务人负同一责任,但是保证责任是因保证契约产生,而保险代位的前提是与保险事故之同一原因事实所生之损失赔偿请求权为限,保证人责任之发生是基于保证契约与保险事故是否可认系同一事实,尚待研究。因此保证保险人的代位求偿权对象不当然包括保证人。[③]

2. 保险条款的约定

保险实务中,有条款明确约定代位求偿权的行使对象包含担保人。从以下三例代表性条款可以看出,我国保险条款主要可以分为包含担保人、未包含担保人以及未明确规定(用相关责任人代替)三种。

(1) 约定中包含担保人:中国人寿财产保险股份有限公司小额贷款保证保险条款。

第三十条　被保险人取得保险赔偿金的同时,应将其对投保人及借款合同担保人的权益转让给保险人,保险人有权向投保人及借款合同担保人追偿,包括但不限于从抵押物处置金额中扣回赔付款。被保险人应当向保险人提供必要的文件和其所知道的有关情况。

---

① 我国台湾地区《保险法》第五十三条:"被保险人因保险人应负保险责任之损失发生,而对于第三人有损失赔偿请求权者,保险人得于给付赔偿金额后,代位行使被保险人对于第三人之请求权;但其所请求之数额,以不逾赔偿金额为限。"

② 叶启洲:《保证保险人对保证人之代位》,《裁判时报》2012 年第 15 期。

③ 廖世昌:《解析保证保险》,《月旦法学杂志》2004 年第 107 期。

（2）约定中未包含担保人：中国平安财产保险股份有限公司平安产险个人借款保证保险条款。

第二十八条　发生保险责任范围内的损失，保险人自向被保险人赔偿保险金之日起，在赔偿金额范围内代位行使被保险人对投保人请求赔偿的权利，被保险人或其代理人应当向保险人提供必要的文件和所知道的有关情况。

（3）约定不明确：中华联合财产保险股份个人贷款保证保险条款。

第三十条　保险人自向被保险人赔付之日起，取得在赔偿金额范围内代位行使被保险人对有关责任方请求赔偿的权利。被保险人在收到赔款时，应签署赔款收据和权益转让书，将相关权益转让给保险人。在保险人向有关责任方行使代位请求赔偿权利时，被保险人应积极协助并提供必要的文件和有关情况。

3.司法实践的态度

最高人民法院曾在《关于适用〈中华人民共和国保险法〉司法解释（四）》（征求意见稿）中，明确保险人承担保险赔偿责任后，主张享有被保险人的担保权利的，人民法院应予支持。但法律另有规定或者当事人另有约定的除外（第十三条）。不过，正式稿中删除了该规定，这也从一个侧面反映出该问题的复杂性。各地法院目前对此问题的判断依然并不统一。

（1）肯定代位求偿权的对象包括担保人。

在甘肃新长城电气成套有限公司等与中国人民财产保险股份有限公司北京市分公司保险人代位求偿权纠纷中，北京市高级人民法院认为："投保人和被保险人为不同主体，因投保人对保险标的的损害而造成保险事故，保险人依法主张代位行使被保险人对投保人请求赔偿的权利的，人民法院应予支持……赔偿请求权因保险代位求偿权转让给保险人时，被保险人对第三者的保证债权、抵押权等从权利一并转移给保险人，保险人可以对担保人行使保险代位求偿权。"[①]

在中银保险有限公司湖南分公司与张某某代位求偿权纠纷再审一案中，湖南省高级人民法院认为："担保权是从权利，附属于主债权，主债权转让，从债权一并转让。故保险人可以向第三者的担保人主张权利。再者，本案张某某在借款合同纠纷中本身就应承担担保责任，中银保险湖南分公司取得代位求偿权并没有加重担保人张某某的责任。因此，中银保险湖南分公司可以向张某某主张权利，张某某应承担连带清偿责任。"[②]

（2）否定代位求偿权的对象包括担保人。

在布某平与中国人民财产保险股份有限公司威海市分公司保证保险合同纠纷一案中，山东省威海市中级人民法院认为："人保财险威海公司对光大银行承担保证保险责

---

① 北京市高级人民法院（2020）京民申 4885 号。
② 湖南省高级人民法院（2019）湘民再 65 号。

任后,依法取得代位求偿权,但其代位求偿权的对象仅限于造成保险事故发生的布某云,布某平作为布某云的担保人,既非涉案保证保险合同的当事人,也非造成保险事故发生的当事人,不能成为人保财险威海公司代位求偿权的追偿对象,故人保财险威海公司无权基于保险代位求偿权向布某平主张权利。"[1]

在中国人民财产保险股份有限公司威海市分公司与孙某某保证保险合同纠纷一案中,山东省高级人民法院认为:"《中华人民共和国保险法》第六十条规定,因第三者对保险标的的损害而造成保险事故的,保险人自向被保险人赔偿保险金之日起,在赔偿金额范围内代位行使被保险人对第三者请求赔偿的权利。根据上述法律规定,人保财险威海公司对光大银行承担保证保险责任后,依法取得代位求偿权,但其代位求偿权的对象仅限于造成保险事故发生的'第三者'夏某某,赵某某、孙某某作为夏某某的担保人,既不是涉案保证保险合同的当事人,也不是造成保险事故发生的当事人,故不能成为人保财险威海公司代位求偿权的追偿对象。"[2]

在中华联合财产保险股份有限公司克拉玛依分公司与何某某等保险合同纠纷中,新疆生产建设兵团第(农)七师中级人民法院认为:"保险代位求偿权是一种法定债权转让,保险人在向被保险人赔偿保险金后,有权行使被保险人对第三者请求赔偿的权利……本案中,中华保险分公司有权向马某某等进行追偿,而不应当向何某某等追偿。"[3]

需要注意的是,上述三起案例均为代位求偿权纠纷,至于代位求偿权被否定后,保险人能否依据担保法的相关规定行使追偿权,法院并未予以明确。

(三)课题组观点:适用民法典担保制度相关规定及其法理依据

1. 保险人与担保人之间的法律关系超越了保险法的规范射程,故并无适用保险法相关规定的余地

保证保险的保险人在承担了保险责任后,其保险代位求偿权的行使对象是否及于担保人的问题,若将着眼点从保险人这一单一视角扩展至其与担保人之间关系的双方视角,其本质就是保险人与担保人之间的追偿法律关系,因此其法律适用不应局限于保险法相关规定,而应适用民法典担保制度法律规定,因为前者的规范对象仅限于保险合同内部法律关系。

2. 即便认为保险法作为特别法优先适用,代位求偿权的对象也不应及于担保人

或许有观点认为,保险法是民法的特别法,如果解释论上能够得出代位求偿权的行使对象及于担保人这一结论,那么由于特别法优于一般法,就应该允许保险人追偿。

---

[1] 山东省威海市中级人民法院(2021)鲁10民终708号。
[2] 山东省高级人民法院(2020)鲁民申4486号。
[3] 新疆生产建设兵团第(农)七师中级人民法院(2019)兵07民终174号。

　　然而,课题组认为,保险法相关规定下亦很难得出代位求偿权的行使对象包括担保人的结论。

　　首先,前述赞成论者主张代位的内容除了向第三者请求的主权利外,当然包括向担保人主张的从权利。但是,其忽视了我国保险法关于保险代位求偿权的要件,即"因第三者对保险标的的损害而造成保险事故的,保险人自向被保险人赔偿保险金之日起,在赔偿金额范围内代位行使被保险人对第三者请求赔偿的权利"(第六十条第一款)。据此,能够成为代位求偿对象者仅为造成保险事故的第三者(保证保险中的投保人),其法律基础为被保险人对投保人基于贷款合同的请求权,而被保险人与担保人之间的权利义务关系则是基于担保合同,两者的法律关系完全不同。

　　其次,保险代位求偿权的法理基础或者说制度宗旨乃在于禁止被保险人通过保险获利以及阻止第三人免责。而代位求偿权的对象仅限于第三人这一结论并不违反该制度宗旨,因为能够向担保人请求只是更好地满足保险人的利益而已,与被保险人获利、第三人免责这两者之间并无任何关联性。

　　最后,认定保险代位追偿权包括担保人,将造成对担保人极端不公平的法律后果。即若保险人与担保人之间无意思联络,则担保人承担担保责任后无法向保险人追偿,而保险人则依然可以向担保人就所给付的保险金全额追偿。之所以说对担保人不公平,是因为该法律效果的形成完全取决于被保险人先向何者行使权利,完全没有任何法理基础可言。

　　3. 条款关于可向担保人行使代位权的约定对第三人并无约束力

　　即便保险条款中约定有"保险人享有对投保人及其担保人的追偿权",该约定也不发生效力。因为保险条款是保险合同的组成部分,其仅对作为合同当事人的投保人以及被保险人具有约束力,其效力不可能及于担保人。在中国人民财产保险股份有限公司镇江市分公司与句容市三圆制桶有限公司、句容市后白塑料五金厂等代位求偿权纠纷中,江苏省镇江市中级人民法院认为:"关于人保镇江分公司一审提交的贷款保证保险条款,其中虽有'保险人自向被保险人赔偿保险金之日起,在赔偿金额范围内代位行使对投保人、担保人请求赔偿的权利'等内容,但后白五金厂并非保险合同的当事人,故该条款内容不能约束后白五金厂。"①

　　综上,课题组认为在保险人与担保人之间的追偿法律关系问题上,应当适用民法典担保制度法律规定,如果保险公司想在承担保险责任后能够享有向担保人追偿的权利,则必须依照前述司法解释的相关规定满足与担保人之间具有相应意思联络的要求。需注意的是,此情形下即便可以追偿,与保险代位求偿权行使的法律效果也并不相同,因为后者可以全额追偿。

　　事实上,我国司法实践亦有判决应当按照担保法律制度来处理的判例。在中华联

---

① 江苏省镇江市中级人民法院(2020)苏 11 民终 3142 号。

合财产保险股份有限公司铁岭中心支公司与万某胜等追偿权纠纷一案中,辽宁省铁岭市中级人民法院认为:"上诉人出具贷款保证保险实质应为保险人对债权人西丰邮储银行的一种担保行为。被上诉人万某胜与上诉人签订的农户小额信用贷款保证保险投保单中,被上诉人喻某丰等未签名确认,上诉人与被上诉人喻某丰等未对相互追偿作出约定且未约定承担连带共同担保,涉案的保证保险合同对喻某丰等不产生合同约束力。在此情况下,担保人之间相互求偿缺乏法理依据。"①

五、保证保险的保险人与担保人之间的履行顺序问题

在保证保险与其他担保方式并存的情形下,除了存在承担责任后的相互追偿问题,还存在两者之间的履行顺序问题。不过,该问题不仅包含债务人以外的担保人,还包括债务人自身提供担保的情形。

如前所述,保险实务中对保险责任的约定存在三种方式,具体如前述第二部分保险事故相关内容所介绍的:① 原则上只要发生保险事故即承担保险金给付责任。② 要求被保险人先向债务人以及相关担保人进行催收,其仅对催收不能的部分承担补充的保险金给付责任。③ 仅规定了一个"索赔等待期",要求被保险人于该期限内进行催收,但并未规定只对未能催收的部分承担补充责任。而单就履行顺序而言,其中第三种情形应该视为与第二种情形具有同样的法律效力。因此,事实上保险条款对于履行顺序的规定分为两种情形:有约定和无约定,以下分别予以详细论述。

(一) 履行顺序有约定情形下依照约定履行

如上述第二种方式,即对履行顺序有约定的情形下法律关系该如何处理?

如前所述,该约定虽然于合理性方面有所欠缺,但由于保证保险同时亦具有保证合同的属性,所以其合法性并无问题。此种情况下保险人承担的是补充担保责任,补充担保是补充前一担保的担保,指的是约定于前一担保不能担保全部债权时由第二担保人代前一担保人承担担保责任。因此,补充担保的担保人只是在前一担保的担保人不能承担担保责任或者不能承担全部担保责任时才对主债权人承扣担保责任。② 保险人作为补充保证人当然可以主张在其他共同保证人之后承担责任。据此,保险人有权要求债权人先行向投保人和相关担保人进行催收,仅就催收不能的部分承担补充责任。

司法实践中,山东省高级人民法院发布的《关于审理机动车消费贷款保证保险案件适用法律若干问题的意见》第十二条明确:"当事人在保证保险合同中约定,被保险人索

---

① 辽宁省铁岭市中级人民法院(2022)辽 12 民终 221 号。认为应适用担保法相关规定的还有广东省清远市中级人民法院(2021)粤 18 民终 4627 号判决、辽宁省阜新市中级人民法院(2021)辽 09 民终 1010 号。

② 孙鹏主编:《担保法精要与依据指引》,人民出版社 2005 年版,第 17 页。

赔时应先行处分抵(质)押物或向担保人追偿以抵减欠款,抵减欠款后不足的部分,由保险人按保证保险合同约定负责赔偿的,该约定有效。"①

在中国工商银行股份有限公司延吉海兰江支行与隋某某等金融借款合同纠纷案中,延吉仲裁委员会认为:"对同一合同之债既设定了保证担保,又设定了保证保险,且保证保险合同又约定了发生保险事故后,被保险人应当先行向担保人追偿的情况下,申请人在向担保人追偿前,不能对保险人行使债的请求权"。②

(二)履行顺序无约定情形下的所谓先诉抗辩权问题

1. 债务人自身提供物的担保之情形

如前所述,保证保险法律性质一元论者倾向于根据法律属性判断相关纠纷应适用的法律规范。就履行先后顺序而言,保证说主张应根据约定判断属于一般保证还是连带保证,没有约定的即属于一般保证,保险人据此可主张先诉抗辩权。③ 而保险说的情形下当然并不存在所谓一般保证或者连带保证之分,而是强调根据保险条款的约定来确定保险人保险金给付义务的发生时间。

在对履行顺序没有约定的情形下,依照保证说,可以解释为是对保证方式没有约定,法律效果应为保险人可行使先诉抗辩权,要求被保险人先行向债务人以及其他担保人行使请求权。而依照保险说,则完全相反,只要约定的履行迟延时间经过,被保险人就可以向保险人行使保险金请求权。

如果是债务人自己提供的担保,如前所述,由于其不牵涉保险合同当事人、关系人以外之人,因此也应适用保险法律相关规定。加之,仅从法律属性出发就认定保险人有先诉抗辩权,完全无视保险合同中关于保险责任的约定。而包括保险金给付条件的保险合同条款乃双方当事人真实的意思表示,仅以法律性质的定性就推翻合同约定的做法毫无法律依据。

因此,课题组认为在保险合同没有约定履行顺序的情形下,保险人无权以《民法典》第三百九十二条的规定为由,主张被保险人应当先就该物的担保实现债权。换言之,只要符合保险条款关于保险责任的约定,作为债权人的被保险人可以先向保险人请求保险金的给付。

此外,保险人承担保险责任后,当然基于保险法享有对债务人的保险代位求偿权。

---

① 山东省高级人民法院《关于审理机动车消费贷款保证保险案件适用法律若干问题的意见》,2005 年 12 月 13 日经山东省法院审判委员会第 62 次会议通过。

② 2011 年 6 月 15 日(2011)延仲字第 21 号裁决书。

③ 民法典第六百八十六条:保证的方式包括一般保证和连带责任保证。当事人在保证合同中对保证方式没有约定或者约定不明确的,按照一般保证承担保证责任。
需注意的是,原担保法第十九条规定,当事人对保证方式没有约定或者约定不明确的,按照连带责任保证承担保证责任。

并且,该代位求偿权的内容包含对债务人提供物的担保的优先受偿权。因为此时并不牵涉到债务人以外的其他担保人,因此仅应适用保险法相关规定寻求问题的解决。有法院认为,"小贷公司与被告为担保授信及借款合同项下的主债权而在某房产商设立抵押物权,保险公司与小贷公司签订权益转让书时,保险公司已支付保险理赔款。此时,小贷公司享有的主债权已经消灭,故其享有的抵押物权也消灭,小贷公司无法再转让该抵押权,且不动产登记证明记载的抵押权人是小贷公司而非保险公司,因此,保险公司未取得抵押物权"①。该判决显然值得商榷。众所周知,保险人取得代位求偿权的法理依据是法定的债权转让,民法典第四百零七条规定,"抵押权不得与债权分离而单独转让或者作为其他债权的担保。债权转让的,担保该债权的抵押权一并转让,但是法律另有规定或者当事人另有约定的除外"。据此,保险人在给付了保险金之后当然取得小贷公司对债务人的债权。换言之,对于债务人的原债权依然存在,而并非是保险人基于代为清偿取得了一个新权利。

2. 债务人以外之第三人提供担保的情形

我国民法典第六百八十七条第一款规定,"当事人在保证合同中约定,债务人不能履行债务时,由保证人承担保证责任的,为一般保证"。据此,所谓一般保证人的先诉抗辩权,其对象应仅为债务人,而不包括为其提供担保的担保人。因为法律明确规定,一般保证的成立前提仅为"债务人不能履行债务时",即先诉抗辩权是在债权人没有先向主债务人进行追诉而直接请求保证人履行保证债务时,保证人享有拒绝履行请求的抗辩权。法律并未赋予先诉抗辩权的对象可以扩大至主债务人的担保人。

既然保险人对债务人以外之担保人并无所谓先诉抗辩权,保险公司就不得拒绝债权人的保险金请求。而从债权人的角度来看,意味着其当然既可先行行使保险金请求权,亦可就第三人的担保实现债权,两权利之间并无优劣之分。

我国台湾地区有学者认为"鉴于保证保险为保证契约之保险化,本身仍具有部分保证的性质,与保证契约具有相当的类似性,宜将保证保险及保证契约解为系同一次序之责任。对债权人而言,其可自由选择向保证保险人请求给付或向保证人请求代负履行责任"②。该观点虽然就结论而言与课题组相同,但课题组认为并无必要将保证保险定性为保证才能得出此结论。

司法实践中,《北京市高级人民法院关于审理保险纠纷案件若干问题的指导意见(试行)》第三十条规定:"同一合同债务既投保保证保险,又设定连带责任保证的,保险人不享有先诉抗辩权,当事人另有约定的除外"。③

在中国民生银行股份有限公司吴江支行诉吴红等金融借款合同纠纷案中,苏州市

---

① 南京市鼓楼区人民法院(2019)苏 0106 民初 3349 号。

② 叶启洲:《保证保险人对保证人之代位》,《裁判时报》2012 年 6 月第 15 期。

③ 北京市高级人民法院京高法发〔2005〕67 号,2004 年 12 月 20 日北京市高级人民法院审判委员会第 138 次会议通过。

吴江区人民法院认为,"贷款保证保险的性质属于财产保险,保险责任是保险人的主要责任,若发生了合同约定的保险事由,保险人即应承担保险责任。贷款保证保险与保证担保的法律基础不同,贷款保证保险不等同于保证担保,故本案应增加保险合同纠纷案由。保险人依据保险条款承担保险责任,依法不具有保证人对担保权利实现顺序的抗辩权"①。

无论是北京高院的指导意见,还是苏州市中级人民法院的相关判决都否定了保险人的先诉抗辩权。后者的判决虽然没有强调另有约定除外,但根据其"发生了合同约定的保险事由,保险人即应承担保险责任"之表述,应当是包含了有约定从约定之意。

六、保证保险与反担保的关系

(一)反担保的意义及其与保证保险关系上的问题点

保证保险实务中,保险人为了保险代位求偿权的实现能够得到有效保障,往往存在要求投保人(债务人)提供反担保的情形。所谓反担保,是指债务人或第三人为确保担保人承担担保责任后对债务人的追偿权而设定的担保。② 与第四章所论保险人与债务人以外担保人之关系不同,该章中两者均为债权人提供担保的两个并行的担保法律关系,而反担保担保的并非基础合同中债权人的债权,而是担保合同中债权人的债权实现。

反担保究竟是否具有现实意义? 融资性保证保险中,往往是因为债务人自身无法提供担保才采用了缔结保证保险这一形式。若债务人根本无法提供担保,那反担保究竟如何实现? 但现实中,第四章所论两个平行的担保关系的纠纷并不常见,反而是反担保的相关问题更为普遍存在。原因可能在于以下几点:一是债务人虽然持有可抵押物,但作为债权人的银行等对抵押物的要求较高,债务人无法直接办理抵押贷款。二是从保险逆选择的角度出发,即便债务人自身能够提供担保也有可能被要求缔结保证保险。申言之,自身能够提供担保者相对风险较小,如果该类债务人无须加入保证保险,那么加入者最后均为风险较大者,不利于该险种的健康发展。三是保险人要求债务人提供反担保并非强制,并且反担保的提供能够降低投保人的保险费率。

在保险说和保证说的争论中,保险说强调如果是保险,保险公司就无权要求债务人提供反担保,因为法律只规定担保合同能够要求债务人提供反担保。此外,从保险学的角度出发,有观点认为,保险人收取的保险费中就应包含对债务人代位求偿权请求不能这一风险的对价,此时再要求债务人提供反担保,似乎与该精算原理不符。

此外,理论及学术界对反担保的本担保究竟为何有着激烈争论,其结论可能导致反担保应承担责任的法律效果亦有所不同。保证保险是否亦同样产生这样的问题需要予

---

① 苏州市吴江区人民法院(2017)苏 0509 民初 1466 号。
② 程啸:《担保物权研究》,中国人民大学出版社 2017 年版,第 51 页。

以明确。

最后,保险实务中,保险人往往通过反担保合同约定反担保人的违约责任。鉴于与保证保险相关的违约金问题不只存在于反担保合同中,该问题将在下一章《保证保险中违约金的相关问题》中一并予以论述。

(二)保险实务中的反担保

以某财产保险股份有限公司沈阳分公司的《履约保证保险合作协议》为例,其第三条约定:乙方对甲方建立 100% 的反担保机制,本合作协议项下乙方推荐的投保人未按照其与金融机构签订的贷款合同的约定,足额、按时地偿还贷款及利息,导致甲方向金融机构赔偿后,甲方有权在赔偿范围内向投保人进行追偿,并有权在赔偿范围内要求乙方按照本协议约定的比例和方式向甲方承担赔偿损失责任,赔偿比例为甲方向被保险人支付赔款的 100%。

亦有采取单方面的反担保承诺书形式的,例如,在单某等被继承人债务清偿纠纷案中,案外人韩某向中国人民财产保险股份有限公司淄博市分公司投保个人信用贷款保证保险,原告单某出具反担保承诺书,承诺:"为前述保险提供反担保,约定如借款人未按合同履行还款义务,导致保险公司保险理赔后,本人自愿向保险人归还全部垫付款项并一次性支付未付保险费、理赔及催收产生的其他费用(包括但不限于诉讼费、律师费、保全费等一切合理费用),并承担自代垫付之日起至付清之日止的逾期付款利息损失(自代垫付之日起按照中国人民银行同期贷款利率计算)。"①

上述两例是由第三方以保证的形式提供反担保的情形。第一例中的反担保人是机构,所以保险人还要求其承担违约责任,此情形下由保险人收取的保费费率往往亦较低,不足以应对风险。加之,保险人还往往将信用审查等亦外包给机构,因此容易引发"暴雷"等经营危机。相对于机构担保的情形下要求机构承担重大的违约责任,第二例中反担保人是自然人的情形下,只要求其承担相应的利息损失。

当然,实务中亦有大量接受债务人提供物保的反担保情形,相对于机构提供的人的担保,此类情形一般不会存在"暴雷"风险。但随着整体经济下行,保险公司也面临着担保物贬值的风险。

(三)反担保的本担保:担保合同还是担保人的追偿权

民法理论上,对反担保所对应的主合同究竟是何者具有争议。有学者强调:"反担保原则上是以本担保责任的承担为前提,但是反担保毕竟是一种独立的法律关系,具有一定的独立性。"②课题组认为,该观点包括两层含义,一是反担保具有独立性,二是反担保属于担保制度的一种,当然具有从属性。只有这样才符合民法典第三百八十七条

---

① 山东省淄博市中级人民法院(2022)鲁 03 民终 670 号。
② 王利明:《物权法研究》(下卷),中国人民大学出版社 2016 年版,第 1145 页。

第二款后段的规定,即"反担保适用和其他法律的规定"。不过,反担保从属于何者,在理论上存在争议。

　　该理论争议的现实意义在于,其定性如何可能对担保责任的范围产生影响。虽然根据民法典第三百八十九条、第六百九十一条之规定,当事人可以在法定担保范围外另行约定担保责任,但约定的范围大于法定担保范围的,其效力如何法律并未明确。理论界存在有效、无效的观点对立,包括约定有限但担保人可以援用债务人的抗辩,可以主张不承担责任。[①] 最终,最高院担保制度司法解释明确了约定的责任范围不得"超出债务人应当承担的责任范围"[②],事实上认定了担保责任具有从属性。不过,所谓"应当承担的责任范围"又究竟为何,即担保责任究竟从属于何者,争议并未解决。

　　我国学术界通说曾认为反担保的主合同就是债权人与担保人之间的本担保合同[③],还有学者主张反担保从属于债务人与担保人之间的委托合同。[④] 然而,反担保合同中的债权人为担保人而非基础合同中的债权人,最高院担保制度司法解释也明确了反担保合同并非从属于本担保合同。此外,并非本担保合同均以委托合同的存在为前提,根据民法典第七百条之规定,担保人承担担保责任后,原则上当然有权向债务人进行追偿。因此,近年有学者强调,"反担保合同并非担保合同的从合同,反担保人担保的也不是担保合同项下的债权……反担保合同担保的主债权应界定为担保人在承担担保责任后,对债务人享有的追偿权或其法定承受的债权人对债务人的债权"[⑤]。司法实践中,在郑州豫东置业公司等诉河南华商投资担保公司追偿权纠纷案中,河南省高级人民法院认为:"本案中,豫东公司所提供的反担保的主合同关系应当是存在于方舟公司与华商公司之间基于追偿权而形成的债权债务关系。"

　　据此,反担保的本担保并非担保合同,而是担保人对债务人的追偿权这一债权。[⑥]该解释亦符合民法典关于担保制度的规范体系,满足民法典第三百八十七条第一款、第六百八十一条中"为保障债权的实现"这一担保基础性。[⑦]

---

　　① 最高人民法院民事审判第二庭:《最高人民法院〈民法典担保制度司法解释〉理解与适用》,人民法院出版社2021年版,第101页。

　　② 《最高人民法院民法典担保制度司法解释》第三条:"当事人对担保责任的承担约定专门的违约责任,或者约定的担保责任范围超出债务人应当承担的责任范围,担保人主张仅在债务人应当承担的责任范围内承担责任的,人民法院应予支持。"

　　③ 刘保玉:《反担保初探》,《法律科学·西北政法学院学报》1997年第1期。

　　④ 葛少帅:《委托担保及反担保合同中违约金条款的效力》,《人民司法》2021年第11期。

　　⑤ 程啸、高圣平、谢鸿飞:《最高人民法院新担保司法解释理解与适用》,法律出版社2021年版,第129页。

　　⑥ 《最高人民法院担保制度司法解释》第十九条:"担保合同无效,承担了赔偿责任的担保人按照反担保合同的约定,在其承担赔偿责任的范围内请求反担保人承担担保责任的,人民法院应予支持。反担保合同无效的,依照本解释第十七条的有关规定处理。当事人仅以担保合同无效为由主张反担保合同无效的,人民法院不予支持。"

　　⑦ 赵峰:《论反担保的从属性及其限度》,《中国法律评论》2022年第3期。

（四）课题组观点

1. 反担保具有合法性

保证保险中设立反担保是否具有合法性？课题组认为该问题与保证保险的属性并无关联，保险法并无规定禁止投保人或第三人在向保险人进行投保的同时提供反担保，基于私法的"法无禁止即可为"原理，保证保险中的反担保并不具有违法性。此外，基于意思自治原则，为促进交易完成，当事人双方基于理性考量后自愿设立反担保，在不违背相关法律法规和公序良俗的情况下该自由意志应当受到法律尊重。这里不会出现不同法律性质的界定导致不同法律效果的命题。

司法实践中，各地法院对反担保的效力均予以认可。

在凤庆县蒲门农特产科技开发有限责任公司与中华联合财产保险股份有限公司云南分公司保险人代位求偿权纠纷一案中，被告凤庆县蒲门农特产科技开发有限责任公司与原告分别签订了最高额反担保抵押合同、质押反担保合同、保证合同，为中华财保云南公司提供的保证保险提供反担保。云南省高级人民法院认为，"在本案中中华财保云南公司向被保险人苏宁小贷公司依照合同约定赔偿了 1450 万元，其亦只能在 1450 万元范围内向凤庆县蒲门农特产科技开发有限责任公司主张代位求偿权……基于凤庆县蒲门农特产科技开发有限责任公司在 1450 万元范围内向中华财保云南公司支付其赔偿款，因此，作为保证人的凤庆蒲门茶叶公司、杨某某亦在 1450 万元范围内承担连带担保责任，且承担担保责任后，有权向凤庆县蒲门农特产科技开发有限责任公司进行追偿"①。

辽宁省佳旭汽车服务有限公司（原沈阳凯汇融资租赁有限公司）与中国人民财产保险股份有限公司沈阳市分公司等保险人代位求偿权纠纷一案中，李某某向人保沈阳公司投保个人贷款保证保险，被保险人为华夏银行股份有限公司沈阳铁西支行。人保沈阳公司与沈阳凯汇融资租赁有限公司签订《履约保证保险合作协议》，其中第三条约定乙方对甲方建立 100% 的反担保机制。最终法院判决李某某偿还人保沈阳公司保险赔偿金及利息，反担保人佳旭汽车公司（原沈阳凯汇融资租赁有限公司）对赔偿金部分承担连带责任。②

蒋某某等与长安责任保险股份有限公司南京市中心支公司保险纠纷一案中，南京市中级人民法院认为根据查明的事实，蒋某某等通过案外人介绍向重庆苏宁小贷公司借款，并向长安保险南京公司投保保证保险，为此各方签订了借款合同、投保协议、反担保抵押合同，三份合同均系当事人的真实意思表示，各方均应按约履行。③

2. 反担保具有合理性

有观点认为，投保人为获得融资已经向保险公司进行了投保，基于大数法则计算的

① 云南省高级人民法院(2019)云民终 1005 号。
② 辽宁省沈阳市中级人民法院(2022)辽 01 民终 5732 号。
③ 江苏省南京市中级人民法院(2020)苏 01 民终 10624 号。

保险费本身已经将保险公司可能面临的风险计入在内,若保险公司此时再要求投保人提供反担保,是不是以不合理增加投保人的融资成本方式对保险公司进行了双重保障,从而使双方利益过度失衡,有违公平?

首先,众所周知,保险代位求偿权的法理基础是损失补偿原则,防止被保险人从损失中获利。有观点认为,保险公司一方面通过收取保费获得了应支付保险金的对价,另一方面又可以通过行使代位求偿权取得与所支付保险金相对应的金额,似乎是保险公司获得了不当利益。对此答案是否定的,理由在于:第一,因为保险人虽然可以通过行使代位求偿权事实上收回已支出的保险金,但其将反映在保险费率的精算上,保费由此得以降低。第二,保险人的保险代位求偿权存在无法实现的风险,并非所有第三人都具有偿还资力。不过,该风险无法再以精算方式体现在保费中。因为该权利的可能实现已被作为降低保费的因素加以精算,若又将无法实现的风险作为精算因素,两者之间显然矛盾。而且,后者的情形下,将明显提高保费费率,不利于险种的健康发展。

其次,更为重要的是,保险实务中债务人能否提供反担保也反映在费率的精算上。以《平安产险个人借款保证保险(2020 款)费率》为例,如下所示,其费率计算公式为:"总保险费=保险期间内各月月保险费之和、月保险费=借款本金 * 承保比例 * 基准费率 * 费率调整系数",而费率调整系数为"抵/质押物类型系数""投保人信用评级系数""宏观经济调整系数"三者的乘积。其中的"抵/质押物类型系数"是根据投保人所提供的抵/质押物类型进行确定的。

平安产险个人借款保证保险(2020 款)费率

一、费率计算公式

平安产险个人借款保证保险(2020 款)费率

总保险费=保险期间内各月月保险费之和

月保险费=借款本金 * 承保比例 * 基准费率 * 费率调整系数

每月以 30 天自然日计算。

二、基准费率

0.5%/月

三、费率调整系数

费率调整系数为下列各调整系数之乘积。

抵/质押物类型系数:不同类型的抵/质押物对应风险类型不同,有抵/质押物比无抵/质押物对应风险更低,故可适当降低费率水平;反之亦然。

抵/质押物类型	调整系数
房产抵押物	0.2—0.4
票据质押物	0.4—0.6
车辆抵押物/权益质押物	0.6—0.8

续 表

抵/质押物类型	调整系数
工程设备抵押物	0.8—1
无抵/质押物	1

由此可见,投保人是否提供反担保及担保物的价值与保险费率密切相关,反担保的有无是决定保险费率的一个因素。同时,每个投保人的保险费率是可以单独精算的,且保险人都能够提供相应的证据。故课题组认为在融资性保证保险中设立反担保不仅具有合法性,亦具有一定合理性。

3. 反担保人的责任范围不能超过担保人对债务人的求偿权

如前所述,近年学者主张反担保的担保对象既不是委托合同,亦不是本担保合同(该观点亦被担保制度司法解释所确认),而是本担保的担保人对债务人的追偿权。由于反担保的法律属性当然亦为担保,故其亦当然适用民法典担保制度相关规定。据此,根据最高人民法院担保制度司法解释第三条,反担保人的担保责任不能超过担保人对债务人的追偿权。

与此相对应的是,保证保险的反担保的担保责任不能超过保险人对债务人的追偿权。因此,例如前述某财产保险公司与某反担保人之间的反担保协议约定:"甲方有权在赔偿范围内向投保人进行追偿,并有权在赔偿范围内要求乙方按照本协议约定的比例和方式向甲方承担赔偿损失责任,赔偿比例为甲方向被保险人支付赔款的100%。"该赔偿比例金额应当远超保险人可向投保人追偿权的金额,故反担保人主张超出部分对其不发生效力的,人民法院应予以支持。

前述"蒋某某等人与长安责任保险股份有限公司南京市中心支公司保险纠纷一案"中,南京市中级人民法院认定反担保的责任范围应当从属于保证保险追偿权,即"本案长安保险南京公司系依据保险法规定的保险代位求偿权向蒋某某等追偿,追偿的范围应仅限于代偿款及相应的资金占用损失,其通过反担保抵押合同约定的方式,要求蒋某某等支付代偿款自实际支付之日起按照同期银行贷款基准利率4倍计算的利息,与保险法的相关法律规定精神相悖,依法不应予以支持。"[①]

此外,需要强调的是,该追偿权的范围并不等同于保险人的保险代位求偿权范围。保险代位求偿权是以保险人给付的保险金为限当然转移至保险人的权利,其内容为债权人对债务人的债权,包括贷款本金、利息以及约定的违约金等。而保险人对债务人的追偿权除该保险代位求偿权外,还包括投保人对保险人支付保险金所形成的资金占用损失、违约金等。双方一般通过保单特别约定的方式予以约定,其中违约金效力如何于下章讨论。显然,保险人对投保人追偿权的范围要大于保险代位求偿权的范围。

---

① 南京市中级人民法院(2020)苏01民终10624号。

七、保证保险中违约金的相关问题

（一）保证保险违约金的意义

保证保险相关法律关系中，以下三个方面可能涉及违约金的约定：

（1）贷款合同。

在当事人为债务人与银行等金融机构的贷款合同中，约定债务人不能按期清偿债务的情形下，除需向银行等偿还本金、利息外，还需支付违约金。

（2）保证保险合同。

在当事人为投保人与保险公司的保证保险中，约定投保人不能按期清偿债务，由保险人向银行给付保险金后，需向保险人支付违约金。

（3）反担保合同。

在反担保合同中，约定反担保人向保险人承担赔偿损失责任，如上一章所示案例，对于该损失有的规定是垫付资金利息损失，有的是保险人所支付的保险金的100%，后者显然类似于违约金的规定。

首先，贷款合同中的违约金乃属当事人之间的意思自治，对其效力应无异议，保证保险中保险责任的约定对于责任范围亦均包含该违约金。

其次，反担保中要求反担保人支付违约金也好，要求支付利息损失也好，根据最高人民法院关于担保制度的司法解释第三条，反担保人承担的责任范围不能超过本担保（保险人对投保人的追偿权），因此约定过高的利息损失或违约金者，其权利实现并不能得到法院支持。

最后，问题在于保证保险合同中一般通过特别约定规定的投保人对保险人承担的违约金，其效力如何是必须予以面对的问题（包括违约金数额问题）。本章中所指违约金均特指该层法律关系中的违约金。

（二）保险实务中关于违约金的规定

保证保险合同中，保险人往往通过特别约定方式与投保人约定，投保人需在一定期限内向保险人支付全部理赔款以及未付保费，若超过该期限则投保人构成违约，保险人有权以未付理赔款及保费为基数按约定的违约金计算方式向投保人收取违约金。例如：

（1）阳光财产保险股份有限公司个人贷款保证保险条款。

特别约定：

保险人按照保险合同约定向被保险人赔偿相关款项后，投保人需向保险人归还全部赔偿款项和应付而未付保费。从保险人赔偿当日开始超过30天，投保人仍未向保险人归还全部赔偿款项，则视为投保人违约，投保人需以尚欠全部款项为基数，从保险人赔偿当日开始计算,按每日千分之一,向保险人缴纳违约金。

(2)中国大地财产保险股份有限公司个人贷款保证保险条款。

特别约定:

本保险合同的绝对免赔率为 0%,投保人拖欠任何一期贷款达到 80 天(不含),保险人依据保险合同约定向被保险人进行理赔。保险人理赔后,投保人需向保险人归还全部理赔款项和未付保费,从保险人理赔当日开始超过 30 天,投保人仍未向保险人归还上述全部款项的,则视为投保人违约。投保人需以尚欠全部款项为基数,从保险理赔当日开始计算,按每日千分之一,向保险人缴纳违约金。

(3)中国平安财产保险股份有限公司平安个人借款保证保险条款。

特别约定:

投保人拖欠任何一期借款达到 80 天(不含),保险人依据保险合同的约定向被保险人进行理赔,保险人理赔后,投保人需向保险人归还全部理赔款项和未付保费,从保险人理赔当日开始超过 30 天,如投保人仍未向保险人归还上述全部款项的,需以尚欠全部款项为基数,从保险人理赔当日开始计算,按每日千分之一向保险人支付违约金。

(三)学说争议

由于法律并未对违约金约定作出规定,因此理论界对此亦存在争议。

(1)违约金条款否定说。

该说认为,保险法第六十条明确规定了保险人的代位求偿权的范围只能"在赔偿金额范围内",若超出此限制则会让保险人获得额外利益,如此便不符合代位求偿权的立法意图。此外,在保证保险中,投保人既是债务人,又是代位求偿权的行使对象,投保人(债务人)也往往因为未能及时还款而承担借款合同约定的违约金。若此时保险人再对投保人(债务人)施加额外的违约金责任,则会大大加重投保人的负担和融资成本,也不符合代位求偿权中保护投保人、平衡保险人与第三人之间利益关系的立法目的。[①]

(2)违约金条款肯定说。

违约金条款属当事人之间意思自治的范畴,其本身并不属于代位求偿权的范围,只要该约定不违反法律法规的效力性强制性规定,应予认定有效。代位求偿权为法定转让的权利,保证保险合同中对代位求偿权的约定实际上是对该权利的确认。而约定的违约金条款在合同中实际上独立于代位求偿权,意旨在于取得代位求偿权之后,保险人对投保人的债的不履行而作的重新约定。所以不能因为违约金不应包含在代位求偿的范围内而主张无效,相反,只要符合民法关于合同效力的规定,便应认定有效。[②]

(3)违约金条款有效,但在保险人代位求偿权之诉中不予支持。

违约金条款效力肯定说下,多数观点认为违约金条款不应包含在保险人代位求偿

---

① 张雪楳:《论保险代位求偿权的形式范围》,《法律适用》2011 年第 5 期,第 8 页。

② 葛少帅、杨卉:《贷款保证保险合同中违约条款的效力》,《人民法院报》2018 年 12 月 26 日。

之诉的诉请中,应当另行起诉。首先,保险金代位求偿权和违约金请求权的请求权基础不同,前者基于法律规定,后者基于当事人合意。保险金代位求偿权的范围应仅限定于保险人赔偿范围,违约金显然不能包含在内。其次,管辖法院也存在区别,前者应以被保险人与第三人之间的法律关系为基础来确定管辖法院,[①]后者则应根据合同关系,即保险人与投保人之间的法律关系确定管辖法院。最后,审理规则同样不一致,前者适用保险代位求偿权纠纷,后者适用保证保险合同纠纷。[②]

(四)司法实践的态度

司法实践中对保证保险违约金条款效力的问题同样存在较大争议。笔者在"北大法宝"网站中以"保证保险"为标题关键词,以"违约金"为全文关键词,法院层级选择"中级人民法院及以上"进行检索,共检索出 1187 条法院裁判案例,最后检索时间为 2022 年 7 月 10 日 20 时 08 分。笔者又以"法院将违约金条款作为争议焦点之一"为条件进行筛选,在近 10 年的法律文书中共得出有效案例 305 件,其中最高院 0 件,高院 4 件,中院 301 件。通过对以上法院的判决结果进行分类,汇总得到如下数据。

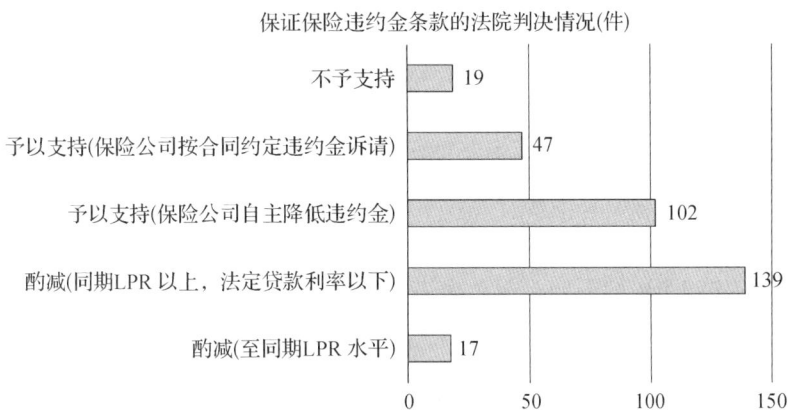

保证保险违约金条款的法院判决情况(件)

- 不予支持 19
- 予以支持(保险公司按合同约定违约金诉请) 47
- 予以支持(保险公司自主降低违约金) 102
- 酌减(同期LPR以上,法定贷款利率以下) 139
- 酌减(至同期LPR水平) 17

图1　保证保险违约金条款的法院判决情况

如图 1 所示,在已检索到的 305 件关于违约金条款的裁判中,法院予以酌减的裁判共 156 件,其中 17 条是酌减至同期中国人民银行同档次贷款基准利率(以下简称"LPR")水平(或者银行贷款利率水平),而 139 件则是酌减至同期 LPR 水平以上、民间借贷利率法定上限之下。在予以支持的裁判中,其中 102 件是因为保险公司并未按照合同约定的违约金计算方式进行诉请,而是在诉前或诉讼中自主调减,法院由此支持保险公司关于违约金的诉请;剩下的 47 件则是法院直接支持保险公司全部的违约金诉

① 《保险法司法解释(四)》第十二条规定:"保险人以造成保险事故的第三者为被告提起代位求偿权之诉的,以被保险人与第三者之间的法律关系确定管辖法院。"

② 李慧:《借款保证保险实务问题探究》,《保险研究》2020 年第 12 期。

请。与之相对的是,有 19 件裁判文书中明确显示法院不支持任何违约金。

1. 最高人民法院对民间借贷、金融借贷利率的相关规定

(1) 民间借贷。

2015 年最高人民法院发布的《最高人民法院关于审理民间借贷案件适用法律若干问题的规定》第二十六条第一款规定,"借贷双方约定的利率未超过年利率 24%,出借人请求借款人按照约定的利率支付利息的,人民法院应予支持"。

2020 年 8 月 18 日,最高人民法院将《最高人民法院关于审理民间借贷案件适用法律若干问题的规定》第二十六条修改为"出借人请求借款人按照合同约定利率支付利息的,人民法院应予支持,但是双方约定的利率超过合同成立时一年期贷款市场报价利率四倍的除外"①。

(2) 金融借贷。

2017 年最高人民法院发布的《最高人民法院关于进一步加强金融审判工作的若干意见》规定:"金融借款合同的借款人以贷款人同时主张的利息、复利、罚息、违约金和其他费用过高,显著背离实际损失为由,请求对总计超过年利率 24% 的部分予以调减的,应予支持,以有效降低实体经济的融资成本。"

2019 年最高人民法院发布《全国法院民商事审判工作会议纪要》(以下简称"九民纪要")在有关借款合同规则一章中提出"区别对待金融借贷与民间借贷,并适用不同规则与利率标准"。但是在第五十一条中又提出"金融借款中变相收取利息的,可根据提供服务的实际情况确定借款人应否支付或酌减"。

据此,民间借贷利率以 2020 年 8 月 20 日为分界线,之前适用 24% 利率上限的规定,之后适用 4 倍 LPR 的规定。而金融借贷利率则依然以不超过年利率 24% 为上限,但可以根据情况予以酌减。

2. 人民法院对违约金金额予以酌减的分析

(1) 酌减至 LPR 以上、法定贷款利率上限以下。

法院在 139 件裁判中,将违约金酌减至同期 LPR 以上、法定贷款利率上限以下。如安徽省高级人民法院在季某某与中国平安财产保险股份有限公司安徽分公司保证保险合同纠纷再审裁定书中认为,"案涉《保证保险合同》约定,'从保险人赔偿当日起超过 30 天投保人仍未向保险人归还全部赔偿款的,视为投保人违约,投保人需以尚欠全部款项为基数从保险人理赔当日开始计算,按每日千分之一的标准向保险人交纳违约金'……由于《保证保险合同》约定的违约金标准过高,一、二审判决予以调减,按月利率 2% 标准计算较为允当"②。又如苏州市中级人民法院在张某某与阳光财产保险股份有

---

① 2019 年 8 月 18 日中国人民银行发布 2019 年第 15 号公告,规定自 2019 年 8 月 20 日起于每月 20 日(遇节假日顺延)公布贷款市场报价利率。

② 安徽省高级人民法院(2020)皖民申 1768 号。

限公司苏州中心支公司保证保险合同纠纷二审民事判决书中,支持了一审法院将违约金酌减至 1.95 倍同期银行贷款利率或 LPR 水平的判决。① 从以上判决数据可以看出,在司法实践中大部分法院均选择对违约金进行酌减。

在对违约金进行酌减的法院中,大部分并未从正面判断违约金条款的效力,而是较为笼统地先认定保证保险合同符合相关法律规定而有效,违约金条款在尚未论证之下亦直接认定有效,但是诉请过高应予酌减。法院之所以采用这种判决思路,一种可能是认为违约金条款只要符合当事人之间的意思自治且不违反强制性法律法规便认定有效,其效力已在保证保险合同中讨论,因此无须再予以明确;另一种可能则是法院直接回避违约金效力问题,而是将违约金调整至双方接受的水平。

不过,相当一部分法院也对违约金的酌减给予了较为详细的说明。如在拜某某与中国平安财产保险股份有限公司保证保险合同纠纷中,广州市中级人民法院认为:"双方关于违约金的约定见于保险单'特别约定'中,系平安财保单方制作的格式条款。尽管平安财保已将相关条款单独列出,投保人亦声明了知悉、理解、认可相关约定,可视为平安财保对相关条款已作出提示说明,符合格式条款的生效条件,但拜某某作为投保人,其保险专业知识及谈判能力显然难以与平安财保相提并论,可见该违约金条款并非双方平等协商的结果,不能完全代表双方当事人平等自愿的真实意思表示。"②最终广州市中院将违约金酌减为同期 1.5 倍 LPR 水平。

(2) 酌减至同期 LPR 水平。

有 17 份裁判中仅将违约金调减到同期 LPR 或民间贷款利率水平,如在富德财产保险股份有限公司河南分公司与王某保证保险合同纠纷一案中,淮安市中级人民法院认为:"上诉人富德财产保险公司主张的逾期每日千分之一的违约金过高,将其酌减为同期 LPR 水平。"③又如在王某某与中国大地财产保险股份有限公司深圳分公司保证保险合同纠纷一案中,深圳市中级人民法院认为:"保证保险系保险品种之一,作为专业的保险公司,依法收取保费系其维持经营的基础,而非收取标准畸高的违约金,故一审法院酌情将该部分违约金的计算标准调整为全国银行间同业拆借中心于每月 20 日公布的一年期贷款市场报价利率,即该部分违约金应以代偿款为基数,按照全国银行间同业拆借中心于每月 20 日公布的一年期贷款市场报价利率,自代偿之日起计算至实际清偿之日止。"④

事实上,法院判决违约金数额仅为 LPR 水平,说明其对保险公司因代位求偿不得造成的资金占用损失是予以认定的,但是对实际损失之外的具有惩罚性质的违约金持否定态度。也即经合意产生的违约金,仅在实际损失范围内有效,超过该部分不予支持。

① 江苏省苏州市中级人民法院(2020)苏 05 民终 9880 号。
② 广东省广州市中级人民法院(2020)粤 01 民终 1505 号。
③ 江苏省淮安市中级人民法院(2022)苏 08 民终 175 号。
④ 广东省深圳市中级人民法院(2021)粤 03 民终 15097 号。

3. 人民法院对违约金条款予以支持的分析

（1）保险公司主动降低诉请的情形。

在 102 份案例中，保险公司在起诉时或者诉讼过程中主动将合同约定的违约金数额降至法定贷款利率上限以内，对此情形法院一般予以支持。如在谢某某与中国平安财产保险股份有限公司江苏分公司保证保险合同纠纷一案中，南京市中级人民法院认为："合同约定的违约金以谢某某尚欠全部款项为基数，按每日千分之一计算，平安财险江苏分公司自行调整为按年利率 24% 的标准主张违约金，不超过法律规定，予以支持。"① 又如在王某某与中国平安财产保险股份有限公司保证保险合同纠纷中，杭州市中级人民法院认为："在庭审中平安财保已将违约金的请求变更为按年利率 24% 计算，法院予以准许。最终对平安财保的违约金诉请予以支持。"②

上述各法院之所以倾向于支持此类诉请，是因为保险公司已然先于法院作出了降低违约金的让步，实质上等同于法院酌减的法律效果。

（2）保险公司未降低诉请但法院依然予以支持的情形。

在中国太平洋保险股份有限公司深圳分公司与杨某保证保险合同纠纷一案中，广东省汕尾市中级人民法院认为："本案太平洋保险公司与杨某之间签订的保证保险合同，意思表示真实，不违反法律法规的规定，合法有效。太平洋保险公司按照保险合同约定代杨某还清了个人贷款，现其诉请杨某归还上述款项及以上述款项为基数按照每日千分之一支付违约金，具有事实和法律依据，应予支持。"③ 法院对此多持尊重意思自治的态度，只要当事人之间存在真实意思表示，则应当对违约金条款予以充分尊重，即便约定较高也不应当积极调减。

4. 人民法院否定违约金条款效力的情形

河南省高级人民法院在王某某与中国人民财产保险股份有限公司安阳市分公司等保证保险合同纠纷的再审审查中认为："王某某需要承担的保险费的年化费率为 21.23%，需要承担的首期利息和保险费的年化费率为 27.73%。根据原判结果，王某某除了需要承担利息、保险费等费用之外，还需要承担违约金。原判对金融机构主张的超过目前我国金融借款司法保护利率上限的利息和费用部分予以支持不当，本案需要重新认定王某某的责任承担。"④ 河南省高院将违约金计算方式与保费、贷款利率等加总计算得出总融资成本，这样无疑更有利于投保人。本案中，除去违约金，投保人（债务人）承担的保费等年化利率已然超过法定利率保护上限，对保险公司仍然要求违约金的主张显然不能予以支持。

---

① 江苏省南京市中级人民法院（2018）苏 01 民终 9106 号。
② 浙江省杭州市中级人民法院（2019）浙 01 民终 8295 号。
③ 广东省汕尾市中级人民法院（2020）粤 15 民终 24 号。
④ 河南省高级人民法院（2021）豫民申 7967 号再审裁定书。

江苏省无锡市中级人民法院在富德财产保险股份有限公司江苏分公司与肖某保证保险合同纠纷一案中认为："保证保险合同约定投保人向保险人支付逾期违约金,系将保险人承保的风险向投保人转移,加重投保人的负担,且变相突破了保险法对代位求偿权范围的规定,不应予以保护。"①广州市中级人民法院、天津市第一中级人民法院同样认为保险人的代位求偿权仅能及于实际支付的保险金,不应包括违约金。②

此外,厦门市中级人民法院在中国平安财产保险股份有限公司与黄某保证保险合同纠纷一案中认为："平安财险公司现以保险人代位求偿权纠纷起诉,其主张权利的范围应限于其赔偿金额,其诉求的保费及违约金系基于保证保险合同关系产生,不在本案审查范围内,应由其另案主张。"法院认为,违约金条款与代位求偿权相互独立,前者基于合同约定,后者基于法定,若想请求违约金应另行起诉。

(1)课题组的观点。

课题组认为,违约金条款有效,但综合判断相关方利益,应以民间借款的标准即LPR的4倍为上限予以调整。理由如下:

① 违约金条款的必要性及合理性——基于压力手段功能。

课题组赞同前述违约金条款效力肯定说之观点。然而,虽然对于违约金条款法律并未禁止,属于当事人意思自治的范畴,但若缺乏必要性及合理性,亦有可能基于违反公平原则等民法基本原则而被认定无效。那么违约金条款合理性的依据究竟为何?

众所周知,违约金承担了压力手段和简单易行的两大功能。所谓压力手段,是指债务人为了避免支付违约金,便会竭力履行其债务。而简单易行,则是在债务人违反合同债务的场合,债权人无须就其所遭受的损害逐个举证,而直接主张违约金。③ 因此,违约金兼具补偿性与惩罚性,既能填补损失,也能起到履约担保的作用。

有观点可能会认为,在基础合同即借款合同中一般已经约定债务人对债权人(被保险人)迟延履行的违约金,就压力手段作用而言,在保证保险合同中再要求债务人对保险公司承担违约责任,并无任何意义。然而,由于基础合同中债务人承担的违约责任已经包含于保证保险中保险人所承担的保证责任中,也就是说该违约责任对投保人而言已经不含任何压力手段作用。因此,有必要维持保证保险中投保人对保险人承担违约责任的效力,有效地阻止债务人违约。尽管此时违约责任的内容是债务人对保险人代位求偿权的迟延履行,但因为代位求偿权的本质依然是债权人对债务人的债权,因此压力手段作用的法律效果应并无不同。

司法实践中,江苏省无锡市中级人民法院在(2021)苏02民终5587号判决书中主张:"保证保险合同约定投保人向保险人支付逾期违约金,系将保险人承保的风险向投

---

① 江苏省无锡市中级人民法院(2021)苏02民终5587号。

② 广东省广州市中级人民法院(2020)粤01民终3935号;天津第一中级人民法院(2020)津01民终5251号。

③ 韩世远:《合同法总论》(第四版),法律出版社2018年版,第822页。

保人转移,加重投保人的负担。"显然,该判决仅从经济的负担角度出发,而完全忽视了违约责任的压力手段作用。并且,如前章所述,保险代位求偿权求偿不能的风险不应被计算至保费的精算中,所以针对该风险要求投保人支付相应的违约金以起到压力手段作用并无不妥。江苏省淮安市中级人民法院在(2020)苏 08 民终第 42 号判决中则认为:"保险公司一方面通过行使代位求偿权,已经合理获取了被保险人可能获得的超额利益,彻底实现财产损失保险中的损失填补原则,另一方面,保险公司通过经营保险业务收取保费而获利,那么也应承担借款人不按期还款需由其赔偿保险金的经营风险和经营成本。"但是,所谓保险公司通过行使代位求偿权获得了超额利益的前提并不一定成立,因为代位求偿权的行使还有无法实现的可能。但这并不影响违约金请求权的行使。由于两者的权利基础并不相同,保险代位求偿权乃基于保险法规定的被保险人对债务人债权的当然转让,而违约金请求权则是基于投保人与保险人双方的合意,两者并非前提与结果或者主、从权利那样的关系。所以通过代位权的行使获利同时又不承担风险的结论并不成立。

② 违约金金额调整的必要性之一:违约金压力手段功能与简单易行功能的整体考量。

然而不得不承认的是,一般认为压力手段功能仍应以补偿性为主,而不应以严厉惩罚违约方为目的。[①] 融资性保证保险合同中,如前所述,各保险公司个人信用贷款保证保险条款特别约定中,一般均约定如投保人违约,则需从保险人赔偿当日开始计算,按每日千分之一,向保险人缴纳违约金。每日千分之一的违约金数额已然超过了法定利率上限,对于投保人来说是一种不可忽视的负担,其压力手段功能不可谓不明显。但是,课题组认为,违约金的双重功能存在此消彼长的过程,当压力功能占据主要地位时,其简单易行的功能便显得相形见绌。

就投保人违约而带来的资金占用损失而言,若无特殊情况,应仅为同期 LPR(2022 年 6 月 20 日一年期 LPR 报价为 3.7%)水平,远远小于合同约定的违约金计算方式,所以在此种情形下,违约金作为损害赔偿的预定功能被极大弱化。司法实践中大多数法院都会积极选择司法酌减以回归理性区间,也可以理解为对压力手段功能予以限制。

③ 违约金金额调整的必要性之二:投保人利益与违约金压力手段功能的综合考量。

尽管如前所述,违约金请求权与保险代位求偿权这两个债权并非基于同一法律关系而产生,但从作为债务人的投保人的角度来看,在实际借款过程中,如果想获得贷款,需要付出的不仅是贷款利息、违约金,还有各类保费、服务费、手续费。这些费用大多按月收取,其年化利率并不低。经统计,2011 年至 2018 年保费费率基本是执行贷款利率

---

①   姚明斌:《〈民法典〉违约金规范的体系性发展》,《比较法研究》2021 年第 1 期。

的 2—3 倍,综合利率则普遍高于同期基准利率的 4 倍。[①] 在此情形下,保险人若依然能够另行主张高额违约金,投保人(债务人)的融资成本将会畸高。

有鉴于此,一方面为了维持违约金的压力手段作用,另一方面为了债务人的成本考量,有必要对违约金的金额予以调整。不过,调整的依据以及标准均需要予以进一步的讨论。

④ 虽然并非民间借贷,但与一般的金融借贷仍需予以差异化判断。

在中国人民财产保险有限公司与孙某某保证保险合同纠纷一案中,河南省新乡市中级人民法院认为:"银行借款年利率为 6.65%、保险公司年保费为 8957.88 元,即在正常履约情况下,其金融借款的用款总成本也为年利率 26.40%,超出年利率 24% 的保护上限,且孙某某前期已正常履约二十多个月。因此,人保财险新乡公司请求孙某某向其支付银行代偿款(包括银行剩余本金、利息、复利、罚息)及剩余保费、保险违约金等所有项目金额超出司法保护上限,本院仅对银行代偿款 13693.52 元予以支持。"本案中,法院以保险费及其本身利息、罚息等已经超过年利率 24% 为由,就投保人对保险人的违约金进行了调整。不过,该调整是以债务人所负担的所有成本为基数,因此如果基础借款合同中投保人所负担的成本已经超过年利率 24%,不用说约定的投保人对保险人的违约责任,连保险人的资金占用损失亦都无须赔偿。

课题组认为这样的判断值得商榷。如前所述,违约金请求权与保险代位求偿权完全是基于两个法律关系,至于债务人的整体成本负担,虽然是必须予以考量的因素,但还需考量违约金的压力手段功能。因此,有必要将投保人对保险人的违约责任内容(违约金)的调整与保证保险的保险费等相关费用予以区分考量,该违约金对应的损失应当是保险人基于保险代位求偿权而求偿不能的部分。据此,本章前列三部保险公司的条款中,均明确是"投保人需以尚欠全部款项为基数",其效力应予以认定。

关于酌减的标准,如果酌减至仅为利息损失,则法律效果与否定违约金的效力并无差异。因为除非债权人放弃,利息损失属于当然的违约责任内容(民法典第五百七十九条)。关于应该以 LPR 的 4 倍或者年利率 24% 为上限作为酌减标准。课题组认为,对于该标准,最高院的判断虽然已经比较明确,即金融借贷纠纷不适用民间贷款司法解释,但依然可以有解释的空间。

首先,2022 年 4 月,最高院在成都世纪和美酒店管理有限公司与四川天府银行股份有限公司成都分行金融借款合同纠纷一案中,明确"本案是金融借款合同纠纷,不适用一般借款合同的法律规定。案涉《(人民币资金)流动资金借款合同》明确约定,佑兴公司如果违约,应当向天府银行成都分行支付贷款总额 10% 的违约金。该约定是各方当事人的真实意思表示,不违反法律的禁止性规定,对当事人具有约束力。二审判决支

---

① 许荣、黄彧、张俊岩、刘灿阳:《基于裁判文书披露的消费贷保证保险实证研究》,《保险研究》2021 年第 9 期。

持天府银行成都分行主张的违约金 600 万元,适用法律并无错误"①。此外,最高院 2020 年给广东省高院的复函中进一步明确,由地方金融监管部门监管的小额贷款公司等七类地方金融组织,其因从事相关金融业务引发的纠纷,不适用民间借贷司法解释的相关规定。②

上述最高院 2022 年的最新裁定中,并未对适用标准进行可以根据具体情形存在例外判断的表述。事实上,理论界也存在无条件肯定约定违约金效力的观点,认为"从根本上说,高利贷是因市场供求关系而形成的,与金融市场的管制模式也密切相关。我国金融改革的目标是市场化,其法律表达就应当是'尊重市场主体的意思'"③。同时,肯定说认为,从社会后果来看,司法对金融贷款合同利率的不当介入可能带来两种不利影响:第一,借贷双方约定了利率之后,借款人不履行、不还款,从而变相鼓励违约;第二,影响信贷供给的市场化运作,造成借款需求过度和贷款供给不足,进一步挤压还款能力弱的借款人生存空间,故主张在理念上,司法应以不介入为原则、以介入为例外。④ 因此,肯定说强调:在以正规金融为主体的信贷市场结构中,应坚持金融借款合同利率规则的基础性和独立地位,而不是以民间借贷的最高利率上限规则确定金融借款合同的利率上限。⑤

然而,课题组认为,以消费贷为主的个人贷款,即便债权人为金融机构,但由于贷款用途主要是生活消费与住房贷款,不参与经营性活动,形式上虽然为金融借贷,但经济本质应更接近于民间借贷。因此应当对个人消费贷设定统一上限为 4 倍 LPR;经营性贷款主要是企业或金融机构间进行资金拆借,有较强的资本市场属性,可遵循利率市场化定价规则,使金融机构具有更大的定价空间,但必要时法院需结合公平性原则与诚实信用原则予以调整。⑥ 实际上,最高人民法院上述 2022 年再审裁定案件中,借款人并非自然人,因此其判决结果的射程究竟是否包含借款人还有待最高人民法院进一步判断。

---

① 最高人民法院(2022)最高法民申 79 号。

② 最高人民法院法释〔2020〕27 号。

③ 刘勇:《〈民法典〉第 680 条评注(借款利息规制)》,《法学家》2021 年第 1 期。

④ 苏盼:《司法对金融监管的介入及其权力边界——以金融贷款利率规范为例》,《上海财经大学学报》2019 年 6 月第 21 卷第 3 期。

⑤ 王伟伟:《金融借款合同利率上限裁判规则的体系化整合》,《法律适用》2021 年第 2 期。

⑥ 秦康美、王祺雨:《我国金融借贷利率上限归置的重构》,《金融理论探索》2022 年第 3 期。

安全生产责任保险专题研究

安全生产责任保险性质与理赔数额限制的法律分析

周宇浩[*]

[摘　要]　安全生产责任保险是人身险还是财产险的定性不明,导致是否需要赔偿在司法实务中存在分歧,同时,安全生产责任保险赔偿数额的计算应适用损失填补原则还是定额给付原则也存在疑问。其原因主要在于安全生产责任保险的条款内容杂糅了人身意外险与雇主责任险的条款特征。本文从考察安全生产责任保险的发展沿革入手,提出安全生产责任保险的理赔应当以具体条文为依据,判定合同条款究竟是“脱胎”于人身意外险还是雇主责任险,抑或是遵循区域政策的“定制版”。如果保险条款明确约定与工伤保险的赔付相互排斥,则应当按照责任险的思路判断理赔金额;如无约定,则应遵照并行赔付的理念,进行叠加计算。对于条款内容的杂糅问题,应充分发挥区域性保险行业协会的作用,通过合同草案等方式对保险赔付原则作出明确说明,充分发挥保险公司安全事故预防功能。

[关键词]　安全生产责任保险;损失填补原则;并行赔付

一、从一则案例说开去

(一)基本案情

梦浩公司于 2019 年 9 月 26 日向平安保险公司投保安全生产责任保险。合同约定“本保险与工伤保险是并行关系,因保险事故导致被保险人从业人员死亡或残疾的,被保险人可以选择向保险人或者工伤保险进行索赔。无论被保险人是否向工伤保险索赔,保险人负责对死亡赔偿金、残疾赔偿金在本保险合同约定的限额内进行赔偿”“从业人员每人死亡限额为 80 万元”“被保险人从业人员死亡的,保险人对死亡赔偿金按照每事故每人责任限额赔偿”。2020 年 8 月 5 日,梦浩公司员工在车间作业时坠落,当日死亡,被认定为工伤。梦浩公司在员工死亡当日即经当地调解委员会居中调解,与死者家属签订调解协议,约定梦浩公司代工伤保险基金及平安保险一次性赔付死者家属 160

---

*　周宇浩,南京市中级人民法院金融庭员额法官。

万元,并实际予以支付。2020 年 10 月,梦浩公司从当地工伤保险基金账户获得工伤保险赔偿金 886930 元。梦浩公司诉请要求按照每人死亡限额 80 万元进行赔偿。

(二)引发的问题

(1)是否需要赔——安全生产责任保险是财产险还是人身险?
(2)赔偿的标准怎么定——适用损失填补原则还是定额给付原则?
(3)最终应当赔多少——最终赔付数额是否受到其他赔偿来源的影响?

保险公司认为,死者是投保了工伤保险的,《最高人民法院关于审理人身损害赔偿案件适用法律若干问题的解释释义》第十一条第三款规定,属于《工伤保险条例》调整的劳动关系和工伤保险范围的,不适用本条规定。而根据《工伤保险条例》,发生工伤事故,属于用人单位责任的,工伤职工应当按照《工伤保险条例》的规定享受工伤保险待遇。第三十九条规定,职工因工死亡,其近亲属按照下列规定从工伤保险基金领取丧葬补助金、供养亲属抚恤金和一次性工亡补助金①。也就是说从业人员工伤死亡的,在没有其他医疗等费用产生的情况下,其近亲属所获赔偿就是工伤保险基金的这三项,用人单位只要投保了工伤保险,则无须为从业人员死亡承担任何法定赔偿的损失。而这三项一共 886930 元,已经由当地工伤保险基金全额支付。所以根据工伤保险条例,已经投保工伤保险的梦浩公司没有法定赔偿责任,则保险公司赔偿责任也就不存在。

如果从本案保险产品安全生产责任保险的名称来看,确实有一定道理。但是这不能解释具体条款中对赔偿处理的约定所给人的直观感受:① 明确约定,本保险与工伤保险是并行关系,无论工伤保险是否赔付,保险公司都负责对死亡赔偿金进行赔付。② 从业人员死亡的,那么每人死亡赔付 80 万元。

二、追根溯源十条款对比,理解安责险的定位与定性

(一)追根溯源,从安责险的发展沿革看其初衷

"责任保险是指以被保险人对第三者依法应负的赔偿责任为保险标的的保险。"——《中华人民共和国保险法》第六十五条第三款。如果仅从"责任险"的定义上来看,是无法解释"并行关系"与"定额赔付"的条款约定的。

---

① 《工伤保险条例》第三十九条:(一)丧葬补助金为 6 个月的统筹地区上年度职工月平均工资。(二)供养亲属抚恤金按照职工本人工资的一定比例发给由因工死亡职工生前提供主要生活来源、无劳动能力的亲属。标准为:配偶每月 40%,其他亲属每人每月 30%,孤寡老人或者孤儿每人每月在上述标准的基础上增加 10%。核定的各供养亲属的抚恤金之和不应高于因工死亡职工生前的工资。供养亲属的具体范围由国务院社会保险行政部门规定。(三)一次性工亡补助金标准为上一年度全国城镇居民人均可支配收入的 20 倍。2019 年一次性工亡补助金为 2018 年全国城镇居民人均可支配收入的 20 倍:785020 元。2020 年为 847180 元。2021 年为 876680 元。

那么首先要解决的问题就是"并行关系"如何理解。从安全生产责任保险的发展沿革来看,其推广之初,就有政策性、部分行业的强制性,尤其是强调安责险的理赔与工伤保险并行,是作为工伤保险的商业险补充,用来替代传统的意外险、雇主责任险。

(1)"安全生产责任保险是在综合分析研究工伤社会保险、各种商业保险利弊的基础上,借鉴国际上一些国家通行的做法和经验,提出来的一种带有一定公益性质、采取政府推动、立法强制实施、由商业保险机构专业化运营的新的保险险种和制度。它的特点是强调各方主动参与事故预防,积极发挥保险机构的社会责任和社会管理功能,运用行业的差别费率和企业的浮动费率以及预防费用机制,实现安全与保险的良性互动。推进安全生产责任保险的目的是将保险的风险管理职能引入安全生产监管体系,实现风险专业化管理与安全监管监察工作的有机结合,通过强化事前风险防范,最终减少事故发生,促进安全生产,提高安全生产突发事件的应对处置能力。""安全生产责任保险与工伤社会保险是并行关系,是对工伤社会保险的必要补充。安全生产责任保险与意外伤害保险、雇主责任保险等其他险种是替代关系。""原则上要求煤矿、非煤矿山、危险化学品、烟花爆竹、公共聚集场所等高危及重点行业推进安全生产责任保险。"①——《国家安全生产监督管理总局关于在高危行业推进安全生产责任保险的指导意见》(安监总政法〔2009〕137号)。在该意见中,明确提出了安责险具有公益性质、政府推动、立法强制实施、商业保险这几大属性。而且从推广之初就明确了,安责险与工伤保险并行,是工伤保险的必要补充,同时和传统的意外伤害、雇主责任险是替代关系,而从推广的路径来看,已经购买意外伤害险、雇主责任险的,可以通过与保险公司协商,调整为安责险或者到期自动转投。那么这种替代,应该只能是更为全面、更高保障的替代。

(2)"本办法所称安全生产责任保险,是指保险机构对投保的生产经营单位发生的生产安全事故造成的人员伤亡和有关经济损失等予以赔偿,并且为投保的生产经营单位提供生产安全事故预防服务的商业保险。""按照本办法请求的经济赔偿,不影响参保的生产经营单位从业人员(含劳务派遣人员,下同)依法请求工伤保险赔偿的权利。""煤矿、非煤矿山、危险化学品、烟花爆竹、交通运输、建筑施工、民用爆炸物品、金属冶炼、渔业生产等高危行业领域的生产经营单位应当投保安全生产责任保险。鼓励其他行业领域生产经营单位投保安全生产责任保险。""各地区根据实际情况确定安全生产责任保险中涉及人员死亡的最低赔偿金额,每死亡一人按不低于30万元赔偿,并按本地区城镇居民上一年度人均可支配收入的变化进行调整。"——《安全生产责任保险实施办法》(安监总办〔2017〕140号)。从2017年落地的《安全生产责任保险实施办法》可以看出,首先在定义上,并未按照保险法中关于责任保险的描述进行定义,认为安全生产责任保

①　原则上保额的低限不得小于20万元/人。生产经营单位已购买意外伤害保险、雇主责任保险等其他险种的,可以通过与保险公司协商,适时调整为安全生产责任保险,或到期自动终止,转投安全生产责任保险。

险指保险机构对投保的生产经营单位发生的生产安全事故造成的人员伤亡和有关经济损失予以赔偿的商业保险。其次，更是将安全生产责任保险强制投保的行业进行了扩展，将赔偿标准明确提升到每死亡一人不低于 30 万元的定额赔偿，这也明显区别于雇主责任险中根据当地工伤保险事实细则计算赔偿标准的设定。最后，根据行业单位特点，还鼓励保险机构开发适应各类生产经营单位安全生产保障需求的个性化保险产品。① 需要指出的是，彼时《安全生产责任保险实施办法》作为部门规章出台时，尚无任何法律、行政法规对安全生产责任保险的投保缔约作出强制性规定。当时的《中华人民共和国安全生产法》（以下简称安全生产法）仅规定了鼓励生产经营单位投保安全生产责任保险。所以《安全生产责任保险实施办法》还称安全责任保险为商业保险，又规定强制投保，有先试先行的意味。

（3）2021 年安全生产法修订后，第五十一条规定，国家鼓励生产经营单位投保安全生产责任保险；属于国家规定的高危行业、领域的生产经营单位，应当投保安全生产责任保险。具体范围和实施办法由国务院应急管理部门会同国务院财政部门、国务院保险监督管理机构和相关行业主管部门制定。可以说终于从法律上给了安全生产责任保险"强制险"和"政策性"的定性。

（二）各版本安全生产责任保险条款的对比，条款杂糅体现理赔理念差异

安全生产责任保险保险产品的推广过程中，有不同的版本。条款内容杂糅了人身意外险与雇主责任险的条款特征。这既是安全生产责任保险用以替代前述险种的痕迹，也折射出不同地区对于安全生产责任保险具体理赔方式的探索。

（1）保险责任前提的杂糅：是否以生产安全事故为前提，如中国平安财险公司平安安全生产责任保险条款就明确约定，须认定为生产安全事故，方可赔偿；但如中国平安财保（四川成都）安全生产责任保险条款、平安（重庆）安全生产责任保险（危化烟爆行业）条款就约定，"因发生生产安全事故或以下列明情形而导致被保险人的从业人员遭受人身伤害……因工作原因受到事故伤害的……"②

---

① 《安全生产责任保险实施办法》第九条：安全生产责任保险的保险责任包括投保的生产经营单位的从业人员人身伤亡赔偿，第三者人身伤亡和财产损失赔偿，事故抢险救援、医疗救护、事故鉴定、法律诉讼等费用。保险机构可以开发适应各类生产经营单位安全生产保障需求的个性化保险产品。

② 在保险期间内，被保险人在从事生产经营活动过程中发生生产安全事故或下列情形，导致被保险人的从业人员遭受人身损害，依照中华人民共和国法律（不含港、澳、台地区法律）应由被保险人承担的经济赔偿责任，保险人按照本保险合同的约定负责赔偿。（一）在工作时间和工作场所内，因工作原因受到事故伤害的；（二）工作时间前后在工作场所内，从事与工作有关的预备性或者收尾性工作受到事故伤害的；（三）在工作时间和工作场所内，因履行工作职责受到暴力等意外伤害的；（四）因工外出期间，由于工作原因受到伤害或者发生事故下落不明的；（五）在上下班途中，受到非本人主要责任的交通事故或者城市轨道交通、客运轮渡、火车事故伤害的；（六）在工作时间和工作岗位，突发疾病死亡或者在 48 小时之内经抢救无效死亡的。

（2）赔偿项目上的模糊：有的条款明确约定保险人赔付分为两种，死亡赔偿金和残疾赔偿金，即生产安全事故致死或致伤的，直接赔付死亡赔偿金和残疾赔偿金，而与工伤保险项目无关；有的条款则直到赔偿处理部分才说明，保险人负责赔付死亡赔偿金、残疾赔偿金，而同时约定对于医疗费用、护理费、误工费等损失，按照合同约定的标准进行赔付，如有工伤保险赔付，则需予以扣除。即在死亡赔偿金和残疾赔偿金方面在具体赔偿处理中按照意外险的定额赔付进行描述，而在医疗费、护理费、误工费这些非"人命关天"的项目上进行"实报实销损失填补"的明确约定。

（3）重复保险或多重赔偿的处理不同：有的条款明确要求"如被保险人的损失可以从其他相同保障的保险（包括工伤保险）项下获得赔偿，则保险人仅承担差额责任"，直接在条款理赔扣除部分明确自己责任险的定位，并明确将工伤保险项下的获赔作为扣除理由。① 对比类似条款，曾在相关的雇主责任保险条款中出现②过类似条款，约定如果有相同保障的其他保险项下获得的赔偿，要按比例分担赔偿数额。有的条款则约定，被保险人已经从其他责任方取得赔偿的，保险人赔偿保险金时，可以相应扣减被保险人已从有关责任方取得的赔偿金额。发生保险事故时，如存在重复保险，保险人在本保险合同约定的责任限额内作为第一顺位进行赔偿。③ 也就是说除非有其他责任方存在，否则安全生产责任保险不与其他保险进行抵扣，同时作为第一顺位进行赔偿，"兜底"属性明显。

（三）各地区安监部门的推广要求及各地区裁判规则，体现安全生产责任保险的区域差异

（1）在2009年推广之初，到2017年《安全生产责任保险实施办法》落地，各地一直根据区域、行业的不同，推出具体的落实安全生产责任保险的要求，可以说安全生产责任保险部分条款的变动，也带有明显的区域"定制"特色。随之而来的是部分地区的判决，会根据条款的不同、当地行业安全生产责任保险政策落实的不同，直接在裁判说理中明确案涉的保险虽名为责任险，但是案件中的行业安全生产责任保险属于商业保险中的人身保险。

地方推广过程中"定制"要求不同：有部分地区如湖南，在其推广安全生产责任保险的行政规章、规范性文件中，直接要求当地安全生产责任保险产品要包含限额

---

① 江西省萍乡市中级人民法院（2014）萍民二终字第63号判决书。保险纠纷中，案涉《烟花爆竹企业安全生产责任保险条款》第十四条约定："保险事故发生时，如被保险人的损失可以从其他相同保障的保险（包括工伤保险）项下获得赔偿，则保险人对本保险合同第十二条项下的赔偿，仅承担差额责任。"

② 平安雇主责任保险条款（A款）第二十八条规定，发生保险事故时，如果被保险人的损失在有相同保障的其他保险项下也能够获得赔偿，则保险人按照本保险合同的赔偿限额与其他保险合同及本保险合同的赔偿限额综合的比例承担赔偿责任。

③ 《湖南省长沙市烟花爆竹行业安全生产责任保险条款》第三十九条、第四十条。

部分和意外伤害部分①,其中第三人人身伤亡和财产损失、抢险救援费用、事故鉴定费用这些部分,在限额部分加以保障;包括工程项目施工人员及与工程有关并进入现场的人员由意外事故造成的死亡、伤残、医疗费用,则亦以意外伤害险的形式加以保障。②而青海省住建厅印发的《青海省应急管理厅关于在建筑施工领域落实全省安全生产责任保险工作的通知》虽然约定了推广的安全生产责任保险的保障范围是"从业人员和第三人的人身损害,依法应由投保企业承担的经济赔偿责任",这有较为明显的责任险特征,但是其中又明确要求附加24小时意外险,即附加拓展到保险期间全天,无论是否在工作期间,被保险人的从业人员因意外事故导致的死亡赔偿金、伤残赔偿金,都由保险公司承担赔偿责任。这又突出了全天候的人身意外险的特点。相当于基本险以责任险形式加以固定,而通过附加险中叠加人身意外险,对从业人员伤亡的赔付多加一道保障。这也实际上契合了以安全生产责任保险替代雇主责任险和人身意外险的原意。

(2) 各地法院裁判的理赔标准不同。

① 安全生产责任保险属于商业保险中的人身保险,应适用"定额给付原则"。③

② 安全生产责任保险虽然与工伤保险并行,但安全生产责任保险属于财产险类别,应当适用财产险的"损失补偿原则",即保险人在其承保的责任范围内对被保险人所受的实际损失进行填补,被保险人不能因保险人给付义务的履行而获得额外利益。④

③ 安全生产责任保险与工伤保险是并行的,可以叠加计算,适用定额给付原则,只

---

① 湖南省《关于切实做好建筑施工行业安全生产责任保险工作的通知》直接规定,在新开工建设的房屋与市政基础设施工程实行安全生产责任保险制度,要求将施工现场人员的人身意外伤亡、第三者人身意外伤亡和财产损失、抢险救援、事故鉴定及法律服务费用纳入安全生产责任保险范围,明确了保障范围由限额部分和意外伤害部分组成,限额部分包括第三人人身伤亡和财产损失、抢救救援费用、事故鉴定费用等;意外伤害部分,包括工程项目施工人员及与工程有关并进入现场的人员由意外事故造成的死亡、伤残、医疗费用。

② 《中国人民财产保险股份有限公司湖南省分公司建筑施工行业安全生产责任专用保险条款》保单明确:意外伤害部分的保险金额为每次保险事故造成工程项目施工人员(含与工程有关并进入施工现场的人员)的每人人身伤亡责任限额。保单列明的限额部分的保险金额为因生产安全事故造成第三人(含人身伤亡和财产损失)及应急救援、事故鉴定、法律服务各项费用之和的累计责任限额。

③ 湖南省益阳市第三建筑工程公司与被告中国人民财产保险股份有限公司益阳市分公司保险合同纠纷一案,湖南省益阳市法院认定本案的建筑施工行业安全生产责任保险属于商业保险中的人身保险,应适用"定额给付原则",它与社会保险中的工伤保险是并行关系,涉案事故是否获得工伤赔付不影响建筑施工行业安全生产责任保险的全额赔付。保险公司应当在保单约定采集赔偿限额中按照残疾等级比例支付残疾赔偿金120000元。

④ 青铜峡市利源工贸有限公司与中国人民财产保险股份有限公司宁夏回族自治区分公司责任保险合同纠纷一案,宁夏回族自治区吴忠市法院认定公司在事故发生后经青铜峡镇人民调解委员会调解,向受害人承担的民事赔偿责任为98万元。公司向受害人赔偿后,因工伤保险获得赔偿703560.98元,剩余276439.02元为公司的实际损失,已由保险公司依据安全生产责任保险合同,在保险赔偿限额40万元内予以赔偿。保险赔偿限额剩余的12万余元诉请予以驳回。

要发生了安全生产责任事故,作为保险公司应当按照保险合同约定进行全额赔付,甚至可以超出作为投保人的用人单位实际赔付雇员的数额。[①]

三、充分理解安全生产责任保险的多重属性,理解其"出身"的杂糅属性,根据具体条款内容判定理赔标准

安全生产责任保险的诞生过程,因为其政策性、强制性、商业性,必然导致其条款中杂糅责任险和意外险,也就是财产险与人身险的特征,也自然在个案中产生了是遵循损失填补原则还是定额给付原则的争议。条款内容的矛盾,源于保险条款的设计到底是根植于责任险还是人身意外险。虽然2021年安全生产法修订后要求高危行业、领域的生产经营单位,强制投保安全生产责任保险,使得安全生产责任保险进一步扩展适用领域,也会进一步要求其条款进行相应的规范,不再处于模棱两可的灰色地带。但是这一过程中,旧有条款、版本的使用,一定会将上文所展现的杂糅情况延续一段时间。

两种保险责任的约定方式×具体赔偿方式(是否包含并行以及是不是每人责任限额赔偿)×是否存在重复保险情形下总额的限制性约定将在实际理赔中存在多种解释方式。

对此,笔者以为,虽然安全生产责任保险与工伤保险是并行关系,作为原则性规定在《安全生产责任保险实施办法》中被加以明文规定,但其具体理赔适用时,仍应当在遵循保险法规定的前提下,从具体条文中判定所涉的安全生产责任保险条款究竟是"脱胎"于(人身)意外险还是(雇主)责任险,抑或是遵循区域政策的"定制版"。如果条文中明确约定与工伤保险的赔付相互排斥,则应当按照责任险的思路判断理赔金额;如没有如上约定,则应遵照并行赔付的理念,参照《安全生产责任保险实施办法》规定每死亡一人定额赔偿的标准进行定额给付。而在发生了其他赔付的情况下,鉴于安全生产责任保险的被保险人毕竟是用人单位,从防范道德风险的角度出发,用人单位责任保险以用人单位实际应承担的赔偿责任为保险标的,不能通过保险事故的发生而获取额外的收益,仍应在总额上对用人单位的获赔数额加以限制。

---

① 山东省聊城市法院——中国平安财产保险股份有限公司聊城中心支公司与被上诉人山东聊建集团有限公司保险合同纠纷一案,保险合同第三十一条第三款约定,发生保险事故时,如果被保险人的损失在有相同保障的其他保险项下也能获得赔偿,则本保险人按照本保险合同的赔偿限额与其他保险合同及本保险合同的赔偿限额总和的比例承担赔偿责任。公司在投保安全生产责任保险前,为雇员张某某购买了工伤保险,工伤保险赔偿限额为881746元,安全生产责任险赔偿限额为500000元,公司赔付给张某某930000元。依据保险合同第三十一条第三款的约定,保险公司应赔偿336530.74元[500000÷(500000+881746)×930000]。

四、结论及建议

在做出结论之前,先回答本文开头的三个问题。

(1)是否需要赔——安全生产责任保险是财产险还是人身险?——从条款约定来看,从业人员死亡后赔付死亡赔偿金数额,遵循人身意外险模式。

(2)赔偿的标准怎么定——适用损失填补原则还是定额给付原则?——可以叠加计算。

(3)最终应当赔多少——最终赔付数额是否受到其他赔偿来源的影响?——考虑用人单位实际赔付的总额,应当遵循安全生产责任保险转移风险、促进安全生产的初衷,以实际赔付额为限,不能让用人单位通过保险事故额外获益。

结论:现行以安全生产责任保险命名的多种保险产品,实际上反映了我国安全生产法对高危行业领域管理从单一的政府监管(体现为传统的安全生产风险抵押金制度)到监管、保障并举,强制保险、政策性保险和商业保险并行,全流程保障安全生产的过程。而各种安全生产责任保险产品在内容上的分歧,也是长期以来各地安全生产保险条例、安监部门介入,对安全生产责任保险深入"定制"的产物。在这样的背景下,产生了不同安全生产责任保险产品的设计理念脱胎于不同的基本保险产品的现状。不能简单地以安全生产责任保险的名称来对保险责任范围、理赔数额的确定进行评判,而是应当充分考虑到该保险产品存在政策性、强制性、公益性商业保险的性质,在不同保险产品条款中的体现。同时应当充分考虑保险公司在履行格式条款内容提示说明义务的情况下,确定保险条款的含义及所约定的理赔方式,并在具体案件中防范道德风险,防止超出实际损失的赔付的情况。

建议:

(1)区域性行业性集中投保的,应当就保险赔付的原则作出明确说明。

(2)严格依照新安全生产法的要求,以充分发挥保险公司安全事故预防功能,以充分发挥保险费率杠杆的激励约束作用,不同行业之间实行差别费率,同行业企业之间根据不同的安全状况,实行浮动费率,依据安全监管部门对不同高危企业的安全评定、评级、检查、事故责任追究和赔偿处理等情况,实行差异化保险费率,鼓励引导企业加大安全生产预防性投入。

(3)对于重大伤亡事故,应当及时会同当地人社、安监、行业调解机构、保险公司参与确定赔付方案,在积极赔付人财物损失的前提下,避免产生道德风险。

安全生产责任保险除外责任相关问题研究

——以"被保险人违法违规经营"为切入点

[摘 要] 安全生产责任保险兼具商业性、公益性与强制性特征,其除外责任范围需要严格加以规范,才能保障该险种真正发挥转移企业风险的作用。本文以"被保险人违法违规经营"免责为切入点,展开对安全生产责任保险的除外责任问题研究,结合国内其他责任保险的除外责任范围设置及域外类似险种的开展经验,提出相应规范建议。安全生产责任保险的推行仍需要政府部门加以主导,并对保险条款中的除外责任范围加以合理化限定。

[关键词] 安全生产责任保险;违法违规;除外责任

一、引 言

2021年6月10日,第十三届全国人民代表大会常务委员会表决通过了关于修改《中华人民共和国安全生产法》(以下简称安全生产法)的决定,将"国家鼓励生产经营单位投保安全生产责任保险"修改为"国家鼓励生产经营单位投保安全生产责任保险;属于国家规定的高危行业、领域的生产经营单位,应当投保安全生产责任保险",这预示着安全生产责任保险在转移企业经营风险、维护社会安全稳定方面的作用会越来越凸显。

而在安全生产责任保险推行过程中,常常发生的问题是各家保险公司的保险条款均设置有较多的除外责任,例如将"违法违规经营"作为免责情形之一,而企业生产安全事故的发生往往会与违法违规行为密切关联,如一味允许保险公司以除外责任进行抗辩,则安全生产责任保险的功能和效用将会大大降低,一定程度上也与国家在特定行业强制推行安全生产责任保险的初衷相违背。因此,有必要对安全生产责任保险的除外

---

  * 窦兴,北京市中伦(南京)律师事务所合伙人;杨长舰,北京市中伦(南京)律师事务所实习律师。

责任展开充分的研究,以助力安全生产责任保险条款更加规范,在维护生产安全方面发挥更加重要的作用。

二、问题的提出

2019 年 3 月,青海某公司与某保险公司签订安全生产责任保险合同,投保安全生产责任保险。2019 年 8 月 10 日(保险期间内),青海某公司从业人员刘某在从事生产过程中受伤死亡。政府部门出具生产安全事故调查处理报告,认定案涉生产安全事故为一般生产安全责任事故,事故为刘某违章作业造成(驾驶证与准驾车型不符、事故作业车辆为套牌车辆),并对青海某公司及其相关负责人进行了行政处罚。

事故发生后,被保险人依法向保险公司报案并申请理赔,保险公司以被保险人存在"违法生产或经营"情形,属于保险条款除外责任为由拒赔,双方协商无果后成讼。

一审法院认为案涉安全生产责任保险条款并未列明违章作业属于违法生产或经营的范围,故刘某违章作业导致事故发生并不属于保险条款免责范围,保险公司应当支付保险金。经过上诉,二审法院与一审法院查明的事实一致,裁判观点相同,遂判决驳回上诉、维持原判。①

根据上述裁判观点可以看出,法院在对"违法违规经营"的认定上,采取的是限缩解释的方式,将违章作业排除在外,事实上并未直接否定"违法违规经营"作为除外责任的效力,也未论述"违法违规经营"实际应当涵盖的内容。

由此延伸出值得思考的问题是,被保险人"违法违规经营"究竟该如何认定?安全生产责任保险的除外责任应当如何设置才能使其既能发挥出转移企业经营风险的作用,又能保持保险产品本身的合理性,使得安全生产责任保险得以可持续化运营?

三、被保险人"违法违规经营"的认定

作为安全生产责任保险中的重要除外责任情形,"违法违规经营"成为保险公司在出现理赔争议时最常用的抗辩理由之一。对此,理论和实践观点不一而足。被保险人"违法违规经营"究竟该如何认定?以下将从类似保险条款梳理、司法裁判现状及理论观点争议三个角度阐释分析。

(一)类似保险条款梳理

为了进一步了解"违法违规经营"免责条款,笔者通过中国保险行业协会网站以及其他官方网站查阅了各家保险公司的安全生产责任保险条款,并将其中的"违法违规经营"除外责任条款内容简要梳理如下:

---

① 青海省海西蒙古族藏族自治州中级人民法院(2020)青 28 民终 527 号民事判决书。

表1　不同保险公司的安全生产责任保险条款

序号	公司名称	安全生产责任保险条款
1	中国人民财产保险股份有限公司	有下列情形之一的,保险人不负责赔偿: …… (二)被保险人从事与保险单载明的经营范围不符的活动,或者被保险人违法违规经营的。
2	中国平安财产保险股份有限公司	出现下列任一情形时,保险人不负责赔偿: …… (三)被保险人违法违规经营的。
3	中华联合财产保险股份有限公司	出现下列任一情形时,保险人不负责赔偿: …… (三)被保险人违法违规经营的。
4	中国大地财产保险股份有限公司	出现下列任一情形时,保险人不负责赔偿: …… (三)被保险人违法从事生产经营的。
5	华泰财产保险股份有限公司	有下列情形之一的,保险人不负责赔偿: …… (二)被保险人从事与保险合同载明的经营范围不符的活动的,或者被保险人违法违规生产或经营的。

(注:以上信息来源于网络,可能存在一定滞后性或其他误差,仅供参考)

根据以上表格内容可以看出,各家保险公司安全生产责任保险条款对"违法违规经营"责任免除的约定基本一致,皆采用概括的方式,并将相关内容归为各类免责情形之一,而对"违法违规经营"的具体含义或实际情形则未再作详细列举。当然,目前来看,也有部分保险公司的安全生产责任保险条款中已未再出现"违法违规经营"之类的表述,或许是已经意识到相关问题的存在,修改了相应条款。

(二)司法裁判现状

通过检索可以发现,目前实践中同时涉及安全生产责任保险与违法违规经营免赔的公开裁判案例还较为鲜见,除本文开头提出的案例外,笔者仅找到几个案例,且法院均否定了保险公司关于违法违规经营免赔的主张,但系以未履行明确说明义务或限缩责任主体的角度为由,均未涉及对违法违规经营行为本身的讨论。

例如,在遵化市铁山岭新源铁矿与河北铂溢企业管理咨询有限公司、中国大地财产保险股份有限公司承德中心支公司保险纠纷一案中,法院系从免责条款未尽明确说明义务的角度,否定条款约定的效力,法院认为:"被告大地财险承德支公司提交的安全生产责任保险(2015版)条款第八条第三项内容属于格式条款中的免责条款,但其出具的安全生产责任保险单显示被保险人有安全生产许可证,其主张应免责提供的证据仅是在投保单'投保人声明'栏笼统声明免责,不能认定大地财险承德支公司已就保险条款尽到明确说明义务。"①

再例如在格尔木尚昆正茂工程机械租赁有限公司与中国人民财产保险股份有限公司海西州分公司、中国人民财产保险股份有限公司大柴旦支公司财产保险合同纠纷一案中,法院系从责任主体限缩解释的角度,否定除外责任的约束力,法院认为:"本次事故经格尔木市应急管理局调查处理,认定事故性质为一起一般生产安全责任事故,并未提及本次事故的成因符合上述免责规定内容;虽黄某某无相关驾驶资质,但免责规定内容均是对被保险人生产经营资格进行限制,并未对实际从业人员的工作资质进行约束。综上,被告保险公司的抗辩意见本院不予采信。"②

(三)理论观点争议

理论上,对于将"违法违规"行为作为除外责任的理解,目前主要存在以下两种争议:一种观点认为,应当从最广义的层面上理解这里的"法"和"规",不限于全国人大及其常委会制定的"法律"、国务院制定的行政法规,还应当包括部门规章、地方性法规以及其他规范性文件等等,而且也不局限于刑事相关规范,民事、行政法律规范也应涵盖在内。另一种观点认为,对于"违法违规"只能从狭义上加以理解和适用,限定为全国人大及其常委会制定的"法律"与国务院制定的行政法规。反之,如果作无限扩大解释,不利于保护投保人、被保险人的正当利益,也变相降低了保险公司的责任标准。

笔者倾向于同意第二种观点,对"违法违规"不能作过于宽泛的解释,主要理由如下:从相关法律规定来看,参照《最高人民法院关于适用〈中华人民共和国保险法〉若干问题的解释(二)》第十条规定:"保险人将法律、行政法规中的禁止性规定情形作为保险合同免责条款的免责事由,保险人对该条款作出提示后,投保人、被保险人或者受益人以保险人未履行明确说明义务为由主张该条款不成为合同内容的,人民法院不予支持。"最高人民法院民事审判第二庭曾在上述司法解释的理解与适用中明确,为防止不当扩大本条适用范围,应对法律、行政法规做严格理解,只有全国人大及其常委会制定的法律、国务院制定的行政法规中的禁止性规定才可适用本规定。③

此外,《中国保险监督管理委员会关于保险条款中有关违法犯罪行为作为除外责任含义的批复》第三条规定"在保险条款中,如将一般违法行为作为除外责任,应当采用列举方式,如酒后驾车、无证驾驶等;如采用'违法犯罪行为'的表述方式,应理解为仅指故意犯罪行为"。即此处明确对保险条款中的"违法犯罪行为"应当采取严格的限缩解释。

从相关司法裁判观点来看,参考人身保险合同中的"违法行为"免责条款认定,一般

---

① 河北省遵化市人民法院(2019)冀 0281 民初 642 号民事判决书。与之观点相同的还有湖北省恩施土家族苗族自治州中级人民法院(2015)鄂恩施中民终字第 00319 号民事判决书。

② 青海省格尔木市人民法院(2020)青 2801 民初 691 号民事判决书。

③ 最高人民法院民事审判第二庭:《最高人民法院关于保险法司法解释(二)理解与适用》,人民法院出版社 2015 年版,第 252 页。

认为虽然保险合同作为双方当事人的合意,可以在平等协商的基础上对上述免责情形进行适当扩张,但是如果作无限扩大解释,就意味着被保险人的任何"轻微违法行为"都可成为保险人免责的依据,甚至连违约行为也因违反合同法律而可以包括在内,这显然是不合理也不合法的,因为其无异于免除保险人依法应当承担的保险义务,并排除被保险人的法定权利,故也可以依据保险法第十九条认定该免责无效。①

四、类似责任保险除外责任范围

保险人对被保险人致人损害的赔偿责任,是否承担保险责任,需要依照法律规定和保险单、保险条款的约定加以分析确定。若被保险人致人损害的赔偿责任,依照法律规定或合同约定不属于保险责任的范围,保险人对此无须承担赔偿责任的,该类危险被称为除外责任或除外危险。在我国保险实务中,保险公司不承担保险责任的所有"事故"或"危险",均称之为除外责任。② 除法律直接规定的免责情形以外,保险公司会通过保险单与保险条款的约定,对其不予赔偿的范围加以明示和列举,以此达到责任免除的目的。

从国内类似责任保险合同来看,不同的责任保险所具有的除外责任不尽相同,主要分为三个方面,一是绝对责任免除,即保险人不能承保的风险,如故意行为,依据法律的解释,故意行为是指明知会发生某种不利后果而希望或放任这种后果发生的一种心理状态,其与保险事故的偶然性法则相违背。还有战争、敌对行为、军事行为等引起的任何损害事故,这类风险责任难以测定,一般造成的损失较大,因此,不为责任保险所承保。二是不能在本保险中承保,但可以在其他保险中承保的风险,如雇员的人身伤亡可以在雇主责任保险中承保,而在其他责任险中是除外责任。三是增收保险费才能承保的风险,如公众责任保险锅炉爆炸系除外责任,但交纳一定的保费后可以作为附加险承保。③

通过梳理和对比各类责任保险条款还可以发现,除法律直接规定的除外责任以外,保险公司得以合同约定限制保险责任范围的方式主要可分为以下三种:

(1)限定保险事故的种类。例如在医疗责任保险条款中,约定保险责任范围为投保医务人员在诊疗护理活动中,因执业过失造成患者人身损害,同时也约定了将未经国家有关部门认定合格的医务人员进行的诊疗护理工作及不以治疗为目的的诊疗护理活动作为责任免除情形。

(2)限定保险保障人员的范围。例如在雇主责任保险责任范围条款中,虽有约定

---

① 翟寅生、叶东晓:《人身保险合同中"违法行为免赔"条款的理解》,《人民法院报》2013 年 01 月 30 日。

② 邹海林:《责任保险论》,法律出版社 1999 年版,第 203 - 205 页。

③ 戴丽霞、陶玮玮:《保险纠纷案例与实务》,清华大学出版社 2016 年版,第 183 页。

保障人员为被保险人所聘用的员工,在除外责任条款中将被保险人对于项目承包商聘用员工排除在外。

(3)限定保险事故的发生地。例如在环境污染责任保险条款中,将事故发生地限定为保险单载明的生产经营场所。

此外,值得关注的是,同样作为国家强制推行的险种之一的机动车交通事故责任强制保险,其保险条款是由中国保监会(现已改为中国银保监会)根据《机动车交通事故责任强制保险条例》的规定授权中国保险行业协会审批制定。即该险种的保障范围及除外责任,均系国家统一制定,统一适用,保险公司并无权利进行修改或另行拟定。

五、域外经验借鉴

在国外,安全生产领域的险种并非称为"安全生产责任保险",安全生产相关保障内容一般是在其他类似险种项下展开,例如工伤保险、雇主责任险等。其中雇主责任险是国外责任保险中最早兴起和进入法定强制阶段的险种,其承保雇主在其雇员受雇期间从事业务时,因遭受意外导致伤残、死亡或患有与职业有关的职业性疾病,依法或根据雇佣合同,应由雇主承担的经济赔偿责任。以下简要介绍美国、德国及日本类似险种的开展和实践经验。

(一)美国的实践经验

在美国,企业所面临的比较常见的责任风险有:驾驶机动汽车车辆导致的责任事故、雇主对雇员的人身伤害所承担的责任、承保地点的公众责任、在建工程所导致的责任、产品责任、完工责任、合同责任以及故意侵权导致的责任等。在美国,前两种责任风险分别由单独的险种承保,即汽车第三者责任险与劳工赔偿和雇主责任险,而剩余的责任风险则都可以由工商企业普通责任单(commercial general liability policy)来承保。

美国的雇主责任险是雇主转嫁赔偿责任风险的产物。在美国,联邦和各州的法律都对雇主责任险有所规定,但涉及的行业不同。根据劳工赔偿保险承保方式的不同,美国将有关保险市场分为自愿保险市场与指定风险计划市场。自愿保险市场中,企业可以依其意愿自由选择保险人。各商业保险公司公平竞争,通过价格优势以及服务优势吸引更多的投保人。在自愿保险市场中,保险公司在劳工赔偿保险的费率制定上有更强的主动性,可向投保人提供其自有费率。指定风险计划市场则是针对风险程度较高的企业,由于风险较高,保险公司通常不愿对其承保,因此为了保障相关从业人员的利益,政府指定一批保险公司对其进行承保。除了保险费外,相关企业还要缴付15%的附加费用。

美国的工伤保险制度始建于1908年联邦政府颁布的《美国联邦雇员伤害赔偿法》,主要内容包括:为因工受伤或患有职业病暂时不能参加工作的职工提供医疗和收入损失补偿;为因工受伤造成残疾、死亡的职工及其遗属,按月发放津贴。费用完全由雇主承担,一般占工资总额的 2% 左右。美国工伤保险的对象主要是工薪人员,包括一般工商企业雇员以及大多数的公共雇员,占 92% 左右,剩下的 8% 是受雇于只有 3—5 名员工的小企业的雇员。法律允许小企业不购买工伤保险。在不同的州,负责雇员工伤保险的机构有所不同,有些州由州政府出面承担工伤保险,有些州由私人保险公司承担,而有些州则要求保险公司竞标,最终由政府决定采用。① 被保险人领取工伤保险给付金要求符合两个条件:第一,伤残工人必须从事被保险的职业;第二,工人伤害必须是与工作有关的意外事故或疾病引起,伤害是工作中的事故和职业病造成的,而不是日常生活中的普通伤害。法庭在审判有关工伤案件时,往往扩大了伤害条件限制的含义,例如,在下列情况下的伤害也能获得工伤保险给付:① 雇工在指定的地点从事分配的工作而致伤害;② 雇工从事有益于雇主的活动而在旅途中所受的伤害;③ 雇工举起重物(包括箱子等)所引发的心脏病;④ 雇工在上班途中所致的伤害。依照工伤保险法不予补偿的伤害有工人在上下班途中的机动车辆交通事故,雇工过度饮酒或自我折磨而致伤害也属于免责范围。②

美国的工商企业普通责任保单(CGI 保单)的保障范围共有 A、B、C 三类:A 类保障身体伤害和财产损失的责任;B 类保障人身和广告侵害的责任;C 类保障他人医疗费用支付。本文列举保障 A 类(身体伤害和财产损失的责任)保单中列明的多项除外责任,其中有的是非偶然性因素导致,有的可通过特定的保险合同来保障,有的风险是非标准性的(如酒类责任),还有的可能会导致巨灾损失。主要除外责任有以下几项:① 由被保险人期望或故意导致的身体伤害或财产损失;② 除了一系列特定的合同,或在没有合同时被保险人也须承担责任的情况之外,合同中规定的身体伤害和财产损失责任;③ 转移责任条款(hold harmless and indemnity clause)规定的责任;④ 被保险人在劳工赔偿或类似法律下的责任;⑤ 酒类责任;⑥ 污染责任;⑦ 由汽车、航空器或船舶的所有权或使用权所引起的责任;⑧ 与战争有关的伤害;⑨ 被保险人拥有和使用的财产所受到的损失;⑩ 被保险人自己的产品损失;⑪ 被保险人自己的完工损失;⑫ 与回收产品有关的成本。③

(二)德国的实践经验

德国是最早实行工伤保险制度的西方国家。1884 年,德国政府通过立法颁布了《德国工伤保险法》,建立了无过错责任保险制度。在德国,工伤保险制度以"雇主同业公会"为载体,雇主同业公会是高度自治的组织体。德国民法规定,所有雇主都必须承担保护本企业所有雇员的安全健康的责任。德国政府授权建筑业事故保险联合会负责安全生产的行业管理,该联合会属于半官半民性质。联合会以工伤事故保险为核心,具

① 冯英、康蕊:《外国的工伤保险》,中国社会出版社 2009 年版,第 46 页。
② 邓大松:《美国社会保障制度研究》,武汉大学出版社 1999 年版,第 155 页。
③ 许谨良:《保险学》,上海财经大学出版社 2003 年版,第 311 页。

体开展制定安全生产技术法规、组织培训教育、事故调查统计、工伤疾病保险等工作。每个企业都必须加入所在地区的联合会,成为联合会的成员。凡承揽工程建设项目的承包商雇主,必须按照雇员人数以及工种的危险程度向联合会交纳工伤保险费,由联合会负责承担保险,保险费为雇员平均工薪总额的 1.36%。联合会承保范围包括三种情况:工地上发生的工伤、上班途中发生的伤亡事故以及职业病。但对在工地上干私活、故意违章等行为不予保险。一旦发生工伤事故,由联合会负责康复和补偿事宜,与承包商雇主不再发生任何关系。[①] 德国工伤保险基金来源主要包括雇主缴纳的工伤保险费、向第三方追索的赔偿费、同业公会资产收益、滞纳金和罚金等。工伤保险费完全由雇主承担,费用多少与工作风险相关。

在工业化早期,工伤事故通常采用过错主义责任原则,要求劳动者必须证明雇主存在过错。如 1804 年《法国民法典》规定,任何人都必须对可归责的过错行为所造成的对他人的损害承担赔偿责任。英国 1897 年以前,雇员对雇主的索赔诉讼遵循的是"自甘冒险"(明知某具体危险状态的存在而甘愿冒险为之)、"共同过失"(如果雇员本身对伤害事故的发生也有过失,雇主可以主张免责)以及"伙伴雇员"(如果伤害由工伤者的工作伙伴引起,在没有明文规定的条件下,雇主可以免责)的原则。过错主义责任原则使得劳动者举证难度加大,劳动者获得赔偿的权利形同虚设,德国法的规定是重大的突破。[②] 按照雇主无过错责任原则,因不可抗力和意外事故发生的劳工损害,雇主依然承担赔偿责任。雇主仅在劳工有过错时得主张免除赔偿责任,并且仅限于劳工对损害的发生存在故意或重大过失之情形,例如,劳工自杀、自残、严重违反操作规程等造成损害事故;而在劳工一般过失情形下,例如,劳工因疲劳或精神不集中操作失误造成的损害,雇主仍不能免责。

（三）日本的实践经验

在日本,除了雇主责任保险和工伤赔偿制度以外,为了给企业经营者、员工、财产提供更加充分的保险保障,保险公司研究开发出了各类保险产品,以 AIG 损保[③]为例,其为企业开发的保险产品包括企业损害综合保险(業務災害総合保険)、综合企业保险(総合事業者保険)、管理风险保护保险(マネジメントリスクプロテクション保険)、劳动损害综合保险(労働災害総合保険)、公司赔偿·费用综合保险(事業賠償·費用総合保険)等。以下主要结合企业损害综合保险和综合企业保险中的除外责任范围设置,探究有益经验。

---

① 陈津生:《建设工程保险实务与风险管理》,中国建材工业出版社 2008 年版,第 13 页。
② 乔庆梅:《中国职业风险与工伤保障演变与转型》,商务印书馆 2010 年版,第 210 页。
③ AIG 损害保险株式会社,在大约 70 个国家和地区提供广泛的财产和意外保险、人寿保险、退休福利和其他金融服务。

企业损害综合保险（業務災害総合保険）①的主要赔偿内容包括对雇员的人身伤亡赔偿、对雇员的医药费赔偿、因发生工业事故由企业承担的人身伤亡赔偿责任以及上述事项过程中产生的诉讼费用等。在对雇员人身伤亡的赔偿中，除外责任范围包括非突发事故造成的伤害（如疲劳导致的骨折等）；腮腺炎、腰痛等病例中通过检查未发现异常；沐浴溺水（因其他应赔偿的伤亡导致沐浴溺水除外）；故意或重大过失；地震、火灾以及海啸；无证驾驶与酒后驾驶汽车、摩托车、电动自行车等。此外，该保险合同将劳动者损害赔偿保险分为因工受伤赔偿、诉前调解费用赔偿、高额赔偿补偿、不公平解雇及就业歧视赔偿等部分，并分别列有除外责任条款。

综合企业保险（総合事業者保険）②的主要赔偿内容包括与公司业务相关的各种赔偿责任，根据企业行为致人损害、企业产品致人损害，分别列明除外责任。其中企业行为致人损害是指在制造和销售业务、建筑工程和服务业务中，因制造、销售、建设或服务行为导致身体伤害或财产损失。保险合同除外责任包括环境污染相关费用；执行特殊业务导致的损害；被保险人对其父母、配偶、子女及其他亲属应承担的赔偿责任；与他人对损害赔偿有约定或者协定加重赔偿责任；被保险人所有的，或由其使用、管理的飞机、汽车以及设施之外的船舶、车辆、动物造成的损失等。而企业产品致人损害是指企业制造、销售或供应的产品或货物，或因企业提供的施工或服务成果而导致的人员或财产损失。保险合同除外责任包括环境污染相关费用；执行特殊业务导致的损害；被保险人对其父母、配偶、子女及其他亲属应承担的赔偿责任；与他人对损害赔偿有约定或者协定加重赔偿责任；回收设备所需费用；被保险人因故意或重大过失，违法制造、销售产品造成的赔偿责任；对产品或工作对象本身造成的财产损失的责任；无法发挥产品原本性能或功效导致的赔偿责任等。

另外，从日本保险公司的相关合同条款内容还可以看出，保险公司根据不同行业、主体等区分投保人，以提供不同的保险产品，分别明确列举除外责任。而且合同条款清晰明确，模糊兜底性条款较少，已尽量涵括实际中有可能或发生频率较大的情形。

六、安全生产责任保险除外责任完善建议

安全生产责任保险与其他责任保险相比，在保险性质、功能作用及保障范围等方面均具有一定的特殊性。这也决定了在除外责任范围上，安全生产责任保险的条款设置需要更加合理、规范。对此，笔者试加以分析并提出相应建议，以供参考和交流。

---

① 保险条款内容可参见：https://www.aig.co.jp/sonpo/business/product/e-injuries。
② 保险条款内容可参见：https://www.aig.co.jp/sonpo/business/product/smartprotect。

（一）安全生产责任保险的特殊性

1. 安全生产责任保险的性质

从安全生产责任保险的性质来看，其兼具商业性、公益性与强制性。首先，安全生产责任保险具有商业性，区别于工伤保险，以社会效益为主要目的，为劳动者提供工伤保障。安全生产责任保险的经营主体是以获利为目的的商业保险公司，保险人自负盈亏，因此保险公司经营时仍会将经济效益纳入考虑之中。其次，安全生产责任保险具有一定公益性，相较于一般商业保险，企业投保安全生产责任保险的保费更低。高危行业风险高，危害大，如果商业保险机构按照正常的经营模式承保，会导致高额保费，企业难以负担投保成本。此外，安全生产责任保险还具有强制性，依据安全生产法的规定，属于国家规定的高危行业、领域的生产经营单位，应当投保安全生产责任保险，否则将会受到行政处罚。①

除外责任条款直接关联到保险公司的赔付范围与赔付金额，是保险人与投保人关注的重点。安全生产责任保险的商业性与公益性使得其除外责任的设计更具难度，如果除外责任规定过于笼统，变成口袋条款，任由保险公司作扩充解释，会大大减轻保险公司的赔付负担，损害投保人的赔偿权益。如果除外责任规定过于紧缩，会导致保险公司出于营利考虑，经营安全生产责任保险业务的积极性降低，不利于保险人持续向市场提供安全生产责任保险产品。

2. 安全生产责任保险的事故预防作用

当前，我国正处于工业化进程中的安全事故易发期，产业结构导致高危行业密集，高危企业监管难度较大，安全生产形势仍旧严峻。在安全生产领域引入保险制度，特别是高危行业推进安全生产责任保险，是安全生产工作综合治理的一项重要措施。

作为我国安全生产领域特有险种，安全生产责任保险除了补偿企业事故损失以外，还承担着事故预防的重要使命。保险机构需要从保费收入中提取事故预防费用，为投保的生产经营单位提供生产安全事故预防服务，以帮助企业查找风险隐患，提高安全管理水平。事前预防是安全生产工作的首要任务和价值所在，也是推进安全生产责任保险工作的重点。

推进安全生产责任保险的目的也是考虑将保险的风险管理职能引入安全生产监管体系，实现风险专业化管理与安全监管监察工作的有机结合，通过强化事前风险防范，最终减少事故发生，促进安全生产，提高安全生产突发事件的应对处置能力。

---

① 《中华人民共和国安全生产法》第一百零九条："高危行业、领域的生产经营单位未按照国家规定投保安全生产责任保险的，责令限期改正，处五万元以上十万元以下的罚款；逾期未改正的，处十万元以上二十万元以下的罚款。"

3. 安全生产责任保险与其他类似险种的关系

根据《安全生产责任保险实施办法》第六条①以及《国家安全生产监督管理总局关于在高危行业推进安全生产责任保险的指导意见》第三条第（五）款②的规定,安全生产责任保险与工伤社会保险是并行关系,是对工伤社会保险的必要补充。安全生产责任保险与意外伤害保险、雇主责任保险等其他险种是替代关系。生产经营单位已购买意外伤害保险、雇主责任保险等其他险种的,可以通过与保险公司协商,适时调整为安全生产责任保险,或到期自动终止,转投安全生产责任保险。由此可以看出,安全生产责任保险较其他相关险种而言,保障范围更为广泛,保障作用更为全面。

（二）安全生产责任保险除外责任的规范建议

安全生产责任保险的性质和特点,决定了需在保险条款设置上对其加以严格规范。而实际上各家保险公司对于安全生产责任保险条款的设置具有很大的自主性,目前既无明确的法律规范,又无相应的示范条款文本,由此将可能引发一系列的实践问题。

结合国内其他责任保险的除外责任范围设置以及域外类似险种的开展经验,现针对安全生产责任保险除外责任提出以下合理化建议:

1. 采用政府主导下的商业保险公司运作模式

强制责任保险制度的基本功能在于对容易出现损害的领域,为受害者提供更为充分的保护。强制保险制度的建立,带有浓厚的公共政策目标,必然需要对市场自由加以抑制。③ 安全生产责任保险作为一种具有公益性和强制性的保险,将其完全交给保险公司市场化运营明显不妥。

从保险公司的角度来看,现今销售安全生产责任保险产品的保险公司鱼龙混杂,可能出现的情况是,部分保险公司为了抢占市场份额,不惜采取降低保费、扩充责任范围的方式,使得市场陷入无序化竞争状态。又或者是在保费价格相同的情况下,采取扩大除外责任范围的方式逃避保险金支付义务。

---

① 《安全生产责任保险实施办法》第六条:"煤矿、非煤矿山、危险化学品、烟花爆竹、交通运输、建筑施工、民用爆炸物品、金属冶炼、渔业生产等高危行业领域的生产经营单位应当投保安全生产责任保险。鼓励其他行业领域生产经营单位投保安全生产责任保险。各地区可针对本地区安全生产特点,明确应当投保的生产经营单位。对存在高危粉尘作业、高毒作业或其他严重职业病危害的生产经营单位,可以投保职业病相关保险。对生产经营单位已投保的与安全生产相关的其他险种,应当增加或将其调整为安全生产责任保险,增强事故预防功能。"

② 《国家安全生产监督管理总局关于在高危行业推进安全生产责任保险的指导意见》第三条第（五）款:"有关保险险种的调整与转换。安全生产责任保险与工伤社会保险是并行关系,是对工伤社会保险的必要补充。安全生产责任保险与意外伤害保险、雇主责任保险等其他险种是替代关系。生产经营单位已购买意外伤害保险、雇主责任保险等其他险种的,可以通过与保险公司协商,适时调整为安全生产责任保险,或到期自动终止,转投安全生产责任保险。"

③ 郭锋、杨华柏、胡晓珂、陈飞:《强制保险立法研究》,人民法院出版社2009年版,第16页。

从投保人的角度来看,其相对于保险人来说,常常处于弱势地位,在对保险事故范围和责任免除的理解上往往也会有所欠缺。面对各类专业性、复杂性的保险条款,难以加以甄别,选择适合企业本身需要的保险产品。此外,因在特定行业领域购买安全生产责任保险属于强制性规定,部分企业可能为了应付政策要求,倾向于选择保费更低的安全生产责任保险产品,而忽略了真正应当关注的转移企业经营风险的作用。

分析其他国家相关法律制度,对于强制推行险种,大部分仍采用政府主导下的商业保险公司运作模式,政府发挥指导和监督作用,其对于我国安全生产责任保险的推行具有一定的借鉴意义。

2. 对除外责任范围作出合理化限定

安全生产责任保险系具有公益性的商业保险,是一种政策性保险,在政府政策的引导下运行,旨在提高行业安全生产水平,维持社会稳定与经济协调发展。保险机构应秉持微利运行的原则为企业提供安全生产责任保险服务,尽可能在更多的事故发生后提供保障。在制定安全生产责任保险条款时,出于对处于弱势地位的投保人利益的保护,需要对除外责任范围作出合理化限定。

例如,被保险人的重大过失行为导致生产安全事故,不应当被列入安全生产责任保险的除外责任范围。现实中,生产安全事故往往是由人、物、环境等诸多不稳定因素共同导致,尤其是中小企业安全生产意识不足、管理机制不够健全,其中不可避免存在一定重大过失行为。如果将重大过失纳入除外责任,很大程度上会缩减保险公司的理赔范围,实际上也难以起到帮助企业转移生产经营风险的目的。[①]

在具体实施方式上,可参照机动车交通事故责任强制保险的做法,由中国银保监会根据《安全生产责任保险实施办法》的规定授权中国保险行业协会或其他部门审批制定安全生产责任保险条款,统一强制适用。或是仅对其除外责任的范围加以明确规定,并由中国保险行业协会制定安全生产责任保险示范条款,以便于规范和引导各家保险公司的实际运营。

此外,还需要强调的是,不同行业领域具有不同的特点,常见的事故类型也具有差异性,故在制定安全生产责任保险条款时不可以偏概全、一概而论,需要结合不同行业、领域的特点具体分析。

3. 采用从严解释原则认定除外责任

在司法实践中,如因安全生产责任保险条款中的除外责任理解产生争议,宜从严解释,严格规范除外责任所涵盖的责任范围。

例如,参照美国等其他国家的保险司法实务做法,对于被保险人的故意行为是否属于保险单约定之除外责任,适用从严解释的原则:被保险人的故意行为引起的损害赔偿责任,仅以被保险人具有特定致害目的所造成第三人损害而应当承担的赔偿责任为限,

---

① 李双君:《我国安全生产责任保险制度完善研究》,中国矿业大学硕士学位论文,2021年6月。

属于除外责任。如果保险人认为被保险人存在故意行为,拒绝承担相应保险责任,则应当审查是否满足以下三个条件:① 被保险人故意为特定的行为。② 第三人因被保险人的行为而受到损害。③ 被保险人有致使第三人受害的目的。①

(三)"违法违规经营"行为的类型化

回顾本文开头提出的案例,在安全生产责任保险条款中采用"违法违规经营"免责不够具体,概念大而不细,并无具体的禁止性规定情形,难以满足法律或监管的要求,很有可能被司法裁判否定其效力。参考交强险条款约定,例如"被保险人酒后驾驶、无合法有效驾驶证驾驶,或驾驶无有效行驶证的机动车",此免责条款则用语准确,指向清晰,司法裁判基本予以支持。

再例如中国保险行业协会发布的《环境污染责任保险示范条款》,将被保险人的不当行为引发免责的情形明确限定为两类:一是被保险人的生产经营场所未按要求通过环境保护主管部门建设项目环境影响评价或通过建设项目竣工环境保护验收,或未经消防安全管理部门验收合格;二是被保险人未按要求取得排污许可证、危险废物经营许可证等相关证件。

故此建议,如需在安全生产责任保险条款中将"违法违规经营"行为作为除外责任,可采用明确列举的方式进行约定。例如"未取得采矿许可证、安全生产许可证擅自开采造成事故的""未取得施工许可证擅自施工造成事故的""停产整顿期间,未经验收合格,擅自生产造成事故的",诸如此类,具体可根据不同行业安全生产的特殊性进行调整。

---

① 转引自邹海林《责任保险论》,法律出版社 1999 年版,第 209 页。

海外保险最新动态

基因检测与保险守则(Code on Genetic Testing and Insurance)[①]

——女王陛下政府与英国保险业协会就保险中的基因检测所达成的自愿实操守则(2018 年 10 月)

李晓云　　刘忠伟　译[②]

绍　介

本守则是政府与英国保险业协会(Association of British Insurers,ABI)代表其会员而达成的协议,阐述了我们对于基因检测在保险中的地位作用的共同认识。本守则之形成系基于之前的《关于遗传学和保险的暂缓协定》(Concordat and Moratorium on Genetics and Insurance),故本守则亦取代了前一协定。

本守则及承诺部分(the Commitments)系关于保险人可得如何使用向其申请投保的自然人的基因检测结果,这里指的是两种不同的基因检测:

● **诊断性的基因检测(Diagnostic genetic tests)**系指基于已有的症状、迹象或指向可能存在问题的不正常的非基因(non-genetic)检测结果而进一步的检测,以确认或排除某一诊断。

● **预测性的基因检测(Predictive genetic tests)**系指并无基因异常之症状的情况下对自然人将来疾病风险所作的预测评估。

政府和英国保险业协会均认为,基因检测是非常有益的手段,能够为诊断提供帮助,预防并治疗健康方面的疾病,故人们不应因为顾虑其有可能影响他们获取保险之保障,而踟蹰于获得基因检测所带来的助益。政府和英国保险业协会同时也认为,如果获得了相应的许可,保险人获取适当程度的与健康相关的信息也非常重要,如此,保险人才能够提供合理估价的保险服务。有鉴于此,双方共同完成了本守则,以在不同利益间保持合理的平衡,并且为保险人和客户就基因检测与保险划出清晰明确的标准。

---

① 该守则的原文见 https://www.abi.org.uk/globalassets/files/publications/public/genetics/code-on-genetic-testing-and-insurance_embargoed.pdf。

② 李晓云,英国谢菲尔德大学 LLM,西南政法大学法学博士,最高人民法院民事审判第二庭二级高级法官、第三巡回法庭主审法官;刘忠伟,中国政法大学博士研究生,最高人民法院民事审判第一庭二级高级法官助理。

为实现该平衡,本守则建基于两个核心原则:

● 保险人不得要求或者施压迫使申请人接受预测性的或诊断性的基因检测方能获得保险。

● 只有在当以下两个条件都满足的情况下,预测性的基因检测的结果才可以用于评估保险之申请:

(1)本守则所申明的可用于考量的特殊的预测性基因检测;

(2)保险金额超出了本守则所列出的金额限制。

基于该两项原则,英国保险业协会的全体会员就保险申请中如何使用预测性的基因检测结果共同作出一系列承诺(Commitments),政府对此深表赞赏。该"承诺"部分列出了可以运用预测性基因检测结果的保险类型,限定了大额保单的金额,以及何时并以何种方式将预测性基因检测的结果披露给保险申请人。非英国保险业协会会员的保险人,亦鼓励签注执行本守则和承诺。

依据本守则,作为英国保险业协会会员的保险人在提供一次性的保单或者年度性的保单时,例如旅行保险或个人医疗保险(private medical insurance),其在任何情况下均不得询问预测性基因检测的结果。因此,本守则的意见勾勒出了保险人在提供人寿、重大疾病以及收入保障保险(income protection insurance)①时,应如何对待基因信息。

政府和英国保险业协会认为,特定类型的健康信息,如保险申请人的病历,对于评估风险颇有帮助。许多种类的基因检测可用于确诊健康或疾病。就像血液检测或核磁共振(MRI)扫描的诊断结论一样,基因检测的诊断结论也可能成为保险申请人投保时相关医疗信息的一部分。本守则认识到了这一点,故只就预测将来疾病健康状况的基因检测结果予以关注,此类检测是为预测性的基因检测。

下表对于守则如何转化运用于实践作了一小结。

表 1　守则运用于实践小结

保险类型	可关联预测性基因检测的金额上限	当保单金额高于上限时,保险人可以询问并考虑预测性基因检测结果的疾病类型
人寿保险	500000 英镑(每人)	亨廷顿病②

---

① 译者注:收入保障保险系指以意外伤害、疾病等原因导致收入减少或中断为给付保险金条件的保险,具体的情形是当被保险人由于疾病或意外伤害而残疾,丧失劳动能力不能工作,以致收入减少甚至失去收入时,由保险人在一定期限内分期给付保险金。收入保障保险在类型上属于健康保险。

② 译者注:亨廷顿病(Huntington's disease)又称大舞蹈病或亨廷顿舞蹈症(Huntington's chorea),是一种常染色体显性遗传性神经退行性疾病。该病由美国医学家乔治·亨廷顿于 1872 年发现,因而得名。主要病因是患者第四号染色体上的基因发生变异,产生变异的蛋白质,随后蛋白质在细胞内逐渐聚集,形成大分子团,在脑部积聚,影响神经细胞功能。患者多在中年时期发病,表现为舞蹈样动作,并随着病情进展逐渐丧失说话、行动、思考和吞咽功能,病情大约会持续发展 10 年至 20 年,并最终导致患者死亡。

续　表

重大疾病保险	300000 英镑（每人）	无
收入保障保险	30000 英镑/年（每人）	无
其他类型的保险	无论何种类型的保险保障均不应询问并考量预测性基因检测的结果	

英格兰政府首席卫生官（Chief Medical Officer，CMO）戴姆·萨利·戴维斯（Dame Sally Davies）详细地考察了基因信息和保险的关系，在 2016 年提交了关于基因学的独立报告，题为《发生基因组》（'Generation Genome'）。她得出结论并表示，支持"政府在该领域采取长期的措施以保持灵活的半自愿（semi-voluntary）的规范架构"，并提出了几点建议。这直接导致了重新评估之前的《关于遗传学和保险的暂缓协定》（Concordat and Moratorium on Genetics and Insurance），并最终形成了本守则。

吸纳了首席卫生官的意见，本守则保留了此前暂缓协定的重要原则，并反映了自前述协定形成之后相关立法和意见建议的最新发展。与此前的暂缓协定不同，政府与英国保险业协会一致同意使本守则无限期存续（open-ended），从而为顾客提供更为长久的确定性。政府与英国保险业协会将依据基因检测环境可能发生的变化，和对保险市场的任何影响，适时调整修正守则，而非将其废止。

政府和英国保险业协会将会作出年度报告，对市场状况和基因医学的发展进行评估，同时也评估守则是否仍然合于时宜。每三年将会对守则作一大的评估检查，以确保守则之规定能够与时俱进。

最后，必须指出的是，本守则并不是孤立的，因为我们订定形成守则的初衷，即是要补充现行的立法对于医疗信息运用于保险方面规定之不足。这类立法包括《2018 年数据保护法》（Data Protection Act 2018）、《1988 年获得医疗报告法》（Access to Medical Reports Act 1988）、《2012 年消费者保险（披露和陈述）法》〔Consumer Insurance（Disclosures and Representations）Act 2012〕、《2010 年平等法案》（Equalities Act 2010）、《2015 年保险法》（Insurance Act 2015），以及许多好的行业实践惯例。本守则还致力于与欧洲委员会（Council of Europe）关于个人健康数据运用于保险目的的相关建议（Recommendation）保持一致。欧洲委员会的建议为各成员国保障个人基本权利、保险合同中不得歧视等问题确立了基本原则。政府将继续致力于提出清晰明确的建议和指引，既适应临床或医学研究之目的，又满足基于保险之需而要求获取医疗信息，探求二者之间的平衡一致。个人申请获得保险时也必须尽到合理的注意，当购买保险产品时，不应向保险人提供不实的信息。

本守则后面的部分，是英国保险业协会代表其成员单位而作出的承诺（Commitments），以及评估检讨本守则和在将来调整上表所列的相关预测性基因检测金额上限的流程。在本守则的所有方面，英国保险业协会及其成员将继续积极与政府、患者、消费者以及健康方面的专业人士精诚协作，争取处理好在保险领域公平透明地运用基因检测结果的问题。

承　诺

——英国保险业协会代表其会员作出

（1）保险人将始终平等对待申请人。他们将不对任何申请保险者提出或施加压力要求其接受预测性的或诊断性的基因检测方可获得保险。保险人将不对任何申请人区别对待，而无论其是否已经接受了预测性的基因检测，除了在下面详述的情况下。

（2）符合本守则所许可的相关情况，并且保单金额超出了以下金额上限时，保险人亦将只是要求申请人披露其预测性基因检测的结果，并将该结果纳入考量：

a. 人寿保险——500000 英镑（每人）

b. 重大疾病险——300000 英镑（每人）

c. 收入保障险——30000 英镑（每年度）

上述许可的相关预测性基因检测在附录Ⅰ中列出。目前所列的只包括一种，即对亨廷顿病所作的预测性基因检测，且当人寿保险的保障金额共计超出 500000 英镑时。

（3）保险人将不会向申请人询问要求其披露预测性基因检测的结果：

a. 该基因检测系在保险保障起保之后，并在保险保障期间；

b. 系对他人，如血亲，所作的检测；或者

c. 系特别因为科学研究而获得的检测。

（4）保险人在限于前述第 2 项的情况下询问申请人预测性基因检测的结果时，他们将不会就该结果强加不成比例的条款、条件或者除外情形。

（5）保险人将在申请保险完成之前，向所有的申请人提供清晰的信息以解释：

a. 依据本守则，他们将需要或者将不要披露哪些关于基因检测的结果；

b. 如果申请人决定自愿披露有利的预测性基因检测结果，对保险人决定是否为他们提供保险将可能产生何种影响。

（6）如果申请人将一预测性基因检测的结果提供给了保险人，无论是意外提供或是自愿提供，在有益于申请人之利益的情况下，保险人可以将其纳入考量。例如，如果一预测性的基因检测结果排除了基于家族病史而可能的患病风险，保险人可以据此而考虑为申请人提供更优惠的保险条款。但如果该结果对申请人不利，保险人将忽视该结果，除非有前述第 2 项之适用。

（7）保险人办理人寿、重疾或收入保障保险的，将会：

a. 每年向英国保险业协会报告其持续遵循本守则的情况；

b. 按照后面"问答"部分的细则，就他们是否遵循了本守则，要保有投诉机制；

c. 每年向英国保险业协会报告其所收到的所有的关于施行本守则的投诉。

（8）办理人寿、重疾或收入保障保险的保险人，将指定至少一名适当的受过训练的懂遗传学的承保人（trained genetics underwriter，NGU），由其负责所有事关基因信息

和实施本守则的事务。该职位的义务和责任列在附录Ⅱ中。该职位的设置数量应与业务量保持适当比例。

关于本守则之问答

守则何时开始实施?

本守则自 2018 年 10 月起取代《关于遗传学和保险的暂缓协定》(Concordat and Moratorium on Genetics and Insurance)。本守则制定的初衷就是要以更为方便消费者理解的方式,复述暂缓协定的内容,故此前暂缓协定所提供的便利和保护将以更为清晰的方式传承下来。

本守则将无限期存续,且每三年评估检查一次,以确保其仍然合于时宜。评估检查的细则,见后面的问答内容。

守则适用于哪些保险人?

遵循本守则并承担起守则中的前述承诺是所有的英国保险业协会成员保有其会员资格的前提。英国保险业协会会员单位的完整名单可在该处网址找到。①

尽管英国保险业协会不能代表非其会员的保险人,但英国保险业协会诚邀在英国境内提供人寿、重疾或收入保障保险的其他保险人也来遵循本守则,前提是如果他们认可并同意本守则所确立的原则的话。愿意遵循本守则的保险人应书面告知英国保险业协会,并会被纳入英国保险业协会所公开的可投诉的保险人名录。

英国保险业协会及其成员单位和政府均认同本守则及其承诺代表了良善的行业实践,并且与相关法律规定完全一致,这些法律包括《2018 年数据保护法》(Data Protection Act 2018)、《2010 年平等法案》(Equalities Act 2010)、《1988 年获得医疗报告法》(Access to Medical Reports Act 1988)、《2012 年消费者保险(披露和陈述)法》〔Consumer Insurance(Disclosures and Representations)Act 2012〕和《2015 年保险法》(Insurance Act 2015)。故本守则有可能被相关监管机构,如金融服务和信息监察委员会办公室(Financial Ombudsman Service and Information Commissioner's Office,ICO),在评估非英国保险业协会会员和亦未签注本守则的其他保险人之行为时,用作参照。

本守则是英国保险业协会与政府之间达成的自愿的协议,因而其内容不具有法律约束力。

守则适用于哪些类型的保险?

按照以下说明,本守则适用于人寿、重疾和收入保障保险:

● **人寿保险(Life insurance)**。系指主要利益是,当被保险人死亡时,向指定的受益人支付赔付的保险。这类保险大多被称为人寿保险(life insurance),不过也可能存在

---

① https://www.abi.org.uk/about-the-abi/abi-members/。

变化,而包括了定期保险(Term Assurance)、全寿命和人寿保险(Whole Of Life and Life Assurance)。

- **重大疾病保险(Critical illness insurance)**。系指主要利益是,当保单所保障的人被诊断患疾,而符合保单所保障的条件时,向其支付赔付的保险。这类保险产品大多被叫作重大疾病保险(Critical Illness Insurance),但有的保险公司也给它起些别的名称,例如严重疾病受益(Serious Illness Benefit)。

- **收入保障保险(Income protection insurance)**。系指当被保险人因为疾病或伤害而不能工作,保险人依照保单约定向其支付一笔或数笔款项,该款项金额通常是工资收入的一定比例,从而为其提供财务支撑的保险。这类保险也可能有其他名称,包括个人患病支付(Personal Sick Pay)或残疾保险(Disability Insurance)。

本守则适用于所有的英国保险业协会会员。作为协会成员单位的会员保险人提供一次性的或年度性的保单时,例如旅行保险、汽车保险和个人医疗保险,其在任何情况下都将不会询问或者使用预测性基因检测的结果来确定保费。对于提供人寿保险、重疾险或收入保障保险的会员保险人而言,预测性的基因信息与此类保险产品更具关联性,因为这些都是要求医疗保障的长期性的保险产品。鉴于此,守则和承诺明确了人寿保险、重疾险或收入保障保险应如何运用基因检测的结果。

如果您不确定您所考虑投保的某一保险是否属于守则所涵盖的范畴,您可以通过英国保险业协会的网站与之联系。

依循本守则,何时和哪些类型的医疗信息,包括基因检测结果,应向保险人披露?

政府和英国保险业协会认同保险人经依法许可后可以获取适当的家族病史,以及从申请相关健康保险(health-related policies)的申请人的家庭医生(general practitioners)那里获得报告。该所谓申请相关健康保险指的是例如人寿、重疾和收入保障保险。另外,该获取的前提还要遵循数据保护的要求。且当保险人想要获得相关医疗信息的时候,首先要征得保险申请人的同意。

依据守则,基因检测指的是查找特定的基因变异(gene variant)的检测。无论该检测是单独的基因测试(a single-gene test)、基因套餐(a panel)①或者甚至是整个的基因组测序(genome sequencing),皆为所属。

与血液检测或者核磁共振(MRI)扫描一样,基因检测可被用于确定对病情的诊断。因此,诊断性的基因检测的结果会成为申请人相关医疗信息的一部分。在此情况下,保险人将可以获得诊断性基因检测的结果,也可能使用该结果对申请人的投保申请作出评估决定。保险人承诺他们将秉持严格的程序(stringent procedures),依循《1988年获得医疗报告法》(Access to Medical Reports Act 1988)和英国保险业协会

---

① 译者注:Panel 是 NGS(二代测序,高通量测序技术)技术上发展而出现的一个术语,主要指同时检测多个基因、多个位点。基因检测中的 Panel 的官方称谓是"基因包",习惯上也称为"基因组合",商业化的市场习惯称之为"基因套餐"。

的指引[该指引系在征询金融服务和信息监察委员会办公室(ICO)和英国医疗协会(British Medical Association)的意见后制定的],向该申请人的家庭医生请求获取上述信息。

申请保险的个人也必须尽到合理的注意,当购买保险产品获得保障时,不向保险人提供不实的信息(misrepresent information)。申请保险时医疗信息的披露规则,已详细地规定在《2012 年消费者保险(披露和陈述)法》[Consumer Insurance (Disclosures and Representations) Act 2012]中,同时在英国保险业协会题为"消费者保险法对消费者而言意味着什么?"的指引中也有总结。

因此,本守则和承诺仅关注什么情况下预测性的基因检测结果要或者不要向保险人披露,以及如果披露了,如何考量该结果。另外也须注意的是,保险人承诺不对任何申请人要求或施压其接受任何类型的基因检测,无论是诊断性的还是预测性的,不将其作为获取保险的条件。如果申请人仍不清楚在披露时其需要做什么和不需要做什么,可以在英国基因联盟(Genetic Alliance UK)的网站上找到进一步的指引。①

本守则所涵盖的预测性基因检测的披露并不拘束于基于何种目的而作出的检测。故其包括但不限于自愿付费的检测(voluntarily purchased)、直接针对消费者的检测(direct-to-consumer test)、按照临床医生建议所作的检测,或者任何出于科学研究所作的检测。

依前述承诺部分的第 3 项之 c 点,因科学研究而获得的预测性的基因检测结果不需要向保险人披露,无论该测试系何种类型的检测,也无论该保险保障的范围为何。但如果作为科学研究的基因检测的一项结果,不属于该研究项目的亲属被安排去做了基因检测[这叫作级联检测(cascade testing)],该亲属的基因检测结果将不属于出于科学研究的例外情形,如果其申请保险,按照前述承诺第 2 项的规定,符合那些条件则其仍然需要向保险人披露检测结果。

本守则不适用于其他的非基因的医学检查,例如尿检、血检或胆固醇(cholesterol)检测,以及核磁共振(MRI)或 CT 扫描②及心电图(ECG)。

如果预测性的基因检测结果已被自愿披露会有什么后果?

在检测结果已被自愿披露的情况下,保险人将依循承诺的第 6 项行事。

依据承诺的第 5 项,如果申请人决定自愿地向保险人披露对其有利的基因检测结果,保险人也应当在该保险申请完成之前向其明确该披露将有可能对保险决定产生什么样的影响。因此,建议申请人在向保险人购买保险产品时认真考虑该问题。

---

① http://www.geneticalliance.org.uk/information/living-with-a-genetic-condition/insurance-and-genetic-conditions/。

② 译者注:通常所谓的 CT 检查全称应为 Computed Tomography,即电子计算机断层扫描。其是利用精确准直的 X 线束、γ 射线、超声波等,配合高灵敏度的探测器一同围绕人体的某一个部位作一个接一个的断面扫描。

客户如投诉保险人不遵循本守则会有什么后果？

客户（包括正在申请获得保险的）有权要求保险人提供相关信息，说明预测性检测结果是否会，以及如果会，将会怎样影响保险人对其保险申请作出决定。这包括以标准保费或者更高的保费提供保险，以及保险的保障排除特定情形，甚至完全拒绝提供保险。保险人收到请求提供的要求后，将在 10 个工作日内向申请人书面回复。

基于保险人回复提供的信息，如果客户有理由相信保险人未遵循守则的规定，其可向该保险人投诉。保险人将公正地对待该投诉，并且——如果他们开展人寿、重疾或收入保障保险业务——参考他们主要的指定遗传学承保人（Nominated Genetic Underwriter，NGU）的意见，并在 10 个工作日内回复客户以解释公司的最终决定和理由。在该沟通交流的过程中，保险人也将告知客户，如果其仍不满意，可以采取的进一步举措及相关的具体流程。

根据不同案件的情况，客户可以采取的进一步举措包括以下一些：

● 客户可以就保险人不遵循守则和承诺进行投诉。客户可直接向该保险人投诉，保险人都已明确知晓如何按照金融行为监管机构（Financial Conduct Authority，FCA）的要求处理投诉；或者

● 如果是在已经订立了合同的情况下投诉，倘若客户认为其因为保险人的错误行为（wrongful act）或不履行（omission）已经遭受，或可能遭受财产损失、实质性的危险（material distress）或者实质性的不利益（material inconvenience），则客户有权将投诉呈请金融服务监察署（Financial Ombudsman Service）审示（当然，是否这样做取决于客户）；或者

● 客户可对保险人采取法律措施。

上述流程的目的意在对标金融行为监管机构手册（FCA Handbook）对保险人如何处理投诉的要求。如果二者存在不一致之处，以金融行为监管机构手册为准。

本守则如何监督实施？

遵守本守则是保有英国保险业协会会员资格的条件；不属于英国保险业协会的保险人可以公开声明其愿意遵循本守则，并向英国保险业协会报告相关履行的数据。英国保险业协会将列明哪些保险人在遵循本守则。

每年度每一个签注了守则的保险人都要通过其首席承保人（Chief Underwriter）或合规主管（Head of Compliance）向英国保险业协会确认他们一直持续遵循守则。其也要向英国保险业协会报告所收到的关于他们遵循守则的投诉的数量，具体如前所述。

以上信息将用作撰写政府与英国保险业协会年度报告的内容，该报告将以公众可获得的方式对外公开发布。年度报告将包括投诉的数量（如果有的话），及前一年售出的相关保险的保单总数。当守则进行三年一次的评估检查时，各相关保险人遵循守则的情况将会作为考虑因素。

何为年度报告？

为确保守则不悖于初衷，政府和英国保险业协会认为，必须对当前的基因技术状况

和保险市场充分了解并准确洞悉。政府和英国保险业协会也认识到，客户及保险人的关注都有可能是不确定的，所以存在不能预计的变化。

这也是为什么双方都同意就守则发表年度报告。每一年度报告都意在对保险市场和预测性基因检测的发展予以更新，同时也回顾守则的遵循情况。特别是报告将用于审视那一系列保险的金额上限是否已不合时宜，检视基因检测在普及程度（prevalent）和预测性（predictiveness）方面的变化，以及分享在治疗和控制相关基因疾病方面的最新认知。

为与欧洲委员会（Council of Europe）关于个人健康数据用于保险目的的相关建议（Recommendation）保持一致，报告将着力提升政府与英国保险业协会的共商（collective consultation），以及提高对公众的透明度。

如何令守则不过时？

英国保险业协会和政府共同形成本守则，既要考虑消费者可以获得负担得起的保险，又要兼顾保险人能够获取相应的信息评估风险，同时还要反映基因检测目前的能力状况和普及程度。

政府和英国保险业协会同意使本守则无限期存续，以提供更为长期的确定性。双方认为，要使无限期的协议保持其有效性和关联性，就需要使之与时俱进。因此，其要对标最新的立法和指导方针（legislation and guidelines），并且反映基因医学和保险市场的发展状况。有鉴于此，政府和英国保险业协会同意每三年共同对守则作一评估检查。

该评估检查的过程将考察相应的年度报告，并以此为契机厘清对守则中一些工作机制的认识，例如投诉和监督的程序。相关的证据也会被纳入考察，以评判承诺部分第2项中规定的金额上限是否继续适用于目前占绝大多数的再保险，而仅留下那些超出上限的大额保单。

该评估检查系为澄清并提升目前的守则，包括一些必要的更新以反映基因医学和保险市场的发展。但该检查不得改变本守则的两条基本原则，除非是对守则作根本性的再反思：

● 保险人不得要求或者施压迫使申请人接受预测性的或诊断性的基因检测方能获得保险。

● 预测性基因检测的结果只有当遇到大额保险，且情况表明极有可能是相应风险的前兆时，才可以考察预测性基因检测的结果。

政府和英国保险业协会将分别在各自的网站上公开下一次评估检查的日期。评估检查需要考虑来自患者集团和其他适当的利益相关方的相应证词（evidence）。

经评估检查对守则所作的改动自公布之日起即刻生效，除非该检查系特别指定的部分检查。

政府和英国保险业协会亦都认识到，环境是有可能发生变化的，使得他们就守则或不再相互支持。这样一些情况，会使他们围绕预测性基因检测在保险中的地位而公开争论。例如：政府的某项政策决定可能意味着政府不再支持(endorse)守则中的承诺部分；代表其会员利益的英国保险业协会有可能断定，既然已经出现了相当多的逆向选择(anti-selection)（个人基于保险人所不掌握的信息而购买保险），甚或有可能从根本上动摇保险人向客户提供可负担的保险的能力；或者协会在尚未形成共识的情况下提交申请(an Application)以期为附录Ⅰ增加新的疾病内容。在此情况下，政府和英国保险业协会需要共同努力，对有可能产生的任何影响，作更加清楚明晰的交流。

调整附录Ⅰ中所列的相关预测性基因检测名录需经何种程序？

当英国保险业协会想要调整附录Ⅰ中所列的预测性基因检测名录时，其将向政府提交申请，以尽可能充分地说明其意图［简称"申请"(an "Application")］。

申请将由协会以书面形式提交给政府，并且自提交之日起一个月内在英国保险业协会的网站上公布。

申请将指明英国保险业协会代表其会员提出应当列入附录Ⅰ的疾病的名称，并且还要包括证据和任何相关的研究以说明：

● 该被指出的疾病以清晰明显(clear and measurable)的方式遗传，而且极有可能是因特定的基因变异而发展成为该疾病，并且导致发病(morbidity)和/或致死(mortality)的可能性实质性增大。

● 对之作预测性基因检测是有可能的[1]，并且有很高的：

分析有效性(analytical validity)，指通过检测可以预测存在或不存在特定的基因或遗传变化的情况；

临床有效性(clinical validity)，指所分析的基因变异与特定疾病或者患病风险存在、不存在关联情况；

临床效用(clinical utility)（指该检测是否可以为诊断、治疗、控制某疾病提供信息，或者在临床意义上对预防某疾病有帮助）。

● 如果该疾病不列入规定，将有实质性的逆向选择的风险（个人基于保险人所不掌握的信息而购买保险），其将实际影响个人的保费，因而既不利于广大消费者也不利于各保险人。

申请公开的后续动作包括：

● 英国保险业协会将在申请公开的 3 个月内积极联系政府和相关的外部利益相关方(external stakeholders)，以获取他们的反馈和意见。

● 英国保险业协会将在申请公开的 6 个月内，就该申请发起一独立的同行评审(peer review)，评价申请并且给出不具约束力的(non-binding)建议。同行评审需要参考至少四名相应独立专家的意见，如患者代表、临床遗传学家(clinical geneticist)、流行病学家(epidemiologist)、经济学家或者精算师(actuary)。

---

[1]　例如就英格兰而言，可以通过好的临床指引和/或国家基因组测试名录(National Genomic Testing Directory)。

- 政府将在申请公开后 6—12 个月内书面向英国保险业协会回复其决定。

如果申请的结果是使得附录Ⅰ所列出的相关预测性基因检测名录发生变化：

- 英国保险业协会和政府将尽快公布守则的修正版；
- 该改变应在政府将其决定告知协会之后的 3 个月内发生效力；并且
- 政府将对是否需要有配套资料和指引，给予适当考虑。

附录Ⅰ

——认可的疾病名录

下面所列出的是只有对于该疾病，保险人才可以要求披露预测性基因检测的结果，且同时要满足承诺部分第 2 项所设定的金额限制：

- 亨廷顿病，当人寿保险的保障对每一个人共计在 500000 英镑以上时。

附录Ⅱ

——英国保险业协会关于指定遗传学承保人（Nominated Genetics Underwriter）的义务和责任

保险业关于预测性基因检测的承诺—对保险人指定遗传学承保人（NGU）的指引清单—指定遗传学承保人的义务和责任

指定遗传学承保人

- 所有直接在商业上和医学上承保人寿、重大疾病或收入保障保险的英国保险业协会会员都必须指定一名高级承保人（senior underwriter），作为该公司的指定遗传学承保人（Nominated Genetics Underwriter，NGU）。该指定遗传学承保人负责回应公司遇到的所有的申请人的基因检测结果披露问题的咨询。

- 如果与他们的工作有关，再保险人也应当有一名指定遗传学承保人（NGU），并且遵守下述实操惯例（practices）。

- 公司还必须指定一名或多名常任的指定遗传学承保人（deputy NGUs），以预防其指定遗传学承保人缺位。这些被指定的常任并不必须是该公司的职员，不过公司仍然需要对其合规负责。

- 指定遗传学承保人必须在英国保险业协会注册登记为该公司的指定遗传学承保人——所有新任指定遗传学承保人都应在英国保险业协会登记确认其基本信息（ABI-Statistics.Service@abi.org.uk）。

指定遗传学承保人负有以下责任：

- 持有并通晓守则中"承诺"（the Commitments）的最新版本。
- 对基因科技的最新发展，包括附录Ⅰ中所列疾病的症状，均了解掌握。
- 帮助并为相关员工提供相应的教育培训。
- 保有所有披露了基因检测结果的申请人的记录。该记录必须包括：
○ 基因检测/疾病。
○ 基因检测结果（负面的/正面的，有利的/不利的/正常的）。
○ 基因检测类型（预测性的，诊断性的，承检人）。

○ 该基因检测是否系由于临床诊断的因素。

○ 接受基因检测的年份。申请保险的日期。

○ 所申请的保险产品及其附加条款(rider)。

○ 基因检测结果披露的途径(客户,家庭医生,医疗顾问)。申请人的出生日期。

○ 承保的决定。

○ 作出承保决定的理由(病史,家族史,非医疗的信息)。

● 当申请中包含了不常见的和/或复杂的遗传方面的医疗上的症状时,向执业医师(medical practitioner)咨询。该人通常是公司的首席卫生官(Chief Medical Officer)。

● 在检测不够清晰的情况下,无论其是否包含在"承诺"之中,均不予考虑。

● 确保被保险的人在索赔时其基因信息的开示和在申请保险阶段的不披露均以符合"承诺"的方式进行。例如:

○ 如果被保险的人在申请保险时,依据"承诺"不是必须披露,而其索赔已在"承诺"终结之后,则申请保险时"承诺"的规则仍然适用于索赔之时。

○ 预测性基因检测的结果一直到索赔之时也未被披露,不会影响索赔与赔付,除非是被保险的人在申请之时按照"承诺"条款的规定就已经被询问要求披露信息(易言之,所申请的保险超出了"承诺"中所规定的金额限制,而且此检测属于允许使用的检测)。

● 协助推动公司完善内控体系,确保公司决策时认真考量"承诺"的各项要求。

● 保存有关违反"承诺"的投诉记录。

● 了解负责合规的主体报告公司的任何违反"承诺"的情况,并协助采取改进措施。

● 遵循英国保险业协会的合规报告要求,特别是:

○ 由指定遗传学承保人(NGUs)就基因检测结果和投诉提交年度信息——每年指定遗传学承保人要向英国保险业协会报告在 1 月 1 日至 12 月 31 日期间,保险申请人所披露的基因检测结果的数量,以及收到的关于公司违反"承诺"的投诉的总数(包括尚未解决的投诉)。

○ 向英国保险业协会报告已解决/已终结的投诉——公司要向英国保险业协会报告个人对其违反"承诺"的投诉。个人所作的投诉一旦解决/终结,应报告英国保险业协会。

● 支持其公司的合规确认程序(compliance confirmation process)。

附录Ⅲ

——相关规定和有用的出版物

相关规定和行业指引

不能认为"承诺"的内容与规范保险人的法律法规和规定的要求相冲突,或者与保险人的其他职业上的义务与责任相冲突。一些法律法规和规定的要求与其他行业指引一道,都是关于规范保险人如何使用基因和健康信息的。试列举若干如下:

● 《2010 年平等法案》(Equalities Act 2010)。《2010 年平等法案》从法律上保护人们在职场以及更宽泛的社会生活中免于遭受歧视。可通过下述网址找到具体适用该法案的指引。①

● 《2018 年数据保护法》(Data Protection Act 2018)。该新的数据保护法自 2018年 5 月起在英国开始施行。《暂缓协定》(the Concordat)和欧洲委员会(Council of Europe)建议的实践经验表明,对数据保护要有一部总的法律,平等和金融服务为政府与行业间达成这样一个协议奠定了坚实的自我规范(self-regulation)基础。该法明确了保险人和家庭医生作为数据掌握者(Data Controllers)的责任。

● 《1988 年获得医疗报告法》(Access to Medical Reports Act 1988,AMRA)。该法明确了保险人及其他第三方应怎样从家庭医生处请求获取医疗信息,同时还必须征得该个人的明确同意。在北爱尔兰,相关要求规定在《1991 年获取个人资料和医疗报告(北爱尔兰)令》[Access to Personal Files and Medical Reports(Northern Ireland)Order 1991]中。

● 欧洲委员会关于遗传学和保险的建议(Council of Europe Recommendation concerning genetics and insurance)。2016 年 10 月 26 日,欧洲委员会采纳了 CM/Rec(2016)8 号建议(Recommendation)。其涵盖了对预测性的健康信息运用于保险目的的规范,并基于欧洲委员会在数据处理(data processing)、人权、生物医学(biomedicine)方面的公约(Conventions),引入了一些高层次的原则。

● 英国保险业协会关于向家庭医生要求并获取电子化的医疗信息的原则(ABI principles for requesting and obtaining medical information electronically from GPs)。英国保险业协会公布了向家庭医生要求并获取电子化的医疗信息的原则(Principles)。这些原则系英国保险业协会汇集其成员的做法,并征求了英国医疗协会(British Medical Association)和信息专员办公室(Information Commissioner's Office)的意见而制定的,其可通过以下网址获得。②

一些有用的公开出版物

希望对基因检测和保险的作用作更多了解的人可能会对以下一些公开出版物感兴趣:

● 基因检测和保险守则:消费者常见问题解答(Code on Genetic Testing and Insurance:Consumer FAQs)。该常见问题解答的文件包括了消费者关于医疗记录在保险中使用的一般信息,以及基因检测和保险作用的具体信息,还包括通过研究获得的基因检测。您可在下述网址找到该常见问题解答。③

---

① https://www.gov.uk/guidance/equality-act-2010-guidance。

② https://www. abi. org. uk/globalassets/sitecore/files/documents/publications/public/2017/health/requesting-and-obtaining-medical-information-electronically.pdf。

③ https://www.abi.org.uk/data-and-resources/tools-and-resources/genetics/genetics-faqs。

- **基因检测和保险守则：消费者指引（Code on Genetic Testing and Insurance：Consumer Guide）**。该指引为消费者提供了对守则简短易读的总结。您可以通过其网站获取。

- **基因检测和保险：您应当知道的（Genetic Tests and Insurance：What you need to know）**。这一消费者指引系为那些准备接受基因检测的人服务，他们希望了解这会对其保险产生怎样的影响。您可以通过下述网址找到该消费者指引。[①]

- **保险和遗传病（Insurance and genetic conditions）**。英国基因联盟（Genetic Alliance UK）在其网站上有一主页[②]，就保险和遗传病给出了更多的信息。

- **家庭医生报告保险资料包（GP report insurance package）**。英国医疗协会（BMA）与英国保险业协会（ABI）一道列出了一些建议，包括：标准的涵盖信（covering letter）供保险人寄送给家庭医生，同时附有对不同类型保险保单相关种类信息的总览（overview）；标准的家庭医生回复格式（GPR form）；以及标准的患者同意声明。该资料包可在以下网址找到。[③]

- **下议院科学和技术委员会对国家医疗服务体系基因组学和基因组编辑的调查（House of Common Science and Technology Committee Inquiry into Genomics and Genome Editing in the NHS）**。2017 年，下议院科学和技术委员会发起了"国家医疗服务体系中的基因组学和基因组编辑"（Genomics and Genome Editing in the NHS）的调查。该调查检视了首席卫生官在她 2016 年题为《发生基因组》（Generation Genome）的年度报告中提出的呼吁，以及国家医疗服务体系（NHS）[④]近五年主流的基因医疗情况。2018 年 4 月，委员会发布了第三期报告，政府也在 2018 年 7 月发布了回应。完整的报告，包括书面的和口头的证词，都可以从以下网址找到。[⑤]

[①]　https：//www.abi.org.uk/Insurance-and-savings/Topics-and-issues/Genetics。

[②]　http：//www. geneticalliance. org. uk/information/living-with-a-genetic-condition/insurance-and-genetic-conditions/。

[③]　http：//bma.org.uk/practical-support-at-work/ethics/confidentiality-and-health-records。

[④]　译者注：英国国家医疗服务体系（National Health Service，NHS），承担保障英国全民公费医疗保健的职责，旨在为所有英国纳税人提供统一标准的医保，其既是英国政府最大项的福利支出，也是英国福利制度的象征。NHS建立于二战结束后的 1948 年，其主要经费来源为国家税收。NHS 分为两大层级。第一层级称为基础保健，是以社区为主的基层医疗服务，主要是家庭医生（General Practitioner，GP）。所有英国居民都应在居所附近的 GP 诊所注册，看病首先约见 GP，任何进一步的治疗都必须经由第一层次的基层医疗转介。该层级系 NHS 的主体，75％的资金用于第一层级。第二层级是以医院为主的医疗，负责重病和手术治疗及统筹调配医疗资源等。NHS 被视作最能代表英国的制度之一。2012 年伦敦奥运会歌舞表演阶段就首先向世界展示了最能代表英国的两项内容：一是 J·K·罗琳创作的《哈利·波特》；二是 1200 名 NHS 的护士。

[⑤]　https：//www. parliament. uk/business/committees/committees-a-z/commons-select/science-and-technology-committee/inquiries/parliament-2017/genomics-genome-editing-nhs-17-19/。

日本普惠保险制度研究

[摘　要]　日本有着长期的普惠保险法律实践历程,这主要体现于简易生命保险的产品形态、共济保险业的业态治理与小额短期保险业的制度创设。考察日本经验将对于我国普惠保险制度建构有所助益。简易生命保险产品依托国家信用背书实现普及,以保险合同特别法制度实现规范化。共济保险业以地域、行业为基础,有针对性地开发推广保险产品,其特殊监管要点是共济组织的适正化。小额短期保险业的诞生即立足于保险普惠化要求,基于差异化的经营监管,降低保险经营门槛,严格保险商品规制,实现可持续发展。综合来看,以制度环境促进产品创新是普惠保险可持续发展的基础,差异化监管是普惠保险可持续发展的核心,基于地域、行业的发展模式是普惠保险可持续发展的载体。

[关键词]　普惠保险;简易生命保险;共济;小额短期保险;规制

一、引　言

普惠金融浪潮下,实现保险服务的普惠性目标是保险行业的使命。国务院 2014 年8 月发布的《关于加快发展现代保险服务业的若干意见》中首次使用"普惠保险"概念,将现代保险服务业上升到国家治理能力的高度。2016 年原保监会印发《中国保险业发展"十三五"规划纲要》,明确提出要"大力发展普惠保险,开发各类保障适度、保费低廉的小额保险产品"。然而,我国对于普惠保险的实践处于起步阶段①,在保险合同、保险监管层面尚不存在专门性的法律法规。普惠保险一方面由商业保险公司经营,另一方

---

*　陈昊泽,厦门大学法学院博士研究生,日本京都大学访问学者。谭茜元,上海锦天城(广州)律师事务所律师。本文是国家留学基金"国家建设高水平大学公派研究生"(202206310054)、厦门大学研究生田野调查基金"保险销售制度的实证研究"(2022FG011)的阶段性成果。

①　虽然 2020 年以来,以惠民保为代表的普惠保险产品出现了广泛普及的势头,但是就整体而言,我国普惠保险发展程度较低,种类单一,且存在监管缺位的问题。参见杜霞《普惠保险何以普惠》,《中国银行保险报》2021 年 2 月 26 日。

面又要求达到普惠性要求,社会治理如何促进保险公司以商业逻辑普及保险实现可持续发展,值得追问。邻国日本很早就存在普惠保险的相关实践,主要包括简易生命保险产品、共济保险业与小额短期保险业,形成了较为完备的制度构造,考察其实践与规制将对推动我国普惠保险发展有所助益。

二、简易生命保险的实践与规制

日本简易生命保险的实践揭示了"自上而下""由国营到民营"的普惠保险普及模式,其制度要点在于关注简易生命保险合同的特殊性。日本最初的本土保险实践源于1881年小泉信吉、庄田平五郎、阿部泰藏等人采用英国保险公司建制,创立日本首家保险公司明治生命保险公司。然而,当时的商业保险公司仅将目光集中于中高收入群体,在低收入群体中保险尚未得到普遍推广,保险分散社会系统性风险的作用在这一时期并未得到实现。并且,由于当时日本国家财政并不足以支持社会保险的推行,日本转而倡导以国营独占事业为基础的简易生命保险。[①]

(一)简易生命保险的特性

1916年10月1日,日本正式以邮政系统为基础推行简易生命保险,简易生命保险一经推出就受到社会的广泛接受,截至1916年底,其参加件数就达到近16万件。简易生命保险能够在短期内实现广泛推广的理由有三:第一,国家信赖性。简易生命保险最初由国家专营,由政府担保保险金给付,因而具有很强的社会信赖性。[②] 其二,推广基层性。简易生命保险通过全国各区域的邮局推广,因而能够深入当地社区。其三,产品简易性。通过放宽由产品费率到投保、承保、保险金给付等的规制,简易生命保险在操作上十分简便,易于群众接受。

(二)《日本简易生命保险法》的特殊规则

1949年日本颁布了《日本简易生命保险法》,除第一章为总则外,在第二章单独设立简易生命保险的合同规则[③],第三章、第四章规定了简易生命保险年金、事业审查会规则,第五章规定了被保险人的保健设施规则,第六章规定了盈余金规则。具体而言,《日本简易生命保险法》相关法律制度有以下特征。

第一,社会福利性。《日本简易生命保险法》第一条就将简易生命保险定调为简单可使用的生命保险,要求尽可能使保险费低廉以维护国民经济生活安定,增进社会福祉。该法第四十七条规定,简易生命保险的经营利润全部分配给投保人或年金持有人。

---

① [日]田村佑一郎「簡易保険問題について」文研論集第 75 号(1986 年)27 頁。

② [日]近藤正彦=堀田一吉=江澤雅彦:『保険学』(有斐閣,2016 年)231 頁。

③ 彼时日本已有完整的保险合同法规则,规定于 1899 年《商法典》商行为编保险章。

第二,保险合同规则的特殊性。《日本简易生命保险法》虽然专章规定了简易生命保险合同规则,但是其内容与 1899 年《日本商法典》保险章在保险合同要件、被保险人告知义务、保险合同的成立及生效、保险金支付的削减、保险金支付义务的免除、保险合同的复效、保险费的返还、时效等内容上并无二致。其相异之处有四:其一,保险合同的保险人为国家,具体管理该事务的为邮政大臣。其二,保险产品类型的限定化,第十四条将简易生命保险限定为人寿保险与养老保险。其三,保险金的限定化,第十七条将保险金数额限定在 5000 日元以上 50000 日元以下。其四,投保的无诊察性,根据第二十条,被保险人加入简易保险不需要经过体检流程,而只需要与邮局工作人员面谈即可。简言之,相较于一般的保险交易,《日本简易生命保险法》通过国家信赖、内容限定、产品低价、投保简易,促进简易生命保险普及。

第三,专门的纠纷解决机制。根据《日本简易生命保险法》第五十五条,在简易生命保险权利义务相关事项上若以国家为对象提起民事诉讼,则必先经过简易生命保险审查会的审查。通过这一诉前解决渠道,大量纠纷能够得到便捷有效的解决,由于其专门性带来的实效,这一制度也延续到了简易生命保险民营化之后。①

(三) 简易生命保险制度的现状

《日本简易生命保险法》的规则使得简易保险作为一种简单易得的保障渠道深入日本国民意识中,实现了普惠性的要求。根据 2003 年日本总务省的统计,截至当年年底简易生命保险的家庭保有率达到了 56.1%。② 受到 2007 年日本邮政民营化影响,《日本简易生命保险法》的历史使命走到尽头,日本邮政的简易生命保险事业改组为日本简易生命保险股份公司,实现了由国营到私营的过渡。③ 日本简易生命保险股份公司经营的范围已不单单是简易生命保险,而是包括普通生命保险、年金保险等,与其他生命保险公司在经营范围、法律规则等方面已大致相当,这也意味着,简易生命保险产品不再需要特殊法律规制促进其普及。

---

① 日本简易保险生命股份公司在公司内设置查定审查会,聘请公司外的专家成立委员会公正、中立审查公司内的简易生命保险纠纷,但是其在性质上已不属于法定诉前程序。参见かんぽ生命「査定審査会の概要」https://www.jp-life.japanpost.jp/aboutus/customer-voice/protection/abt_act_sateisinsa.html。

② 日本郵政公社簡易保険事業本部『簡易保険事業の現状』https://www.yuseimineika.go.jp/iinkai/dai4/sirou3.pdf。

③ 民営化后日本政府对于既往存在的简易保险合同仍然提供政府保证。参见かんぽ生命「簡易生命保険契約に関する重要なお知らせ」https://www.jp-life.japanpost.jp/procedure/customer/ctm_fctm_mn_juyo.html。

三、共济保险业的实践与规制

日本制度共济实践揭示了以行业、地域为核心的普惠保险发展模式。"共济"是具有日本本土性的制度①,在日本现行法令上没有对"共济"进行明确定义,但一般认为是具有相同性质的主体集中运营的相互扶助机制。② 共济具有很强的人合性与非营利性③,其基础是相同地域或职业的人具有共通的社会、经济、文化需要,因而共济合作社的人员规模相对限定。共济与一般商业保险的底层运作模式基本相同,以"人人为我,我为人人"为理念,共济合作社要求合作社成员先支付共济费,在事故发生时合作社给付共济金。

(一) 共济保险业的实践情况

1905 年日本官营八幡制铁所首创共济合作社制度,日本政府各官厅继次推行这一制度,主要针对工作中发生的事故进行补偿。④ 目前,日本的共济合作社分为"国民共济""JA 共济""CO・OP 共济"等全国性共济、"都民共济""县民共济""道民共济""府民共济""市民共济"和"村民共济"等地域性共济和"农业共济""渔业共济"等事业型共济,可谓涵盖范围极广。现在日本最大的共济事业是全国共济农业合作社,其已经有 60 多年的历史,在 2014 年年底其总资产达到 54 兆日元,其主要保障的内容包括生命共济、医疗共济、火灾共济、汽车共济等。截至 2020 年,日本共济总参加人数达 8094 万人,约占总人口的 62%。共济契约数达到 1 亿 3022 万件,总共济金额达到 808 兆 5844 万日元。⑤

(二) 共济保险业的立法历史

日本共济立法思路从与保险法分离到与保险法制度统合。二战后,各共济合作社为使共济允许有法律依据,联合向日本政府请愿,要求修改《日本保险业法》,将共济纳入保险范畴。日本政府鉴于共济的人合性与非营利性,认为在作为商业保险公司监管法的《日本保险业法》中纳入共济制度过于严苛,不利于共济发展。因而,日本政府采用

---

① [日]冈田太「共済概念の再検討——共済一般の概念化と保険理論の適用に向けての準備作業」保険学雑誌第 636 号(2017 年)143 頁。

② [日]山下友信『保険法(上)』(有斐閣,2018 年)14 頁。

③ [日]松崎良「保険契約法における共済の位置付け——共済の独自性を維持するために」保険学雑誌第 603 号(2011 年)239 頁。

④ 董永裁:《浅谈日本的"共济组合"制度》,《现代日本经济》1990 年第 6 期,第 50 页。

⑤ 日本共済協会「日本の共済事業ファクトブック 2021」https://www.jcia.or.jp/news/photo/%E3%83%95%E3%82%A1%E3%82%AF%E3%83%88%E3%83%96%E3%83%83%E3%82%AF2021_%E6%97%A5%E6%9C%AC%E8%AA%9E%E7%89%88.pdf。

了迂回的进路,推行区域性、行业性的合作社组织,制定各类合作社法,包括《日本农业合作社法》《日本水产业合作社法》《日本消费生活合作社法》《日本中小企业等合作社法》等法律,这些法律均以较为缓和的共济制度作为基准规则,将共济监管交由各合作社基准法规定的监管部门,例如厚生劳动省、农林水产省等,日本社会普遍将之称为"制度共济"[1],例如1947年《日本农业合作社法》允许创设防范农业灾害或其他灾害的共济制度。

(三)共济保险业的制度构造

随着共济事业不断扩大,其经营形态与保险的相似程度不断凸显,二者的规制亦实现不断合流。

一方面,保险合同法上,共济与保险适用相同的制度。2008年日本将保险合同法从《日本商法典》中分离出来,单独成立《日本保险法》[2],其适用范围并不受商业行为的限定,只要行保险合同之实,满足风险的分散与聚集要件,就属于《日本保险法》的调整范围。[3]

另一方面,各制度共济的相关法律也在不断严格化,本文将以《消费者生活合作社法》为例加以阐述。2008年《日本消费生活协同组合法》时隔60年实现修改,其修改内容特别考虑到了共济契约者的保护问题。

第一,最低出资金额。第五十四条之二新设了合作社最低限度出资金额的规定,即准入门槛规制,由此确保共济金的支付能力。具体而言,一定规模以上从事共济事业的合作社为1亿日元以上,从事共济事业的合作社联合会为10亿日元以上。

第二,共济准备金。第五十一条之四强化了共济准备金的要求,要求强化财政基础,确保支付能力。

第三,财务健全性监管。第五十条之五为了确保共济事业的财务健全性,规定了一定规模以上共济事业的支付余力比率,根据该比率,协同组合需要向主管部门提出基于该比率的经营健全性改善计划。

第四,确保共济透明性与接受外部监督的义务。根据第三十一条之八、第五十三条之二,协同组合应向新加入协同组合的成员提供业务、财产相关的信息,并向公众公示这些信息的文书。并且,若实施共济的协同组合的负债额达到一定程度,其有义务受到外部的会计师或监察法人监察。

第五,共济契约缔结时的禁止性行为。根据第十二条之二,为了确保共济事业适当进行,共济成员应在获得足够且适当信息的情况下加入共济。对此,以往日本采取的是

---

① [日]江澤雅彦「保険と共済の「境界」について」保険学雑誌第605号(2011年)17頁。

② 《日本保险法》的立法历程可参见陈昊泽、谭茜元:《日本商法典的解构化》,载陈洁主编:《商法界论集(第7卷)》,法律出版社2021年版,第153-177页。

③ [日]大串淳子『解説保険法』(弘文堂,2008年)21-23頁。

基于厚生劳动省通知的行政指导，此次修法则鉴于共济与保险的相似性，而准用《日本保险业法》第三百条关于保险销售的禁止性行为。

四、小额短期保险业的实践与规制

（一）小额短期保险业的诞生

2005 年以前，根据《日本保险业法》第二条第一款的规定，保险业的定义上有"以不特定的人为对象"的要件，而共济针对的是特定性质的对象，不受《日本保险业法》规制。1995 年《日本保险业法》实现自由化修改后①，日本社会出现了着眼于共济不是《日本保险业法》规制对象，以会员之名将特定的人作为保障对象，标榜为共济而实质从事保险业的从业者，这种业态被称为"无认可共济"，与前述具有高度人合性、非营利性的"制度共济"有显著区别。无认可共济既缺乏官厅、地方公共团体、公司、学校等作为母体组织，也缺乏上位法的特定类型的协同组合法的监管，规制真空问题凸显，在实践中产生了很多问题：其一，无认可共济保险业存在与保险公司、制度共济恶性竞争的情况。由于缺乏监管，无认可共济保险业往往能够以相对更低的承保金额转移风险。其二，无认可共济的形态通常是单店贩卖而非连锁，因而其在财务的基础上是相对脆弱的。由于无认可共济保险业既承保大额保险也承保小额保险，其一旦出现经营问题，将导致严重的消费者保护危机。

从消费者保护与公平竞争的角度出发，立法者认为应当将无认可共济纳入法律调整规制范围②，而创设"小额短期保险业"制度正是立法者处理无认可共济的方式。2004 年金融审议会金融分科会第二部会开始讨论无认可共济的对策问题③，并于当年 12 月形成了报告书，其基本考量如下：若共济事业真正限定于合作社成员当中或者是企业内部，那么其便属于制度共济，不在本次讨论的范围之内。若以共济之名行商业保险之实，那么从投保人保护的角度出发，需要对这一业态参照保险业加以规制。但是，若直接适用《日本保险业法》，让无认可共济直接转变为股份保险公司或相互保险公司的话，可能导致从业者负担过重乃至停业。④ 因而认为应采用新设小额短期保险业的方式，对其事业规模、保障期间、商品种类设定限制。

---

① 1995 年日本开始保险自由化，大幅放宽保险经营规制与商品规制。参见何丽新、陈昊泽：《日本保险的自由化及其限制——以〈保险业法〉制度变迁为切入点》，《现代日本经济》2019 年第 3 期，第 35 页。

② ［日］川村基寿：「共済事業に係る保険業法改正について」生命保険論集第 178 号（2012 年）211 頁。

③ 金融審議会金融分科会第二部会「根拠法のない共済への対応について」https://www.fsa.go.jp/singi/singi_kinyu/siryou/kinyu/dai2/f‑20041214_d2sir/a.pdf.

④ ［日］山下友信『保険法（上）』（有斐閣，2018 年）96 頁。

(二) 小额短期保险业的制度构造

以上文所述的金融审议会讨论为基础,2005 年《日本保险业法》修改重点设置了小额短期保险业的相关规制。一方面,在第二条第一款修改了"保险业"的定义,去掉了"以不特定的人为对象的要件",只要实质以保险为业即适用《日本保险业法》规定。修改后,对于原先适用各合作社法规制的制度共济仍然不适用《日本保险业法》,而没有法律规制的无认可共济,则适用《日本保险业法》。并且,第二条第十七款新设了"小额短期保险业"概念,小额短期保险业是只能接受保险期间在 2 年以内的政令规定期间内,保险金额在 1000 万日元的范围内的政令规定的金额以下的保险的保险业。小额短期保险业中,因为保险业者所承担的风险相较于长期合同更小,所以根据小额、短期的事业特性,在进入规制、财产要求、兼业规制、商品审查等方面的规定都相对宽松。

第一,准入门槛规制。2005 年《日本保险业法》设置了与保险公司经营监管迥乎不同的小额短期保险业准入规则。相较于保险公司的设立需要经过许可制,根据《日本保险业法》第二百七十二条第一项,监管者针对小额保险业者仅存在形式上的登录制。根据《日本保险业法》第二百七十二条之二,登录申请书应主要包括以下事项:其一,商号或名称;其二,资本金;其三,高管姓名;其四,地址。根据《日本保险业法》第二百七十二条之四,仅当申请人存在虚假记载,或违反登录要件时,才成为主管部门拒绝登录的条件,具体而言包括以下情况:其一,申请人不是股份公司或相互公司;其二,资本金额度不满足政令要求;其三,纯资产不满足政令要求;其四,保险合同标准条款不存在问题;其五,保险费及责任准备金的计算方法是合理且妥当的;其六,保险业的许可或小额保险业、特定保险销售人、保险经纪人的登录被取消,距被取消之日起未经过 5 年;其七,受到保险业法、企业出资法的罚金刑罚,自受到该刑罚之日起未经过 5 年;其八,存在兼业情况时,兼业会影响到小额短期保险业的适当开展的;其九,高管存在不适格事由的;其十,企业不存在足够的人数能够有效开展小额短期保险业的业务;其十一,不属于保险公司兼业的情况。保险公司本身可以从事小额短期保险业的业务内容,若保险公司同时以小额短期保险业的身份接受投保,则会给投保人方带来误解,造成混乱。

第二,保证金规制。小额短期保险业者往往是极小规模的,因此其最低资本金的额度相较保险公司大幅降低,而若其事业规模增大,为了保护投保人方的利益,则要求有更为充实的财产基础。为此,日本保险业法设置了变动的保证金制度,根据《日本保险业法》第二百七十二条之五,保证金在小额短期保险事业开始年度为 1000 万日元,次年要在 1000 万日元的基础上增加保险费收入的 5%,但是未满 100 万元的余数不纳入计算数额。相较之下,日本保险公司的最低资本金额为 10 亿日元。

第三,事业规模规制。小额短期保险业必然应限定在小规模的事业者中。其制度本身意在设置与高额、长期的保险公司迥异的保险业态,在这一业态下,由于低保险额度、短保险期间,投保人方受到损害的可能性较小。而若小额短期保险业者的事业规模不断扩大,则其若发生经营风险,将造成大量消费者受害,这将影响社会对小额短期保险业乃至整个保险业行业的信赖。① 具体而言,根据《保险业法施行令》第三十八条,小规模事业者的标准是前一事业年度的保险费收入总额不超过 50 亿日元的事业者。

第四,商品种类规制。保险自由化以来,日本允许生命保险公司与损害保险公司以子公司的形式实现兼业经营,然而并不存在同一保险公司能够兼营生命保险与损害保险的情况。这一限制针对保险公司体量的主体存在必要性,基于生命保险与损害保险运作模式的不同,其资金运用方式迥异,禁止直接兼业可以有效确保偿付能力。但问题在于,兼具生命保险与损害保险性质的保障需求无法得到实现。对此,在严格的经营监管与宽松的准入门槛下,立法者并不禁止小额短期保险业者兼营生命保险与损害保险。

第五,保险期间规制。根据《日本保险业法》第二条第一项,小额短期保险业者原则上可以承保保险期间在 1 年以内的保险,而若承保的是损害保险,则这一期间在 2 年以内。如此设置主要基于减少经营风险的考量,小额短期保险业者基本上没有必要为了将来支付保险金,而使用现在收取的保险费,由此可以回避资产运用风险的发生。并且,万一小额短期保险业者发生经营问题,其对投保人造成的损害也是限定的。

第六,保险金额规制。小额短期保险业能够接受的保险的保险金限额十分严格,这可以防止在小额短期保险业者破产的情况下,给投保人方造成大量的损失。具体的水准则是根据以往无认可共济保险业者提供的保障内容设定,根据《保险业法施行令》第一条之六,死亡保险的最高限额为 300 万日元,伤害死亡保险的最高限额为 600 万日元,医疗保险的最高限额为 80 万日元,损害保险与低发生率保险的最高限额为 1000 万日元。

2005 年《日本保险业法》修正案于 2006 年 4 月 1 日施行,根据保险监管部门的要求,以往的无认可共济保险业者需要在两年之内实现向保险业、制度共济保险业、小额短期保险业的转移,否则应予以注销。② 为了缓和小额短期保险业创设对整体保险市场的冲击③,立法者通过《保险业法施行令》设置了过程保障措施,允许 2006 年 4 月 1 日至 2013 年 3 月 31 日间新缔结的小额短期保险合同的最高限额可以为基本规定的 3—5 倍。2012 年《保险业法施行令》修改,将 2013 年 4 月 1 日至 2018 年 3 月 31 日间新缔结的小额短期保险合同的最高限额降低为基本规定的 2—3 倍。2017 年《保险业法施行令》再次修改,将 2018 年 4 月 1 日至 2023 年 3 月 31 日间新缔结的小额短期保险合同的最高限额一律降低为基本规定的 2 倍。(见表 1)

① ［日］安居孝启『最新保険業法解説』(大成出版社,2016 年)879 頁。

② 日本金融庁「金融庁の1 年(平成 20 事務年度版)」https://www.fsa.go.jp/common/paper/index.html。

③ ［日］渡邉将史:「少額短期保険業者に関する経過措置の延長——保険業法等の一部を改正する法律の一部を改正する法律案」立法と調査第 398 号(2018 年)9 頁。

表 1　过程保障措施下日本小额短期保险产品最高限额变化表

保险种类	基本规定	2006.4.1—2013.3.31	2013.4.1—2018.3.31	2018.4.1—2023.3.31
死亡保险	300 万日元	1500 万日元	900 万日元	600 万日元
伤害死亡保险	600 万日元	3000 万日元	1800 万日元	1200 万日元
医疗保险	80 万日元	240 万日元	160 万日元	160 万日元
损害保险低发生率保险	1000 万日元	5000 万日元	3000 万日元	2000 万日元

（三）小额短期保险业的实践情况

小额短期保险业制度的出现,使得以往的无认可共济找到了制度依托,小额短期保险业作为一种保险业态被广为接受。根据 JA 共济综合研究所的统计,截至 2018 年底,日本小额短期保险公司达到 100 家以上,保险费总收入超过 1000 亿日元,平均年增长速度在 10%以上。[①] 小额短期保险业的出现促进了日本保险行业的普惠化发展,其源生的小额短期特性与普惠要求相契合。较低的准入门槛调动了社会从事小额短期保险业的积极性。较短的承保期间使得小额短期业更容易应对通货膨胀对保险带来的影响,并且保险实物给付亦成为可能。宽松的保险商品规制使得全新的小额短期保险产品往往关注到普通保险未能关注到的保险需求,生命保险商品与损害保险商品之间的缝隙由此得到填补[②],由此出现了宠物保险、票价补偿保险、遇难救援费用、旅行降雨补偿保险、律师费用保险、小额商业介护保险等独特的保险类型。

五、日本普惠保险制度的启示

从特征上看,普惠保险要求提高保险的覆盖率,即"普"的要求;保证保险的可负担性,即"惠"的要求。普惠保险具有受众广,价额低的特征,能够满足传统人身保险和财产保险难以涉及的领域。日本普惠保险制度设置一方面要求实现普惠保险的优势,另一方面又要通过有效规制防范普惠保险引发系统性风险。从简易生命保险到共济保险业、小额短期保险业的发展历程,是日本以普惠保险产品为切入点向着建构普惠保险业态发展的过程,这在制度设计上则呈现出由保险商品的特殊规制到构建整体的保险经营规制的演变。在这一过程中,可资借鉴的是,以制度环境促进产品创新是普惠保险可持续发展的基础,差异化监管是普惠保险可持续发展的核心,基于地域、行业的发展模式是普惠保险可持续发展的载体。

---

① ［日］熊澤由弘:「少額短期保険の動向——成長と多様化」共済総合研究第 79 号(2019 年)52－53 頁。

② ［日］松吉夏之介「躍進する少額短期保険」共済総研レポート第 2 号(2013 年)26－27 頁。

（一）以制度环境推动产品创新是普惠保险可持续发展的基础

自 2015 年深圳试点第一款"惠民保"产品以来，在 6 年的时间里，惠民保实际成为普惠保险商品的重要实践[1]，保险投保不限年龄、职业、健康状况、户籍，保险商品价格优惠，保险推广公司并行，这与日本早期推广普惠保险的简易保险政策有其相似之处，基于单一保险商品推广普惠保险是一种基础性的路径。[2] 由于我国商业保险基础已然建立，以商业保险公司为基础推广普惠保险是较为合适的进路。为防范其系统性风险，从商品规制层面对普惠保险产品的种类、额度、承保条件加以规范存在必要性。虽然我国普惠保险已然"生根"，但不可否认的是，普惠保险实践仍处于初期阶段，其发展仍然主要依靠政府补贴，尚未形成可持续性的商业系统。[3] 传统商业保险在产品设计时已设定了购买门槛，因而一味追求传统大额商业保险的普惠化，无法实现保险产品的根本创新。从日本小额短期保险的实践来看，若普惠保险要进一步"发芽"，其基础是保险产品的创新，这要求以特殊的保险商品规制为基础，激发业界探索普惠保险产品的能度，发挥普惠保险对普通保险的补充性作用，实现普惠保险对潜在社会风险的分散作用。

（二）差异化监管是普惠保险可持续发展的核心

近年来，我国普惠保险实践发展迅猛，仅 2020 年"惠民保"类保险产品的累计参保人数就达到 4000 万人以上，然而保障方式千篇一律、费率制定缺乏依据、冒用政府名义进行销售等问题层出不穷[4]，这亟待立法者或保险监管部门出台与普惠保险经营和销售相关的法律法规加以规制。

在保险经营规制上，普惠保险要求兼顾普惠保险发展的快速性与普惠保险经营的稳定性。一方面，相较于既存的保险公司，政府对于新进入的保险公司能否良好运转存在更多疑问；另一方面，若保险公司数量不提高，则无法提高效率，促进竞争实现普惠性目标。对此，日本通过差异化经营规制做到了效率性与稳定性的平衡：较低的准入门槛使得小额短期保险业在日本快速落地生根，1000 万日元、1 亿日元、10 亿日元等不同保险机构的保证金档位可以量体裁衣地平衡效率与公平。针对小额短期保险业这一新生事物，以严格的商品规制为基础，以长达 17 年的过程保障措施为辅助，其发展过程是从商业性出发，不断降低保险经营风险，实现小额短期保险业的普惠化。有鉴于此，我国目前普惠保险的推广模式或许需要反思，政策上以"一步到位"的普惠性为要求，既导致了普惠保险的粗放式发展，也造成政府持续支付高额补贴，这不利于形成商业可持续的普惠保险系统，而通过经营业态上逐步变革的模式或许更能实现普惠保险的高质量

---

① 钱林浩：《"惠民保"热潮持续不退》，《金融时报》2021 年 8 月 25 日。
② 尹振涛、王向楠：《发展普惠保险的政策建议》，《中国保险》2018 年第 12 期。
③ 借鉴日本简易生命保险的实践，在产品推广上，国家信用较国家补贴更近于长效机制。
④ 杜霞：《规范发展期，普惠保险需迭代升级》，《中国银行保险报》2021 年 8 月 27 日。

发展。

在保险销售的管理规制上,日本普惠保险的销售统合适用《日本保险业法》的一般性销售行为规制,这与《中华人民共和国保险法》第十七条、第一百一十六条、第一百三十一条对所有保险销售均适用相同程度的保险说明义务与禁止性销售行为规制的做法在形式上具有相似性。然而,其实质区别在于《日本保险业法》针对小额保险、损害保险等不同类型保险的销售规制力度并不相同[①],这与普惠保险的灵活规制相契合,同时能够实现对保险销售行为的适合性监管。

（三）基于地域、行业的发展模式是普惠保险可持续发展的载体

制度共济虽然是基于日本社会的独特实践,然而其普惠理念能够为促进我国保险的进一步普惠化提供借鉴。第一,共济基于特定的地域、行业,具有很强的人合性,其风险的同质化有利于针对"痛点"开发保险产品,降低风险定价与降低核保成本。第二,共济基于社区组织,具有一定社群属性,采用扁平化的推广模式,有利于便利交易,提高社会对普惠保险的认可度。第三,共济在经营监管上,由于其非营利性,监管成本与必要性均较低,能够降低保险的运营成本。

回到我国,幅员辽阔,各地经济、社会保障的发展水平差别较大,如何因地制宜、系统全面地发展普惠保险,成为重要的问题。目前普惠保险的推广模式是基于地域的,但同时又是反地域的,千篇一律的保险产品缺乏对区域、行业特性的开发。在推广模式上,主要采取自上而下的方式,而从区域由点到面地加以推广或许是一种适当的补充进路。共济本质上是一种互助组织,是介于商业保险与社会保险的社会保障模式,对于以商业保险为主轴的我国普惠保险实践,此种制度发展模式能够提供一定方向上的启发。

---

① 日本保险销售行为规制设置更注重基于投保人、保险商品的情况加以具体调整。例如,针对损害保险、保险期间在 1 月以内且保险费在 5000 日元以下的简易保险,则可以采用与保险商品相适合的方式进行销售。参见何丽新、陈昊泽《日本保险销售适合性原则对我国的启示》,广州市法学会编《法治论坛（第 63 辑）》,中国法制出版社 2021 年版,第 378 - 379 页。